# L'ARMÉE

ET

# LA GARDE NATIONALE

Paris. — Imprimerie de E. Donnaud, rue Cassette, 9.

# L'ARMÉE
ET
# LA GARDE NATIONALE

PAR

Le Baron C. POISSON

ANCIEN OFFICIER D'ARTILLERIE.

TOME QUATRIÈME.

1794 — 1795

PARIS

A. DURAND, LIBRAIRE-ÉDITEUR,

RUE DES GRÈS, 7.

**1862**

Droits d'auteur réservés.

# L'ARMÉE

ET

# LA GARDE NATIONALE

*Résumé du volume précédent.* Le troisième volume embrasse une période, courte au point de vue du temps écoulé, longue si on l'évalue d'après les faits accomplis. En dix mois (Octobre 1793-Juillet 1794), la dictature du *Gouvernement révolutionnaire* s'établit, combat, triomphe et succombe.

Dès son avénement, deux partis redoutables, les Ultra-révolutionnaires et les Modérés, visent à la renverser. Au Nord, l'Étranger a repris Mayence et les lignes de Weissembourg; Condé et Valenciennes sont en son pouvoir; Dunkerque, le Quesnoy et Maubeuge sont investis ou assiégés. Au Midi, les Espagnols occupent Bellegarde, Collioures ainsi que Port-Vendres, et les Anglais sont maîtres de Toulon. Ainsi, indépendamment de la guerre Vendéenne qui a pris des proportions formidables, le *Gouvernement révolutionnaire* accepte à son origine deux luttes désespérées : l'une contre les factions intérieures, l'autre contre la Coalition étrangère. Pour toutes deux, sa résolution est la même : vaincre ou mourir.

La Levée en masse lance aux frontières toute la jeunesse française. Carnot discerne les officiers capables, les élève à la tête des armées et défend les généraux sérieux contre les conséquences du délire révolutionnaire; en même temps, les ineptes protégés des démagogues sont destitués ou écartés. Le système décousu de défense, suivi jusqu'alors, est remplacé par des plans d'ensemble que le Comité de salut public ne se contente pas d'indiquer; ses membres vont, au besoin, en assurer le succès par leur présence. Ainsi Carnot se rend à l'armée du Nord, Saint-Just à l'armée du Rhin, et Prieur (de la Marne) en Vendée. Cette impulsion vigoureuse, subitement donnée aux opérations militaires, porte immédiatement ses fruits; les Armées du Nord et des Ardennes gagnent la bataille de Wattignies; les Armées du Rhin et de la Moselle reprennent les lignes de Weissembourg; les Anglais évacuent Toulon et la grande Armée Vendéenne est détruite à Savenay. La campagne de 1793, qui n'a offert jusque-là qu'une longue suite de revers, se termine ainsi par des succès brusquement obtenus.

Ce ne sont encore que des préludes pour les énergiques dictateurs qui ont pris en main les destinées du pays : il faut que, dans la campagne prochaine, la République triomphe définitivement de ses nombreux ennemis. L'hiver se passe en efforts surhumains pour y parvenir. Carnot entreprend de sortir l'Armée du chaos dans lequel la Révolution l'a plongée. Les légions, les corps francs, les compagnies exceptionnelles et les détachements de toutes sortes, causes d'une confusion inextricable, sont supprimés, et leurs éléments versés dans de vieux bataillons. On y incorpore de même le personnel inexpérimenté de la Levée en masse. Puis, lorsque tous les anciens bataillons de troupes de ligne ou de volontaires aguerris ont été ainsi complétés, ils sont *amalgamés* et embrigadés, c'est-à-dire que l'on en forme des demi-brigades, composées chacune d'un bataillon de ligne et de deux bataillons volontaires. L'Infanterie de ligne compte ainsi 196 demi-brigades homogènes, de même effectif et soumises aux mêmes lois. Les autres Armes sont en même temps l'objet d'opérations analogues. Un des buts de Carnot est atteint : il a rendu l'uniformité à la Force militaire de la République.

Il s'agit de la pourvoir d'armes et de munitions. Or, la Révolution et la guerre ont épuisé tous les approvisionnements; les arsenaux sont vides; les productions des manufactures sont relativement insignifiantes; l'acier, importé autrefois d'Angleterre et d'Allemagne, fait défaut; il en est de même du salpêtre, dont la majeure partie venait des Indes. Il faut pourtant subvenir aux besoins de la campagne prochaine. Quels sont-ils? 500,000 fusils, 6,000 bouches à feu en fer, un plus grand nombre de canons en bronze, 12,000 caissons, 6,000 chariots et 17 millions de livres de poudre.

Prieur (de la Côte-d'Or) ne recule pas devant cette tâche prodigieuse. Un chaleureux appel est fait aux Sciences; elles y répondent par des prodiges. Un *avis aux ouvriers en fer*, répandu sur tout le territoire, vulgarise le moyen de produire l'acier, et des manufactures de sabres ou de baïonnettes s'organisent dans une foule de localités. Pour les armes à feu, Paris donne l'exemple. La fabrication envahit les hôtels des émigrés, remplit les églises, rouvre les vieux cloîtres, et encombre les places publiques. Six millions de livres de fer sont demandées d'urgence aux départements producteurs; 258 forges s'élèvent sur l'esplanade des Invalides, au Luxembourg et à la place Royale; 80 foreries sont installées sur la Seine; les serruriers, les forgerons et les maréchaux ferrants sont tous frappés de réquisition; les menuisiers et les ébénistes ne fabriquent plus que des bois de fusil; les horlogers et les mécaniciens ajustent des platines; les charpentiers et les charrons ne construisent que des affûts ou des voitures de guerre.

Dans les départements, on transforme les hauts fourneaux en fonderies de bouches à feu ou de projectiles; les grosses forges, que cette modification laisse sans emploi, deviennent des foreries. Le procédé trop lent du *moulage en terre* est remplacé par celui du *moulage en sable*. La Science ayant indiqué le moyen de retirer l'étain du métal de cloche, les milliers de cloches enlevées aux Communes constituent pour la République une mine inépuisable de bronze à canons.

« Livrez-nous de la terre salpêtrée, » a dit Monge, « et trois jours après nous chargerons les canons. » La population entière est appelée à l'extraction du salpêtre. Une *instruction* claire, précise et répandue à profusion apprend à tous comment doivent être explorés les caves, les celliers, les pressoirs, les écuries et les bergeries. Au moyen de quelques tonneaux sciés en deux, chaque citoyen peut procéder aux premières opérations du lessivage. La préparation ultérieure exigeant une quantité proportionnée de potasse, la Science apprend à économiser cette précieuse matière en lui substituant la soude pour les emplois vulgaires ; c'est elle aussi qui, par le procédé du lavage à l'eau froide, décuple la rapidité du raffinage du salpêtre brut. Une vaste poudrerie, à laquelle on ajoute chaque jour de nouvelles constructions, a été établie à Grenelle pour opérer le mélange intime du soufre, du salpêtre et du charbon. L'ancien moyen des moulins à pilon, trop long pour les besoins du moment, est remplacé par le *procédé révolutionnaire*. Chaque jour, trente mille livres de poudre partent de Grenelle pour les Armées. Si la guerre se prolonge, la France deviendra une vaste manufacture de guerre, car tous les départements ont envoyé à Paris des *Élèves* pour suivre des *cours révolutionnaires* où chacun apprend, en trois décades, à fabriquer le salpêtre, la poudre et les canons. D'ailleurs, des moyens nouveaux, aussi terribles que puissants, vont sans doute résulter des expériences secrètes qu'on fait à Meudon sur les poudres fulminantes, les boulets creux, les artifices incendiaires et les aérostats.

Tout cela n'est rien encore, si l'on ne parvient à assurer la subsistance d'un million d'hommes aux frontières. Mais le commerce est anéanti; la circulation des denrées est nulle ; les marchés sont vides; des réquisitions, faites sans discernement par des représentants du peuple, des généraux d'armée et des administrateurs de district, ont immobilisé ou détruit les ressources dans chaque localité; en raison du *maximum* chacun dissimule ses ressources; les cultivateurs, requis de faire des transports de grains à des distances qui excèdent parfois cinquante lieues, résistent ou se cachent; d'autres se mettent en route ostensiblement et abandonnent sur le chemin les voitures chargées. A Paris, en dépit des efforts du gouvernement, il faut passer une partie de la nuit à la porte des boulangers pour obtenir du mauvais pain. C'est dans ces circonstances qu'il s'agit de trouver rapidement les moyens de nourrir quatorze armées. Robert Lindet s'en charge. Il régularise le système des réquisitions ; il rend praticable le procédé arbitraire des transports : chaque localité n'en est plus chargée que dans les limites de son arrondissement. Mais le mouvement ne doit pas être interrompu ; nulle Commune n'a droit de vivre avec le grain qu'elle a récolté ; chacune est forcée de livrer tout ce qu'elle possède et de recevoir ce qu'on lui apporte. Ainsi cesse la multitude d'approvisionnements locaux qui augmentaient la stagnation générale, et donnaient des proportions terrifiantes à la détresse déjà trop considérable; suivant un courant, qui part du centre du pays et se propage de proche en proche jusqu'aux extrémités, les grains de toute la République voyagent d'étape en étape jusqu'aux frontières.

Malheureusement, l'ensemble de cette magnifique improvisation des trois *Travailleurs* du Comité de salut public ne pouvait être compris, dès son début, par la masse de la population. Les mesures qui importaient le plus au salut du pays, étaient marquées du sceau de l'arbitraire et du despotisme, aussi bien que les décisions extravagantes qui émanaient depuis si longtemps du cerveau d'ineptes dominateurs ou de démagogues effrénés. Comment les discerner au milieu de la tourmente générale? Le mépris du pouvoir invétéré par quatre années de révolution, les vues secrètes des réactionnaires, l'inquiétude ou l'indécision des populations, le zèle inintelligent d'absurdes démocrates, eussent également concouru à entraver l'œuvre nationale; mais le *Gouvernement révolutionnaire* était impitoyablement résolu à briser tous les obstacles que pouvaient lui susciter la trahison, la mauvaise volonté, l'ineptie ou l'apathie. Il n'avait pas le temps de chercher à persuader; quand son principal moyen, l'enthousiasme, ne fut pas suffisant, il agit par la crainte et fit de terribles exemples. Ceux qui déblatérèrent contre la Levée en masse furent déclarés *suspects* et emprisonnés; quelques-uns périrent sur l'échafaud. Les généraux d'armée, recevant depuis longtemps des ordres impossibles à exécuter, étaient devenus enclins à suivre leurs inspirations particulières; la mort de Houchard et celle de Brunet leur prouvèrent que la dictature prétendait à l'obéissance la plus absolue. Lorsque Carnot entreprit de réorganiser l'Armée, des chefs de corps se montrèrent assez ignares pour refuser les *paperasses* qu'on leur demandait ; on les rendit plus dociles ou plus intelligents en les menaçant de la peine de mort. Les jeunes officiers que s'étaient donnés les Volontaires de la Levée en masse furent l'objet d'une mesure, à la fois arbitraire et salutaire, qui les faisait rentrer dans les rangs comme soldats ; il fallut, pour étouffer leurs murmures, les menacer aussi d'être « traités en suspects. » La fabrication des armes, l'extraction du salpêtre et le roulement des grains vers les frontières donnèrent également à la dictature l'occasion de manifester son impitoyable volonté.

Les rigoureuses mesures, ainsi déployées afin de forcer la Nation à entrer dans la voie de l'obéissance et du salut, coïncidèrent avec les manœuvres ténébreuses, dont les sanglants dénouements eurent pour but de faire triompher le Comité de salut public des deux factions puissantes qui aspiraient à le renverser.

Le Comité n'ayant aucune force armée à opposer aux deux partis qui menacent son pouvoir, cette seconde lutte a pour champs de bataille ostensibles la Convention et le club des Jacobins. C'est là que se manifeste la prodigieuse astuce de Robespierre qui est chargé de la politique intérieure. Les conventionnels, effrayés par la mort ou l'ostracisme des Girondins, et par l'incarcération de soixante-treize de leurs collègues, courbent la tête devant la volonté des maîtres absolus qu'ils se sont donnés; ils votent d'acclamation toutes les propositions que le *Gouvernement révolutionnaire* affecte de soumettre à leur examen. Quant aux Jacobins, c'est par des efforts continuels d'adresse et d'hypocrisie que Robespierre parvient à les maintenir dans la ligne nécessaire aux projets de la dictature.

Les ennemis les plus remuants du Comité de salut public sont les Ultra-révolutionnaires, dénommés aussi Hébertistes et Athéistes. Ils ont pour eux la Commune, les bureaux de la guerre le club des Cordeliers, une partie de celui des Jacobins, *l'armée révolutionnaire*, les canonniers parisiens et les *épauletiers*. A l'aide des bandits militaires dont ils disposent, ils pourraient tenter un coup de main auquel le Comité ne saurait résister à force ouverte. Néanmoins, les Modérés, les Dantonistes, constituent peut-être un danger encore plus sérieux. Leur chef vient d'ajouter à sa popularité en se déclarant l'apôtre de la clémence et de l'humanité : *le Vieux Cordelier*, rédigé sous son inspiration, a causé un frémissement d'espérance dans toute la population. Mais Danton et Camille Desmoulins sont pour les gouvernants d'anciens confrères en révolution ; tout espoir de les rallier n'est pas encore perdu. Une lutte immédiate avec eux offrirait des dangers sérieux, tandis que leur concours peut aider à abattre les Ultra-révolutionnaires. C'est donc contre ce dernier parti qu'il faut d'abord tourner ses efforts.

Une trame habilement ourdie amène la Convention à décréter l'arrestation des deux principaux chefs de la force armée ultra-révolutionnaire : Ronsin et Vincent sont incarcérés. Mais ce premier succès est trop incomplet pour être durable. Hébert fulmine au club des Jacobins contre l'emprisonnement de Ronsin, et Robespierre ne parvient qu'avec la plus grande peine à contenir l'émotion causée, parmi ses auxiliaires habituels, par le décret qui a frappé un tel *patriote*. Le club des Cordeliers, encore plus irrité de l'arrestation de Vincent, réclame à la Convention, devant laquelle le débat se trouve ainsi reporté, lorsqu'un nouvel acteur y déploie son influence : c'est le Comité de sûreté générale. Jaloux du Comité qui gouverne, mécontent de ce qu'on ait empiété sur ses attributions, plus porté pour les Ultra-révolutionnaires que vers les Modérés, il se pose en adversaire du Comité de salut public. Il déclare n'avoir rien pu trouver qui justifie l'emprisonnement des deux *patriotes;* Ronsin et Vincent sont mis en liberté.

Ainsi échoue cette première tentative contre les ennemis du Comité de salut public ; mais Robespierre est tenace ; c'est un coup à refaire en tenant compte des difficultés que vient de dévoiler l'expérience. Il faut continuer à raffermir et à diriger les Jacobins, écraser les Cordeliers, et frapper d'un seul coup tous les principaux chefs ultra-révolutionnaires, afin qu'il n'en reste pas un seul qui puisse réclamer en faveur de ses complices.

Ce nouveau plan ne peut être exécuté que s'il n'est pas traversé, comme le premier, par le Comité de sûreté générale. Il faut agir promptement, car les Ultra-révolutionnaires, fiers de leur victoire, se montrent aussi insolents qu'audacieux. Un rapprochement secret a lieu entre les membres des deux Comités, et le compromis se cimente au moyen de concessions réciproques : la mort des Hébertistes est décidée aussi bien que celle des Dantonistes. Quand l'œuvre ténébreuse préparée par ses soins est achevée, lorsqu'il n'y a plus qu'à procéder aux mesures d'exécution, Robespierre...tombe malade. Couthon fait de même. D'autres membres du Comité étant absents, Saint-Just et Collot-d'Herbois se multiplient pour suffire à la situation. Collot déploie sa faconde révolutionnaire aux Jacobins et aux Cordeliers; Saint-Just harangue la Convention et obtient comme d'habitude l'approbation de ses propositions. Hébert, Ronsin, Vincent, Mazuel, etc., sont arrêtés, livrés au Tribunal révolutionnaire et envoyés à la mort. Quelques jours après, lorsque les Dantonistes se réjouissent encore de la chute de ces adversaires, un autre décret de la Convention est obtenu contre eux : ils sont incarcérés à leur tour. Les débats et les péripéties de leur procès font craindre un moment au Comité que son triomphe ne se change en défaite; mais il l'emporte enfin, et les Dantonistes périssent sur l'échafaud. En même temps l'*armée révolutionnaire* est licenciée, et les ministères, qui constituaient à divers degrés des foyers d'opposition, sont remplacés par douze Commissions exécutives. Le premier but de Robespierre est atteint ; l'omnipotence du Comité de salut public est irrévocablement établie.

Devenu maître absolu, il semble que le *Gouver-*

*nement révolutionnaire* eût pu s'arrêter dans la marche inhumaine qu'il parcourait ; au contraire, la voie sanglante s'élargit encore. Si l'on recherche les causes principales qui déterminèrent, en apparence, le sort de tant de nouvelles victimes, on est conduit à conclure que ce redoublement de rigueurs fut motivé par le désir de faire disparaître les derniers débris des factions abattues, le besoin d'argent, les appréhensions exagérées de quelques-uns des gouvernants, la crainte d'être taxé de modérantisme, et la volonté d'effrayer encore par de terribles exemples les chefs militaires ou les habitants des villes de guerre. Mais si l'on suit pas à pas la marche de Robespierre, si l'on rapproche les faits qui peuvent jeter une lueur sur sa sourde et mystérieuse ambition, si l'on compare les différents actes de son machiavélisme aux diverses époques de son horrible carrière, si l'on se pénètre bien de la part d'influence qu'il exerçait au Comité de salut public et de la nature des fonctions qu'il y avait accaparées, on restera convaincu que les raisons ci-dessus mentionnées ne furent que de spécieux prétextes, inventés par le dictateur pour égarer les individus qu'il faisait agir, et peut-être pour se tromper lui-même. L'omnipotence absolue du Comité de salut public n'était qu'un premier pas pour Robespierre, qui aspirait à devenir le dominateur exclusif de la situation ; de nouvelles luttes étaient inévitables : pour les soutenir, il n'avait pas d'autres armes que celles qu'il avait employées jusqu'alors : sa parole, sa réputation d'austérité et enfin la guillotine. Il importait donc à cet ambitieux sans entrailles que la hideuse machine continuât à fonctionner, pour être toujours préparée à frapper les ennemis politiques ou particuliers dont il aurait encore à se défaire. Aussi avait-il régularisé l'institution du supplice. Une commission populaire de cinq membres, séant au Louvre, faisait un triage parmi les détenus, établissait les listes de mort, et les adressait au Comité de sûreté générale qui les renvoyait, après examen, au Tribunal révolutionnaire. Chacun de ces trois aréopages d'assassins croyait pouvoir décider sans remords et sans scrupule, puisque son *travail* était l'objet de l'attention de deux autres, et que, par cette infernale combinaison la responsabilité des meurtres journaliers n'incombait particulièrement à personne.

Pendant ce temps, la campagne de 1794 s'ouvre pour toutes les armées. Ceux qui l'ont préparée d'une manière si énergique, ont soin d'inspirer la confiance en affectant de ne pas douter un seul instant du gigantesque succès qu'ils ont en vue. Ils font décréter par la Convention que la République triomphera. Dès l'ouverture des hostilités, Barère annonce à l'Assemblée qu'on a remporté quelques avantages militaires; mais il ajoute d'un ton dédaigneux que de petits succès ne sont pas dignes d'être signalés à une Nation qui compte un million d'hommes sous les armes. Néanmoins, il dépouille chaque soir le portefeuille que Carnot lui remet rempli de dépêches des généraux, et il rédige habilement les rapports qui, lus le lendemain à la Convention, sont expédiés ensuite aux armées. Son nom y devient populaire : le cri de « Barère à la tribune ! » constitue l'un des accompagnements du signal de charge, et, suivant l'heureuse expression de l'éloquent rapporteur du Comité de salut public, la Victoire usurpe le vol hardi de la Renommée.

L'armée des Pyrénées-Orientales chasse les Espagnols du camp de Boulou, bloque Collioures et Port-Vendres, investit Bellegarde et pénètre en Espagne. L'armée d'Italie oblige les Autrichiens et les Piémontais à abandonner la grande chaîne des Alpes. L'armée des Alpes occupe le Mont-Cenis et le Petit-Saint-Bernard L'aile gauche de l'armée du Nord prend Courtray ainsi que Menin, et envahit la Flandre maritime. L'aile droite, une partie du centre et l'armée des Ardennes sont réunis sur la Sambre ; c'est là qu'il s'agit de frapper à mort la Coalition. Dans ce but, l'armée de la Moselle s'y dirige aussi à marches forcées, après s'être renforcée d'une partie de l'armée du Rhin. Tous ces contingents réunis effectuent définitivement le passage de la Sambre, déjà tenté cinq fois sans résultat ; Charleroi est pris ; enfin, la victoire de Fleurus, couronnant ces magnifiques efforts, anéantit la base d'opération des Coalisés, et ouvre la Belgique à la nouvelle armée de Sambre-et-Meuse.

Cette suite de triomphes, enivrants pour tous les cœurs français, est célébrée jusque dans les prisons où le despotisme révolutionnaire continue à entasser ses victimes ; mais elle constitue un souci de plus pour Robespierre. Quelque chef militaire, désigné par la Victoire, ne va-t-il pas lui ravir l'espoir de ses travaux ? Sa haine augmente pour Carnot, principal auteur de cette brillante situation militaire. Après avoir assuré le pouvoir du Comité de salut public, il a suivi une politique nouvelle, et porté des coups habiles à la démagogie qu'il déteste autant qu'il la méprise. Les énergumènes, les démocrates de bas étage, les *patriotes* bavards, délégués par les départements, n'osent déjà plus porter au club des Jacobins les idées stupides de leur faconde révolutionnaire, car ils y reçoivent maintenant un accueil peu encourageant. Naguère, on vantait leurs vertus civiques et leur patriotisme ; aujourd'hui, on blâme leurs manifestations et leur ostentation peu convenable, dit-on, pour de sincères républicains. On va jusqu'à suspecter leurs intentions : s'ils dénoncent quelque fait regrettable, on les accuse de vouloir peut-être lui donner assez de publicité pour le faire parvenir à des oreilles ennemies. Par suite des mêmes influences régénératrices, l'institution des comités révolutionnaires reçoit une grave atteinte ; ils sont supprimés dans les Communes rurales. Enfin, une habile manœuvre amène la dissolution des Sociétés populaires non affiliées au fameux club, principal appui du dictateur.

Mais en même temps que Robespierre obtient ces résultats significatifs, ses étranges allures ont éveillé l'attention de divers membres des Comités et de la Convention : on soupçonne ses projets d'ambition personnelle. Il connaît ces gens trop clairvoyants, et il attend l'occasion prochaine de tomber leurs têtes, car sa force augmente faire chaque jour; les places les plus importantes sont occupées par ses créatures; la Commune, le Tribunal révolutionnaire et l'État-major de la Garde nationale parisienne lui sont dévoués. D'ailleurs la majorité de la population répète son nom avec espoir, depuis qu'il a proposé de reconnaître l'Être-Suprême; il compte que, dans le grand jour de cette déclaration solennelle, l'explosion du sentiment général aura lieu en sa faveur. La fête a lieu, et il s'y montre plutôt en dictateur qu'en président d'une Assemblée républicaine; la population s'attend à quelque coup d'État; mais l'indécision du tribun trompe l'attente générale, il n'ose pas saisir le pouvoir, il attend qu'on le lui offre, et nulle initiative ne se manifeste du côté de la multitude; au contraire, les Conventionnels dévoilent par des murmures et de sourdes menaces leur jalousie républicaine. La déception de Robespierre donne la mesure de sa fureur; ses improbateurs sont autant de têtes vouées à l'échafaud; c'est encore un bail à passer avec la guillotine. Il fait proposer par Couthon l'affreuse loi du 22 Prairial qui mettra ses ennemis à sa merci, et, malgré quelques essais de résistance, la loi fatale est votée par la Convention.

Dès lors, plus de soixante députés ne rentrent plus le soir dans leur domicile. La crainte leur donne le courage de conspirer; les plus compromis dressent des listes de proscription, dont le tyran est censé l'auteur, et sur lesquelles ils mettent le nom des collègues dont ils veulent faire cesser l'hésitation. Les visions mystiques d'une vieille illuminée, qui faisait de Robespierre un Messie, sont transformées en conspiration politique par le Comité de sûreté générale, afin d'avoir occasion de bafouer indirectement, devant la Convention, le pontife de l'Être-Suprême aspirant à devenir Dieu. Ainsi, au moment où Robespierre croyait avoir triomphé des plus grandes difficultés, la fête de l'Être-Suprême a trompé son espoir; la loi du 22 Prairial a rencontré de l'opposition dans l'Assemblée si servile jusqu'alors; le rapport sur la *Mère de Dieu* l'a tourné en ridicule; enfin, la victoire de Fleurus lui enlève jusqu'à l'espérance d'un revers militaire qui lui eût fourni l'occasion d'attaquer le Comité du salut public, et principalement Carnot. Changeant de tactique, il cesse de paraître aux Comités ainsi qu'à la Convention; mais il les fait surveiller par ses affidés, et il ne se montre plus qu'au club des Jacobins.

Cependant, la loi hideuse de Prairial suit son cours; le nombre des victimes s'élève à trente, quarante et cinquante par jour. Cette fois, il n'y a plus moyen d'égarer l'opinion publique qui impute tout ce sang versé à Robespierre; les membres des Comités donnent les signatures nécessaires pour ces affreuses boucheries; ils attendent les effets de la terreur et de la colère publiques contre celui qui a établi cette monstrueuse légalité et qu'ils n'osent attaquer en face. Robespierre veut sortir de cette situation intolérable; il se présente, le 8 Thermidor, à la Convention, et lit, devant un auditoire silencieux et glacé, un discours plein à la fois de menaces et de réticences. Chacun comprend que le dictateur trouve superflue la Terreur dont il n'a plus le monopole, et qu'il voudrait la remplacer par une autre à son profit. La résistance se manifeste ouvertement. Le lendemain, 9 Thermidor, Saint-Just veut reprendre l'œuvre si mal commencée par celui dont il est le séide; mais la Convention ne le permet pas. Toute la journée se passe, pour les autorités et les masses populaires, en mouvements confus et désordonnés ; un quart d'heure d'initiative de Robespierre lui assurerait la victoire ; mais **la hardiesse de l'action lui fait défaut**, comme d'habitude ; le hasard occasionne sa défaite, et il expie ses crimes sur l'échafaud.

Le présent volume commence après ce sanglant épisode.

# L'ARMÉE

ET

# LA GARDE NATIONALE

## 1794—1795.

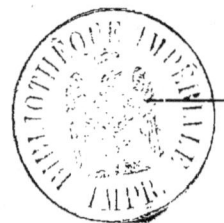

### CHAPITRE XL.

#### SITUATION GÉNÉRALE APRÈS LE 9 THERMIDOR. — DÉLIVRANCE COMPLÈTE DU TERRITOIRE.

(Thermidor et Fructidor an II; Vendémiaire an III. — Août et Septembre 1794.)

**Sommaire.**

Ivresse générale causée par la mort de Robespierre. — Arrestations des agents de la Terreur. — Dissensions entre les conventionnels. — Régénération des Comités de salut public et de sûreté générale. — Libérations de détenus. — Hoche et d'autres chefs militaires sont élargis. — Kellermann est maintenu en prison. — Le Club des Jacobins reprend ses allures subversives.

Incendie de la maison de l'Unité. — Explosion de la poudrière de Grenelle. — Inquiétudes à l'égard de l'établissement de Meudon. — Tentative d'assassinat effectuée sur Tallien.

Organisation du nouveau gouvernement. — But de la politique *Thermidorienne*.

Conséquences de la révolution du 9 Thermidor dans les départements.

Faible retentissement de cet événement dans les armées. —

Succès des armées du Nord, de Sambre-et-Meuse, des Pyrénées-Occidentales et de la Moselle.

Reprise sur les Autrichiens des dernières villes qu'ils occupaient en France. — Condé est dénommé *Nord-Libre*.

Fête de la cinquième Sans-culottide. — Envoi d'un drapeau d'honneur à chacune des quatorze armées.

Bellegarde, repris sur les Espagnols, est dénommé *Sud-Libre*.

Fête nationale décrétée pour célébrer la délivrance complète du territoire.

La mort de Robespierre!... Tel est le résumé des événements de la veille pour la population parisienne en proie au délire de la joie. Chacun se sent délivré de l'affreux cauchemar qui l'oppressait jour et nuit. Tous, croyant renaître à la vie, vont et viennent par les rues, riant, pleurant, serrant la main à des gens qu'ils n'ont jamais vus. On fait des questions et l'on n'attend pas les réponses; on répond en courant à ceux qui n'interrogent pas; on lance des mots sans suite aux femmes qui agitent des mouchoirs ou des ceintures aux balcons des fenêtres. Les uns se précipitent au logis des parents dont ils vont apprendre le salut, la fuite, la captivité ou la mort; d'autres, mieux renseignés, se rendent aux prisons; plusieurs montent dans les voitures publiques ou prennent la poste sans autre but que de répandre eux-mêmes la nouvelle du salut général. Des proscrits, prétendus morts ou émigrés, sortent des caves et d'autres réduits ignorés, ou délaissent brusquement de vulgaires fonctions qui leur servaient de déguisement. Désormais, c'est aux agents de la Terreur à trembler et à se cacher.

Les félicitations affluent à la Convention ; tous maudissent les machinations du *scélérat*, dénommé naguère l'*incorruptible*. Des députations accourent des départements pour dévoiler les cruautés raffinées des *délégués de Robespierre;* la conduite atroce de Lebon, à Arras et à Cambrai, excite surtout l'horreur de ses collègues (1). Le conventionnel inculpé allègue en vain qu'un mois auparavant, la Représentation nationale a approuvé le système de rigueur dont elle s'indigne en ce moment (2) ; il est décrété d'arrestation.

---

(1) Lebon fut accusé, entre autres faits, d'avoir prolongé l'agonie d'une de ses victimes en la laissant sous le couteau de la guillotine pendant le temps nécessaire pour lire à la foule un bulletin de victoire.

(2) Les atrocités de Lebon furent telles que, même au plus fort de la Terreur, il s'était élevé contre lui de violentes dénonciations. Barère en rendit compte à la Convention, au nom du Comité de salut public (21 Messidor - 9 Juillet); il avoua que Lebon avait employé *des formes un peu acerbes*, mais il ajouta que la politique du gouvernement exigeait le rejet de pétitions suggérées par l'*astucieuse aristocratie*. Il conclut que Lebon avait sauvé Cambrai en employant des procédés révolutionnaires, et la Convention passa à l'ordre du jour en applaudissant.

Les chefs de la police du triumvirat renversé, les complices de sa tortueuse politique, l'accusateur public Fouquier-Tinville, le peintre David, le général Rossignol arrivé subitement à Paris, etc., sont également arrêtés. L'affreuse loi du 22 Prairial est rapportée; l'action du tribunal révolutionnaire, composé de créatures du tyran, est suspendue; les administrations sont épurées de ses partisans; des représentants du peuple sont envoyés dans les départements pour procéder à des opérations analogues ainsi qu'au remplacement des Autorités.

Cependant, l'enceinte législative redevient ce qu'elle était avant la dictature : une lice ouverte à tous les partis. Les *Modérés*, en aidant à la chute de Robespierre, n'ont pas entendu renverser seulement un homme, mais tout un système; ils sont forts du sentiment général qui se manifeste dans la population. Les *Montagnards* craignent que l'esprit de réaction n'amène le relâchement des mesures vigoureuses au moyen desquelles la République a triomphé de ses ennemis intérieurs et extérieurs; ils s'apprêtent à lui opposer une énergique résistance. Les *Thermidoriens* s'imposent la tâche de ne se laisser déborder par aucun des deux partis extrêmes.

CHAPITRE XL. — THERM. AN II — AOUT 1794.

Les membres des Comités de salut public et de sûreté générale visant à conserver le pouvoir, Barère désigne trois conventionnels pour remplacer au Comité de salut public les *trois parricides punis de leurs forfaits*. Mais l'Assemblée repousse cette initiative trop conforme aux allures du régime despotique dont elle est à peine délivrée; elle décide que ces deux Comités seront toujours au complet de douze membres, nommés par elle et renouvelés mensuellement par quart. Chaque membre sortant ne sera rééligible qu'après un mois écoulé; nul ne pourra ainsi tenter une usurpation contraire à l'esprit républicain. On procède immédiatement, par la voie du scrutin, aux nominations nécessaires (1).

Le nouveau Comité de sûreté générale, conformément à un décret de la Convention, s'occupe immédiatement de libérer les nombreux détenus auxquels ne peuvent être appliquées les disposi-

---

(1) Pour que le Comité de salut public fût au complet, ainsi que l'ordonnait le décret, il y avait six membres à remplacer : Jean-Bon-Saint-André et Prieur (de la Marne), absents par mission; Hérault de Séchelles, Couthon, Saint-Just et Robespierre, morts. Le scrutin désigna Bréard, Eschassériaux (aîné), Laloi, Thuriot, Treilhard et Tallien (13 Thermidor - 31 juillet). — Au Comité de sûreté générale, Lebas était mort; David, Lavicomterie et Jagot étaient expulsés comme *Robespierristes*, etc.

tions de la loi du 17 Septembre (loi des suspects); mais sa bonne volonté est impuissante à satisfaire l'impatience de tous ceux qui réclament l'élargissement de parents ou d'amis. Cette multitude de solliciteurs encombre ses bureaux, s'installe dans les corridors, campe sur les escaliers et concourt à retarder les travaux qu'elle prétend accélérer. Effrayés d'une telle affluence, les Montagnards prétendent que l'Aristocratie et le Royalisme exploitent, dans des vues perfides, le retour de la population aux sentiments d'humanité; ils s'élèvent contre des libérations obtenues, disent-ils, par surprise ou par subterfuge; ils citent, pour exemples, les ducs d'Aumont et de Valentinois qui ont été élargis sous de faux noms.

Effectivement, à la faveur du bouleversement des premiers jours, un grand nombre de représentants du peuple ont fait sortir de prison leurs protégés. C'est ainsi que le général Santerre a pu se présenter à la barre de la Convention, comme victime du *scélérat* Robespierre (10 Thermidor-28 Juillet); il a demandé qu'on le mît à même de servir de nouveau la Patrie; heureusement, son offre a été éludée. Hoche a aussi recouvré sa liberté par les soins du député Lacoste; Debruny et d'autres chefs militaires ayant également vu s'ouvrir pour eux les geôles républicaines, les noms de plusieurs d'entre eux sont cités par les Montagnards pour prouver qu'on relâche les ennemis de la Révolution. Levasseur (de la Sarthe) compte Kellermann parmi ces derniers, et il l'accuse de trahison; Goupilleau (de Fontenay) et Cochon se portent, au contraire, garants de la loyauté et du patriotisme de ce général; après une violente discussion, la Convention décide que le tribunal révolutionnaire résoudra la question : le vainqueur de Valmy et du Mont-Blanc reste en prison.

Des contestations analogues accroissent chaque jour la scission entre les Conventionnels des divers partis. Tous protestent qu'ils veulent le maintien de la République; mais ils s'injurient dès qu'on discute les moyens à employer pour la consolider. L'expression d'aveugles ressentiments complique encore la situation; sourd aux représentations des Thermidoriens, Lecointre (de Versailles) accuse, à la tribune, Billaud-Varennes, Collot d'Herbois, Vadier, Voulland, Amar, etc., d'avoir été les complices de Robespierre. Mais la Réaction n'a pas encore adopté la marche décidée qu'elle doit suivre peu après : ces récriminations, jugées aussi dangereuses qu'impolitiques, sont déclarées calomnieuses par l'Assemblée (1).

Le Club des Jacobins, fermé pendant deux jours à la suite du 9 Thermidor, a repris le cours de ses séances. Quelques orateurs l'ont d'abord félicité « d'avoir, par la chute du tyran, échappé à » l'esclavage et reconquis pour chaque citoyen le » droit d'exprimer sa véritable opinion. » Ces assertions ont obtenu une telle approbation, qu'un *patriote* a demandé comment Robespierre se

---

(1) Dussault dépeint ainsi l'aspect des dictateurs dépossédés par la révolution de Thermidor: « Leur teint et leur physionomie » étaient flétris par le genre de travaux pénibles et nocturnes » auxquels ils s'étaient livrés. L'habitude et la nécessité du se- » cret leur avaient imprimé sur le visage un sombre caractère de » dissimulation; leurs yeux caves, ensanglantés, avaient quelque » chose de sinistre. Le long exercice du pouvoir avait laissé sur » leur front et dans leurs manières je ne sais quoi de fier et de » dédaigneux.... Par une de ces faiblesses qui n'honorent pas le » cœur humain, l'amour-propre des représentants semblait » flatté de les voir se rapprocher d'eux; on briguait l'honneur de » leur conversation, l'avantage de leur toucher la main. On » croyait lire encore son devoir sur leurs fronts. C'était des rois » détrônés dont on s'honorait d'être l'avocat. Cependant, ils » étaient devenus plus liants. Billaud-Varennes tâchait de donner » à ses yeux effrayants un caractère plus doux, à sa voix tran- » chante une expression plus moelleuse, à son front pâle et dé- » fait plus de sérénité. » — *Fragment pour servir à l'histoire de* » *la Convention, depuis le 10 Thermidor jusqu'à la dénoncia-* » *tion de Lecointre*, par J.-J. Dussault.

trouvait avoir tant d'ennemis dans une assemblée où, peu de jours auparavant, tous semblaient compter parmi ses partisans les plus dévoués. La Société a reconnu alors qu'elle a commis la faute « d'idolâtrer un homme, » et elle a décidé que « l'idolâtrie serait à jamais » bannie de son sein. » A la faveur de cette réaction passagère, des conventionnels autrefois expulsés du club sont revenus y siéger. Mais quelques jours suffisent à cette réunion perturbatrice pour reprendre ses anciennes allures. Les *purs patriotes* s'indignent bientôt des tendances contre-révolutionnaires du moment; les violentes déclamations et les menaces se font entendre de nouveau; les conventionnels qui ne flattent pas ou ne partagent pas les idées de la basse démagogie, sont contraints de s'éloigner encore une fois. Le fameux Club vise à redevenir ce qu'il était naguère : le rival redouté de la Représentation nationale.

Les Thermidoriens sont décidés à l'empêcher de recouvrer sa dangereuse prépondérance. Pour le moment, ils sont secondés par l'immense majorité de la population parisienne, qui prodigue les satires et les injures à ses anciens oppresseurs. Les libelles abondent contre les Jacobins.

Les ex-membres des comités révolutionnaires et leurs acolytes sont partout bafoués et poursuivis du nom de *brise-scellés*; car un grand nombre des détenus mis en liberté n'ont retrouvé que les murs de leurs demeures ; linge, argenterie, gros meubles même, tout a été enlevé par les agents de ceux qui les ont fait incarcérer. Dans les théâtres, les acteurs connus par leurs exagérations révolutionnaires sont forcés de faire amende honorable devant le public. Dans les promenades, des rixes s'engagent entre les têtes chaudes des deux partis qui se qualifient réciproquement de *terroristes* et de *royalistes*.

Nulle force armée régulière n'est encore à la disposition des Comités de gouvernement. Le 12 Thermidor (30 Juillet), Barras a annoncé à la Convention que la tranquillité publique était assurée, et il s'est démis du commandement militaire accepté au moment du péril. L'Assemblée a décrété les bases d'une réorganisation de la Garde nationale parisienne (1); mais rien n'est encore effectué à ce sujet. L'attitude de la majorité de la population suffit pour imposer aux

---

(1) Voir le chapitre suivant.

Jacobins; néanmoins ils ne se tiennent pas pour vaincus : une petite guerre journalière se perpétue entre les deux partis, qui s'accusent l'un l'autre de malheurs fortuits aggravant la situation générale.

Ainsi, dans la nuit du 2 Fructidor (19 Août), le feu prend à la maison de l'Unité (Abbaye de Saint-Germain des Prés) où une fabrication considérable de salpêtre a été établie. Cet incendie, causé par l'imprudence d'ouvriers qui en sont les premières victimes, anéantit une foule de richesses bibliographiques longuement accumulées.

Quelques jours après (14 Fructidor-31 Août), vers sept heures et un quart du matin, le sol de Paris frémit d'une commotion subite; dans plusieurs quartiers, des portes sont arrachées de leurs gonds et une grande quantité de vitres volent en éclats. On croit d'abord à un tremblement de terre; on apprend bientôt que l'immense poudrerie de Grenelle vient de sauter. Aussitôt, des bandes nombreuses armées de piques, de faux et de bâtons se répandent dans les rues en criant : « Aux armes! Vengeance contre les royalistes! » Les boutiques et les maisons se ferment devant ces effrayantes démonstrations; mais au bruit de la générale qui retentit de tous côtés, les habitants apparaissent à leurs fenêtres, devant leurs portes, ou courent aux chefs-lieux de leurs sections (1). Cette manifestation spontanée produit un effet immédiat; les groupes de forcenés se dispersent ou disparaissent.

Lorsqu'on peut se rendre compte des résultats de l'affreux accident de Grenelle, on reconnaît que plusieurs centaines d'ouvriers ont péri; du côté de la poudrerie, de nombreux bâtiments sont lézardés; une grande quantité de cheminées sont renversées; la rangée d'arbres du Champ de Mars, du côté de l'explosion, n'offre plus qu'une suite de troncs noircis et déchirés; dans un rayon étendu, on voit des portes et des poutres qui ont été lancées au loin avec leurs serrures; çà et là, des jambes, des bras et d'autres hideux débris.

Pendant que la Convention et le Comité de salut public prennent les mesures indispensables, la population voisine du lieu du sinistre déploie généreusement la plus vive sollicitude à l'égard des blessés. Mais les bruits les plus effrayants circulent; on parle de quinze cents victimes; on prétend qu'on a trouvé des mèches phosphoriques

---

(1) Le chef-lieu d'une Section était le bâtiment où se réunissaient ses comités et où elle tenait son assemblée.

de divers côtés; chaque parti accuse ses adversaires, et les Jacobins répètent que rien ne va bien depuis la mort de Robespierre (1).

Les munitions, les ustensiles et les matières qui ont échappé au désastre sont soigneusement recueillis, pour être répartis dans des poudreries moins considérables et plus éloignées de Paris (2). En attendant, on les dépose dans l'établissement de Meudon, toujours environné d'un mystère qui donne lieu à des commentaires absurdes ou malveillants : il est soupçonné, ainsi que le télégraphe alors en essai, de recouvrir quelque machination contre-révolutionnaire. On le dit plein d'armes dangereuses pour la Liberté. Des curieux qui ont essayé de franchir les palissades de

---

(1) Il est étonnant que la catastrophe de Grenelle n'ait pas eu lieu beaucoup plus tôt. En raison des besoins pressants des armées, l'enclos destiné d'abord à une production de cinq à six milliers de poudre par jour, avait été rempli de bâtiments accolés l'un à l'autre pour porter la fabrication journalière à trente milliers. L'urgence y faisait négliger les précautions les plus vulgaires; les constructeurs de tous états y étaient mêlés aux poudriers; des charrettes et des chevaux circulaient sans cesse autour des ateliers sur des chemins pavés, etc. — *Eléments de Chimie*, par Chaptal.

(2) Quatre nouvelles poudreries furent aussitôt créées : aux Minimes (Vincennes), à l'abbaye des Loges (Saint-Germain), à l'Hermitage de Sénart et à la Maison des Antonins de Saint-Germain-en-l'Isle (Essone). — *Bottée et Riffault*.

l'enceinte, ont vu leur tentative déjouée par une rigide vigilance; le petit nombre de représentants du peuple et de savants qui y pénètrent, gardent le silence quand on les interroge; des mystificateurs ont inventé et des imbéciles répètent qu'il occupe précisément l'endroit où César établit son camp pour asservir les Gaules. Des députations de Sections viennent fréquemment exprimer à la Convention leurs craintes au sujet de tant de mystères; on tente de dissiper leurs appréhensions sans satisfaire leur curiosité; elles se retirent mécontentes de l'imprévoyance des gouvernants, qui envoient encore dans ce lieu suspect les restes de l'approvisionnement de Grenelle.

Une semaine après l'explosion de Grenelle, le Club des Jacobins, dont l'audace croit chaque jour, raye de ses contrôles le thermidorien Tallien. Le lendemain (23 Fructidor-9 Septembre), ce conventionnel, regagnant son domicile à une heure avancée dans la nuit, est blessé à l'épaule d'un coup de pistolet qu'un homme aposté lui tire à bout portant. Les habitants de Paris se demandent alors s'ils ne peuvent plus espérer un seul jour de repos; les *patriotes* prétendent imputer ce crime aux *aristocrates;* Merlin (de Thionville), à la tribune de la Convention, en accuse *la queue de Robespierre,* et réclame la dissolution de la Société des Jacobins.

Cette proposition fut la source de nouveaux orages dans l'Assemblée, et ces dissensions perpétuelles firent dire à Legendre : « Nous avons
» promis d'opérer le bonheur du peuple; tenons-
» lui parole, sauvons notre pays ! Quand vous
» aurez rempli cette tâche glorieuse, vous vous
» assommerez si vous voulez. » On rit et on applaudit; mais l'animosité resta la même.

Telles furent les difficultés qui accompagnèrent la création du nouveau mode de gouvernement. Le 15 Fructidor (1er Septembre), les Comités de salut public et de sûreté générale furent renouvelés par quart, conformément à la loi nouvelle (1); le même jour vit aboutir les discussions sur la manière dont la République allait désormais être régie.

---

(1) Le sort désigna pour sortir du Comité de salut public : Carnot, Robert Lindet et Barère. Mais Collot d'Herbois et Billaud-Varennes, donnant leur démission, se substituèrent aux deux premiers; Tallien, leur adversaire, crut alors devoir se démettre aussi des mêmes fonctions. Par suite, Collot-d'Herbois, Billaud-Varennes, Barère et Tallien sortirent du Comité. Ils furent remplacés par Delmas, Merlin (de Douai), Cochon et Fourcroy.

La haute administration fut partagée entre seize Comités composés, les uns de douze, les autres de seize Conventionnels (1). Ces Comités, complétement indépendants les uns des autres, pouvaient se réunir pour les questions qui intéressaient plusieurs d'entre eux à la fois. Tous devaient être renouvelés mensuellement par quart (2).

Jusqu'à l'organisation complète de chacune de ces fractions du gouvernement, les Comités de

---

(1) 1 Comité de salut public ;
2 — de sûreté générale ;
3 — des finances ;
4 — de législation ;
5 — d'instruction publique ;
6 — de l'agriculture et des arts ;
7 — du commerce et des approvisionnements ;
8 — des travaux publics ;
9 — des transports en poste ;
10 — militaire ;
11 — de la marine et des colonies ;
12 — des secours publics ;
13 — de division ;
14 — des procès-verbaux et archives ;
15 — des pétitions, correspondances et dépêches ;
16 — des inspecteurs du Palais national.

(2) Pour les Comités de salut public et de sûreté générale, les nominations mensuelles avaient lieu par appel nominal, et les membres sortants n'étaient rééligibles qu'après un mois d'intervalle. Pour les autres, on procédait par billets de scrutin signés, et les membres sortants pouvaient être immédiatement réélus.

la Convention déjà existants devaient continuer leurs fonctions, alors agrandies de la part d'initiative qui leur avait été enlevée par le despotisme du terrible Comité de salut public. Les Commissions exécutives, que ce dernier avait substituées aux anciens ministères, continuèrent à fonctionner comme par le passé.

En partageant ainsi l'action du gouvernement entre tous ces Comités, la Convention voulut rendre impossible une usurpation qui eût peut-être entraîné pour elle un nouvel asservissement; mais le Pouvoir naissant, morcelé par la défiance, était bien débile pour succéder à la dictature dont l'omnipotente énergie n'avait pas reculé devant l'emploi du *maximum* et l'usage continu de la guillotine. Après une longue discussion, il fut décidé que le gouvernement conserverait le nom de *révolutionnaire*; cette dénomination, qui signifiait naguère *absolu*, devint alors le synonyme de *provisoire*.

L'ensemble des mesures prises à cette époque par la Convention démontre clairement le double but de la politique thermidorienne : empêcher la prépondérance de l'un ou l'autre des deux partis extrêmes, dont le triomphe, secondé par les passions de la multitude, eût infailliblement entraîné la restauration de la Monarchie ou le rétablissement de la Terreur. Les comités révolutionnaires furent abolis dans les Communes de moins de 8,000 âmes; à Paris, on les réduisit de quarante-huit à douze, et on porta le nombre de leurs membres de cinq à douze; ils furent d'ailleurs soumis à un renouvellement partiel et à d'autres dispositions de nature à les empêcher de redevenir l'objet de l'effroi général. Les *assemblées de sections* ne tinrent plus qu'une séance par semaine, le décadi; l'indemnité de quarante sols allouée aux assistants fut supprimée. Le tribunal révolutionnaire, composé de juges et de jurés nouveaux, recommença à fonctionner d'après les lois antérieures au 22 Prairial. Elles eussent suffi pour amener encore d'effroyables résultats; mais la faculté d'interprétation, qui les avait rendues terribles quelques mois auparavant, les faisait alors douces et clémentes pour les *anciens suspects* et les *citoyens égarés par Robespierre* (1).

---

(1) *Jugements du Tribunal révolutionnaire dans le milieu de Fructidor.*
11 Fructidor (28 Août). Condamnés à mort, 1 A la prison, » Acquittés 1
12 — (29 Août). — » — » — 2
13 — (30 Août). }
14 — (31 Août). } — 1 — » — 41

Les dissensions qui agitaient si fortement la Convention et la population parisienne n'étaient pas moins vives dans les départements.

Suivant l'éloignement, le plus ou moins de facilité des communications, la hardiesse des agents du système de l'intimidation et le degré de torpeur des habitants, la Terreur s'était prolongée plus ou moins longtemps dans les différentes localités. Brest, entre autres, en offrit un déplorable exemple. Le père du général Moreau monta sur l'échafaud quatre jours après la chute de Robespierre (13 Thermidor-31 Juillet); trois jours auparavant, ce général s'était emparé de l'île Cadsand, dont la prise assurait celle du fort l'Écluse, une des clefs de la Hollande.

Le grand événement accompli à Paris fut nié d'abord par les agents du sanglant régime abattu. Lorsqu'arrivèrent les Commissaires de la Convention chargés de remplacer les autorités, les vaincus restèrent un moment étourdis de cette défaite inopinée; mais avant qu'un mois se fût écoulé, ils étaient revenus de leur première stu-

---

15 — (1er Sept.). Condamnés à mort, » A la prison, 1 Acquittés, »
16 — (2 Sept.). — » — 1 — 1
17 — (3 Sept.). — 1 — » — 5
Etc. — *Moniteur universel.*

peur; dans plusieurs villes du Midi, il se manifesta une sourde agitation due aux machinations de *patriotes* qui niaient *la conspiration du vertueux Robespierre.*

La révolution du 9 Thermidor n'eut qu'un faible retentissement dans les armées (1). Les 500,000 réquisitionnaires de la Levée en masse, aguerris par leur rude apprentissage, avaient acquis en moins d'un an les qualités des vieux soldats. Les privations et les maladies avaient fait périr les plus faibles; ceux qui avaient résisté à tant de souffrances physiques et morales, s'endurcissaient chaque jour davantage et préparaient ces hommes de fer qui devaient plus tard étonner l'Europe (2). Justement fiers

---

(1) « .... Les armées reçurent avec assez d'indifférence » l'adresse de la Convention qui les instruisait des événements » du 9 Thermidor. Le soldat, tout dévoué à la guerre et à la » République, s'intéressait peu au sort de ceux qui prétendaient » le gouverner au dedans, et mettait peu d'importance à leurs » querelles. Rien ne changea dans les opinions des armées, et le » Comité de salut public, qui leur donnait des ordres, fut renouvelé sans que ce nouvel ordre de choses, qui changeait tout au » dedans, opérât aucune commotion au dehors. » — *Histoire de France depuis la Révolution de 1789,* par le citoyen F. Emmanuel Toulongeon.

(2) « .... Les soldats se passaient des objets les plus nécessaires; ils ne campaient plus sous des tentes; ils bivoua-

de leurs succès, ne doutant plus de la victoire, la vie guerrière leur avait fait perdre de vue les tristes querelles de l'intérieur. Un an auparavant, chaque bataillon et chaque compagnie eût adressé à la Convention quelque pompeuse félicitation ; cette fois, quelques demi-brigades transgressèrent seules la défense relative aux actes collectifs, en envoyant à l'Assemblée des adresses d'adhésion. En général, ce furent les Représentants du peuple qui accomplirent cette partie du programme habituel des bouleversements révolutionnaires. Les uns écrivirent à la Convention « qu'ils allaient, à leur tour frapper les com- » plices de Robespierre sur les terres étrangères, » en attaquant l'infâme coalition. » D'autres protestèrent que « l'événement du 9 Thermidor,

---

» quaient sous des branches d'arbres. Les officiers, sans appointe-
» ments ou payés avec des assignats, vivaient comme les soldats,
» mangeaient le même pain, marchaient à pied comme eux et le
» sac sur le dos. L'enthousiasme républicain et la victoire soute-
» naient ces armées.... » — *Histoire de la Révolution fran-*
» *çaise*, par M. A. Thiers.

« . . . On manquait de tentes et l'on se fit un point d'honneur
» de la nécessité de s'en passer ; les hommes faibles périrent, à la
» vérité, dans des mouvements rapides qui multipliaient ainsi le
» nombre réel des troupes ; mais ceux qui résistèrent à tant de
» fatigues devinrent des hommes de fer... » — *Mémoires secrets*,
par le comte d'Allonville.

» quoiqu'inattendu, ne ferait qu'augmenter l'ar-
» deur des défenseurs de la Patrie. »

L'héroïque jeunesse, victorieuse dans tant de combats, n'avait pas besoin de ces excitations boursouflées. L'armée du Nord venait d'occuper le fort de Lillo, évacué par les Anglais qui s'étaient retirés sous le canon de Bréda et de Berg-op-Zoom ; l'armée de Sambre-et-Meuse était entrée à Liége. Barère, en rendant compte de ces succès à la Convention, fit remarquer qu'ils coïncidaient avec le renversement de la tyrannie et que « la Liberté avait ainsi battu la charge à la « même heure en Belgique et à Paris. » L'armée des Pyrénées occidentales s'empara de la vallée de Bastan ainsi que de Fontarabie (14 Thermidor-1$^{er}$ Août) et l'adjudant-général Lamarque (1)

---

(1) Lamarque (Maximilien), né à Saint-Sever (Landes) en 1770, entra au service comme soldat et devint, au bout de quelques jours, capitaine de grenadiers sous Latour-d'Auvergne. Le 5 Février 1793, à l'armée des Pyrénées occidentales, il reçut deux graves blessures en arrêtant, avec sa compagnie, une colonne espagnole qui tournait la gauche de l'armée. Plus tard, passant la Bidassoa à la tête de deux cents grenadiers, il marcha contre Fontarabie et, après une perte de cent vingt-cinq hommes, enleva cette place défendue par quatre-vingts bouches à feu et dix-huit cents Espagnols. Ce fait d'armes méritait une récompense glorieuse. Lamarque, qui n'avait encore que vingt-deux ans, fut chargé de porter en France les drapeaux enlevés à l'ennemi, et fut élevé au grade d'adjudant général. — *Biographie universelle des Contemporains.*

arriva à Paris assez à temps pour que les drapeaux ennemis, qu'il apportait à la Convention, figurassent dans la cérémonie de l'anniversaire du renversement de la Royauté (23 Thermidor-10 Août). La même armée entra ensuite à Saint-Sébastien, et l'armée de la Moselle occupa la ville de Trèves (21 Thermidor-8 Août).

Des résultats encore plus brillants furent obtenus par les troupes détachées des armées du Nord et de Sambre-et-Meuse, sous le commandement du général Schérer, pour attaquer successivement les quatre places fortes que les Autrichiens occupaient sur le territoire. Après avoir repris Landrecies (1), elles assiégèrent vigoureusement le Quesnoy, dont la garnison se rendit le 28 Thermidor (15 Août). Cette heureuse nouvelle fut rapidement portée à Paris par le télégraphe qui manœuvrait officiellement pour la première fois (2). Valenciennes subit bientôt le même sort, et la Convention apprit en même temps (11 Fructidor-28 Août) que le drapeau républicain flottait en Hollande sur le fort l'Écluse.

Après la reprise de Valenciennes, les troupes

---

(1) Chapitre XXXVIII.
(2) Cette première ligne télégraphique était établie de Paris à Lille.

victorieuses se portèrent sur Condé. Lorsqu'on notifia au commandant Autrichien de cette ville le décret de la Convention, en vertu duquel la garnison devait être passée au fil de l'épée si elle ne se rendait pas immédiatement, cet intrépide militaire répondit « qu'une nation » n'avait pas le droit de décréter le déshonneur » d'une autre. » Néanmoins l'impossibilité d'être secouru l'obligea à capituler (13 Fructidor-30 Août); il offrit sa vie, et défendit celle de ses soldats en alléguant qu'il ne leur avait pas fait connaître le décret dont on l'avait menacé. On feignit d'ajouter foi à ce généreux mensonge (1).

« Le territoire de la République ne supporte » plus d'ennemis! » écrivit Schérer au Comité de salut public. Il disait vrai pour le Nord;

---

(1) Le *Rapport de Carnot sur les événements qui ont précédé, accompagné et suivi la prise de Landrecies, du Quesnoy, de* **Valenciennes et de Condé** fait connaître comment le Comité de salut public usa de subtilité pour empêcher l'exécution du décret, qui condamnait les quatre garnisons à être passées au fil de l'épée si elles ne se rendaient pas à la première sommation (Chapitre XXXVIII), et pour éviter néanmoins de le faire rapporter par la Convention. Schérer avait reçu l'ordre de pousser les travaux d'attaque avec assez d'activité pour que la sommation, faite d'une manière imposante, pût légitimer une capitulation immédiate. — *Séance de la Convention* du 1er Vendémiaire an III (22 Septembre).

aussi la Convention décida-t-elle que Condé, la dernière des quatre places reprises, porterait désormais le nom de *Nord-libre*. Mais au Midi, les Espagnols étaient encore en possession de Bellegarde, bloqué depuis quatre mois par les troupes de Dugommier.

Pendant que Schérer faisait les quatre sièges, les armées du Nord et de Sambre-et-Meuse s'étaient tenues à peu près inactives, l'une aux environs d'Anvers, l'autre sur les bords de la Meuse. Lorsque les quatre villes furent redevenues françaises, Schérer renvoya à la première des deux armées la brigade Osten qui en faisait partie ; lui-même rejoignit la seconde avec ses troupes. L'armée du Nord compta ainsi 70,000 hommes ; celle de Sambre-et-Meuse 116,000, et toutes deux reprirent leur marche, assurées de nouveaux succès.

On atteignit ainsi les Sans-culottides. Les jours complémentaires que l'année républicaine comprenait sous ce nom ridicule, avaient été originairement destinés à célébrer des fêtes ; mais on fit valoir qu'au moment de la récolte, du battage des grains et des vendanges, cinq journées entièrement consacrées aux plaisirs constitueraient une perte de temps regrettable; on eût pu ajouter qu'on redoutait aussi les effets pernicieux d'une oisiveté aussi prolongée pour les populations turbulentes de plusieurs villes et surtout de la capitale. Il fut décidé que la cinquième Sans-culottide (21 Septembre) serait seule considérée comme jour férié.

A Paris, la fête commença dans le jardin du Palais national (Tuileries) par des symphonies exécutées en l'honneur des victoires de la République et des charmes de la Fraternité. Le Président de la Convention proclama que les quatorze Armées n'avaient cessé de bien mériter de la Patrie (1), et il attacha une couronne de lauriers au drapeau qui devait être envoyé à chacune d'elles, portant cette inscription : *A l'Armée de........ la Patrie reconnaissante, 5ᵉ jour des Sans-culottides, l'an II.* Un cortége se rendit ensuite au Panthéon pour y déposer solennellement les *restes précieux* de Marat, tandis que, par une porte

---

(1) Le licenciement de l'*armée révolutionnaire parisienne* avait réduit ce nombre à treize; mais la création de l'armée de Sambre-et-Meuse, bien qu'elle ne fût qu'une agglomération d'armées déjà existantes, permettait de conserver cette pompeuse énumération dont la République était fière.

dérobée, on enlevait les *restes impurs* de Mirabeau. Le char renfermant le corps de l'abject individu dont on célébrait l'apothéose, était escorté par un détachement de l'École de Mars et par des *blessés pour la Patrie* qui portaient les drapeaux d'honneur destinés aux armées.

Cette pitoyable cérémonie constituait une concession, faite par l'Assemblée, au parti Montagnard qui s'indignait sans relâche des symptômes contre-révolutionnaires ; elle n'était plus conforme à l'opinion générale ; aussi fut-elle accueillie par la population avec une extrême froideur. D'ailleurs, au moment où le cortége s'organisait pour partir des Tuileries, la nouvelle de mouvements séditieux éclatés à Marseille fit convoquer la Convention en séance extraordinaire ; la plupart des députés se trouvèrent heureux d'être ainsi dispensés d'y figurer.

Trois jours après (3 Vendémiaire - 24 Septembre), on apprit que Bellegarde, le dernier poste occupé en France par l'Étranger, était enfin au pouvoir de l'armée des Pyrénées orientales. Au bruit d'un tonnerre d'applaudissements, la Convention décerna le nom de *Sud-libre* à la cité reconquise, et une fête nationale fut décrétée pour célébrer l'entière délivrance du territoire.

# CHAPITRE XLI.

## SUITE DE LA RÉORGANISATION MILITAIRE. — DIFFICULTÉS POUR RECONSTITUER LA GARDE NATIONALE PARISIENNE. — PRÉLUDES DE LA LUTTE ENTRE LES THERMIDORIENS ET LES MONTAGNARDS.

(Vendémiaire an III. — Septembre et Octobre 1794.)

### Sommaire.

Loi nouvelle sur l'avancement militaire. — Régularisation de la solde de l'armée. — Création de l'*École centrale des travaux publics* (Ecole Polytechnique). — Concours pour l'admission dans l'arme de l'artillerie.

La Garde nationale parisienne comprend l'universalité des citoyens en état de porter les armes. — Difficultés que présente sa réorganisation. — Dissensions parmi les citoyens armés. — Diversité de l'armement et du costume. — Mode de commandement défectueux. — Efforts du Comité militaire pour la reconstituer sur des bases solides.

Divisions entre les Thermidoriens et les Montagnards. — Ces derniers ont pour auxiliaires les Jacobins et la populace. — Expectative du parti royaliste. — Première mesure décrétée contre le Club des Jacobins. — Tactique des agitateurs pour fatiguer la Garde nationale.

*Jeunesse dorée.* — Sa composition. — Ses luttes avec les Jacobins. — Elle devient l'appui des Thermidoriens. — Vaine tentative pour l'organiser militairement.

Attitude de l'École de Mars. — Souffrances physiques et déchéance de la population ouvrière. — Mécontentement du nombreux personnel de la manufacture d'armes parisienne.

Enumération des forces respectives des partis Montagnard et Thermidorien.

Lorsque Carnot eut rétabli les conditions essentielles de l'existence de l'Armée, il restait encore à la doter d'une administration régulière, de règles hiérarchiques fondées sur la justice et la raison, d'une instruction proportionnée aux exigences des différentes Armes, etc. Cette seconde partie du magnifique programme qu'il s'était tracé, était ébauchée avant la chute de Robespierre.

Entre autres exemples, la Convention sanctionna, le 1er Thermidor (19 Juillet), une importante amélioration qui concernait l'avancement militaire. D'après la loi du 21 Février 1793, les nominations aux divers grades, jusqu'à celui de chef de bataillon inclusivement, s'effectuaient un tiers à l'*ancienneté de service* et les deux autres tiers à l'*élection*, c'est-à-dire par le suffrage des inférieurs. Ces deux modes avaient été imposés par les circonstances. Le premier, excluant l'*ancienneté de grade* au profit de l'*ancienneté de ser-*

*vice*, avait satisfait les idées révolutionnaires exagérées, en procurant un avancement prodigieux à d'anciens serviteurs considérés alors comme des victimes du népotisme militaire. Le second avait eu pour but d'offrir les séduisantes perspectives d'une rapide carrière aux natures hardies et ambitieuses qu'il importait d'attirer dans les rangs de l'Armée, et qui, effectivement, s'y précipitèrent. Mais lorsque la furie républicaine eut enchaîné la Victoire, lorsqu'un peu de répit permit de songer à régulariser l'ensemble des éléments désordonnés si énergiquement mis en jeu, on reconnut de nombreux inconvénients aux règles qui présidaient à l'avancement de l'immense majorité des officiers. L'un des principaux était que l'autorité supérieure, légalement dépourvue de tout pouvoir à cet égard (1), se trouvait privée des moyens de récompenser et d'exciter l'émulation. Pour y remédier, le Comité de salut public fit décréter par la Convention que le tiers des vacances, depuis le grade de sous-lieutenant jusqu'à celui de chef de bataillon inclusivement,

---

(1) Il n'est question ici que des avancements *légaux*. Le désordre révolutionnaire, l'omnipotence des Jacobins, les besoins prodigieux des armées, l'urgence du champ de bataille, etc., avaient donné lieu à une multitude d'avancements irréguliers.

serait dévolu à la nomination du gouvernement. Les généraux, les représentants du peuple aux armées et les autres conventionnels devaient signaler les auteurs de faits remarquables; le rapport et les propositions à faire rentraient dans les attributions du Comité de salut public; la sanction définitive des grades accordés aux plus méritants appartenait à la Convention (1$^{er}$ Thermidor-19 Juillet) (1).

Un autre décret d'une importance extrême en raison de l'immensité du mal auquel il était appelé à remédier, fut également rendu dans les derniers jours de la puissance dictatoriale. Il s'agissait de rétablir la régularité de la solde. Dans des moments d'une urgence effrayante, il avait fallu subvenir instantanément aux besoins les plus pressés d'une multitude de corps différents, formés dans des conditions diverses et exceptionnelles; il en était résulté pour le payement des

---

(1) Il s'ensuivit un singulier résultat. La première liste de militaires auxquels on proposa d'appliquer la loi nouvelle, fut présentée à la Convention quelques jours après la chute du gouvernement auquel on en était redevable (25 Thermidor-12 Août). Elle comprenait le gendarme Méda, nommé sous-lieutenant de cavalerie, « parce que, » disait le rapport, « il est le premier » qui ait fait feu sur les traîtres Couthon et Robespierre. »

troupes une foule de décisions partielles rédigées sans maturité. Leurs incohérences et leurs contradictions occasionnaient de continuelles fluctuations dans les dépenses, et d'incroyables dilapidations au sujet d'une quantité d'indemnités de numéraire, de fourrage, de haute-paye, d'hôpital, etc. La comptabilité était devenue un chaos inextricable, et un grand nombre de gens trop habiles en profitaient.

L'Assemblée nationale, après avoir entendu un volumineux rapport qui lui fut présenté au nom de quatre Comités, approuva un système général qui devait faire disparaître ces immenses inconvénients (1). La solde des différentes Armes fut dès lors déterminée pour chaque grade et chacune des positions dans lesquelles un militaire peut se trouver (2) (3 Thermidor-21 Juillet).

---

(1) *Rapport sur la solde des troupes fait à la Convention au nom des Comités de salut public, des finances, de l'examen des marchés et de la guerre,* par Cochon, membre du Comité de la guerre, dans la séance du 3 Thermidor. — *Moniteur universel.*

L'usage fit bientôt reconnaître des imperfections graves au système ainsi adopté; néanmoins, il constitua alors une importante conquête de l'ordre sur l'anarchie.

(2) Il y eut exception pour le Génie, dont la solde fut décrétée quinze jours plus tard par une loi spéciale (19 Thermidor-6 Août). Cette particularité provint de ce que l'adjonction ré-

Tels furent, au point de vue de la réorganisation militaire, les derniers efforts de l'effroyable gouvernement qui sauva la France de l'Étranger et perdit la République dans l'esprit de la Nation ; mais il serait injuste de ne pas attribuer également à sa puissante initiative d'importantes mesures qu'il avait préparées, et qui aboutirent après sa chute. Il suffit de citer la plus fameuse : la création de l'*École centrale des travaux publics*, dénommée plus tard *École Polytechnique*.

L'idée d'une grande école préparatoire, destinée à fournir au pays toutes les classes d'ingénieurs, avait été favorablement accueillie par ceux qui tiraient alors un parti si prodigieux des sciences et des arts pour la défense du territoire (1). Carnot et Prieur (de la Côte-d'Or) s'é-

---

cente des compagnies de mineurs à cette Arme y avait introduit des officiers, dont la position et l'avancement devaient être forcément régis par des dispositions autres que celles qui concernaient les ingénieurs.

(1) L'idée de l'*École centrale des travaux publics* apparut officiellement pour la première fois, lorsque le *gouvernement révolutionnaire* remplaça les ministères par des commissions exécutives (chapitres XXIII et XXIV). D'après le décret qui la constitua (21 Ventôse an II - 11 Mars 1794), la *Commission des travaux publics* devait s'occuper de fonder une *École centrale des travaux publics* et déterminer le mode de concours auquel il semblerait convenable d'astreindre ceux qui désireraient en faire partie.

taient vivement intéressés aux ouvertures qui leur avaient été faites à ce sujet par Monge, leur ancien professeur à l'École du génie de Mézières. Prieur ne cessa dès lors de se livrer aux travaux qui préparaient l'accomplissement de ce vaste projet (1); ils était considérables; ce fut seulement deux mois après le renversement de la dictature que la proposition put en être faite à la Convention.

Un vaste établissement d'instruction scientifique, conçu d'après un plan entièrement nouveau, devait entraîner de fortes dépenses; il était à craindre que cette considération ne motivât dès l'origine une opposition qui eût anéanti sans retour le projet dont on espérait tant de résultats fructueux. On redoutait aussi que la Convention ne refusât sa sanction à cette innovation, parce qu'elle en avait approuvé la première idée sous le régime tyrannique qu'elle venait de renverser. Pour disposer favorablement les esprits, Fourcroy, organe en ce moment des Comités de salut public, de l'instruction publique et des travaux publics, se conforma aux

---

(1) *Histoire de l'École Polytechnique*, par A. Fourcy.

exigences du moment. Il déclama d'abord contre « les vaincus de Thermidor qui avaient voulu, » dit-il, « faire disparaître les lumières dont ils » redoutaient l'influence, anéantir toutes les » choses et tous les hommes utiles à l'instruc- » tion, et marcher à la domination à travers les » débris des connaissances humaines, et précé- » dés par l'ignorance et la superstition. »

Les sciences et les arts étaient ainsi habilement présentés comme des proscrits, dont la réhabilitation constituerait pour l'Assemblée nationale une protestation de plus contre ses anciens tyrans. Avec plus de vérité, Fourcroy rappela ensuite que la guerre avait fourni à la France une heureuse occasion de développer toute la puissance des arts, devenus les plus utiles auxiliaires des soldats républicains. Il cita, pour exemples, la fabrication des armes, du salpêtre et de la poudre, l'extraction du cuivre des cloches, l'emploi des aérostats et l'établissement du télégraphe. Il en conclut l'urgente nécessité de doter la France d'une pépinière d'ingénieurs pour le service des armées, des ponts et chaussées, des mines et des constructions de la Marine, et pour l'établissement des cartes géographiques.

La Convention, persuadée par cet habile plaidoyer, adopta le projet qui lui était soumis :

Tous les jeunes gens, de 16 à 20 ans, pouvaient se présenter aux examens qui allaient s'ouvrir, le 1ᵉʳ Brumaire (22 Octobre), dans vingt-deux villes (Amiens, Brest, Caen, etc.), devant deux examinateurs : l'un nommé par la Commission des travaux publics pour juger l'aptitude des candidats (arithmétique, géométrie et éléments de l'algèbre); l'autre, choisi par l'agent national du District, pour vérifier la moralité des postulants et leur attachement aux principes républicains.

Après ces épreuves dont le terme fut fixé au 10 Brumaire (31 Octobre) (1), 400 élèves devaient être admis d'après les listes des examinateurs. Assimilés pour le traitement de route aux canonniers de 1ʳᵉ classe, ils devaient être rendus à Paris avant le 10 Frimaire (30 Novembre).

On leur reconnut une solde annuelle de 1,200 livres, et on leur imposa la condition de demeurer chez des *pères de famille* qui surveilleraient leur conduite. A cet effet, des registres destinés à recevoir les déclarations de ceux qui consentaient

---

(1) Ils furent ensuite prolongés à Paris pendant toute la durée de Brumaire.

à loger des élèves de l'École centrale, furent ouverts dans les six Sections les plus voisines du palais Bourbon (1), où se réunissait la Commission des travaux publics et dans les dépendances duquel devait être installée la nouvelle école

Le temps des études fut limité à trois années (2).

Dès que la loi eut été rendue (7 Vendémiaire-28 Septembre), on s'occupa de procurer au nouvel établissement les objets les plus indispensables à une instruction scientifique étendue; les moyens employés caractérisent la misère de cette époque. Le commerce ne fabriquant plus d'ustensiles en cuivre, la Commission des armes livra à l'École deux cents vieux récipients en dépôt dans l'église Saint-Séverin. La Commission des approvision-

---

(1) Sections de Grenelle, des Invalides, de l'Unité, du Bonnet-Rouge, des Piques et de la République.

(2) On voulut cependant obtenir dès l'origine des résultats presque immédiats. En conséquence, des *cours concentrés*, comportant une instruction complète quoique accélérée, eurent lieu pendant trois mois, après lesquels les élèves furent partagés en trois classes, suivant leur aptitude ou leur degré d'instruction. Chacune de ces divisions suivit ensuite les études affectées à chacune des trois années; l'école fut ainsi en activité dès le premier temps de son institution.

nements lui fournit 6,000 livres de cuivre et 2,000 livres d'étain. Pour son éclairage, on lui octroya 20,000 livres d'huile de spermaceti à prendre dans les magasins du Hâvre; pour les expériences de chimie, l'agence des poudres lui remit deux barils de potasse et 500 livres de salpêtre; 100 livres d'alun furent tirées pour elle de la Belgique; elle eut du mercure parce qu'il venait d'en arriver à Paris 12,000 livres enlevées dans le Palatinat. Pour faire fabriquer les compas nécessaires aux élèves, il fallut demander au Comité de salut public l'acier, le zinc, les limes, l'huile, la chandelle et le bois dont avaient besoin les ouvriers. Une horloge était indispensable; on enleva celle de la maison des religieuses carmélites du faubourg Saint-Germain (1).

Les fondateurs de l'École centrale ne tinrent pas d'abord compte de la similitude qui existe entre les travaux scientifiques du Génie militaire et de l'Artillerie; des moyens spéciaux furent employés pour relever la moyenne de l'in-

---

(1) *Histoire de l'École polytechnique*, par A. Fourcy.

struction du Corps d'officiers de cette dernière Arme.

L'École des élèves du Corps de l'artillerie avait été transférée à Châlons-sur-Marne en 1790 (1); mais en raison des circonstances déplorables au milieu desquelles avait été installé ce nouvel établissement, il languissait dans un triste délabrement. Quelques pièces de canon de siége et de campagne composaient tout son matériel d'instruction.

Il fut décidé qu'un concours pour l'admission des jeunes gens dans l'Artillerie serait ouvert à Châlons du 1$^{er}$ Frimaire au 15 Nivôse (21 Novembre au 4 Janvier) (2). Le manque certain

---

(1) *L'Ecole des élèves du corps de l'artillerie*, établie à Lafère en 1756, transférée dix ans après à Bapaume, supprimée en 1772, et remplacée depuis 1779 par la création de six places d'élèves dans chacune des sept *Ecoles régimentaires*, avait été rétablie par un décret de l'Assemblée constituante du 15 décembre 1790. Plusieurs villes, Toul et Châlons-sur-Marne, entre autres, s'étaient disputé l'avantage de la posséder.

(2) Pour être admis à l'examen de Châlons, les candidats devaient fournir un certificat de civisme, leur acte de naissance, la déclaration d'un professeur attestant qu'ils possédaient les principes élémentaires des sciences sur lesquelles ils devaient être examinés, et enfin un acte de notoriété certifiant : 1° qu'ils n'étaient pas de la caste ci-devant privilégiée ; 2° que leurs père et mère n'avaient pas émigré. — *Avis de la Commission de l'organisation et du mouvement des armées de terre.* — *Moniteur universel* du 7 Vendémiaire (28 Septembre).

CHAPITRE XLI. — VENDÉM. AN III. — SEPT. 1794. 41

d'instruction des candidats en rendit forcément les conditions très-douces. Néanmoins, il s'en présenta si peu qu'on dut retarder l'époque des examens; ils eurent lieu du 1er Pluviôse au 15 Ventôse (20 Janvier au 5 Mars).

Cependant les seize Comités de la Convention commençaient à fonctionner. Pour donner une idée du manque d'unité que comportait ce mode de gouvernement, il suffit de remarquer que la Force militaire dépendait, suivant les circonstances, des Comités de salut public, de sûreté générale, des travaux publics, des transports et enfin du Comité militaire (1).

---

(1) *Attributions des Comités* (au point de vue militaire). — *Séance de la Convention* du 15 Fructidor (1er Septembre).
*Comité de salut public* (12 membres). — « Le Comité de salut
» public aura sous sa surveillance directe et active : les rela-
» tions extérieures ; l'organisation et la levée des troupes de
» terre ; les plans de campagne, mouvements et opérations mili-
» taires ; ...... les manufactures de toute espèce d'armes, les
» fonderies, les bouches à feu et machines de guerre, les poudres,
» les salpêtres, les munitions de guerre, les magasins et arsenaux
» pour la guerre et la marine; le travail des ports, la défense des
» côtes, les fortifications et les travaux défensifs de la frontière;
» les bâtiments militaires ; les remontes, charrois, convois et re-
» lais militaires ; les hôpitaux militaires ; la subsistance des ar-
» mées ; leurs fournitures en effets d'habillement, équipement,
» casernement et campement.... Il a le droit de faire arrêter les

Ce dernier comptait dans ses attributions la surveillance et la direction de la force armée de Paris.

Il présenta son premier rapport à la Convention (14 Vendémiaire-5 Octobre) par l'organe de Gossuin. A l'égard de l'Armée, ce député protesta du zèle et du dévouement avec lesquels le Comité, dont il faisait partie, poursuivrait les améliorations dont elle était susceptible. Quant à la Garde nationale parisienne, après quelques paroles d'éloge assez embrouillées, il avoua qu'il n'y

---

» fonctionnaires publics et agents civils et militaires sur lesquels » il exerce sa surveillance. Il peut les traduire au tribunal ré-» volutionnaire en se concertant avec le Comité de sûreté géné-» rale.... »

*Comité de sûreté générale* (16 membres). — « ..... Il requiert » la force armée pour l'exécution de ses arrêtés..... »

*Comité des travaux publics, mines et carrières* (12 membres). — « ..... Il a la surveillance simple du travail des ports, de la » défense des côtes, des fortifications, des travaux défensifs de la » frontière et des bâtiments militaires.... »

*Comité des transports, postes et messageries* (12 membres). — « ..... Il a la surveillance simple des charrois, convois et relais » militaires de toute espèce..... »

*Comité militaire* (16 membres). — « Il a la surveillance ac-» tive de la force armée de Paris.... Il a de plus la surveillance » simple des objets attribués à la Commission des armes et des » poudres; des hôpitaux militaires; de l'organisation, de la disci-» pline et de l'exercice des gens de guerre, des remontes et dépôts » des troupes à cheval. »

existait ni hiérarchie, ni discipline. Il en donna pour raison que le personnel des officiers, élus dans les accès de la fièvre démagogique, n'avait pas été renouvelé depuis l'événement de Thermidor. Il ajouta que le Comité de sûreté générale allait se faire rendre compte du civisme et de la moralité de chacun d'eux, mesure qui ne devait froisser aucun vrai républicain, « car l'homme » sans reproche, » dit-il en forme de péroraison, » ne craint jamais l'épuration. »

Les causes qui faisaient alors de la Garde nationale parisienne une agglomération dépourvue de force et de consistance, étaient bien autrement complexes que ne le disait Gossuin. Oubliée et dédaignée alors qu'Hanriot et ses *frères d'armes* faisaient trembler la ville, elle avait tourbillonné, dans la journée du 9 Thermidor, indécise, divisée et soumise aux influences diverses qui résultaient des appels contraires faits par la Convention et par la Commune. Un quart d'heure d'initiative eût assuré la victoire à Robespierre; le hasard amena sa défaite. Quelques jours après, la Convention décida que le service de la Garde nationale parisienne serait fait par l'universalité des habitants en état de porter les armes.

L'exécution de cette décision eut pour effet de remettre en présence, dans les rangs des Sections armées, des individus de toutes classes ; les différences de langage et de manières constituèrent une première disparate. En outre, les divergences passionnées qui divisaient la population se retrouvèrent naturellement parmi les citoyens sous les armes. Les officiers, différant d'opinions aussi bien que leurs soldats, ne trouvaient une sorte d'obéissance que lorsqu'ils s'adressaient à des subalternes partageant leur manière de voir en politique.

La tenue générale était une image de cette anarchie. Quelques rares bataillons, les plus favorisés sous le rapport de la composition, comptaient un assez grand nombre d'uniformes exhumés des armoires où ils venaient de faire un long séjour ; mais la plupart ne comptaient pas deux uniformes par compagnie. On y voyait quelques fusils et une multitude de piques ; un bonnet rouge, une carmagnole et des sabots constituaient l'habillement le plus usité.

Enfin, l'Assemblée nationale avait doté la garde citoyenne du mode de commandement le plus défectueux. Autrefois, Robespierre avait réuni entre les mains d'Hanriot le commandement

CHAPITRE XLI. — VENDÉM. AN III. — SEPT. 1794. 45

de la 17ᵉ Division militaire et celui de la Garde nationale. Le danger encouru au 9 Thermidor porta la Convention à séparer ces deux pouvoirs (1), et à décider qu'il n'y aurait, pour la Garde nationale parisienne, ni commandant général, ni état-major général permanent. Les fonctions en furent alternativement confiées, pendant cinq jours, à cinq des commandants des bataillons de Sections; le plus âgé avait les attributions de général en chef; les quatre autres lui servaient d'adjudants généraux. (2).

---

(1) La circonscription de la 17ᵉ division militaire fut déterminée de nouveau par un arrêté du Comité de salut public (17 Fructidor-3 Septembre); elle fut composée des départements de Paris (non compris cette commune *intra muros*), de l'Oise, de Seine-et-Oise, de Seine-et-Marne, du Loiret et d Eure-et-Loir. Le commandement en fut donné à Thierry, général de brigade commandant à Lille, promu général de division. Il eut pour adjudants généraux Remoissenet, commandant temporaire à Soissons, et Mathis, chef de légion de la garde nationale, blessé dans la nuit du 9 au 10 Thermidor.

(2) *Décret sur la Garde nationale,* rendu par la Convention dans la séance du 19 Thermidor (6 Août).

« Art. I. Il n'y aura pas de commandant général, ni de chef de
» légion de la Garde nationale de Paris. L'état-major sera composé
» de cinq membres qui seront en exercice pendant cinq jours.

» Art. II. Les membres de l'état-major seront pris successive-
» ment parmi les commandants de la Garde nationale de chaque
» section, par ordre de numéros; en conséquence, il sera procédé,
» par la voie du sort, à la fixation du numéro de chaque section,

Par quelle aberration, des gens sensés purent-ils espérer qu'ils obtiendraient un résultat satisfaisant d'un ensemble aussi désordonné et d'un commandement aussi décousu? Tel fut pourtant l'espoir du Comité militaire qui s'épuisa, dans ce but, en efforts dignes d'une tâche moins ingrate. Il recevait les rapports de l'état-major temporaire, réglait les affaires de détail, prononçait sur des difficultés sans cesse renaissantes, augmentait le nombre des corps de garde et faisait remettre des portes, des fenêtres ou même des toits aux postes qui en avaient été privés par les *frères d'armes* d'Hanriot. Chaque jour, à midi,

---

» Art. III. Le plus ancien d'âge des cinq membres de l'état-major commandera en chef pendant cinq jours; les quatre autres feront les fonctions d'adjudants. . . . . . . . .

» Art. IV. Le bureau de l'état-major sera établi près de la Convention nationale . . . . . . . . . . . . . .

» Art. V. La Gendarmerie nationale et autres troupes employées à Paris, à la solde de la République, seront, pendant la durée de leur service, aux ordres de celui qui fera les fonctions de commandant de la Garde nationale.

. . . . . . . . . . . . . . . . . . . . . . . . . .

» Art. VII. Le service de tous les établissements, soit nationaux, soit communs aux différentes sections, roulera sur l'universalité de la Garde nationale. En conséquence, chacune des sections fournira chaque jour sa portion contingente, en raison de sa population et du nombre d'hommes qui sera jugé nécessaire pour le service. »

Etc., etc.

le mot d'ordre lui était exactement envoyé par le président de la Convention ainsi qu'au chef de bataillon momentanément investi de l'autorité supérieure. Malheureusement, il était hors de son pouvoir d'inculquer subitement, à la majorité des citoyens armés, l'habitude de la régularité, de la subordination et de l'exactitude dans le service. Néanmoins, dans la plupart des Sections, il existait une quantité variable de gardes nationaux dont le zèle et l'empressement aux prises d'armes, contrastant avec l'apathie du plus grand nombre, concouraient à entretenir les illusions dont se berçait à cet égard le Comité militaire.

La Réaction prenait alors une allure de plus en plus décidée. La Convention accueillit avec faveur une motion tendant à ce qu'un rapport lui fût présenté concernant les soixante-treize députés Girondins, emprisonnés depuis un an, auxquels la mystérieuse politique de Robespierre avait conservé la vie. Legendre reproduisit à la tribune (12 Vendémiaire-3 Octobre) les accusations que Lecointre avait formulées un mois auparavant contre Billaud-Varennes, Collot d'Herbois et Barère. Elles avaient alors été déclarées calomnieuses; cette fois, la Convention décida qu'une commission, choisie dans son sein, procéderait à leur examen. L'Assemblée leva l'état de siége que le gouvernement abattu avait imposé en permanence à plusieurs villes jugées coupables de rébellion; *Commune affranchie* reprit son ancien nom de Lyon, etc., etc.

Les nombreuses mesures, ainsi prises dans un but d'humanité et de réparation, n'étaient pas essentiellement contraires aux idées des Montagnards; mais ils étaient presque toujours choqués de la manière dont ces décrets étaient provoqués, acceptés ou formulés. L'esprit nouveau qui animait la majorité de la Convention, leur semblait incompatible avec les principes absolus qui pouvaient seuls, à leurs yeux, assurer la conservation de la République. Aussi peu désireux que leurs adversaires de voir rétablir le sanglant régime dont ils avaient failli devenir victimes, ils ne blâmaient pas les nombreux acquittements prononcés alors par le tribunal révolutionnaire (1); mais ils s'irritaient des considérants qui moti-

---

(1) *Jugements rendus par le tribunal révolutionnaire,* dans la seconde décade de Vendémiaire.

| | | Acquittés | Condamn. à mort | A la détent. | |
|---|---|---|---|---|---|
| 10 Vendém. | (1ᵉʳ Oct.) | » | — | » | » |
| 11 | (2 Oct.) | 2 | — | » | 1 |
| 12 | (3 Oct.) | 9 | — | 1 | » |
| 13 | (4 Oct.) | 9 | — | 1 | » |

vaient les jugements. Le rappel des *soixante-treize* girondins au sein de la Convention, qui devait évidemment avoir lieu dans un délai plus ou moins long, constituait pour eux la prévision d'une défaite irritante. Ils admettaient, aussi bien que leurs collègues, la nécessité de cicatriser les blessures du pays; mais ils protestaient contre l'universalité des plaintes qui, s'élevant de tous les départements, aboutissaient alors à la Convention pour demander justice des anciens tyrans; pour eux, les despotes qui avaient opprimé si cruellement les populations étaient les principaux moteurs de l'énergie à laquelle la République avait dû les triomphes remportés sur l'Étranger. L'exagération de leurs sentiments entraînait la violence de leur langage. Les Modérés et les Thermidoriens souvent dénommés par eux *réactionnaires*, *aristocrates* ou *royalistes*, les traitaient à leur tour de *terroristes* et de *buveurs de sang*.

---

| | | | | | | | |
|---|---|---|---|---|---|---|---|
| 14 Vendém. | (5 Oct.) | Acquittés, | 5 | Condamn. à mort, | » | À la détent. | » |
| 15 | — | (6 Oct.) | — | 2 | — | » | — | » |
| 16 | — | (7 Oct.) | — | 3 | — | 7 | — | » |
| 17 | — | (8 Oct.) | — | 8 | — | » | — | 1 |
| 18 | — | (9 Oct.) | — | 17 | — | » | — | 1 |
| 19 | — | (10 Oct.) | — | 4 | — | » | — | 11 |
| Etc. | | | | | | | |

Les Montagnards avaient pour appuis certains les Jacobins et la populace. Les Jacobins n'avouaient pas ouvertement les projets subversifs par lesquels ils espéraient recouvrer leur omnipotence passée; mais ils en préparaient l'explosion par de sourdes menées à Paris et par une correspondance active avec les départements. Ils se prévalaient des effervescences qu'ils attisaient eux-mêmes dans le Midi, et prétendaient que les *patriotes* Marseillais leur offraient de marcher sur la Capitale comme au temps où il s'agissait de renverser le Trône. Quant à la populace, elle regrettait la burlesque et terrible importance dont elle avait joui par les comités révolutionnaires, les quarante sols gagnés en assistant aux assemblées des Sections, et les émotions que lui procurait autrefois sa ridicule intervention dans la politique. Son ignorance lui faisait considérer comme ayant été le but du *gouvernement révolutionnaire*, ce qui n'avait constitué pour lui qu'un moyen de despotisme. Personnifiant ce temps de liesse en Robespierre, elle regrettait naïvement le *dictateur et son système.*

Les plus ardents royalistes n'osaient encore se produire ni se prononcer ouvertement. Envisa-

CHAPITRE XLI. — VENDÉM. AN III.— SEPT. 1794. 51

geant les tendances contre-révolutionnaires du moment comme le prélude de faits plus graves et favorables à la Monarchie, ils se contentaient de s'adjoindre à l'un des deux partis entre lesquels louvoyaient les Thermidoriens. Le plus grand nombre activait le mouvement réactionnaire en faisant cause commune avec les Modérés. D'autres, employant le moyen opposé, secondaient les fureurs démagogiques sur l'excès desquelles ils comptaient pour revenir au passé. Quelques-uns même, inconnus à leur propre faction, vivaient journellement avec les ouvriers et comptaient parmi les plus violents énergumènes des faubourgs.

Par toutes ces raisons, le parti qui menaçait le gouvernement d'un danger immédiat était celui qui réunissait les Montagnards, les Jacobins, les Robespierristes et les Terroristes; aussi les plus fougueux Thermidoriens excitaient-ils souvent la Convention à déployer contre lui de vigoureuses mesures. Merlin (de Thionville), entre autres, déclamait fréquemment contre le Club des Jacobins (1). Un décret, rendu sur la proposi-

---

(1) MERLIN (de Thionville) : « ….. Je crois en avoir dit assez
» pour déterminer la Convention, sinon à fermer la société des

tion du Comité de salut public (1), donna une première satisfaction à cet égard : il fut interdit aux Sociétés populaires de correspondre collectivement (25 Vendémaire-16 Octobre).

Privés subitement de leurs moyens d'action sur les départements, les Jacobins affectèrent de répéter qu'il fallait se soumettre à la loi, quelque réactionnaire qu'elle fût; mais ils n'en poursuivirent que plus activement leurs menées à Paris. L'agitation qu'ils fomentaient se manifestait en rassemblements continuels sur les places publiques; les Comités recouraient à la Garde nationale pour les dissiper; on battait le rappel; on organisait des *réserves* qui augmentaient de cinq à six mille hommes l'effectif com-

---

» Jacobins, au moins à défendre à aucun de ses membres d'y
» assister. » (Vifs applaudissents). — *Séance de la Convention* du 24 Fructidor (10 Septembre).

» ..... Je demande que la Convention nationale fasse apposer
» les scellés sur le comité de correspondance des Jacobins, et
» que cette société soit épurée.... » — *Séance de la Convention* de la 5ᵉ Sans-culottide (21 Septembre).

Etc., etc.

(1) Le 15 Vendémiaire (6 Octobre), Carnot, Prieur (de la Côte-d'Or) et Robert Lindet cessèrent de faire partie du Comité de salut public; ils furent remplacés par Prieur (de la Marne), Guyton Morveau et Richard. Un mois après (15 Brumaire-5 Novembre), Carnot fut réélu avec Cambacérès et Pelet (de la Lozère), à la place de Laloi, Treilhard et Eschassériaux.

mandé pour le service ordinaire ; de nombreux détachements se mettaient en marche, et les groupes de séditieux se dissipaient aussitôt pour se reformer ailleurs.

Cette tactique des agitateurs porta ses fruits. Les Gardes nationaux zélés, dont le nombre n'était pas considérable, se fatiguèrent de ces prises d'armes fréquentes et de ces promenades sans résultats. Ceux pour lesquels le travail de la journée représentait le pain quotidien de la famille, se plaignirent hautement. Les plus aisés payèrent des remplaçants quatre livres par jour. En outre, dans toutes les Sections, une fraction plus ou moins considérable de citoyens armés sympathisait avec les Jacobins ; enfin, ces derniers avaient aussi pour eux la totalité des bataillons des faubourgs.

Le Comité de salut public ne pouvait donc compter sérieusement que sur une minorité très-restreinte de la Garde nationale parisienne. Deux troupes soldées, les Gendarmes et les Canonniers des Sections, complétaient la force armée de la Capitale ; mais elles étaient peu nombreuses, et leur conduite dans la journée du 9 Thermidor justifiait toutes les défiances. Le gouvernement Thermidorien se trouva ainsi dans un dénûment analogue à celui de la Dictature qu'il avait remplacée ; cette dernière avait suppléé au manque de troupes par l'intervention active de la populace ; il chercha à son tour un appui énergique et non moins irrégulier dans la jeunesse Parisienne.

Quelques milliers de jeunes gens étaient parvenus à éluder les obligations de la Levée en masse. Les uns avaient obtenu des certificats menteurs de la complaisance ou de la cupidité de certains officiers de santé ; les autres avaient simulé ou exagéré des imperfections physiques ; un grand nombre s'était fait mettre en réquisition par des administrations civiles ; les plus hardis, profitant du désordre général, étaient simplement réfractaires.

Pour ces jeunes gens, plus spirituels que patriotes, la République consistait dans le système des réquisitions, les excès de la terreur et la frugalité de la misère. Leur haine pour ce triste régime se manifesta aussitôt après l'événement de Thermidor : ils protestèrent d'abord contre les façons grossières et la saleté répugnante des démocrates en adoptant un costume aussi soigné qu'exagéré. Les Jacobins affectaient de laisser leurs cheveux incultes et de porter des carmagnoles usées, des cravates roulées en corde et des sabots. Les *Muscadins* tressèrent leurs cheveux en cadenettes et adoptèrent un habit prétentieux, garni, pour mieux vexer leurs adversaires, d'un collet noir ou vert en imitation d'une mode des chefs Vendéens; un flot de mousseline entoura leur cou et leur couvrit le menton; des escarpins très-découverts et un crêpe au bras, en souvenir des parents censés morts sur l'échafaud, complétèrent ce costume de caricature, qui valut à ceux qui le portaient la dénomination ironique de *Jeunesse dorée*.

L'animosité réciproque des deux partis se manifestait fréquemment dans les rues et dans les cafés, dans les promenades et dans les spectacles. Les *patriotes* entonnaient le *Ça ira;* les jeunes gens faisaient entendre le *Réveil du peuple*. « A bas les Muscadins! Vivent les Ja- » cobins! » criaient les uns. — « A bas les bu- » veurs de sang! Vive la Convention! » répondaient les autres. Ces provocations réciproques étaient ordinairement suivies de rixes dans lesquelles la Jeunesse dorée remportait habituellement la victoire, grâce à son entrain, à son nombre et aux sympathies de la population. La haine primitive, avivée par ces fréquentes hostilités, eût suffi sans doute pour entretenir l'ardeur des Muscadins; mais ils recevaient des femmes des encouragements puissants à leur âge. Pour ces dernières, le temps des chagrins, des dangers et des sublimes dévouements était passé; l'hiver approchait; il fallait racheter par des plaisirs excessifs les longs jours perdus dans les larmes ou dans des frissons continuels. Les gracieuses paroles, les doux sourires et les récompenses les plus flatteuses pour l'amour-propre masculin étaient prodigués à ceux qui se distinguaient dans la petite guerre journellement faite aux Jacobins.

Les Thermidoriens eurent ainsi à opposer à leurs ennemis une troupe irrégulière pleine d'audace et de gaieté. La Jeunesse dorée adopta pour oracle *l'Orateur du peuple*, journal que Fréron venait de faire reparaître (1). Le jardin du Palais-Égalité, auquel beaucoup restituaient déjà le nom de Palais-Royal, devint son centre de ralliement. Littérateurs, peintres, sculpteurs, artistes dramatiques, clercs de notaire, commis, etc., s'y rendaient presque tous les soirs pour recevoir les instructions de Barras, Tallien, Merlin (de

---

(1) *L'Orateur du peuple*, suspendu en Novembre 1792, reparut le 25 Fructidor an II (11 Septembre 1794).

Thionville), Fréron, etc., qui leur décernaient les dénominations les plus flatteuses : *boulevard de la Convention, effroi des anarchistes, sauveurs de la patrie,* etc.

La plupart de ceux auxquels on adressait ces paroles emphatiques, étaient assez spirituels pour s'en moquer et reconnaître qu'ils avaient peu de droits à tant d'éloges. Effectivement, dans le sublime effort de la France républicaine contre l'Europe, la place honorable de tout jeune homme valide était aux frontières. Mais les Thermidoriens affectaient d'ignorer que leurs jeunes soutiens étaient, en grande partie, des échappés de la réquisition; bien plus, lorsque les Montagnards déclamaient à la Convention contre les Muscadins parvenus à se soustraire aux exigences militaires, lorsque Carrier demandait qu'on envoyât la Jeunesse dorée aux armées, les Thermidoriens niaient d'abord que la loi n'eût pas été strictement exécutée; ils usaient ensuite de leur pouvoir pour empêcher qu'on inquiétât à ce sujet ceux dont la présence à Paris leur était d'une incontestable utilité.

Barras et Fréron conçurent même l'idée de rendre la Jeunesse dorée plus formidable en lui donnant une sorte d'organisation régulière, et en lui délivrant des armes plus efficaces que les cannes dont elle était munie. Des instructeurs militaires réunirent ces jeunes gens deux ou trois fois par décade, aux Champs-Élysées et dans les jardins des Tuileries ou du Luxembourg, pour leur donner les premières notions du soldat et les exercer au maniement du fusil. Mais cette tentative n'eut pas de suites; des bâtons courts terminés en massue à leurs deux extrémités, d'énormes cannes tortillées en cep de vigne et des fouets de poste restèrent les armes favorites de la Jeunesse dorée; ses véritables *officiers* furent toujours ceux qui avaient obtenu parmi leurs camarades une supériorité morale due à leur caractère ou à leur haine pour les terroristes (1).

Le parti Jacobin conçut des inquiétudes sérieuses de cet essai d'organisation; il redoutait peu la Garde nationale, la Gendarmerie et les

---

(1) Les principaux chefs de la jeunesse dorée étaient : Riboutté, agent de change et littérateur ; Souriguière, connu par ses œuvres dramatiques et auteur du *Réveil du peuple* ; Isidore Langlois, rédacteur du *Messager du soir*; les acteurs Elléviou, Gavaudan, Quesnel; Martainville, fameux depuis par son dévouement à la cause royaliste, etc. — *Souvenirs thermidoriens*, par Georges Duval.

Canonniers, dont l'indifférence ou les sympathies le rassuraient; mais au jour du conflit, les Muscadins armés de fusils pouvaient devenir extrêmement redoutables. Il songea à leur opposer les élèves de l'École de Mars qui étaient déjà formés aux exercices militaires, et dont l'esprit général se ressentait des circonstances dans lesquelles ils avaient été réunis.

Robespierre et Lebas avaient fait du camp des Sablons une sorte de couvent militaire, dont le personnel n'était guère accessible qu'à leurs seules prédications; aussi, dans la journée de Thermidor, avait-il fallu user de prudence et d'adresse pour obtenir la neutralité de l'École de Mars (1). Après la chute de Robespierre, on avait remplacé les instituteurs qui lui avaient été donnés dans l'origine par d'autres dont les opinions étaient plus conformes au nouvel ordre de choses; mais les premiers germes jetés dans ces jeunes têtes pouvaient fermenter sous l'influence des obsessions jacobines, et les Thermidoriens se défiaient, avec quelque raison, des tendances de ces *jeunes séides de Robespierre.*

---

(1) Chapitre XXXIX.

Enfin les instigations des agitateurs s'adressaient en toute liberté à la population ouvrière. Ils la trouvaient d'autant mieux disposée à accueillir leurs pernicieux conseils, qu'elle souffrait cruellement de la disette. Le *maximum* avait ruiné les commerçants qui avaient tenté d'obéir à la loi; les plus habiles l'éludaient de mille manières (1); aussi la plupart des denrées, devenues l'objet de commerces clandestins à l'usage des gens riches, n'existaient pas pour ceux qui pouvaient à peine en donner le prix officiel.

En outre, la marche des événements rétablissait déjà la hiérarchie sociale; la classe ouvrière, dont la vanité avait été longtemps surexcitée par les exagérations révolutionnaires, était mécontente de cette déchéance qui tendait à la replacer dans une position plus modeste. Les nombreux ateliers de l'immense manufacture d'armes de Paris en offraient, entre autres, de frappants exemples. Le gouvernement déchu avait su y introduire la fièvre de l'enthousiasme; mais ce sen-

---

(1) Par exemple, un fermier ne vendait pas ses grains qui étaient *maximés*; il les employait à engraisser des porcs et des volailles qui, n'étant pas soumis au *maximum*, lui étaient achetés au prix qu'il en demandait.

timent factice ne pouvait être que passager; il tomba avec la Terreur, lorsque le terrible mot « suspect » ne résonna plus aux oreilles des mécontents ou des paresseux; alors les sacrifices, autrefois offerts par l'exaltation ou concédés par la crainte, parurent insupportables. D'un autre côté, les succès des armées enlevant à la fabrication des armes une partie de son urgence, on ne répétait plus aux armuriers, ainsi qu'on l'avait fait à satiété, qu'ils étaient les sauveurs de la Patrie, et qu'un coup frappé sur l'enclume équivalait à un coup de fusil tiré contre l'Ennemi. Au contraire, l'ordre et la régularité qu'on voulait substituer aux mesures hâtivement désordonnées de la furie révolutionnaire, portaient à exiger plus de soin et de fini dans les ouvrages; l'examen du travail de chacun devint plus sérieux. Ces diverses causes de mécontentement introduisirent le relâchement dans les ateliers. Certains surveillants employèrent, pour combattre le mal, des moyens maladroits qui l'empirèrent encore; ainsi, dans quelques centres de fabrication, on ferma les portes à clef pour empêcher les ouvriers de s'éloigner de leurs forges ou de leurs établis. Il en résulta un redoublement d'oisiveté et des conciliabules inquiétants; de plus les ouvriers étant payés à la journée, le prix de diverses pièces d'armes atteignit un taux ridicule (1). De pareils abus ne pouvaient être tolérés; une réforme radicale était indispensable; mais il était à craindre que l'immense personnel, dont les intérêts seraient vivement froissés, ne fournît aux Jacobins de nombreux auxiliaires habitués, pour la plupart, au maniement des armes.

En résumé, deux mois après la mort de Robespierre :

Les Royalistes n'osaient encore avouer leurs prétentions; ils se tenaient dans l'ombre, prêts à profiter des circonstances.

La lutte se préparait entre les Thermidoriens et les Montagnards. Les premiers avaient pour adhérents la majorité de la population, les modérés et les réactionnaires; leur force militante était la Jeunesse dorée. Leurs adversaires avaient pour appuis certains le Club des Jacobins et la

---

(1) La baïonnette, qui coûtait 4 livres hors de Paris, revenait alors à 15 livres à l'atelier des Sans-Culottes (Couvent des Miramiones, quai de la Tournelle), où l'on ne fabriquait que cette seule pièce d'arme.

populace; mais ils espéraient se renforcer, au jour du combat, de l'École de Mars et d'une partie de la population ouvrière.

La Gendarmerie et les canonniers des Sections n'offraient de garantie à aucun parti. La Garde nationale était indécise, divisée et sans consistance.

# CHAPITRE XLII.

Commencement de la lutte entre les thermidoriens et les Montagnards. — Licenciement de l'École de Mars. — Fermeture du club des Jacobins. — Dissolution de la manufacture d'armes parisienne. — Nouveaux embarras pour les thermidoriens.

Brumaire, Frimaire, Nivôse et Pluviôse an III. — Novembre et Décembre 1794. — Janvier et Février 1795.)

### Sommaire.

Moyens employés pour préparer l'opinion au licenciement de l'École de Mars. — Elle joue le principal rôle dans la Fête des Victoires. — Elle est licenciée.

Procès de quatre-vingt-quatorze Nantais. — Mise en jugement de leurs accusateurs. — Arrestations de généraux reconnus coupables d'atroces cruautés en Vendée. — Une commission est nommée pour procéder à l'examen de la conduite de Carrier. — Appel à l'insurrection fait au club des Jacobins, en faveur de Carrier. — Première attaque du club par une partie de la Jeunesse dorée. — Seconde attaque. — Dissolution de la société des Jacobins.

Manœuvres employées par le parti terroriste pour entraver le

## L'ARMÉE ET LA GARDE NATIONALE.

procès de Carrier et de ses complices. — Mécontentements excités parmi les ouvriers de la manufacture d'armes parisienne. — Leurs réclamations à la Convention. — Fermentation inquiétante. — Dissolution de cette manufacture.

Acquittement d'une partie des complices de Carrier. — Indignation générale. — Le tribunal révolutionnaire est suspendu pour être renouvelé. — Nouveaux sujets d'irritation pour les Montagnards. — Disette. — Abolition du *maximum*. — Ses conséquences. — Les agitateurs spéculent sur les souffrances de la population ouvrière pour la pousser à l'insurrection. — Efforts du Comité des approvisionnements pour remédier à la famine.

La Jeunesse dorée abat le buste de Marat au théâtre Feydeau. — Le Comité de sûreté générale le fait replacer. — Croisade des jeunes gens contre toutes les effigies de l'*Ami du peuple*. — Le gouvernement permet qu'on joue une pièce insultante pour la Jeunesse dorée. — Cette dernière en empêche la représentation. — Arrestation d'un grand nombre de jeunes gens. — Le gouvernement reconnaît sa maladresse. — Les Terroristes font une ovation à l'image proscrite. — Fermeture de plusieurs sociétés populaires. — Proscription définitive de tous les emblèmes qui rappelaient le souvenir de Marat. — Le gouvernement Thermidorien commence à douter de l'obéissance de la Jeunesse dorée.

Nouveaux efforts des Montagnards pour entraver la marche du gouvernement. — Ils demandent la mise en vigueur de la Constitution de 1793.

Urgence de reconstituer et de réorganiser la Garde nationale parisienne.

**Les Thermidoriens ne laissèrent pas à leurs adversaires le temps de prodiguer à l'École de Mars leurs pernicieuses instigations. Dès qu'on eut reconnu que l'enthousiasme révolutionnaire ou l'irréflexion de leur âge pourrait entraîner**

ces jeunes gens dans une voie hostile au gouvernement, il circula sur l'École des bruits destinés à préparer le public à l'idée de son licenciement. D'un autre côté, le montagnard Peyssard, qui avait partagé dès l'origine la direction de cet établissement avec Lebas, s'en constitua le défenseur (1). Quelques vagues rumeurs ayant attaqué la sincérité des sentiments républicains de ses jeunes subordonnés, il les représenta comme d'implacables ennemis des rois ou des dictateurs; pour preuve, il fit insérer dans les feuilles publiques un récit pompeux du simulacre de combat par lequel ils avaient célébré l'anniversaire du 10 Août (23 Thermidor) (2). On

---

(1) Lebas s'étant tué le 9 Thermidor, le conventionnel Brival avait été adjoint à Peyssard.

(2) *Les représentants du peuple près l'École de Mars au citoyen président de la Convention nationale.*

« Du camp des Sablons, le 24 Thermidor, l'an 2ᵉ de la Répu-
» blique une et indivisible.

» Citoyen président, la Convention ne doit pas ignorer de
» quelle manière l'anniversaire du 10 Août a été célébré par les
» élèves de l'École de Mars.

» A une des extrémités du camp, était figurée l'armée des tyrans
» coalisés contre la France; une redoute formidable, de nombreux
» retranchements la couvraient de toutes parts. L'armée répu-
» blicaine s'avance; on se canonne vivement de part et d'autre;
» les avant-postes sont bientôt pris; nos colonnes prennent
» le pas de charge; rien ne résiste à ce torrent. L'ennemi ne

éleva des doutes sur la salubrité du camp des Sablons, en exagérant le nombre des élèves morts ou tombés malades ; les officiers de santé attachés à l'établissement réfutèrent également ces assertions dans les journaux. Des députations de Sections, secrètement sollicitées, vinrent exprimer à la Convention les craintes que la population ressentait, disaient-elles, du grand nombre de bouches à feu confiées à l'École de Mars. Peyssard n'eut pas de peine à démontrer qu'une quarantaine de pièces d'artillerie était à peine suffisante pour apprendre l'exercice du canon à 3,000 jeunes gens. Il eut aussi à démentir une allégation, souvent répétée, qui attribuait aux élèves un désir immodéré de retourner chez leurs parents.

Pour écarter ce soutien obstiné de l'École

---

» pouvait fuir, selon son usage, à cause des palissades ; la mêlée
» devient générale ; la résistance est opiniâtre ; on combat corps
» à corps ; mais bientôt la cavalerie ennemie est culbutée par
» nos piquiers, et la victoire, toujours fidèle aux Français, se
» déclare en leur faveur.

» Les six tyrans d'Angleterre, d'Autriche, de Prusse, de Rome,
» de Turin et de Madrid, sont faits prisonniers ; on les conduit
» au pied de l'arbre de la Liberté, où ils font amende honorable.
» Un bûcher est à l'instant dressé, et les six mannequins y sont
» précipités aux cris de : Vive la République ! Périssent les des-
» potes et les dictateurs !... »

qu'on voulait dissoudre, on fit décréter par la Convention le changement mensuel des deux représentants du peuple qui y étaient attachés (27 Fructidor-13 Septembre). Puis, afin de soustraire les élèves aux obsessions dangereuses, on décida qu'ils consacreraient le mois de Vendémiaire à de grandes manœuvres *destinées à compléter leur éducation militaire* (1). Effectivement, des exercices répétés les tinrent constamment occupés pendant une quinzaine de jours. On les envoya ensuite, dans la plaine de Grésillon (près Poissy), vivre sous la tente et effectuer de grandes évolutions. Lorsqu'ils rentrèrent au Camp des Sablons (24 Vendemiaire-15 Octobre), il ne leur restait plus que cinq jours pour se préparer au rôle principal qui leur avait été attribué dans la Fête des Victoires, décrétée pour célébrer la complète délivrance du territoire national.

Le décadi 30 Vendémiaire (21 Octobre), un rappel général convoque les Sections armees qui

---

(1) Les élèves de l'École de Mars avaient été réunis pour la première fois au camp des Sablons, le 20 Messidor (8 Juillet) ; leur éducation militaire comptait donc alors soixante-dix jours.

se rendent tambours battants au Champ de la Fédération. A deux heures, elles entourent l'enceinte, dont les glacis extérieurs sont couverts d'une immense population. En face des bâtiments de l'École militaire et à l'autre extrémité de la plaine, on a construit un énorme rocher surmonté d'une redoute à l'aspect inexpugnable. Les *blessés pour la Patrie* y sont déjà installés. La Convention sort de l'École militaire, précédée de la musique de l'Institut national, qui joue des marches triomphales ; elle traverse le Champ de la Fédération dans sa longueur et prend place dans la forteresse. Le Président prononce un discours ; des chœurs de guerriers, de vieillards, de mères de famille, etc., font entendre ensuite le *Chant du départ*. Pendant ce temps, l'École de Mars s'est disposée pour la petite guerre. Sa cavalerie, qui représente l'Ennemi, se livre à d'habiles évolutions, auxquelles s'oppose l'infanterie ; l'artillerie résonne ; les fusiliers et les piquiers sont vainqueurs ; la citadelle est prise d'assaut ; le drapeau blanc qui a surmonte est ignominieusement abattu, et le drapeau tricolore s'élève majestueusement dans les airs au bruit du canon et des fanfares.

Alors, l'École de Mars, escortant les *blessés pour la Patrie* et le char de la Victoire que précèdent des trophées de drapeaux ennemis, fait triomphalement le tour du Champ de la Fédération; la Convention, descendue dans l'arène, se dirige vers le Temple de l'Immortalité où son Président grave sur une colonne symbolique les noms des quatorze armées de la République.

Le soir, le Jardin National est illuminé. Dans un monument élevé au-dessus du bassin qui fait face au pavillon de l'Unité (pavillon de l'Horloge), on a placé l'urne funéraire des guerriers morts pour la Patrie; une députation de la Convention y dépose une couronne de lauriers au nom de la Nation. Enfin, des orchestres donnent à la population le signal des danses patriotiques; il en est de même sur les places du Panthéon et de la Bastille.

Le lendemain, des éloges unanimes furent prodigués à l'Ecole de Mars; on vantait la précision de ses manœuvres, sa tenue et son instruction militaire; il ne lui restait, disait-on, plus rien à acquérir. Aussi, Guyton-Morveau, parlant au nom du Comité de salut public, proposa-t-il de la licencier (2 Brumaire-23 Octobre). Il résuma

d'abord les principes de cette institution et exalta les qualités républicaines des élèves ainsi que leurs talents militaires. Il exposa l'impossibilité de laisser ces jeunes gens sous la tente à l'approche de l'hiver et les longueurs qu'exigerait une installation définitive: il dépeignit l'impatience des parents qui attendaient leurs enfants les bras ouverts, et le juste empressement de ces derniers à revoir les auteurs de leurs jours, etc. « L'égalité, » ajouta Guyton-Morveau, « s'oppose à ce que les élèves de l'École
» de Mars soient envoyés aux armées pour y
» former un corps particulier; ils resteront donc
» dans leurs districts, où ils seront des sujets
» d'émulation pour les hommes de leur âge, jus-
» qu'au jour où la réquisition les mettra à même
» d'aller pratiquer dans les camps les vertus que
» l'éducation révolutionnaire leur a inculquées.
» D'ailleurs chacun d'eux recevra un certificat
» qui sera une puissante recommandation à l'ar-
» mée, aussi bien que pour entrer dans les écoles
» nouvelles qui vont s'ouvrir. »

L'adroite manœuvre du gouvernement rendait impossible toute objection de la part des Montagnards ou des Jacobins; il eût été trop facile, avec la phraséologie boursouflée de l'époque, de réfuter celui qui eût osé prétendre que trois mois ne suffisaient pas pour inculquer à de jeunes républicains toutes les vertus militaires. En conséquence, la Convention applaudit à la louangeuse mystification dont Guyton-Morveau était l'organe, et décréta le licenciement immédiat de l'École de Mars. Les élèves vinrent quelques jours après défiler une dernière fois devant l'Assemblée (10 Brumaire- 31 Octobre) (1); l'un d'eux fit un discours; le président lui répondit; les députés battirent des mains, et le gouvernement, délivré d'une vive appréhension, put tourner ses efforts contre le Club des Jacobins.

Cette seconde *campagne thermidorienne* ne fut pas moins habilement conduite que la précédente.

---

(1) Quelques-unes des innovations créées pour l'École de Mars ont subsisté : « . . . . Les milices de l'Europe ne se doutent
» guère que c'est à ces deux phalanges de bambins français
» (l'École de Mars et les Pupilles de la Garde) qu'elles ont été
» redevables de l'usage des cheveux *à la Titus*, du schako d'in-
» fanterie, du pantalon collant, des infirmeries sous la tente ou
» au quartier, de la demi-guêtre, des souliers carrés, du sabre-
» poignard, de l'enseignement mutuel, des fourneaux écono-
» miques, des sacs de peau en forme de valise et des nids d'hi-
» rondelle ornant les épaules des tambours..... » *Dictionnaire*
» *de l'armée de terre,* par le général Bardin.

En Nivôse, c'est-à-dire dix mois auparavant, Carrier avait fait partir de Nantes un convoi de cent trente-deux malheureux qu'il envoyait au tribunal révolutionnaire de Paris. Les misères d'un tel voyage et un long séjour à la Conciergerie en firent périr une partie; ils n'étaient plus que quatre-vingt-quatorze, lorsqu'on voulut leur rendre la liberté après le 9 Thermidor; mais ils réclamèrent alors pour être jugés. Ce procès éclaira d'une funèbre lumière les abominations dont l'Ouest avait été le théâtre; l'indignation générale éclata surtout contre les membres de l'ex-comité révolutionnaire de Nantes, assignés à comparaître pour les besoins de la cause; les assassins, disait-on, déposent contre les victimes.

Après sept jours de débats, les Nantais furent acquittés (28 Fructidor - 14 Septembre), et l'opinion publique se manifesta si fortement que l'on dut faire passer leurs persécuteurs du banc des témoins à celui des accusés. Les Jacobins prétendirent que la Réaction faisait le procès à la Révolution; néanmoins, l'instruction dévoila chaque jour de nouvelles horreurs dont les auteurs rejetèrent la responsabilité sur Carrier, leur ancien chef. Le sentiment général d'exécration contre les bourreaux de la Vendée fut partagé par l'Assemblée nationale, et le nom de ce malheureux pays ne fut plus prononcé à la Convention sans amener la révélation de faits atroces imputés à Carrier (1). Ce dernier offrit de porter sa tête sur l'échafaud, si on fournissait les preuves de ces terribles inculpations : « On en prouvera bien » d'autres ! » lui cria-t-on. Merlin (de Thionville) dont il invoqua le témoignage lui répondit d'une manière accablante (2). Des généraux cou-

---

(1) *Séance de la Convention* du 8 Vendémiaire (29 Septembre).
« . . . . On n'a conservé dans la Vendée que les généraux qui
» y ont commis le plus de scélératesses, ceux qui jouissaient des
» femmes après qu'elles étaient mortes, ceux qui les envoyaient
» à la mort après en avoir joui, ceux qui faisaient fusiller quand
» on venait leur demander justice. . . . . . . . . . . .
» . . . . On souffrait que les soldats missent au bout de leurs
» baïonnettes des enfants d'un ou deux mois. . . . . . .
» . . . . On amena à Carrier une femme qui était peut-être
» coupable ; je n'en sais rien : elle fut fusillée. Cette femme avait
» deux enfants, l'un âgé de trois ans et l'autre de vingt mois ;
» lorsqu'elle fut morte, on examina ce que l'on ferait de ses en-
» fants. Si on les laisse vivre, dit-on, ils se souviendront du
» traitement qu'a éprouvé leur mère ; ce sont des serpents que
» la République nourrirait dans son sein ; qu'ils périssent !.... »
(2) *Séance de la Convention* du 8 Vendémiaire (29 Septembre).
MERLIN (de Thionville). « Je dois répondre à l'interpellation
» qui m'est faite. Lorsque j'étais à Montaigu, et que certains
» généraux dont les brigandages sont connus, parvinrent, par
» leurs intrigues avec Bouchotte, à faire destituer ceux qui ser-
» vaient bien la patrie, Carrier arriva. Il vit une vingtaine de
» communes que j'avais ramenées au giron de la République ;

pables d'atrocités, furent également dénoncés : Turreau, l'inventeur des colonnes infernales (1); Huchet, « qui a violé des femmes et les a fait » ensuite massacrer; » Grignon, accusé d'avoir fait fusiller des officiers municipaux venus pour fraterniser avec ses soldats, et deux hommes qui demandaient justice du viol d'une femme, leur fille et leur sœur. Carnot apprit à la Convention que Huchet, suspendu de son commandement pour ses cruautés, avait été défendu par Robes-

---

» elles m'avaient promis de ne plus suivre les brigands, s'ils
» venaient pour les faire marcher. Je fus rappelé aussitôt après
» l'affaire d'Ancenis, et ces hommes, qui avaient tenu leur pro-
» messe, et qui avaient même combattu les brigands avec l'armée
» de la République, ont été égorgés par elle. Je ne sais par quel
» ordre; mais je sais que si j'avais été député près de cette même
» armée, ou même dans un département voisin, on n'aurait pas
» impunément égorgé sous mes yeux........ »
(1) *Ordre du général Turreau au général Moulins.*
» .... Le général Moulins se portera avec la colonne gauche
» sur Mortagne, fera désarmer et égorger, sans distinction d'âge
» et de sexe, tout ce qui se trouvera sur son passage.... » — *Guerres des Vendéens et des Chouans,* par un officier supérieur.
« .... Vous vous rappelez, citoyen, que Turreau écrivit que
» deux ou trois colonnes avaient tué 5 à 6,000 brigands; savez-
» vous comment cela se fit? Le voici : on avait ordonné à plu-
» sieurs communes de se rendre sur un seul point, et lorsqu'elles
» furent rassemblées, Turreau les fit fusiller sans distinction
» d'âge ni de sexe.... » — *Séance de la Convention* du 8 Vendémiaire (29 Septembre).

## CHAPITRE XLII. — BRUM. AN III. — NOV. 1794.

pierre et renvoyé à l'armée avec un grade supérieur, quelques efforts qu'on eût faits pour s'y opposer (1). Duquesnoy et Billaud-Varennes ajoutèrent que, le *tyran* s'étant aussi constitué le protecteur de Turreau, on n'avait pu destituer ce général que lorsque le dictateur s'était abstenu de paraître aux séances du Comité de salut public (2). Turreau, Huchet et Grignon furent décrétés d'arrestation (8 Vendémaire-29 Septembre). Quelques jours après, l'Assemblée agit de même à l'égard d'un adjudant général, Lefèvre, d'un capitaine de navire, Macé, et de quatre soldats convaincus d'avoir noyé quarante et une personnes, parmi lesquelles étaient un vieillard aveugle et cinq enfants à la mamelle (3); enfin, elle décida que le tribunal poursuivrait, toute affaire cessante, le jugement des membres de l'ex-comité révolutionnaire de Nantes (21 Vendémaire - 12 Octobre).

Les débats qui s'ouvrirent immédiatement donnèrent la plus grande publicité à de monstrueuses atrocités : un grand nombre de femmes

---

(1) Voir la *note*, page 104, III<sup>e</sup> volume.
(2) Voir les *notes*, pages 347 et 348, III<sup>e</sup> volume.
(3) Voir la *note*, page 103, III<sup>e</sup> volume.

conduites à la mort malgré leur état de grossesse évident, des filles et des garçons de douze ou treize ans guillotinés, plus de six cents enfants noyés, etc. Les accusés et les témoins s'accordant pour reconnaître en Carrier le premier auteur de ces inqualifiables barbaries, la morale publique et la politique exigeaient impérieusement que ce misérable fût mis en jugement. Mais le souvenir des représentants du peuple, frappés pendant la période précédente, fit sentir la nécessité de donner aux députés accusés de puissantes garanties. Une loi fut rapidement élaborée à cet effet, et, conformément aux dispositions qu'elle venait de consacrer (1), les Comités de salut public, de sûreté générale et de législation furent chargés de décider s'il y avait lieu d'examiner la conduite de Carrier. La réponse fut affirmative : en conséquence, une Commission de vingt et un membres fut aussitôt nommée pour

---

(1) D'après cette loi, lorsqu'un représentant du peuple était accusé, les Comités de salut public, de sûreté générale et de législation réunis décidaient s'il y avait lieu d'examiner sa conduite. Une commission de vingt et un membres était ensuite nommée pour procéder à cet examen. D'après ses conclusions, la Convention se constituait en jury d'accusation, écoutait les raisons de l'inculpé, et prononçait, s'il y avait lieu, le renvoi au Tribunal révolutionnaire.

procéder à cet examen (8 Brumaire — 29 Octobre).

Cette décision, qui coïncide avec le licenciement de l'École de Mars, met le feu au camp des Jacobins; les membres et les agents les plus compromis du gouvernement abattu voient, dans les poursuites exercées contre l'auteur des noyades de Nantes, le prélude de recherches rétrospectives plus générales. Billaud-Varennes et Collot d'Herbois, qui ont gardé jusqu'alors un silence blâmé par leurs partisans, sortent de la sombre attitude d'expectative où la prudence les a retenus jusque-là; dans un discours véhément prononcé à la tribune des Jacobins (13 Brumaire - 3 Novembre), Billaud s'écrie qu'à toutes les époques, on a calomnié les patriotes quand on a voulu les perdre : « On nous reproche de garder
» le silence, » ajoute-t-il; « mais le lion n'est
» pas mort parce qu'il sommeille, et, à son réveil,
» il exterminera ses ennemis. La tranchée est
» ouverte ; la guerre est déclarée. »

Cet appel à l'insurrection est dénoncé à la Convention par Bentabole qu'interrompent les cris, les injures et les imprécations de la Montagne; les Thermidoriens ne sont pas moins animés. A l'extérieur, les passions sont également surexcitées au plus haut degré; l'insurrection gronde sourdement au club des Jacobins; la population s'indigne contre ces défenseurs opiniâtres de Carrier, et la Jeunesse dorée manifeste son impatience d'en venir aux mains. Chaque soir, elle se réunit en groupes nombreux dans le jardin du Palais-Égalité pour recevoir les instructions qui émanent du café de Chartres, quartier général de ses chefs thermidoriens. Pour ces derniers, la prudence n'est pas moins nécessaire que l'énergie; ils jouent leurs têtes contre celle de Carrier.

Le 19 Brumaire (9 Novembre), on s'attend à ce que la *Commission des Vingt et un* présentera son rapport à la Convention; il n'en est rien; mais la conclusion est connue. Le parti terroriste s'agite, et le Comité militaire renforce la garde de la Convention. Dans la soirée, le club des Jacobins retentit des discours les plus véhéments : le procès de Carrier, dit-on, est dirigé contre tous les patriotes..... Livrer Carrier, c'est livrer Billaud-Varennes, Collot-d'Herbois et la Montagne entière..... Tout à coup, des vitres éclatent avec fracas et des pierres tombent dans la salle; les *jacobines* effrayées s'écrient qu'on les assassine, se précipitent vers la porte d'entrée, et tombent entre les mains d'une soixantaine de jeunes gens, venus du Palais-Égalité pour assiéger les Jacobins dans leur repaire. Au bruit des cris, des rires et des imprécations, les *furies de guillotine* sont saisies et fouettées; les Jacobins font une vigoureuse sortie pour délivrer leurs *sœurs*; une lutte à coups de poings et à coups de bâtons s'engage entre les deux partis; des prisonniers sont faits de part et d'autre; cependant les assiégés sont obligés de battre en retraite dans l'intérieur du club.

Enfin, divers membres des Comités de gouvernement et du Comité militaire arrivent à la tête de détachements armés; le tumulte s'apaise à leur voix. Les prisonniers sont livrés de part et d'autre aux patrouilles; les uns sont mis en liberté, les autres s'échappent, plusieurs sont conduits au Comité de sûreté générale, qui passe la nuit à délibérer avec le Comité de salut public.

Le lendemain, les conventionnels jacobins Duhem, Ruamps, etc., se plaignent vivement à la Convention de *la tentative d'assassinat organisée contre eux par des insurgés*. Rewbell, qui a présidé les Comités pendant la nuit, leur répond en accusant la Société des Jacobins de vouloir rétablir la tyrannie qu'elle exerçait avant le 9 Thermidor. La soirée se passe sans événements, parce qu'il n'y a pas de séance au club agitateur (1).

Il en est autrement le jour suivant (24 Brumaire-14 Novembre). La Commission des Vingt et un lit à l'Assemblée son rapport sur la conduite de Carrier, et conclut à la mise en accusation, qui est immédiatement décrétée. Cette décision, prise à huit heures du soir, est transmise avec la rapidité de l'éclair à la foule immense qui stationne par groupes dans le jardin des Tuileries et sur la place du Carrousel. La Jeunesse dorée se réunit en colonne, et, suivie d'une foule immense, elle se dirige vers le Club, qui est bientôt entouré de la multitude criant : « Vive la Convention! A » bas les Jacobins! »

L'ancienne église a été occupée de bonne heure par son public ordinaire; mais les orateurs ont perdu leur faconde et leur audace ordinaire. Ils rappellent d'un ton abattu les faits qu'un journal de l'époque a plaisamment appelés « la flagel-

---

(1) Habituellement, la Société des Jacobins ne tenait séance ue tous les deux jours.

» lation, la bastonnade, le bombardement et les
» violations des Jacobins et des Jacobines » (1);
chacun raconte les traits isolés de persécution
dont il a été victime, lorsque le bruit des vociférations du dehors apprend aux assistants que les agresseurs de l'avant-veille sont revenus à la charge. Les femmes crient; les tribunes se vident; des Jacobins sortent pour apprécier l'imminence du péril; des injures et des menaces sont échangées entre les deux partis; malgré toutes les recommandations qui leur ont été faites, plusieurs *jacobines* cherchent leur salut dans la fuite et subissent encore la flagellation; quelques coups sont échangés entre les assaillants et les assiégés; deux jeunes gens, saisis par ces derniers, sont entraînés dans l'intérieur du club et, pour toute punition, placés, couverts du bonnet rouge, aux deux côtés du président.

Cependant des détachements de Garde nationale, qui ont paru dès l'origine du désordre, l'empêchent d'acquérir des proportions considérables en s'opposant aux trop vives attaques des deux partis; la Jeunesse dorée et la foule continuent à crier autour des murs de l'église; les Jacobins

---

(1) *Annales patriotiques.*

se sentant protégés, poursuivent le cours de leur séance. Mais les chefs thermidoriens ont atteint leur but : la réunion qu'ils veulent dissoudre est, en dépit de leurs efforts apparents, une cause de perturbations continuelles. Un décret des Comités prononce la fermeture du Club, contre lequel on peut dès lors agir légalement. A trois heures du matin, Merlin (de Thionville) et d'autres députés pénètrent avec la force armée dans la salle des délibérations; les membres présents, invités à se retirer, s'éloignent en butte aux injures de la multitude; le scellé est mis sur les papiers de la Société, et la porte de l'enceinte est murée.

Dans la matinée, la Convention ratifia la dissolution du fameux Club qui n'était plus, d'ailleurs, que l'ombre de lui-même depuis le 9 Thermidor. Elle se constitua ensuite en jury d'accusation à l'égard de Carrier, et rendit bientôt contre lui un verdict remarquable par son unanimité (1). L'accusé fut aussitôt conduit à la Conciergerie (4 Frimaire — 24 Novembre) (2) et, trois

---

(1) Sur 500 députés présents, 498 opinèrent pour la mise en accusation; 2 votèrent conditionnellement.

(2) Depuis que l'examen de sa conduite avait été décidé, Carrier était en arrestation provisoire dans son domicile, sous la garde de quatre gendarmes.

jours après, il comparut pour la première fois devant le tribunal à côté des bourreaux des Nantais, à la fois ses complices et ses accusateurs. Le nombre des inculpés fut ainsi de trente-trois; les Terroristes ne désespéraient pas encore d'empêcher leur condamnation.

Effectivement, les Jacobins chassés de leur salle avaient été reçus à bras ouverts dans des réunions d'un ordre inférieur, telles que le club Lajouski au faubourg Saint-Marceau, et la société des Quinze-Vingts au faubourg Saint-Antoine. Tout ce parti, cherchant à susciter des embarras au gouvernement, comptait que la misère et le mécontentement des populations ouvrières faciliteraient quelque tentative insurrectionnelle. Le personnel de la Manufacture d'armes, éparpillé dans tout Paris, fut notamment en butte aux instigations des agitateurs.

La Convention recevait encore les félicitations des Sections sur l'énergie qu'elle avait déployée en fermant l'*antre* des Jacobins, lorsque parurent à sa barre les ouvriers des ateliers d'armes du Bonnet-Rouge, de Marat, de Jemmapes, des Sans-Culottes, de la Réunion, etc. Tous lui présentèrent les mêmes plaintes d'une manière plus ou moins convenable : les agents de l'administration étaient, disaient-ils, trop impérieux; une sévérité excessive présidait à la recette des produits; le fer et l'acier étaient de mauvaise qualité; les pièces qu'on devait leur livrer ébauchées, n'étaient pas suffisamment préparées; enfin, le prix des journées était trop peu élevé.

Suivant le ton adopté par l'orateur de chaque atelier, le président de l'Assemblée répondit en termes encourageants ou sévères; mais les appréhensions du gouvernement l'avaient déjà porté à décider secrètement du sort de cette multitude d'ouvriers mécontents. Le 8 Frimaire (28 Novembre), Guyton Morveau, organe du Comité de salut public, exposa devant la Convention les inconvénients inhérents à la Manufacture d'armes parisienne : l'éloignement des matières premières, la cherté des produits, la charge onéreuse de subvenir aux besoins de tant d'ouvriers dans une grande ville, etc. Conformément à ses conclusions, l'Assemblée chargea le Comité d'examiner s'il ne conviendrait pas de disséminer cette immense fabrication dans diverses localités plus appropriées par leur position à ce genre de travaux.

Ainsi autorisé, le Comité ne perdit pas de temps. Dès le lendemain, il ordonna d'éloigner les ateliers d'armes et de salpêtre des bibliothèques et autres collections précieuses (1). La Manufacture ayant envahi sans discernement les places publiques, les promenades, les couvents et les églises, il en résulta immédiatement la suppression d'un grand nombre de centres de fabrication. Quelques jours après (16 Frimaire-6 Décembre), un nouvel arrêté substitua le *travail à la tâche* au *travail à la journée*. Bien qu'il fût accompagné d'un tarif qui tenait compte des difficultés du moment (2), une sourde fermentation se manifesta dans les ateliers; avivée par ceux qu'irritait la marche du procès de Carrier, elle acquit bientôt des proportions inquiétantes : pendant deux jours, la masse des ouvriers détournée de son travail par la persuasion ou par des menaces, forma des rassemblements séditieux qui firent craindre une insurrection formidable. Heureusement le Comité de salut public, fort de sa

---

(1) Bien que l'utilité de cette précaution eût été suffisamment démontrée trois mois auparavant par l'incendie de la Maison de l'Unité, on n'avait pas encore osé la prescrire à cause de la perturbation qu'elle devait causer dans les ateliers, et du parti que les agents des Jacobins eussent pu en tirer.

(2) Par exemple, la baïonnette coûtait 4 livres hors de Paris ; à Paris, certains entrepreneurs la livraient à 5 livres et 5 livres 12 sous D'après ce nouveau tarif, elle devait être payée 6 livres.

victoire récente sur les Jacobins (1), ne faillit pas à ses devoirs : il répondit à ces manifestations en faisant sanctionner par la Convention l'arrêté qui les avait occasionnées (23 Frimaire-13 Décembre). Il fut dès lors irrévocablement décidé qu'à partir du 1ᵉʳ Pluviôse (20 Janvier), la fabrication des armes serait effectuée *à l'entreprise;* l'État ne devait plus payer aucun armurier; les soumissionnaires de marchés et les autres fabricants étaient autorisés à prendre à leurs gages les ouvriers auxquels cet arrangement conviendrait; quant aux autres, il leur serait ordonné de rejoindre aux armées les bataillons dont leur spécialité les avait jusqu'alors éloignés.

Ainsi, en quelques semaines, le gouvernement Thermidorien avait licencié l'École de Mars, fermé le club des Jacobins et brisé le redoutable faisceau du personnel de la Manufacture d'armes parisienne.

Le parti de l'agitation ayant perdu ses principaux appuis, la condamnation de Carrier et de

---

(1) Le 15 Frimaire (5 Décembre), Thuriot, Cochon et Bréard avaient été remplacés au Comité de salut public par Boissy d'Anglas, Dubois-Crancé et André Dumont.

ses coaccusés paraissait d'autant plus inévitable que les jugements du tribunal révolutionnaire satisfaisaient alors l'opinion la plus générale. Pour ne citer qu'un exemple, Kellermann, qui venait d'y comparaître (1), avait reçu de chaleureux éloges des juges et du président qui le mirent en liberté au bruit des applaudissements.

Cet accord entre le public et le tribunal fut brusquement rompu par la solution du fameux procès qui occupait tous les esprits. Trois jours après le décret de dissolution de la Manufacture d'armes parisienne (26 Frimaire-16 Décembre), Carrier fut condamné à mort avec deux de ses coaccusés; les autres furent acquittés, bien que convaincus d'atroces cruautés, mais « parce » qu'ils ne les avaient pas commises dans des in- » tentions contre-révolutionnaires. » Ce résultat si peu attendu excita l'indignation du public et de la Convention, où le parti modéré venait d'être renforcé des soixante-treize députés girondins sortis de prison pour siéger de nouveau parmi

---

(1) Il y fut accusé « d'avoir, par l'effet de ses relations avec la » faction fédéraliste, affecté d'apporter la plus criminelle négli- » gence dans l'organisation de l'armée des Alpes. » Il ne se présenta que des témoins à décharge.

leurs collègues. Ce fut bien pis le lendemain ; on apprit que les misérables amnistiés par le tribunal, au lieu de bénéficier en silence de cette sentence inespérée, avaient célébré leur acquittement par un banquet où s'étaient fait entendre les propos les plus insultants pour leurs victimes. Par décret de l'Assemblée, le tribunal révolutionnaire fut suspendu pour être renouvelé, et les acquittés de l'avant-veille furent remis en arrestation provisoire (28 Frimaire-18 Décembre).

Les Montagnards objectèrent, non sans raison, que la loi s'opposait à ce qu'on revînt sur un arrêt de la justice ; mais leurs vives réclamations ne furent pas écoutées. Quelques jours après surgit pour eux un nouveau sujet d'irritation : les Comités de salut public, de sûreté générale et de législation déclarèrent à la Convention qu'il y avait lieu d'examiner la conduite de Barère, Collot d'Herbois, Billaud-Varennes et Vadier (1) ; conformément à la loi récente, une Commission de vingt et un membres fut chargée de procéder à cet examen (7 Nivôse-27 Décembre). En même

---

(1) Les trois Comités déclarèrent en même temps qu'il n'y avait pas lieu d'examiner la conduite des conventionnels Amar, Voulland et David, compris dans les mêmes accusations.

temps, les dépêches journalières des députés en mission, les députations des villes et les réclamations des particuliers affluaient pour demander justice des anciens oppresseurs. Un représentant du peuple, datant sa lettre « Des » ruines de Bédoin, » implora l'Assemblée en faveur de la cité incendiée par Maignet; des habitants de cette ville détruite vinrent exposer aux yeux des Conventionnels le spectacle déchirant de leur misère. Un autre député, en tournée dans le Midi, apitoya ses collègues sur le sort de plusieurs milliers de citoyens qui, n'ayant pu se soustraire à des décrets de mort qu'en délaissant leurs foyers, avaient été classés sur des listes d'émigrés. Un troisième fit une réclamation analogue en faveur de trente mille individus, qu'on ne pouvait taxer d'aristocratie, puisqu'ils étaient pour la plupart cultivateurs ou gens de métier, et qui avaient abandonné les départements du Rhin pour échapper aux persécutions de Saint-Just et de Lebas. La justice et l'intérêt des provinces ainsi dépeuplées exigeaient donc qu'on établît des catégories parmi les émigrés. La commune de Béthune, adressant ses félicitations à la Convention sur le rappel des soixante-treize députés girondins, y joignit le relevé des atrocités et des dilapidations commises par Joseph Lebon et *trente sbires*, ses acolytes (1er Pluviôse-20 Janvier). Une députation, venue de Brest pour réclamer la punition de l'ex-accusateur public d'un tribunal révolutionnaire, parut à la barre avec un frère du général Moreau, qui demanda justice de la mort de son père, victime d'une atroce perfidie (1). L'infortuné vieillard avait péri sur l'échafaud trois jours après la mort de Robespierre; son supplice avait coïncidé avec la prise de l'île de Cadsand, effectuée par son fils le général; les quatre frères de ce dernier servaient ou avaient servi la République d'une manière méritoire (2). Cette nom-

---

(1) *Séance de la Convention nationale* du 5 Pluviôse (24 Janvier).

BLAD : « . . . . Raoul, en ce moment commissaire national » près le district de Morlaix, a provoqué, de la part de Moreau » père, le payement de la dette d'un émigré; il l'a rassuré même » sur le délit qu'il l'entraînait à commettre, en lui disant que » la nation payerait, étant saisie du bien. Moreau, vieillard respectable, a cédé; Raoul, nanti des fonds, a dénoncé Moreau; il » l'a ensuite jugé comme juré du tribunal révolutionnaire et a » prononcé la peine de mort. Ainsi, ce scélérat a été à la fois » provocateur du délit, complice, dénonciateur et juge. »

(2) L'un, ex-chef de la garde nationale de sa commune, était alors officier municipal; un autre, marin, était prisonnier des Anglais; le troisième avait eu l'épaule cassée en Vendée; le quatrième était attaché à l'état-major de l'armée du Nord.

breuse famille, qui comptait encore deux sœurs, avait donc des droits incontestables à la reconnaissance du pays ; cependant la mort de son chef ayant entraîné la confiscation de tous ses biens, elle se trouvait plongée dans la plus affreuse misère. L'impression causée par ce triste récit amena la motion de rendre aux veuves et aux enfants des condamnés le mobilier et leurs effets personnels (5 Pluviôse-24 Janvier).

Les Montagnards s'irritaient de ce concours d'accusations qui ne laissaient apparaître que le rôle du bourreau dans la période à laquelle ils attribuaient le salut du pays. Ils soutenaient, avec leur exagération ordinaire, que ces tableaux émouvants des cruautés passées étaient l'œuvre de réactionnaires, prenant le masque de l'humanité pour atteindre jusqu'à la négation de la Révolution. De violentes déclamations, des personnalités choquantes et des injures journalières accroissaient chaque jour la haine entre les deux camps. Elle dégénérait en rixe dans la rue : au faubourg Saint-Antoine, un ouvrier qui prenait le parti de la Convention fut tué d'un coup de couteau (27 Nivôse-16 Janvier). L'action du tribunal révolutionnaire étant alors suspendue (1), l'Assemblée décida que l'assassin serait jugé, toute affaire cessante, par le tribunal criminel de Paris; il fut condamné à mort.

Aux dissensions politiques qui préparaient la guerre civile, vint se joindre un accroissement de disette causé par l'abolition du *maximum*. L'établissement de ce déplorable système avait eu pour cause principale l'impossibilité où l'on s'était trouvé de nourrir les armées, après que le désordre révolutionnaire eut sapé toute administration régulière. Le *maximum* avait mis fin à une concurrence éhontée et à des dilapidations incroyables; mais il avait amené des exactions insupportables, l'anéantissement du commerce, le défaut d'équilibre dans la répartition des subsistances, leur rareté apparente et de nombreuses détresses locales. En raison de tous ces inconvénients, il eût été sans doute aboli par ceux qui

---

(1) Le projet de réorganisation du tribunal révolutionnaire avait été présenté à la Convention le 8 Nivôse (28 Décembre); la liste des juges et des jurés avait été adoptée le 13 Nivôse (2 Janvier); mais ceux qui devaient venir des départements n'étant pas encore arrivés, le tribunal n'était pas encore reconstitué. — La Convention décida quelques jours après (7 Pluviose-26 Janvier), que les juges et les jurés, alors à Paris, entreraient en fonctions sans attendre leurs collègues.

l'avaient institué, s'ils eussent trouvé quelque moyen de le remplacer; mais, pour le *maximum*, comme pour la permanence de la guillotine, la dictature révolutionnaire n'avait pu sortir de l'impasse où elle s'était engagée.

La nécessité de sauver de la ruine intérieure le pays qui venait d'être préservé de l'Étranger, imposa au gouvernement thermidorien l'obligation de prendre à cet égard une mesure prompte et radicale. Après un examen approfondi, il resta avéré qu'en supprimant le *maximum*, la France payerait sa subsistance très-cher, mais que si on le maintenait, elle était infailliblement condamnée à mourir de faim. Il n'y avait plus à hésiter; le désastreux système fut aboli (3 Nivôse-23 Décembre).

Malgré les précautions prises pour tempérer les inconvénients de la brusque transition qui substitua la liberté du commerce à sa restriction absolue, il y eut un moment où l'ancien mode ne fonctionna plus, tandis que le nouveau n'avait pas encore rétabli la circulation. Le manque presque absolu des denrées en fut la conséquence immédiate. L'hiver apparut alors avec une rigueur inusitée; quarante-cinq jours de gelée consécutifs interrompirent les arrivages par eau; les routes, couvertes de glace, devinrent presque impraticables; les moulins furent condamnés à l'immobilité. Afin d'atténuer les souffrances qui en résultaient pour la population parisienne, le Comité des subsistances déploya les plus énergiques efforts; des représentants du peuple furent envoyés dans les départements voisins pour activer le versement et le transport des grains; les routes furent sablées presque journellement sur un parcours d'une vingtaine de lieues, etc. Paris reçut ainsi 600,000 quintaux de farine qui le préservèrent d'une détresse absolue (1). Mais les denrées d'usage journalier, le sucre, le savon, la chandelle atteignirent des prix excessifs. On se croyait sans cesse à la veille de manquer de pain; les gens riches obtenaient, à prix d'or et en cachette, la farine dont ils se faisaient confectionner secrètement du pain blanc; les autres obtenaient avec peine leur part d'une pâte noire et mal cuite. Le temps et le goût des

---

(1) Sous l'ancien régime, quand la population de Paris était augmentée d'une grande quantité d'étrangers, 1,500 sacs de farine suffisaient à la consommation journalière. Or les distributions faites en Frimaire et Nivôse s'élevaient par jour à 1,900, 2,000 et 2,200 sacs. — *Discours de Boissy d'Anglas à la Convention* en Pluviôse et Ventôse.

réunions étant revenu, les invitations à dîner contenaient pour chacun la prière d'apporter son pain personnel. On dansait aussi avec frénésie; les femmes se cotisaient pour répartir entre plusieurs le prix du fiacre indispensable à leurs toilettes. En rentrant chez elles à une heure avancée de la nuit, elles pouvaient distinguer dans l'obscurité les groupes qui se formaient déjà à la porte des boulangers. Les êtres faibles y étaient foulés sans pitié. A la suite de plusieurs accidents, on ordonna que les femmes enceintes seraient servies les premières; alors, un grand nombre de femmes, des filles, et même de jeunes garçons, habillés comme elles, simulèrent l'état de grossesse; il en résulta des scènes burlesques ou indécentes, et le désordre continua.

Des agents royalistes ou terroristes circulaient dans ces rassemblements : « On ne mourait pas de « faim sous la Monarchie, » disait l'un. — « Nous « avions du pain quand Robespierre vivait, » murmurait un autre. — « Le *maximum* nous per- » mettait d'acheter du sucre et du savon, » criait une femme. — « Les assemblées de sections et la » Garde nationale nous rapportaient quarante » sols par jour, » répondait un ouvrier. — « Qu'importe à la Convention, » ajoutait un in-

connu, « les députés viennent de doubler leur
» traitement (1) ! »

De sinistres rumeurs se propageaient contre
le Comité des subsistances représenté comme une
réunion d'infâmes spéculateurs. Boissy d'Anglas (2) déployait le zèle le plus empressé pour
assurer les approvisionnements et atténuer les
funestes effets de la misère et de la malveillance.
Il dévoilait sans cesse à la tribune les machinations coupables de ceux qui exagéraient les calamités publiques pour les augmenter encore; il
annonçait les bâtiments chargés de grains, qui
arrivaient dans les différents ports depuis la suppression du *maximum* ; il énumérait les ressources
du présent et promettait l'abondance dans un
prochain avenir. Pour prix de ses efforts, il
reçut les sobriquets de *Boissy-Farine* et *Boissy-*

---

(1) L'indemnité journalière de 18 livres, allouée aux conventionnels, ne valait pas alors cent sols en numéraire, par suite de la dépréciation des assignats; elle fut portée à 36 livres le 24 Nivôse (13 Janvier).

(2) Boissy d'Anglas faisait aussi partie du Comité de salut public, depuis le 15 Frimaire (5 Décembre). — Le 15 Nivôse (4 Janvier), Marec, Bréard et Chazal y remplacèrent Merlin (de Douai), Fourcroy et Delmas. — Le 15 Pluviôse (3 Février), Merlin (de Douai) et Fourcroy y entrèrent avec Lacombe (du Tarn), à la place de Richard, Guyton-Morveau et Prieur (de la Marne).

*Famine*. Sa voix était souvent couverte par les huées des agents du désordre dont les tribunes étaient toujours remplies. Des femmes s'y faisaient surtout remarquer par leur assiduité et leur acharnement; il en était de même dans la rue; les meneurs, agissant comme ceux du commencement de la Révolution, les mettaient toujours en avant dans de tumultueux rassemblements.

Indépendamment de ces symptômes précurseurs de sinistres orages, les papiers Anglais et des correspondances d'émigrés interceptées annonçaient de prochains soulèvements. La guerre civile commençait à paraître inévitable; les chefs inavoués de la rébellion étaient les plus fougueux Montagnards; les souffrances de la misère, plus encore que les excitations de leurs agents, assuraient alors à leur parti le concours de la population ouvrière. La situation du gouvernement Thermidorien, déjà trop critique, fut encore aggravée par un différend avec la Jeunesse dorée.

Malgré les secrets sentiments d'un grand nombre de ses membres, la Convention ne voulut pas laisser aux *terroristes* l'initiative des manifestations pour l'*anniversaire de la juste punition du dernier tyran des Français* (2 Pluviôse-21 Janvier); elle décida que cette *fête* serait célébrée dans toutes les Communes ainsi que par les Armées de terre et de mer. L'opinion commençait à attacher un certain ridicule aux processions de chars et d'emblèmes symboliques; d'ailleurs la rigueur du froid eût empêché l'exhibition d'un cortége. On se borna, en conséquence, à faire exécuter des symphonies dans le Palais national ouvert au public, et les théâtres offrirent à la multitude des spectacles *gratis*. Quelque restreint que fût ce programme, l'esprit dans lequel elle le croyait conçu déplut à une partie de la Jeunesse dorée, qui prit sa revanche le soir en brûlant, dans le jardin du Palais Royal, un mannequin costumé en terroriste; les cendres, recueillies dans un pot-de-chambre, furent ensuite portées en pompe grotesque jusqu'à l'égout Mont-Marat (Montmartre) où elles furent jetées, après qu'on y eut placé l'inscription : *Panthéon des Jacobins*.

Quelques jours après (12 Pluviôse-31 Janvier), au théâtre de la rue Feydeau, des jeunes gens abattent le buste de Marat placé à l'un des côtés de la toile. La salle entière applaudit. Mais pour le gouvernement Thermidorien, Marat est encore *officiellement* un héros révolutionnaire auquel la

Convention a décerné dernièrement les honneurs du Panthéon ; aussi le Comité de sûreté générale déplore-t-il le lendemain, devant la Convention, l'acte auquel se sont livrés, dit-il, de jeunes gens égarés par le *royalisme* ; d'après ses ordres, l'image de *l'Ami du peuple* est réinstallée au spectacle Feydeau. La Jeunesse dorée, irritée de cette réparation, s'acharne aussitôt contre toutes les effigies de Marat, renverse ses bustes dans tous les théâtres et déchire ses portraits chez les marchands d'estampes.

Le gouvernement veut punir ceux qui le bravent ainsi. En réponse aux nombreuses pièces de comédie qui les bafouent depuis le 9 Thermidor, les Jacobins en ont préparé une sur laquelle ils comptent pour tourner leurs adversaires en ridicule et animer contre eux la population des faubourgs (1) ; à cet effet, ils ont choisi le théâtre Audinot (Ambigu-Comique) sur le boulevard du Temple. Dans l'intention de donner une leçon

---

(1) *Le Concert de la rue Feydeau* ou *La Folie du jour*. Le principal personnage de cette pièce était un jeune muscadin, employé des hôpitaux militaires, qui tournait en ridicule les ouvriers et la population des faubourgs. — *Déclaration envoyée au Comité de sûreté générale*. — *Moniteur universel* du 24 Pluviôse (12 Février.

à la Jeunesse dorée, le Comité de sûreté générale lève l'interdiction dont il a jusqu'alors frappé la pièce malencontreuse; elle est affichée pour le 18 Pluviôse (6 Février). De son côté, la Jeunesse dorée se promet de ne pas la laisser représenter.

Au jour indiqué, le parterre de la salle est entièrement occupé par les jeunes tapageurs. Dès que la toile se lève, une multitude de sifflets empêche les acteurs de prononcer un seul mot. Quelques cris insultants pour les interrupteurs partent des sommités de l'enceinte, et les provocations échangées entre les deux partis ajoutent au tumulte. Un officier de police apparaît sur la scène; on l'écoute en silence, mais on proteste qu'on ne laissera pas jouer une œuvre insultante pour la jeunesse parisienne. Les acteurs commencent alors la seconde pièce indiquée sur l'affiche : elle s'achève tranquillement malgré la nouvelle qui circule de banc en banc : la force armée vient d'entourer le théâtre.

Au sortir du spectacle, une multitude de commissaires et d'agents de police, soutenus par de forts détachements de Garde nationale, procèdent à l'arrestation de deux cent cinquante jeunes gens. Des terroristes, entourant la force armée qui emmène leurs adversaires, tentent d'exciter

contre eux la colère de la multitude accourue de toutes parts. Cette dernière ne comprend rien à ce qui se passe; ceux qu'on vient d'arrêter crient : « Vive la Convention ! Vive la République ! Vi-
» vent nos frères des faubourgs ! » tandis que des bandes de terroristes et de *veuves de Robespierre* suivent le cortége en toute liberté, criant : « A bas
» la Convention ! Vivent les Jacobins ! Les musca-
» dins à la guillotine ! » Les jeunes gens sont ainsi conduits au comité révolutionnaire de la Section des Gravilliers, qui est forcé, vu leur nombre, d'en relâcher immédiatement la plus grande partie; le reste, une quarantaine environ, menacé par des membres du comité qu'irritent ses réponses irrespectueuses, passe la nuit au violon et n'est mis en liberté que le lendemain (1).

Les différentes péripéties de cet épisode ont déjà démontré au gouvernement Thermidorien qu'en voulant punir la Jeunesse dorée, il a tiré sur ses propres troupes (2); on rejette cette faute

---

(1) *La nouvelle Henriotade, ou récit de ce qui s'est passé relativement à la pièce intitulée : Concert de la rue Feydeau,* par Martainville.

(2) Les principaux auteurs de l'arrestation des jeunes gens étaient, d'après Martainville, deux membres du Comité militaire, Milhaud et Chateauneuf-Randon.

sur le comité révolutionnaire de la Section des Gravilliers dont plusieurs membres sont arrêtés. Mais les outrages aux effigies de Marat ne discontinuent pas; des journaux demandent de quel droit on prétend imposer à la population l'image d'un individu souillé de crimes; de tous côtés, des bustes de l'*Ami du peuple* sont traînés dans les ruisseaux, la corde au col, jusqu'au *Panthéon des Jacobins;* d'autres sont pendus, la tête en bas, devant les portes des maisons ou aux devantures des boutiques; celui qui figure ainsi à la Halle a été barbouillé de sang par un boucher.

Alors les Terroristes furieux organisent un cortége *civique* et promènent processionnellement le buste proscrit, couronné de lauriers et d'immortelles; les tribunes des clubs où les Jacobins ont trouvé refuge, retentissent de libelles qu'on distribue gratis dans les rues et qui appellent le *peuple* à l'insurrection. Le rappel des soixante-treize députés girondins au sein de l'Assemblée y est présenté comme une preuve des tendances réactionnaires de la Convention; la conclusion est qu'il faut se réunir en masse, marcher sur le Palais national et *procéder à l'épuration* des représentants du peuple

Une telle audace ne permet plus l'hésitation

au gouvernement. Mathieu est l'organe du Comité de sûreté générale devant la Convention (20 Pluviôse-8 Février) : après avoir blâmé la légèreté des jeunes gens dont les intempestives manifestations ont amené l'appel aux armes fait par les terroristes, il dénonce les violences de ces derniers et leurs provocations à l'assassinat de certains députés. L'Assemblée adopte les conclusions de l'orateur en décidant la fermeture immédiate du club Lajouski, de la Société des Quinze-Vingts et d'autres réunions populaires de même espèce. Elle décrète également que nul ne pourra être admis aux honneurs du Panthéon, et avoir son buste placé dans la salle de la Convention, que dix ans après sa mort.

En exécution de ce décret, avant l'ouverture de la séance du lendemain (21 Pluviôse-9 Février), on enlève de la salle de la Convention les bustes de Lepelletier-Saint-Fargeau et de Dampierre, ainsi que le tableau de David représentant la mort de Marat ; des femmes placées dans une tribune font entendre des vociférations qui sont aussitôt étouffées par les cris : « Vive la République ! A bas les furies de guillotine ! » A la même heure, une masse de travailleurs volontaires prête le secours de ses bras aux ouvriers chargés de démolir la *pagode* élevée à la mémoire de *l'Ami du peuple*, sur la place du Carrousel (1); au milieu des décombres s'élève subitement l'étalage d'un bouquiniste qui vend, entre autres brochures, les *Crimes de Jean-Paul Marat.* La Section Marat reprend son ancien nom de Section du Théâtre-Français. Enfin, dans la soirée, des jeunes gens enlèvent du Panthéon les dépouilles du misérable pour lequel le jour de la justice est arrivé, et ils vont les jeter à la voirie (2).

Ainsi le gouvernement subissait une des phases de la dictature qui l'avait précédé. Cette dernière, après avoir armé et soudoyé la populace, avait vu, sans pouvoir y remédier, ses intentions dépassées par la foule brutale et inin-

---

(1) Le monument funéraire élevé à Marat sur la place du Carrousel, dénommé *pagode* par la Jeunesse dorée, figurait un caveau creusé dans un rocher et fermé par une grille. On y voyait la baignoire dans laquelle l'*Ami du peuple* avait été frappé, et d'autres objets à son usage conservés en guise de reliques.

(2) *Souvenirs thermidoriens*, par Georges Duval. — Les *Souvenirs* de ce témoin *oculaire* le trompent souvent; il peut en être ainsi pour cette circonstance. D'après une autre version, les restes de Marat auraient été, en exécution du décret de la Convention, retirés sans outrages du Panthéon, et ensevelis dans le cimetière Sainte-Geneviève, aujourd'hui place Saint-Étienne-du-Mont.

telligente dont elle avait requis le concours. De même, la force irrégulière sur laquelle avaient cru pouvoir s'appuyer les Thermidoriens, commençait à tromper leur espoir; sous l'influence de ses propres passions, elle entraînait leur politique au delà des bornes que la prudence leur avait conseillé de ne pas franchir encore.

Des esprits plus mesurés que ceux de la Jeunesse dorée se fussent au contraire montrés satisfaits de la rapidité avec laquelle marchait la Réaction; chaque jour, pour ainsi dire, voyait apparaître quelque mesure réparatrice (1). Des députations des Sections parisiennes ou des départements ne cessaient de stimuler la Convention à cet égard, et de réclamer le jugement de Pache, de Bouchotte et d'autres fameux *terroristes* incarcérés, ainsi que la punition des membres des ex-comités

---

(1) 1er Ventôse (19 Février). — Suppression des comités révolutionnaires dans les villes au dessous de 50,000 âmes.

2 Ventôse (20 Février). — Démolition d'une gigantesque montagne symbolique élevée en face de l'Hôtel des Invalides. Au sommet, le *peuple* était représenté par un géant armé d'une massue; à la base, parmi les joncs et des reptiles, le *monstre du fédéralisme* gisait écrasé.

3 Ventôse (21 Février). — L'exercice d'aucun culte ne doit être troublé; la Nation n'en salarie aucun.

Etc., etc.

révolutionnaires, tous, disaient-elles, escrocs, voleurs ou assassins (1). Les Sections de l'Unité et de la Butte-des-Moulins vinrent demander que les députés mis autrefois hors la loi, pour faits insurrectionnels à la suite du 31 Mai, fussent rappelés au sein de la Convention, ainsi qu'on venait d'agir à l'égard des soixante-treize Girondins (11 Ventôse-1ᵉʳ Mars). Ce vœu fut exaucé quelques jours après. Enfin la Commission des Vingt et un, chargée de l'enquête relative à la conduite de Barère, Collot d'Herbois, Billaud-Varennes et Vadier, déclara qu'il y avait

---

(1) Ces demandes perpétuelles rempliraient un volume; une seule suffit pour faire apprécier toutes les autres :

« .... Il vous était réservé, citoyens représentants, d'é-
» teindre la foudre entre les mains du crime pour la rallumer
» entre celles de la vertu : qu'elle n'y reste pas endormie; qu'elle
» frappe sans pitié ces hommes scélérats qui, sous le voile affreux
» d'un faux amour de la patrie, ont desséché sa substance et
» déchiré ses entrailles. Ne croyez pas pourtant que, semblables
» à ces cannibales, nous venions vous proposer des mesures san-
» guinaires. Nous n'avons pas soif de leur sang odieux; nous
» craindrions, en le répandant, de nous inoculer le crime; mar-
» quez-les seulement du fer chaud de l'infamie, vomissez-les
» ensuite du sol de la République! Qu'ils cessent d'infecter, par
» leur souffle empoisonné, l'air pur de la liberté que nous respi-
» rons.

» Tel est, législateurs, le vœu de la commune d'Orléans,... »
— *Séance de la Convention* du 10 Ventôse (28 Février).

lieu de les mettre en accusation ; la Convention, adoptant ces conclusions, les décréta d'arrestation provisoire dans leur domicile (12 Ventôse-2 Mars) (1).

Il eût été difficile de remonter plus rapidement le cours impétueux qui avait emporté la Révolution au delà de toutes les bornes. L'exaspération des Montagnards croissait à mesure que les votes de la Convention entraînaient de plus en plus la République dans la voie de la réaction. Ils imaginèrent alors de créer un nouvel embarras au gouvernement ; affectant pour la légalité un respect tout nouveau, ils demandèrent avec leur violence ordinaire que le gouvernement cessât d'être *révolutionnaire* et qu'on mît en vigueur la Constitution de 1793. Les Thermidoriens manifestèrent un étonnement ironique de la métamorphose par laquelle leurs adversaires se prenaient d'un amour subit pour cette Constitution qu'ils avaient *enterrée dès sa naissance sous une montagne de cadavres*. Néanmoins l'insidieuse proposition ne pouvait être longtemps écartée, puisqu'elle semblait avoir pour but de mettre

---

(1) Vadier parvint à se soustraire à ce décret par la fuite.

un terme aux systèmes transitoires et de faire enfin rentrer le pays dans la voie de la légalité.

Ainsi les difficultés se multipliaient pour le gouvernement Thermidorien. La population ouvrière lui imputait la rareté des denrées alimentaires, et il avait à craindre les funestes conséquences de la misère générale; les Terroristes, ayant pour auxiliaires des royalistes cachés, s'agitaient pour le renverser à main armée; les Montagnards visaient au même but par d'insidieuses propositions. Le procès de Billaud-Varennes, Collot-d'Herbois et Barère allait s'ouvrir et probablement donner lieu aux mêmes agitations que celui de Carrier; enfin, la Jeunesse dorée venait de prouver que son concours, si utile jusque-là, pouvait faire défaut au premier jour.

Un seul moyen semblait devoir assurer la prédominance des Thermidoriens dans la collision inévitable qui se préparait; c'était l'organisation de la Garde nationale parisienne. Il était permis de croire qu'à défaut d'autres mobiles, l'horreur du système de la Terreur inspirerait à la majorité des habitants de Paris la résolution de soutenir le gouvernement. Si même on parvenait à donner à la milice citoyenne une attitude formidable, les agitateurs intimidés pourraient ne pas tenter la lutte, et l'on atteindrait ainsi sans secousse l'époque où une Constitution, fondée sur l'ordre et la régularité, apaiserait définitivement tous les ferments de discorde révolutionnaire.

## CHAPITRE XLIII.

SUITE DE LA LUTTE ENTRE LES THERMIDORIENS ET LES MONTAGNARDS. — VAINES TENTATIVES POUR RECONSTITUER LA GARDE NATIONALE PARISIENNE. — JOURNÉE DU 12 GERMINAL ET SUIVANTES. — NOUVELLE ORGANISATION DE LA GARDE NATIONALE PARISIENNE.

(Nivôse, Pluviôse, Ventôse et Germinal an III. — Janvier, Février, Mars et Avril 1795.)

### Sommaire.

Efforts du Comité militaire pour reconstituer la Garde nationale parisienne. — Licenciement des compagnies de canonniers, soldées depuis un an; formation de nouvelles compagnies composées de citoyens. — Décisions prises dans un but de réorganisation. — Difficultés qui s'opposent à ce qu'on obtienne de bons résultats. — La réélection des officiers et des sous-officiers est accordée à la suite de nombreuses demandes. — Après qu'elle est effectuée, on demande l'épuration des soldats.

Agitations causées par la disette et encouragées par les malintentionnés. — Obligation imposée à tout citoyen de faire personnellement le service de la Garde nationale. — Nomination d'une Commission pour préparer les *lois organiques* de la Constitution de 1793. — Loi de grande police. — Désordres journaliers. — Hésitation manifestée le 11 Germinal par une partie de la Jeunesse dorée.

*Journée du 12 Germinal.* Agitations, rassemblements et faux bruits. — Une portion de la Jeunesse dorée prend position dans la cour du Carrousel. — Son rôle insignifiant. — L'émeute envahit la salle de la Convention. — Difficultés qui entravent les efforts des représentants du peuple parcourant la ville pour engager les citoyens à marcher au secours de l'Assemblée-nationale. — Dangers courus par les conventionnels Auguis et Penières. — Suite du tumulte à la Convention. — Délivrance de l'Assemblée nationale.

Décret qui tend à organiser un service de Garde nationale pour protéger l'arrivée des subsistances. — Arrestation de plusieurs Montagnards. — Paris est mis en état de siége. — Pichegru est nommé commandant de la force armée parisienne.

Emeute du 13 Germinal aux Champs-Élysées pour empêcher la transportation au château de Ham des Montagnards arrêtés. — Pichegru dissipe les restes d'insurrection et se démet du commandement. — Le nombre des membres du Comité de salut public est porté de douze à seize membres. — Ordre de désarmer les Terroristes.

Contre-coup de l'insurrection du 12 Germinal dans les localités environnantes. — Adjonction de pièces d'artillerie et de détachements de gendarmerie aux compagnies de gardes nationaux chargées d'assurer les arrivages des grains. — Difficultés pour organiser ce service.

Les excès des Terroristes ont pour effet d'engager de plus en plus le gouvernement Thermidorien dans la voie de la réaction.

Décret qui donne une organisation nouvelle à la Garde nationale parisienne. — Objections qu'il soulève. — Il est adopté.

L'Assemblée lève la défense qui interdisait aux troupes de ligne de circuler dans un rayon de dix lieues autour de Paris.

## La réorganisation de la Garde nationale parisienne étant considérée comme le gage assuré

de la tranquillité publique et de la sécurité du gouvernement Thermidorien, le Comité militaire s'en occupa sans relâche.

Les dispositions de la loi de 1792, qu'on voulait rétablir, excluaient tout corps payé de la Garde citoyenne. Or, depuis une année, les canonniers des Sections recevaient une solde (1); en outre, par leurs tendances ultra-révolutionnaires ou leurs sympathies bien connues, ils constituaient une agglomération de gens suspects; il y avait donc tout avantage à s'en débarrasser. Pour éviter toute réclamation, on employa le moyen qui avait toujours réussi en pareil cas depuis le commencement de la Révolution; on fit paraître à la barre de l'Assemblée des députations qui débitèrent des lieux communs sur le désir manifesté par les canonniers Parisiens de *voler à la frontière* (2). La majorité des repré-

---

(1) Chapitre XXVI.

(2) *Séance de la Convention nationale* du 21 Frimaire (11 Décembre.)

L'ORATEUR de la Section de Brutus : « Représentants du peuple,
» la Section de Brutus présente ses canonniers à la Convention na-
» tionale. La liberté les appelle de nouveau à sa défense ; c'est
» à l'armée d'Italie qu'ils veulent combattre les ennemis de la
» République. Ils jurent dans le sein de la Convention nationale
» de ne reconnaître qu'elle pour point de ralliement ; ils jurent,

sentants du peuple applaudit à ce témoignage subit d'esprit belliqueux, et un décret de la Convention mit les artilleurs des Sections à la disposition du Comité de salut public pour les besoins des armées. Ceux que l'amour de la gloire n'enflammait pas aussi fortement que l'avaient dit les pétitionnaires, ne manquèrent pas de prétexter qu'ils ne pouvaient faire la campagne; on se montra généreux en leur accordant des congés, et l'on s'occupa immédiatement de reformer, dans chacune des quarante-huit Sections parisiennes, une nouvelle compagnie de canonniers exclusivement composée de citoyens.

Une multitude de décisions qui suivirent cette première mesure (1), témoigne du zèle et de la

---

» non pas de vaincre ou de mourir, mais bien, comme les sol-
» dats de Fabius, de vaincre pour la liberté, et certes, ils sauront
» tenir leur serment. Vive la République une et indivisible!
» Vive la Convention nationale! »

(1) 12 Frimaire (2 Décembre): Projet de règlement pour la Garde nationale présenté par le Comité militaire et approuvé par la Convention. — 14 Frimaire (4 Décembre): Suppression de la Commission créée par la ci-devant Municipalité de Paris pour surveiller les dépenses relatives à la Garde nationale. — Décret relatif aux tambours qui ont été momentanément détachés à l'École de Mars. — Suppression des commandants et adjudants de caserne. — Fixation de la solde allouée annuellement aux adjudants généraux (4,000 livres), aux adjudants de sections

bonne volonté du Comité militaire. Malheureusement, il était impuissant à dissiper les causes qui rendaient ses efforts à peu près inutiles. La fréquence des prises d'armes constituait une obligation des plus gênantes. Pour l'atténuer autant que possible, et aussi par esprit de justice égalitaire, on s'efforçait de tenir la main à ce que le service roulât sur l'universalité des citoyens; les sexagénaires même n'en furent pas d'abord exempts (1). Les classes peu aisées réclamaient hautement contre cette charge onéreuse qui les privait trop souvent d'une journée de travail; les autres, gênées dans leurs habitudes, leurs occupations ou leurs plaisirs, n'étaient pas mieux disposées; il en résulta l'ap-

---

(3,000), aux sous-adjudants de section (2,500), aux tambours-instructeurs, tambours caporaux et simples tambours. — 22 Frimaire (12 Décembre) : Obligation pour les citoyens infirmes, ou âgés de plus de 60 ans, de payer leur remplacement au service, à moins qu'ils prouvent ne pouvoir en supporter les frais. — Détermination des obligations des chefs de poste relativement aux réquisitions qui leur sont faites par les juges de paix, officiers de police, etc. — 26 Nivôse (15 Janvier) : Décret fixant la solde des huit instructeurs des canonniers parisiens (2,400 livres), etc., etc.

(1) Le 9 Pluviôse (28 Janvier), il fut décidé que les sexagénaires dont les revenus n'atteignaient pas 1,500 livres, ne seraient plus tenus de se faire remplacer.

parition d'un nouveau métier : un grand nombre d'individus adoptèrent la profession de *remplaçants* au prix de quatre livres par jour. La plupart de ceux auxquels la misère du temps permettait cette espèce de luxe en profitèrent pour se soustraire aux *corvées* militaires; l'esprit de l'institution recevait ainsi une notable altération.

En outre, les bataillons des Sections de la Montagne, des Piques, etc., dont le concours était assuré à la Convention, se défiaient des bataillons des quartiers populaires ou des faubourgs, qui, à leur tour, les traitaient d'aristocrates.

Enfin, l'esprit réactionnaire et l'ambition personnelle portaient la grande majorité des gardes nationaux à demander la réélection générale des officiers. Ces derniers n'avaient pas été renouvelés depuis Thermidor ; par suite, beaucoup d'entre eux avaient dû leurs épaulettes aux circonstances et aux engouements révolutionnaires. Le 21 Frimaire (11 Décembre), la Section de la Montagne, obéissant au sentiment général qui faisait rejeter alors les dénominations adoptées naguère par *patriotisme*, requit de la Convention l'autorisation de reprendre son ancien nom de Butte-des-Moulins. Elle réclama en même temps le retour de son ancien commandant Raffet, proscrit depuis qu'il avait osé se faire le compétiteur d'Henriot (1). Les députations des Sections, qui se succédaient sans relâche à la barre pour obtenir la punition des agents de la Terreur, ne manquaient jamais d'ajouter à leurs vœux celui de l'épuration des officiers de la force armée parisienne (2).

Cette demande renouvelée avec tant de persistance fut enfin exaucée. Le 1$^{er}$ Pluviôse (20 Janvier), la Convention approuva les dispositions qui, d'après le projet du Comité de sûreté générale et du Comité militaire, devaient présider à la réélection des officiers et des sous-officiers de la Garde nationale (3).

---

(1) Chapitre XXII.—Raffet, dont la tête avait été mise à prix par la Commune, s'était réfugié, sous un faux nom, dans un bataillon à la frontière. Il fut rappelé à Paris aussitôt que la Section de la Butte-des-Moulins eût parlé en sa faveur à la Convention.

(2) *Députations des sections du Contrat Social et des Champs-Elysées.* — Séance de la Convention du 1$^{er}$ Pluviôse (20 Janvier) :
« . . . . Représentants, il reste beaucoup à faire. Hâtez-vous
» d'épurer les officiers de la force armée ; la sûreté publique le
» demande avec la tête de grands coupables! Comptez sur nous!
» Comptez sur le peuple comme il compte sur vous. Frappez, il
» en est temps...... »

(3) Les conditions de cette réélection peuvent être ainsi résumées : Réunion de chaque section sans armes, le 10 Pluviôse (29 Janvier). — Nomination, dans chaque compagnie, à la pluralité des suffrages exprimés chacun sur une seule liste, d'un ca-

On crut pouvoir espérer qu'après cette épuration, la masse des citoyens armés, commandée par des chefs qui lui seraient sympathiques, acquerrait l'esprit d'unité et de subordination nécessaire pour imposer aux anarchistes.

Les élections eurent lieu le 10 Pluviôse (29 Janvier); les résultats en furent différents pour les diverses Sections. Dans les quartiers habités par la population ouvrière, dont l'esprit général était contraire au gouvernement Thermidorien, les officiers partageaient, ou affectaient prudemment de partager l'opinion de leurs inférieurs; la réélection occasionna peu de changements. Il en fut autrement pour les quartiers aristocratiques : un certain nombre de titulaires fut remplacé, et l'ensemble des citoyens gradés de-

---

pitaine, d'un lieutenant et de deux sous-lieutenants. — Nomination, par le même procédé, de cinq sergents et de huit caporaux. — Réunion, dans chaque section, des officiers et sous-officiers ainsi nommés, pour élire, au scrutin et sur une même liste, les deux commandants et le porte-drapeau. — Les titulaires de tous grades pouvaient être réélus. — Les compagnies de canonniers, qu'on organisait alors, n'étaient pas comprises dans cette réélection. — Les adjudants généraux et les adjudants de section, titulaires soldés, étaient nommés par la Convention sur la présentation du Comité militaire.

vint plus satisfaisant. Mais on prétendit alors que l'épuration des chefs ne constituait qu'une opération illusoire, si on ne procédait pas aussi à celle des citoyens armés. Des Sections vinrent se plaindre à la barre de ce que tous les individus du même bataillon avaient les mêmes droits et portaient les mêmes armes, tandis que les uns étaient disposés à attaquer et les autres à défendre la Convention. La Section de Brutus demanda que « le père ne fût plus relevé de son poste par » l'assassin de son fils, et l'époux par le meurtrier » de sa femme (1). » La réclamation à l'ordre du jour fut dès lors l'épuration de la totalité des Gardes nationaux et le désarmement des Terroristes. L'attente de cette nouvelle satisfaction devint un autre prétexte à l'apathie de ceux qui ne voyaient dans les obligations militaires que des pertes de temps et des dérangements. A quoi bon, disaient-ils, paraître dans des rangs où nos ennemis mortels sont côte à côte avec nous?

Un funeste relâchement s'introduisait ainsi de

---

(1) *Séance de la Convention* du 12 Ventôse (2 Mars).

plus en plus parmi les citoyens armés (1), tandis que les Montagnards et les Terroristes redoublaient d'efforts pour amener une journée insurrectionnelle qui empêchât le procès de Barère, Billaud-Varennes et Collot d'Herbois. La tactique des agitateurs consistait à augmenter outre mesure les appréhensions de la population parisienne relativement aux subsistances, et à lui présenter la mise en vigueur de la Constitution de 1793 comme le remède infaillible à toutes ses misères.

Bien que l'abolition du *maximum* eut rouvert les voies au commerce, les effets des arrivages dans les ports ne se faisaient pas encore sentir à l'intérieur. Dans la plupart des localités, on payait le pain de trente à cinquante sols la livre (2). A Paris, il était maintenu à trois sols

---

(1) *Bernard Saint-Afrique, Gossuin et Merlin (de Thionville), représentants du peuple, membres du Comité militaire, section de la direction de la force armée, à leurs concitoyens.*

« Paris, le 8 Ventôse (26 Février).

» Nous recommandons plus de surveillance aux différents
» postes ; les patrouilles ne sont point assez fréquentes. Les citoyens
» de garde doivent se pénétrer de l'importance de leurs fonctions ;
» ils veillent sur un dépôt bien précieux ; ils veillent à la sûreté
» de la grande famille, à la sûreté de leurs familles particu-
» lières. »

(2) *Séance de la Convention* du 25 Ventôse (15 Mars).

la livre, par les soins et grâce aux sacrifices de l'administration; la consommation en était plus forte qu'aux époques tranquilles où la capitale voyait sa population accrue d'un grand nombre d'étrangers (1). Ce fait dénotait un gaspillage dont les causes furent dénoncées à la tribune de la Convention (2); pour y mettre un terme, il fut décidé que les consommateurs seraient journellement rationnés à une livre de pain par tête (25 Ventôse-15 Mars); les citoyens vivant du travail de leurs mains eurent droit à une livre et demie, parce que leurs ressources ne leur permettaient pas de se fournir de viande ou de légumes.

La quantité de pain accordée ainsi à la population parisienne dépassait encore la consom-

---

(1) Jusqu'à la troisième décade de Ventôse, Paris consomma journellement plus de 2,000 sacs de farine, c'est-à-dire 7 à 8,000 quintaux de blé. Dans des temps plus heureux, la consommation n'avait jamais excédé 1,500 sacs. Cette anomalie provenait du gaspillage. — *Séance de la Convention* du 25 Ventôse (15 Mars).

(2) Une foule d'habitants, craignant de manquer de pain le lendemain, s'approvisionnaient chaque jour bien au delà de leurs besoins. Le pain touché en excédant était ensuite abandonné, perdu, jeté aux chevaux ou aux poules. En outre, les gens des environs, laitières, blanchisseuses, voituriers, etc., s'approvisionnaient à Paris pour profiter du bon marché; quand on voulut les en empêcher, ils éludèrent la défense par la complaisance des familles avec lesquelles ils étaient en relation de commerce.

mation des temps antérieurs (1); néanmoins, ceux qui malgré le bas prix du pain, parvenaient sans cesse à faire naître le tumulte à la porte des boulangers, surent tirer parti de cette nouvelle décision.

Le soir même, des affiches subversives sont placardées sur les murs de Paris. Le lendemain, des groupes se forment sur les places publiques; des inconnus les parcourent, encourageant à piller les marchands ou les gens riches, et parlant de se porter en masse à la Convention pour massacrer les députés. Le surlendemain (27 Ventôse-17 Mars), des citoyens des Sections du Finistère et de l'Oratoire se présentent à la barre de la Convention : « Le pain nous manque, » dit l'orateur ; « nous sommes à la veille de regretter » tous les sacrifices que nous avons faits pour la » Révolution..... » De violents murmures l'interrompent ; des députés font observer aux péti-

---

(1) Il fallait 1,600 sacs de farine pour délivrer une livre de pain par tête; or, la consommation journalière de la ville n'avait jamais excédé 1,500 sacs. — Cette comparaison, tirée du *Moniteur universel* (*Séances* de la Convention), n'est pas entièrement juste, puisque le pain était alors la seule ressource d'une partie de la population, trop pauvre pour pouvoir y adjoindre quelques denrées de supplément.

tionnaires combien ces sentiments diffèrent de ceux des bons patriotes ; mais on leur répond par les cris obstinés : « Du pain! du pain! » Le calme se rétablit un peu, et celui qui a déjà pris la parole continue sa harangue sur un ton tranchant et impérieux.

Le président de la Convention proteste de la sollicitude de l'Assemblée pour les besoins de Paris, et rappelle les sacrifices imposés à la France entière en faveur de la capitale. Il ajoute que les agitations fomentées par les conspirateurs ont pour résultats d'augmenter la disette, d'interrompre la circulation des grains et de rendre inutiles les mesures prises pour assurer la subsistance de tous. Enfin, il conclut : « Chaque ci-
» toyen a dû avoir la portion qui lui est attribuée
» par la loi; s'il y a eu quelque infidélité dans
» la distribution, faites-en connaître paisible-
» ment les auteurs ; ils seront punis. La Conven-
» tion est à son poste; retournez à vos travaux! »

Les pétitionnaires sortent, laissant l'Assemblée en proie à l'indignation. Plusieurs députés font la motion de rechercher les agents de Pitt et Cobourg, les *coupe-jarrets* qui se cachent tout en excitant ces mouvements séditieux. D'autres rappellent que depuis le décret qui a rationné la population parisienne, il n'y a pas eu de décadi et par suite aucune assemblée de Section; les malintentionnés qui viennent de comparaître à la barre ne constituaient donc pas une députation; leur insolente pétition est renvoyée à l'examen du Comité de sûreté générale. Boissy d'Anglas rend compte de la distribution du jour, qui a été aussi satisfaisante que possible (1); mais il annonce que, dans le faubourg Saint-Marceau, des agitateurs provoquent des rassemblements au bruit d'une sonnette (2), et que ceux qui se plaignent de manquer de pain cherchent à enlever aux boulangers le bois indispensable à la manutention. « Dans les environs de Paris, » ajoute-t-il, « des hommes » inconnus parcourent les campagnes, obstruent » les routes et s'efforcent d'intercepter la cir-

---

(1) BOISSY D'ANGLAS. « . . . . La distribution de ce jour » (27 Ventôse-17 Mars) a été de 1,897 sacs de farine. D'après le » dernier recensement, la population est de 636,000 habitants; » chacun d'eux a reçu une livre de pain, et il est resté 162,000 » livres, ce qui a permis de distribuer une demi-livre de plus à » 324,000 citoyens. Ainsi, plus de la moitié des habitants a reçu » une livre et demie, ce qui est plus que ne le comporte le décret, » puisque la moitié des habitants ne peut être considérée comme » vivant du travail de ses mains.... »

(2) C'était ainsi que l'on convoquait d'habitude les citoyens à l'heure des assemblées de Section.

» culation des grains et l'approvisionnement de
» la capitale, en propageant des bruits inquié-
» tants ou défavorables..... »

Au nom du Comité de sûreté générale et du Comité militaire, Aubry (1) propose que chaque habitant soit tenu d'accomplir personnellement son service de garde national au lieu de payer un remplaçant, ainsi que le font la plupart de ceux qui en ont les moyens. « Il est incroyable, » s'écrie Tallien, « que les citoyens de Paris soient
» d'une insouciance aussi condamnable. Ils
» veulent donc voir revenir le régime des pri-
» sons! Ils veulent donc voir encore la guillo-

---

(1) Aubry (François), né à Paris, était capitaine d'artillerie en 1789. Ses principes, conformes alors à ceux de la Révolution, déterminèrent le département du Gard à le choisir, en 1792, pour député à la Convention nationale. A peine installé, il fut envoyé en mission à l'armée des Pyrénées, et se trouva au siége de Toulon, où commença sa haine contre Bonaparte dont il jalousait les talents. Il rentra dans l'Assemblée vers la fin de l'année, et vota dans le procès de Louis XVI pour la mort. Signataire des protestations des 6 et 9 Juin contre la révolution du 31 Mai, il resta détenu jusqu'à la mort de Robespierre, rentra à la Convention et fut nommé membre du Comité de salut public, où il s'occupa de la partie militaire confiée précédemment à Carnot. — *Biographie universelle des Contemporains*.

*Nota.* A cette époque (27 Ventôse), Aubry n'était pas encore membre du Comité de salut public; il n'y entra que dix-huit jours après, le 15 Germinal.

» tine en permanence ! Ils veulent donc voir
» piller leurs propriétés, puisqu'ils abandonnent
» à d'autres l'exercice de leur droit et de leur
» surveillance ! Citoyens de Paris, sortez donc
» de cette funeste apathie; n'abandonnez plus
» à des mains mercenaires le soin de veiller à
» votre sûreté personnelle, à celle de vos
» femmes, de vos enfants. Songez que le ser-
» vice de garde national est plutôt un honneur
» qu'une charge, et que de votre exactitude à
» le bien remplir dépendent votre liberté et
» votre vie ! » Le lendemain (28 Ventôse-
18 Mars), on adopte un décret qui, sauf de rares
exceptions, oblige tout citoyen à paraître dans
les rangs de la Garde nationale (1). Les dé-
linquants verront leurs noms affichés pendant

---

(1) *Décret* du 28 Ventôse (18 Mars) :
« Art. I. Tous les citoyens de Paris sont tenus de faire person-
» nellement leur service de Garde nationale.
» Sont exempts du service de la Garde nationale les membres
» du Corps législatif et les fonctionnaires publics ci-après dési-
» gnés, savoir :
» Les commissaires des Commissions exécutives, les commis-
» saires civils des Sections, le directeur général et les chefs de
» bureau de la Direction générale de la liquidation ;
» Les membres des Comités de surveillance ;
» Les commissaires de police, les juges de paix et leurs gref-
» fiers, les juges et les greffiers en chef des Tribunaux, les pro-

une décade dans la salle d'assemblée de leur Section et seront commandés pour une garde ou un service hors tour. En cas de récidive, ils passeront trois jours dans la maison de discipline militaire. Cette dernière peine sera également appliquée aux chefs de poste qui transigeraient avec les devoirs que la loi leur impose à ce sujet.

Cependant, l'agitation continue dans la ville,

---

» fesseurs de l'École normale et ceux de l'École centrale, les
» militaires en activité de service;
» Les commissaires des guerres employés, les officiers de santé
» employés et salariés par la République, les directeurs des
» postes aux lettres;
» Les membres des Directoires de département.
» Art. II. Ne seront admis au service de la Garde nationale
» que les individus munis de leur carte de citoyen.
» Art. III. Les citoyens ne pourront être remplacés que pour
» cause de maladie ou d'infirmités, justifiée par une attestation
» des officiers de santé, et envoyée aussitôt au conseil de
» discipline, où elle restera en dépôt pour en justifier au be-
» soin.
» Art. IV. Les sexagénaires sont dispensés du service de la Garde
» nationale.
» A chaque poste, il sera fait une liste de tous les citoyens qui,
» pour quelque cause que ce soit, autres que celles prévues par
» l'art. III, n'auront pas fait leur service en personne. Cette liste
» sera faite et signée par le chef du poste ou commandant, qui
» sera tenu de la porter de suite au conseil de discipline de la
» section d'où seront les contrevenants.
Etc., etc.

et les députations affluent à la barre de la Convention. Les Sections de l'Arsenal et Lepelletier viennent protester de leur dévouement à l'Assemblée nationale et réclamer le désarmement des partisans de la Terreur. « Nous le deman-
» dons tous, » s'écrie un Montagnard, « mais
» nous demandons aussi celui des royalistes et
» des réactionnaires. » Les délégués d'autres Sections expriment leurs inquiétudes au sujet de la Chouannerie qui, disent-elles, prend des proportions de plus en plus alarmantes. Le président de l'Assemblée les engage à ne pas propager des bruits qui n'ont rien de fondé, et à présenter leurs observations aux Comités; mais les Montagnards prétendent qu'on n'a pas le droit de porter ainsi atteinte au droit de pétition. Les Sections de Montreuil et des Quinze-Vingts sont chaleureusement applaudies par ces derniers, lorsqu'elles paraissent à la barre pour réclamer la Constitution de 1793. « Pourquoi
» donc l'avez-vous si longtemps enfermée
» dans une boîte? » leur demande impétueusement Tallien. « Nous la voulons tous avec
» un gouvernement ferme........ Il ne faut
» pas que quelques individus prétendent faire
» croire au peuple qu'il est dans cette Assem-

» blé des hommes qui ne veulent pas la Con-
» stitution. Il faut que tous les gens de bien se
» prononcent de la manière la plus énergique
» contre les scélérats qui voudraient encore
» nous opprimer. Il faut que la majorité du
» peuple et la majorité de la Convention se
» lèvent pour écraser ces derniers ennemis. Il
» faut détruire leur dernier retranchement.....
» Cette Constitution qu'ils ont fait suivre, non
» pas de lois organiques, mais du *gouvernement*
» *révolutionnaire*, il faut lui donner la vie ! Il
» faut la faire marcher ! » Après une vive discussion, une Commission de onze membres est chargée de préparer les *lois organiques*, qui permettront de mettre en vigueur la Constitution de 1793.

Mais il importe surtout de déployer la plus active énergie contre les mouvements anarchiques, qui sont imminents. Au nom des Comités de salut public, de sûreté générale et de législation, Sieyès propose une *loi de grande police*. Les Montagnards prétendent que l'on veut ramener le système de la Terreur; Rewbell leur répond que ce dernier nom convient surtout aux lois vagues dictées par l'ancienne tyrannie, qui prononçaient la mort dans tous les cas; il est applaudi par la majorité. Pendant cette discussion, des rixes ont lieu dans le jardin national et dans celui du Palais-Égalité, entre les Jacobins et la Jeunesse dorée; des rapports de plus en plus alarmants annoncent que les faubourgs s'agitent ; le rappel bat dans les Sections pour convoquer les citoyens à la défense de la Convention, et la *loi de grande police* est votée au bruit lointain du tambour (1ᵉʳ Germinal-21 Mars).

Cette loi concerne spécialement les excitations au désordre, les tentatives séditieuses et les attentats contre les Représentants du peuple, isolés ou réunis. Elle spécifie les cas où la Garde nationale doit employer la force contre les rebelles, et établit à l'égard de ces derniers une gradation de pénalités qui va, au besoin, jusqu'à la peine capitale. Si un attroupement séditieux se forme ou se porte contre la Convention, toutes les Sections devront tenir des détachements prêts à obéir aux réquisitions du Comité militaire ou du Comité de sûreté générale. Si la garde de l'Assemblée est attaquée ou simplement menacée, on fera sonner le tocsin du pavillon de l'Unité (de l'Horloge), le seul qui doit être à Paris; à ce signal, les Sections enverront toute leur force armée disponible autour de l'enceinte législative. La *loi de grande police* ne recule devant aucune supposition. Si, par l'effet d'actes inqualifiables, la Convention est dispersée et frappée en partie, les députés survivants se réuniront à Châlons-sur-Marne ou dans quelque autre localité, et les Représentants du peuple en mission aux armées y dirigeront, sous la conduite de l'un d'eux, des colonnes imposantes qui formeront une *armée nationale centrale* autour des débris de la Représentation nationale.

Ayant ainsi rétabli une loi martiale plus terrible que celle abolie par elle-même en Juin 1793, la Convention se constitue en jury d'accusation à l'égard de Billaud-Varennes, Collot d'Herbois et Barère (2 Germinal-22 Mars). Carnot, Robert Lindet et Prieur (de la Côte-d'Or) se déclarent immédiatement solidaires des actes de leurs anciens collègues ; hormis les Montagnards, qui y voient un moyen de salut pour les accusés, la Convention repousse cette généreuse complicité. Les débats s'ouvrent ; la défense des inculpés est faible et pleine de contradictions ; tantôt ils font cause commune, tantôt ils s'isolent. Mais la discussion des chefs d'accusation est peu importante ; chaque conventionnel a son opinion faite d'avance : ces débats constituent un combat et non un procès (1).

L'enceinte législative a pris un aspect particulier : les femmes sont exclues des tribunes, où elles entretenaient habituellement le désordre. Chaque jour une nombreuse force armée est mise sur pied pour protéger l'Assemblée et faire des patrouilles dans les quartiers environnants ; chaque jour amène aussi quelque engagement entre les *terroristes* et la Jeunesse dorée. Les Montagnards demandent en vertu de quel droit des jeunes gens se chargent de faire la police, au lieu de laisser agir la Garde nationale ; on leur répond avec animosité ; la majorité de la Convention sent bien qu'elle n'aura pas trop de forces à sa disposition pour résister à l'orage qui se prépare. On sait aussi que 40,000 louis d'or, envoyés d'Angleterre pour subventionner le désordre, sont entrés en France par la Suisse.

Le 4 Germinal (24 Mars), une vingtaine d'individus armés parcourent le faubourg Saint-Antoine en criant que la Convention a abandonné Paris et en faisant appel aux armes. Trois jours après (7 Germinal-27 Mars), un léger retard apporté à

---

(1) *Histoire générale de la Révolution,* par L. Vivien.

la distribution du pain occasionne une émeute dans la Section des Gravilliers (1); plusieurs centaines de femmes se réunissent, arrêtent celles qui passent et les forcent à se joindre à elles. En même temps, quatre cents individus, réunis au bruit d'une sonnette, envahissent le local de l'assemblée de la Section, nomment un président et deux

---

(1) L'indication des divers noms et de l'emplacement des sections peut être de quelque utilité dans les récits qui suivront. N° 1, section des Tuileries; — 2, des Champs-Élysées; — 3, de la République, du Roule; — 4, des Piques, de la place Vendôme; — 5, de la Butte-des-Moulins, du Palais-Royal, de la Montagne; — 6, Lepelletier, de 92, de la Bibliothèque; — 7, du Mont-Blanc, de la Grange-Batelière; — 8, du Faubourg Montmartre; — 9, Poissonnière; — 10, de Brutus, de Lafontaine Montmorency, de Molière et Lafontaine (rue des Jeûneurs, du Croissant, du Sentier, etc.); — 11, de Guillaume Tell, du Mail, des Petits-Pères; — 12, du Contrat social, des Postes; — 13, de la Halle au blé; — 14, de l'Oratoire, des Gardes françaises; — 15, du Muséum, du Louvre; — 16, des Halles, de Chalier (rue de la Ferronerie, Halle aux draps, etc.); — 17, de Bon-Conseil, de Mauconseil; — 18, Bonne-Nouvelle; — 19, du Faubourg du Nord, du Faubourg Saint-Denis; — 20, de Bondy; — 21, du Temple; — 22, des Amis de la Patrie, du Ponceau; — 23, des Gravilliers; — 24, des Lombards; — 25, de la Réunion, de Beaubourg; — 26, des Arcis; — 27, de l'Homme armé, du Marais; — 28, de l'Indivisibilité, de la place des Fédérés, de la place Royale; — 29, des Droits de l'Homme, du Roi de Sicile; — 30, de la Fidélité, de l'Hôtel de ville, de la Maison commune; — 31, de l'Arsenal; — 32, de Popincourt; — 33, de Montreuil; — 34, des Quinze-Vingts (ces trois dernières composaient

secrétaires, et proclament emphatiquement que « lorsqu'il y a oppression, l'insurrection est le » plus saint des devoirs. » Cependant, le rassemblement séditieux, précédé d'hommes et de femmes ivres, se dirige vers la Convention ; une vingtaine de femmes sont introduites et ne font entendre que leur cri habituel : « Du pain ! du

---

le faubourg Saint-Antoine) ; — 35, de la Fraternité, de l'Ile Saint-Louis ; — 36, de la Cité, de l'Ile Notre-Dame, de la Raison ; — 37, du Pont-Neuf, d'Henri IV ; — 38, des Invalides ; — 39, de la Fontaine de Grenelle ; — 40, de l'Unité, des Quatre-Nations ; — 41, du Théâtre-Français, de Marseille, Marat (quartier de l'Odéon) ; — 42, du Bonnet-Rouge, de la Croix-Rouge, de la Liberté, de l'Ouest ; — 43, de Mutius-Scœvola, du Luxembourg ; — 44, de Beaurepaire, des Thermes ; — 45, du Panthéon français, de Sainte-Geneviève ; — 46, des Sans-Culottes, du Jardin des Plantes ; — 47, de l'Observatoire ; — 48, du Finistère, des Gobelins.

Cette énumération peut donner une idée approximative des changements de noms que les quartiers de Paris subirent, pendant la période révolutionnaire, par le caprice de leurs habitants. De fausses désignations, que l'habitude fit adopter, ont contribué aussi à en augmenter le nombre. Ainsi la section Lepelletier est souvent désignée sous le nom de section des Filles-Saint-Thomas. C'est une erreur. Lorsque Paris était divisé en soixante districts, il y avait le district des Filles-Saint-Thomas où s'organisa le bataillon du même nom. Paris fut ensuite partagé en quarante-huit sections ; mais le bataillon subsista et conserva son nom jusqu'en Août 1792, époque de l'organisation des sections armées. Des causes analogues ont accru la confusion dont on vient de citer un exemple.

» pain ! » Pendant ce temps, le rappel bat pour mettre, comme d'habitude, une partie de la Garde nationale sur pied. Malgré le peu d'empressement d'un grand nombre à se rendre à une convocation devenue presque journalière, les forces réunies suffisent bientôt pour qu'il n'y ait plus rien à craindre de cette manifestation. La multitude des femmes cède moitié à la persuasion, moitié à la nécessité ; elles se retirent entraînant les hommes qui les ont accompagnées.

Aucun des deux partis ne se trompe sur cette tentative avortée ; c'est une escarmouche que doit suivre un combat plus sérieux ; on apprend bientôt que le 12 Germinal (1er Avril) est le jour fixé pour l'émeute.

Dans la soirée qui précède (11 Germinal-31 Mars), la Jeunesse dorée, convoquée au Palais-Royal, y forme des groupes multipliés. Des représentants du peuple les parcourent, échauffant leur zèle pour la Convention et indiquant un rendez-vous général pour le lendemain dans la cour du Louvre. Mais les jeunes Parisiens n'ont plus la même ardeur ; les uns gardent rancune aux Thermidoriens du démêlé qu'ils ont eu avec eux, lors de la pièce représentée au Théâtre-Audinot ; d'autres pensent tout bas que la marche du gouvernement n'est plus assez réactionnaire ; quelques-uns, hardis dans la petite guerre contre les Jacobins, redoutent les conséquences d'une collision avec les robustes habitants des faubourgs. Aussi, lorsque les Représentants du peuple sont partis, en disant pour dernier adieu, « A demain ! » une tumultueuse délibération s'ouvre pour discuter la conduite à tenir. Un des chefs les plus aimés, Isidore Langlois, propose de décider que ceux qui ne paraîtront pas le lendemain soient à jamais bannis des rangs de la Jeunesse dorée ; un autre, Souriguières, répond que cette supposition est injurieuse, qu'il ne peut se trouver de lâches parmi eux, et se porte garant que tous se rendront à l'appel qui leur est fait. « Oui ! » tous ! tous ! » crie-t-on d'une voix unanime ; et l'on se sépare animé, en apparence, des dispositions les plus belliqueuses.

*Journée du 12 Germinal.* De grand matin, des rassemblements, principalement composés de femmes et d'enfants, se portent vers les boutiques des boulangers du quartier de la Cité, en obstruent les abords et empêchent les citoyens paisibles de venir chercher leur pain. Des émeutiers battent le rappel dans les rues adjacentes.

Des agitateurs parcourent la ville et y propagent les bruits les plus inquiétants ; d'après eux, la Convention s'apprête à quitter Paris ; — les députés comptent emporter tout le numéraire de la République ; — la Section des Gravilliers a été désarmée ; — des rassemblements se forment au Bois de Boulogne, etc. D'autres émissaires apostés sur les routes font rétrograder les convois d'approvisionnements en certifiant aux voituriers que les barrières sont fermées.

La Jeunesse dorée se réunit, entre six et sept heures, dans la cour du Louvre, mais seulement *en grand nombre* (1). André Dumont, Tallien et quelques autres députés la complimentent et la haranguent ; ils la conduisent ensuite par les quais jusqu'aux Tuileries ; elle s'installe dans la cour royale (2). Merlin (de Thionville), vêtu

---

(1) Ces faits et ceux qui suivront, concernant la Jeunesse dorée, sont extraits, en grande partie des *Souvenirs Thermidoriens* de Georges Duval. Mais l'appréciation n'en sera pas la même, parce que cet écrivain a été naturellement porté à trop d'indulgence envers des camarades dont il reconnaissait d'ailleurs la légèreté et l'étourderie.

(2) La cour des Tuileries était alors divisée en trois parties par des bâtiments élevés seulement d'un rez-de-chaussée surmonté de mansardes. La cour royale était celle du milieu ; on y passait pour arriver à la Convention.

du costume des officiers d'état-major (1), reste avec elle. Les insurgés perdant du temps à se masser avant de se diriger vers les Tuileries, on commence à croire qu'on en sera quitte pour une fausse alerte, lorsque vers dix heures, on entend un grand bruit sur la place du Carrousel; presque aussitôt des coups redoublés retentissent à la porte de la cour. Merlin va reconnaître l'ennemi; c'est un ramas de femmes et d'enfants qui crient : « Du pain et la Constitution de 93 ! » Ils sont précédés d'un homme déguenillé, à barbe longue et sale, portant au bout d'une pique une large pancarte blanche sur laquelle sont inscrits les mots de ralliement de l'anarchie. Aux questions qui lui sont faites, la troupe désordonnée répond qu'elle vient présenter à la Convention une pétition relative aux subsistances. Merlin ordonne dédaigneusement qu'on lui ouvre la porte, et elle se précipite dans la salle de l'Assemblée, où son irruption interrompt la lecture d'un rapport de Boissy d'Anglas sur l'approvisionnement de Paris (2).

---

(1) Longue redingote bleue, chapeau à cornes surmonté d'un grand plumet, sabre de cavalerie.
(2) *Souvenirs Thermidoriens*, par Georges Duval.

On engage les pétitionnaires a se retirer et à laisser la Convention délibérer en paix ; mais ce premier détachement se renforce rapidement de contingents du même genre qui traversent successivement la cour royale et viennent ajouter à l'impulsion du désordre. Enfin, le gros de l'émeute arrive vers deux heures ; cette population débraillée, armée de piques, de sabres et de bâtons, s'avance en criant : « Du pain ! La Constitution » de 93 ! La liberté des patriotes ! Mort à Fréron » et à la Jeunesse dorée ! » Elle envahit de tous côtés le Carrousel et le jardin des Tuileries, écarte ou renverse la Jeunesse dorée, force la garde de la Convention, enfonce les portes de l'enceinte législative et remplit la salle en un moment. Le public des tribunes hurle avec les *pétitionnaires*, et des Montagnards leur donnent des marques de sympathie ; les députés qui veulent protester contre la violation de la Représentation nationale ne peuvent se faire entendre ; dès que l'un d'eux ouvre la bouche, mille cris : « A » bas ! à bas ! » le forcent au silence. Le président de la Convention, André Dumont, et quelques-uns de ses collègues s'épuisent en vains efforts pour engager la foule à sortir de la salle. Un des chefs de l'insurrection parvient à prendre la parole et à se faire écouter; il débite contre l'égoïsme des riches, la cupidité des marchands et l'*armée de Fréron*, de vagues accusations entremêlées d'éloges pour les hommes du 14 Juillet, la Montagne, etc.

Cependant le tocsin résonne du haut du pavillon de l'Unité et la générale retentit dans les Sections. Des représentants du peuple, en uniforme et à cheval, parcourent les divers quartiers pour engager la population à se porter au secours de l'Assemblée. Ils s'adressent successivement aux rassemblements et aux détachements qu'ils rencontrent; mais la grande majorité porte indistinctement des carmagnoles et des sabots, des fusils ou des piques; nul indice ne permet de distinguer les partisans de l'Assemblée et ceux de l'anarchie; aussi ces courageux députés sont-ils tantôt applaudis et tantôt injuriés.

Le conventionnel Auguis, entre autres, a reçu le matin diverses missions du Comité de sûreté générale. Il s'est d'abord rendu au bois de Boulogne, d'après le bruit qu'un nombreux rassemblement s'y organisait, et il n'y a trouvé personne. Il revient par le quartier du Luxembourg, lorsqu'un officier de la Garde nationale lui apprend qu'une nombreuse troupe armée se réunit près de l'Observatoire pour se rendre aux Tuileries ; mais on ignore si c'est pour attaquer ou pour défendre les conventionnels. Auguis s'y transporte au galop avec deux cavaliers. Dès qu'il arrive, il est entouré, démonté et séparé de ceux qui le suivent. On lui arrache son sabre, et il est blessé de deux coups de pique, à la lèvre et à la main ; il veut parler, on ne l'écoute pas ; on lui reproche d'être monté à cheval pour quitter Paris ; on prête ce même projet à la Convention à laquelle on prodigue les injures. Auguis est enfin conduit au comité révolutionnaire de la Section. Là il se trouve subitement au milieu de gens qui l'assurent de leur profond respect pour l'Assemblée nationale et qui cherchent en vain à détromper ceux qui l'ont fait prisonnier. Néanmoins, ils réussissent à protéger le député contre l'exaspération de ses violents introducteurs, que plusieurs femmes excitent contre lui. Profitant d'un moment favorable, ils le font sortir du comité révolutionnaire, et quelques-uns d'entre eux veulent lui servir d'escorte jusqu'à la Convention. Mais, dans le trajet, cette petite troupe rencontre un détachement de gardes nationaux *terroristes* qui se jettent sur elle pour la disperser. Le député est injurié de nouveau; on déchire son écharpe; il parvient enfin à se réfugier, avec ceux qui ont voulu le protéger, dans le corps de garde du Petit-Pont. Heureusement, les citoyens armés qui occupent ce poste sont du parti de la Convention; ils assurent Auguis qu'on ne l'arrachera pas de leurs mains, mais c'est tout ce qu'ils peuvent faire : ils ne sont pas assez nombreux pour le faire reconduire aux Tuileries. Le conventionnel reste avec eux, tandis que les anarchistes, qui n'ont pu obtenir qu'on le leur livrât, s'installent autour du corps de garde, prêts à le faire prisonnier s'il se hasarde hors de cet asile (1).

Peu après, le Comité de sûreté générale apprend qu'Auguis est arrêté, sans savoir précisément en quel endroit. Un autre conventionnel, Pénières, monte à cheval pour aller à la recherche de son collègue. Sur la place du Panthéon, une troupe de factieux veut l'arrêter; il leur échappe en piquant des deux; au bruit de la clameur qui le devance, les hommes d'un corps de garde sortent

---

(1) *Moniteur universel.* — *Séances de la Convention.*

pour lui barrer le chemin; la rapidité de sa course le sauve de ce nouveau danger; il passe de même devant un second corps de garde, d'où part un coup de fusil qui ne l'atteint pas. Lorsqu'il peut chercher à reconnaître où l'ont entraîné les hasards de cette course emportée, il se trouve du côté de l'Observatoire. Il revient sur ses pas et cherche en vain à se frayer un passage parmi la foule qui encombre la place Saint-Michel; des piques sont mises en travers des jambes de sa monture: elle s'abat, il est arrêté. Ceux qui l'entraînent affirment que c'est le député qui a tiré tout à l'heure un coup de feu sur le peuple. Il est ainsi conduit au comité civil de la Section et se trouve alors, comme l'a été naguère son collègue Auguis, entouré de commissaires et d'officiers de la garde nationale bien disposés pour la Convention. Néanmoins, ces derniers lui reprochent l'imprudence et l'inhumanité dont il a fait preuve en se servant inutilement d'une arme à feu. Pénières leur répond qu'au contraire il a failli être lui-même victime de ce coup de fusil qui a mis tout le quartier en émoi; il prouve son dire en faisant apporter les deux pistolets qui sont encore à l'arçon de sa selle; enfin, arrive le commandant en second du bataillon de l'Observatoire dont le témoignage confirme les paroles du conventionnel. On explique le fait à la foule qui se dissipe peu à peu, et des citoyens sûrs sont chargés de reconduire le représentant du peuple jusqu'aux Tuileries.

Pendant que des faits analogues se passent de divers côtés, l'enceinte législative continue à être au pouvoir de la multitude qui s'agite en criant. Quelques députations de Sections trouvent le moment favorable pour venir présenter des réclamations relatives aux subsistances; on leur répond que l'Assemblée ne peut ni délibérer, ni rien décider sous le coup d'une semblable pression. Il est quatre heures, et nulle force armée libératrice n'apparait. Il n'y a encore aux abords de la Convention qu'une centaine de gardes nationaux mêlés à la foule ou réfugiés dans les postes du Palais (1).

Cet abandon prolongé résultait de l'état de désorganisation de la Milice parisienne, et surtout du défaut de commandement régulier. La plupart des bataillons étaient indécis ou divisés

---

(1) *Journées des 12 et 13 Germinal, et événements qui les ont précédées et suivies*, par Eusèbe Salverte.

d'opinions; d'autres sympathisaient avec l'émeute; quant à ceux dont l'Assemblée nationale devait certainement attendre du secours, ils se formaient avec lenteur, conséquence d'appels journellement répétés. Lorsque la gravité de l'insurrection fut bien connue, les bataillons des Sections voisines de la Convention (Lepelletier, Butte-des-Moulins, place Vendôme, etc.) se réunirent et formèrent une masse compacte (1) sous la conduite du brave Raffet.

Vers six heures du soir, c'est-à-dire après quatre heures de tumulte, le bruit se répand dans l'enceinte législative qu'une force armée imposante arrive au secours de la Représentation nationale; les *pétitionnaires* commencent à montrer moins d'insolence, et une sorte d'indécision se manifeste dans leurs mouvements. Les Conventionnels exhortent les insurgés à se retirer; les Montagnards regardent eux-mêmes la *manifestation* comme avortée; dans l'espérance d'é-

---

(1) Les mots *bataillon de section* signifient seulement les citoyens d'une section volontairement réunis en armes pour marcher au secours de la Convention. L'effectif en était par suite très-variable.

chapper au reproche d'avoir fait cause commune avec la révolte, ils joignent leurs efforts à ceux de leurs collègues. L'arrivée de la Garde nationale tranche définitivement la question; les émeutiers sont poussés vers les portes; les gradins des députés et le parquet sont d'abord dégagés. Les plus opiniâtres des rebelles sont pourchassés de banc en banc et expulsés des tribunes où ils ont cherché refuge. Au dehors, ils se trouvent encore vis-à-vis d'autres bataillons qui les mettent peu à peu hors des cours des Tuileries; la Jeunesse dorée a repris la position qu'elle occupait le matin (1). Enfin, les bandes désagrégées de l'émeute reprennent le chemin des faubourgs; pendant que Boissy d'Anglas achève la lecture de son rapport sur les subsistances, interrompue pendant cinq heures.

La conclusion adoptée par l'Assemblée consiste à désigner dans chacune des quarante-huit Sections de Paris, 50 gardes nationaux qui

---

(1) En dépit des efforts de Georges Duval, auteur des *Souvenirs Thermidoriens*, pour assigner un rôle à la Jeunesse dorée dans la journée du 12 Germinal, il ressort de son récit même que le concours de cette petite troupe irrégulière fut complétement illusoire.

feront la police des environs pour assurer l'arrivage des approvisionnements (1).

Un membre des Comités vient ensuite rendre compte des événements de la journée. La Convention déclare qu'il a été porté atteinte à la liberté de ses délibérations, et elle charge le Comité de sûreté générale, de faire rechercher et traduire devant le tribunal criminel du département de Paris les auteurs et les instigateurs de cet attentat. Les Montagnards ont affecté de ne pas participer à la délibération; ce décret excite leurs murmures; Chénier engage la Convention à

---

(1) *Décret* du 12 Germinal (1er Avril).

« Art. I. Il sera tiré dans toutes les Sections de Paris une force » armée de cinquante hommes par Section.

» Art. II. A cet effet, les compagnies se réuniront demain pour » faire l'élection des citoyens qui doivent la former, d'après le » mode qui sera déterminé par le comité de la guerre.

» Art. III. Cette force armée sera destinée à protéger, dans les » environs de Paris, l'arrivage des grains destinés à son approvi- » sionnement.

» Art. IV. Elle sera aux ordres des représentants qui y sont » envoyés pour cet effet.

. . . . . . . . . . . . . . . . . . . . . . . . . . . . .

» Art. VI. La Convention nationale. . . . . décrète que les » représentants du peuple inviteront, au besoin, la garde natio- » nale des lieux où ils passeront à se réunir aux détachements » de la garde nationale de Paris, pour favoriser l'arrivage des » subsistances destinées à pourvoir aux besoins de leurs frères » de cette grande commune. »

prendre les mesures les plus énergiques pour assurer la liberté du Corps législatif. « Savez-vous quel est le but du mouvement d'aujourd'hui? » s'écrie André Dumont. « C'est de vous empêcher de vous prononcer sur le sort de trois brigands qui ont inondé la République de sang... Je ne vous proposerai pas de fermer les débats : une telle mesure ne convient qu'à des assassins. Je ne vous proposerai pas non plus de les condamner à mort sans les avoir jugés; mais je vous propose de les chasser du territoire français.... Je demande que les trois brigands qui ont assassiné la Patrie soient déportés dès cette nuit. » Au bruit des applaudissements, il est décidé que Barère, Collot-d'Herbois et Billaud-Varennes partiront pendant la nuit pour Rochefort, d'où ils seront déportés à la Guyane. Sur la proposition de Bourdon (de l'Oise), trois des plus fougueux Montagnards, Chasles, Choudieu et Foussedoire sont décrétés d'arrestation. On apprend qu'Auguis est encore retenu au corps de garde du Petit-Pont; l'ordre est donné à la force armée d'aller le délivrer; le bruit se répand que Pénières est mort d'un coup de feu; cette fausse nouvelle ajoute encore à l'irritation générale. Paris est déclaré en état de siége.

Il importe de donner un commandant sérieux à la force armée ; on choisit Pichegru, qui est arrivé récemment de l'armée du Nord pour prendre les instructions du Comité de salut public avant d'aller se mettre à la tête de l'armée du Rhin (1). Barras et Merlin (de Thionville) lui sont adjoints. L'attention de l'Assemblée est ensuite appelée de nouveau sur ceux de ses membres qui ont paru d'intelligence avec les rebelles. Les Montagnards Huguet, Léonard Bourdon, Ruamps, Duhem et Amar sont décrétés d'arrestation, et, sur la proposition de Fréron, il est décidé qu'ils seront transférés au château de Ham. Une proclamation est adressée à la population parisienne. Enfin, après avoir reçu l'assurance que Pichegru est au Comité militaire et se prépare à marcher au besoin contre les factieux, la Convention lève sa séance à six heures du matin.

Dans la journée, les Sections les mieux disposées pour l'Assemblée (Lepelletier, Butte-des-Moulins, Guillaume Tell) viennent à la barre protester de leur dévouement (13 Germinal-2 Avril);

---

(1) Voir le chapitre suivant.

mais, dans plusieurs quartiers, l'insurrection gronde encore sourdement. « La Convention se trompe, » disent les perturbateurs, « si elle croit que tout est fini. »

A cinq heures du soir, trois voitures, dans lesquelles étaient les députés qu'on transférait au château de Ham, passaient par les Champs-Élysées ; elles étaient escortées d'un grand nombre de gendarmes qui criaient : « Vive la Convention ! A bas les Jacobins ! » A la montée de l'Étoile, une multitude désordonnée de gens armés, qui prétend constituer la Section des Champs-Élysées, entoure les voitures et s'oppose à leur marche ; les uns crient qu'elles renferment des députés se sauvant avec l'or et l'argent de la République ; d'autres disent que ce sont des conventionnels condamnés sans jugement par l'Assemblée, des amis du peuple qu'il faut réintégrer au Palais national, etc. En vain, le commandant de gendarmerie chargé de la conduite du convoi invite les rebelles à respecter la loi ; la foule reste sourde à ses exhortations. Cet officier part au galop pour requérir l'assistance du bataillon du Gros-Caillou ; mais les divers détachements qu'il rencontre l'accablent d'injures.

Cependant des compagnies d'autres Sections

accourent, et il en résulte une confusion inexprimable; dans la bagarre, Raffet reçoit à la poitrine un coup de pistolet qui heureusement ne lui fait qu'une légère blessure. Pichegru arrive; deux fois couché en joue par des forcenés, sa fermeté impose aux émeutiers les plus rapprochés; mais les gendarmes de l'escorte ne lui obéissent pas; quelques-uns remettent même leur sabre dans le fourreau. Les perturbateurs, maîtres du corps de garde des Champs-Élysées, tirent deux coups de canon qui heureusement ne blessent personne; on riposte, pour la forme, par une décharge de quelques coups de fusil. En somme, le passage n'est pas libre; on n'est pas en mesure de le forcer; les voitures sont reconduites au Comité de sûreté générale (1).

A la nouvelle de cet échec, la Convention se déclare en permanence jusqu'à ce que ses ordres

---

(1) Le récit de ces événements a été souvent obscurci par une confusion entre deux faits analogues : le départ des députés qu'on transférait à Ham, et celui des trois anciens membres du Comité de salut public, Collot d'Herbois, Billaud-Varennes et Barère, qu'on conduisait à Rochefort pour les déporter à la Guyane.

Le premier donna lieu aux faits rapportés ci-dessus.

Le second offrit quelques circonstances du même genre, mais moins dramatiques; elles sont rapportées dans plusieurs ouvrages, et notamment dans les *Mémoires* de Barère.

soient exécutés; bientôt les voitures sont remises en route avec une escorte suffisante pour les garantir d'une nouvelle agression. On apprend ensuite qu'un millier d'insurgés du faubourg Saint-Antoine, réunis dans le local ordinaire de l'assemblée de leur Section, délibèrent sur l'opportunité de déclarer les faubourgs en insurrection; on ajoute que Pichegru marche contre eux à la tête de détachements de la Garde nationale. En effet, à quatre heures du matin, ce général apparaît à la Convention et lui annonce que le dernier centre de l'insurrection est complétement dissous.

Dans les jours qui suivirent, les députations des Sections se succèdèrent apportant l'expression de leur dévouement à la Représentation nationale; Pichegru se démit du commandement qui lui avait été temporairement confié (15 Germinal-4 Avril); le Comité de salut public fut porté de douze à seize membres (1); neuf Mon-

---

(1) (15 Germinal-4 Avril). — Membres sortants du Comité de salut public : Dubois-Crancé, André Dumont et Boissy d'Anglas. — Membres entrants : Cambacérès, Aubry, Tallien, Creuzé-Latouche, Gillet, Lesage (d'Eure-et-Loir) et Roux (de la Haute-Marne).

CHAPITRE XLIII. — GERM. AN III — AVRIL 1795. 155
tagnards furent encore décrétés d'arrestation comme fauteurs de l'anarchie (16 Germinal-5 Avril) (1), et le Comité de sûreté générale poursuivit ses informations contre les instigateurs de l'émeute. Il fut aussi chargé de faire désarmer « les hommes connus dans les Sections pour » avoir participé aux horreurs commises sous la » tyrannie qui avait précédé le 9 Thermidor. » Les Représentants du peuple en mission dans les départements, et les Administrations de district reçurent l'injonction d'exécuter la même mesure dans les provinces. Enfin, le Comité militaire fut requis de présenter une loi pénale contre les citoyens qui ne prendraient pas les armes lorsque la générale se ferait entendre.

La Convention était maintenue dans ces dispositions répressives par les nouvelles déplorables qui arrivaient chaque jour des localités environnantes. Le contre-coup de l'insurrection du 12 Ger-

---

(1) Moïse Bayle, Cambon, Granet (de Marseille), Hentz, Maignet, Levasseur (de la Sarthe), Crassous, Thuriot et Lecointre (de Versailles). Ces deux derniers avaient figuré dans la journée du 9 Thermidor comme adversaires de Robespierre; mais la rentrée des députés girondins dans la Convention leur ayant semblé un acte essentiellement contre-révolutionnaire, ils s'étaient ralliés aux plus violents Montagnards.

minal s'y était fait immédiatement ressentir, et l'esprit de désordre s'y acharna principalement contre les convois d'approvisionnements en marche vers Paris. A Vernon, quinze voitures de grains furent pillées; des scènes analogues eurent lieu à Saint-Brice, Bonneuil, La Chapelle, Dreux, Chantilly, etc. Dans les campagnes, on sonnait le tocsin dès qu'apparaissait quelque envoi considérable dirigé vers la capitale. A Provins, les cultivateurs refusèrent de battre les grains pendant toute la semaine sainte; on en accusa les machinations du parti royaliste et l'influence des prêtres. A Villers-Cotterets, le conventionnel Laurent ne parvint à préserver un convoi de blé du pillage, qu'en usant de fouets de poste contre un rassemblement de femmes; à Amiens, son collègue Bô fut gravement maltraité et manqua d'être pendu; à Évreux, un autre représentant du peuple fut grièvement blessé en faisant son devoir.

La Convention ordonna que les auteurs de ces attentats contre les députés fussent poursuivis conformément aux prescriptions de la loi de grande police. Elle décréta en outre que des pièces d'artillerie et des détachements de gendarmerie seraient adjoints aux compagnies de gardes nationaux, dont la formation avait été décidée quelques jours auparavant pour protéger les arrivages des grains. Un très-petit nombre de ces compagnies avait commencé ce service, parce que de sourdes rumeurs et de graves appréhensions entravaient l'exécution du décret qui les concernait ; les citoyens requis pour cette mission *extrà-muros* craignaient que leur déplacement ne constituât une première étape vers la frontière. On employa divers moyens pour les rassurer ; on leur promit formellement qu'avant deux ou trois décades, ils seraient remplacés et rentreraient dans leurs foyers. Barras, auquel on adjoignit son collègue Rouyer, fut nommé chef de la force armée chargée de protéger la circulation des grains (23 Germinal-12 Avril).

La tentative insurrectionnelle de Germinal eut aussi pour effet d'engager le gouvernement Thermidorien plus fortement dans la voie de la réaction. Le 22 Germinal (11 Avril), la Convention rapporta tous les décrets qui avaient mis des citoyens hors la loi à la suite de la journée du 31 Mai (chute des Girondins). Les jugements rendus en exécution de ces décrets, les mandats d'arrêt et les procédures qui s'y rapportaient, furent annulés. Les accusés qui s'y étaient soustraits par la fuite furent autorisés à rentrer dans leurs foyers; leurs propriétés devaient leur être restituées.

Les Sections qui s'étaient distinguées en accourant au secours de la Convention, continuèrent à réclamer le désarmement complet des *terroristes*; celles où la bonne volônté d'une partie des gardes nationaux avait été paralysée par la redoutable opposition du plus grand nombre, exprimèrent le même vœu. Le Pouvoir, éclairé par les derniers événements, n'avait pas besoin de ces sollicitations réitérées pour comprendre l'urgence de réorganiser la Garde nationale sur des bases entièrement nouvelles. On n'osa pas encore en éloigner officiellement la masse de la population turbulente, mais il parut possible de la constituer de telle sorte que la prépondérance appartînt aux classes de citoyens qui avaient le plus d'intérêt au maintien de l'ordre et de la tranquillité. Le moyen adopté fut de les réunir dans des compagnies spéciales, dont la consistance et l'homogénéité seraient des garanties contre l'esprit désordonné de ceux qui semblaient disposés à pactiser avec toutes les insurrections.

Le projet en fut présenté à la Convention le

25 Germinal (14 Avril), par Aubry, au nom du Comité de salut public et du Comité militaire :

« Article I$^{er}$. La Garde nationale parisienne sera composée d'in-
» fanterie et de cavalerie.

» Art. II. La Garde nationale à pied sera formée en bataillons
» de 761 hommes chacun, fournis par les quarante-huit Sections
» de Paris, en raison de la population de chacune.

» Art. III. Chaque bataillon sera composé de dix compagnies :
» une de piquiers d'avant-garde, huit de fusiliers, une de piquiers
» d'arrière-garde.

» Art. IV. Chaque compagnie sera divisée en deux pelotons; le
» peloton en deux sections; la section en deux escouades.

» Art. V. Chaque compagnie de fusiliers sera composée d'un
» capitaine, un lieutenant, deux sous-lieutenants, quatre ser-
» gents, huit caporaux, deux tambours et soixante-quatre volon-
» taires.

» La première et la huitième compagnie n'auront pas de
» piquiers.

» Art. VI. Chaque compagnie de piquiers sera composée d'un
» capitaine, deux lieutenants, deux sergents, quatre caporaux,
» quarante piquiers, deux tambours.

» Art. VII. L'état-major de chaque bataillon sera composé
» d'un chef de bataillon, un adjudant de bataillon, un porte-
» drapeau.

» Art. VIII. Les différents bataillons d'une même Section seront
» réunis sous un état major composé d'un chef de brigade et un
» adjudant de Section.

» Art. IX. Chaque Section aura une compagnie de canonniers,
» composée d'un capitaine, deux lieutenants, deux sergents,
» quatre caporaux, quarante canonniers, un tambour.

» Cette compagnie de canonniers sera attachée au 1$^{er}$ batail-
» lon de la Section, et aux ordres du chef de brigade de la Sec-
» tion.

» Il est attaché deux pièces de canon à chaque Section.

» Art. X. Les Sections seront réunies en divisions, à raison de
» quatre Sections par division : on suivra pour cette répartition

» les bases déterminées par la loi du 7 Fructidor sur la police
» générale, d'après laquelle la commune de Paris est divisée en
» douze arrondissements.

» Art. XI. L'état-major de chacune des douze divisions sera com-
» posé d'un adjudant général et de quatre adjudants de division.

» Art. XII. La Garde nationale à cheval sera formée jusqu'à
» concurrence de 2,400 hommes, à raison de 200 hommes par
» Section.

» Art. XIII. Ces 2,400 hommes seront répartis en trois bri-
» gades, composées chacune de quatre escadrons à raison d'un
» par arrondissement; chaque escadron, de deux compagnies;
» chaque division, de deux escadrons.

» Art. XIV. Chaque compagnie de cavalerie sera composée
» d'un capitaine, un lieutenant, deux sous-lieutenants, deux ma-
» réchaux des logis, quatre brigadiers, quatre vingt-neuf cava-
» liers, deux trompettes.

» Art. XV. L'état-major de chaque brigade sera composé
» d'un chef de brigade, quatre chefs d'escadron, quatre adjudants-
» majors.

» Art. XVI. Le Comité militaire dirigera le service de la Garde
» nationale parisienne tant à pied qu'à cheval.

. . . . . . . . . . . . . . . . . . . . . .

» Art. XX. Le choix des officiers et sous-officiers sera fait
» conformément à la loi du 3 Pluviôse.

» Les officiers composant l'état-major de chacune des douze
» divisions seront nommés par le Comité militaire.

» Art. XXI. Les fusiliers de la 1<sup>re</sup> compagnie auront au
» moins cinq pieds trois pouces, et pas plus de trente et un ans.

» Art. XXII. Le nombre de bataillons devant être déterminé
» en raison de la population de chaque Section, les hommes
» excédant le complet des bataillons formés seront répartis par
» bataillons et par compagnies comme surnuméraires.

» Art. XXIII. Quant à la cavalerie, il sera ouvert dans chaque
» Section un registre pour recevoir les demandes des citoyens
» qui, ayant une habitude très-fréquente du cheval, désireront
» s'y faire inscrire; ils devront avoir cinq pieds deux pouces au
» moins et cinquante ans d'âge au plus.

» Les citoyens qui désireront remplir le service de garde na-
» tional dans la cavalerie parisienne se monteront à leurs frais;
» il pourra cependant être fourni des chevaux par la République
» à ceux qui auront des difficultés à s'en procurer, et alors ils en
» payeront le prix, conformément à la loi du...

» Art. XXIV. Les fusiliers des 1re et 8e compagnies, les canon-
» niers et cavaliers seront habillés, équipés et armés à leurs frais.
» Ils auront l'uniforme national.

» Les fusiliers de la 1re compagnie porteront des épaulettes
» rouges; ceux de la 8e porteront des épaulettes vertes; la cava-
» lerie portera l'aiguillette aux trois couleurs, veste et culotte
» jaunes.

» Art. XXV. La Garde nationale parisienne sera employée,
» sous les ordres du Comité de la guerre, au maintien de l'ordre
» public et de la sûreté des personnes et des propriétés.

» Art. XXVI. Le Comité de la guerre fera, dans le plus prompt
» délai, un règlement de service pour la Garde nationale pari-
» sienne, de manière que son service soit déterminé en même
» temps que son organisation.

» Art. XXVII. La Convention nationale, dans sa constante
» sollicitude pour assurer l'ordre public, et désirant abréger la
» durée des privations exemplaires des habitants de Paris, fait un
» appel aux bons citoyens pour que la manifestation de leur zèle
» prenne une direction telle que le présent décret reçoive son
» exécution avant le 5 Floréal.

» Art. XXVIII. Dans les vingt-quatre heures, la présente loi sera
» affichée et publiée partout où besoin est, par les commissaires
» de police, et décadi prochain tous les gardes nationaux de cha-
» que Section s'assembleront sans armes pour procéder à l'exé-
» cution de la présente organisation, d'après la loi du 1er Plu-
» viôse.

» Art. XXIX. Il sera rendu compte au Comité militaire, par
» l'officier du Comité civil de la Section présent à l'opération, de
» l'exécution de la présente loi. »

Suivant ce projet, la Garde nationale parisienne comprenait encore la totalité des habitants

en état de porter les armes, mais elle n'était plus divisée en quarante-huit Sections armées formant chacune une division spéciale; elle devait se composer d'un nombre de bataillons, tous de 764 hommes, déterminé par l'effectif de la population.

Chaque bataillon était en outre divisé en catégories : deux compagnies exclusivement réservées aux piquiers et huit compagnies de fusiliers, dont deux ne devaient comprendre aucun individu à pique.

Les compagnies de piquiers allaient être ainsi composées d'un personnel qu'on ne serait jamais tenté de réunir; leurs noms de *compagnie d'avant-garde* et de *compagnie d'arrière-garde* justifiaient leur éloignement, en avant ou en arrière, à la distance nécessaire pour s'en débarrasser au besoin. Sur les huit compagnies de fusiliers, les six qui pouvaient recevoir indifféremment des fusiliers ou des piquiers représentaient la masse flottante et indécise dont on ne pouvait espérer un concours constant et énergique. Pour elles, comme pour les compagnies de piquiers, il n'était pas question d'uniforme.

Aux yeux des auteurs de la proposition, la véritable milice bourgeoise consistait donc dans les première et huitième compagnies de fusiliers, où les piques étaient proscrites, et qu'on astreignait à des conditions d'âge, de taille, et d'uniforme à leurs frais. Leurs épaulettes rouges ou vertes impliquaient la restauration des compagnies de grenadiers et de chasseurs, abolies en Août 1792, lors de la formation de la Garde nationale en Sections armées (1).

La réapparition d'un corps de cavalerie citoyenne constituait aussi une réminiscence réactionnaire. Il en était de même d'un grand nombre d'autres dispositions du projet de loi ; on pouvait donc craindre qu'il ne rencontrât une violente opposition.

Sa discussion eut lieu trois jours après sa présentation (28 Germinal-17 Avril). Aubry, rapporteur des Comités, fit observer que la loi proposée, rapprochant la force parisienne de l'organisation des armées, permettait au gouvernement de ne pas appeler de troupes de ligne à Paris, idée qui s'était d'abord présentée pour mettre la Convention à l'abri de nouvelles tentatives contre son indépendance. Il combattit d'avance les objections inévitables. « Les Comités ont prévu, »

---

(1) Chapitres XIV et XV.

dit-il, « que des esprits inquiets pourraient se
» formaliser de rapprochements possibles et de
» similitudes évidentes avec d'anciennes organi-
» sations ; mais ils n'ont pas hésité à se mettre
» au-dessus des puérils arguments de ceux qui
» ne vivent et ne veillent que pour le malheur
» de la Patrie. »

L'opposition fut déroutée par ces précautions oratoires ; d'ailleurs, la Montagne était sous le coup de son récent échec. Quelques-uns de ses membres protestèrent faiblement contre les distinctions établies entre les fusiliers et les piquiers, contre la réapparition des grenadiers et des chasseurs. On réfuta leurs observations, en invoquant les usages suivis dans l'Armée, la nécessité de distinguer les tailles pour rendre les exercices à feu sans danger, et l'utilité de séparer des hommes armés différemment. Quant à la cavalerie, on objecta que ce service et ses exigences acceptables seulement pour des gens riches, établissaient une ligne de démarcation entre les fortunes. « Il s'agit, » répondit-on, « d'ap-
» peler tous les citoyens à servir la Patrie,
» chacun dans la proportion de ses moyens. Un
» patriote peu fortuné peut-il être fâché de voir
» celui qui est plus aisé que lui employer ses

» moyens à servir la République? Sont-ce les
» ouvriers, dont le travail est indispensable à
» leurs femmes et à leurs enfants, qui pourront
» aller à quinze ou vingt lieues de Paris cher-
» cher les grains destinés à la consommation ;
» c'est aux riches à faire cette dépense pour ceux
» qui ne le sont pas. »

La loi fut votée (28 Germinal-17 Avril). La fin de la séance était arrivée ; une partie des députés avait déjà quitté la salle, lorsqu'Aubry reprit la parole : « La loi qui défend aux troupes de venir
» plus près de dix lieues de Paris ne permet pas
» d'assurer l'approvisionnement de la capitale.
» Voici le projet de décret que je suis chargé
» de vous proposer :

» La Convention autorise son Comité de salut
» public à faire circuler, dans un rayon de moins
» de dix lieues autour de Paris, les troupes qu'il
» croira nécessaires à l'arrivage des subsis-
» tances. »

Cette nouvelle proposition passa sans difficulté.

La force armée parisienne allait ainsi consister réellement dans l'ensemble des citoyens auxquels importait le plus la tranquillité publique.

Un réseau de troupes de ligne disposé autour de la capitale devait assurer les approvisionnements, dont la privation avait été jusque-là le principal prétexte de désordre. Les Thermidoriens espérèrent que l'œuvre à laquelle ils travaillaient depuis sept mois, pourrait être achevée sans péripéties désastreuses.

## CHAPITRE XLIV.

### Les gardes nationales des départements sont dangereuses, inertes ou impuissantes. — Prétendue pacification de la Bretagne et de la Vendée. — Traités de paix conclus avec la Toscane et la Prusse.

(Depuis Thermidor an II (Juillet 1794) jusqu'en Germinal an III (Avril 1795).)

#### Sommaire.

Relâchement de toute surveillance dans les départements après la fin de la Terreur. — Brigandages qui en résultent. — Les environs de Paris se ressentent des agitations de la Capitale. — Troubles politiques dans la plupart des villes. — Historique de Marseille, choisi pour exemple. — La Garde nationale y est principalement composée de terroristes. — A Lyon, elle ne fait aucun effort pour empêcher les assassinats politiques. — Partout les Gardes nationales sont dangereuses, inertes ou impuissantes.

Exception à cette conclusion générale pour quelques villes frontières, où l'on désigne sous le nom de Garde nationale des bataillons d'artisans soldés faisant le service de garnison.

Départements de l'Ouest. — Situation respective de Charette et Stofflet. — Triste état de l'armée de l'Ouest qui leur est opposée. — On décide d'user du système de conciliation à l'égard des Vendéens. — Canclaux est mis à la tête de l'armée de l'Ouest. — Disparition momentanée de la Chouannerie. — Hoche est désigné pour commander l'armée des côtes de Cherbourg. — Changements dans son caractère. — Ses premiers travaux. — L'armée des côtes de Brest est également mise sous son commandement. — Reprise des hostilités par les Chouans. — Amnistie générale décrétée par la Convention en faveur des rebelles qui mettront bas les armes. — Difficultés pour s'entendre avec les Chouans. — Sur la rive droite de la Loire, l'amnistie est une cause de malentendus et de tromperies. — Négociations entamées avec Charette. — Conférence de La Jaunaye. — Entrée triomphale de Charette à Nantes. — Soumission de Stofflet.

Difficultés pour rétablir des relations diplomatiques entre la République et les Puissances belligérantes. — Vaines ouvertures d'accommodement tentées par la Prusse et par l'Espagne. — Succès des armées du Nord, de Sambre-et-Meuse, de la Moselle et du Rhin. — La base d'opérations des Coalisés, depuis Bâle jusqu'à la mer, est occupée par les armées républicaines. — Succès des armées des Pyrénées.

La paix est considérée comme le but et la récompense de la guerre. — Discussions à son sujet. — Faux bruit d'une seconde Levée en masse. — Il est démenti par le Comité du salut public. — Effectif de la force militaire.

Invasion de la Hollande. — Propositions de paix faites directement par la Prusse. — Nouvelle tentative de conciliation de la part de l'Espagne. — Traité de paix entre la France et la Toscane.

Énumération des armées et des généraux qui les commandent. — Sur la proposition de Carnot, la Convention décide l'impression du tableau des victoires qui ont illustré les armes de la République. — Carnot cesse de faire partie du Comité de salut public.

Traité de paix conclu avec la Prusse. — Diverses Puissances accréditent des ambassadeurs ou des ministres plénipotentiaires auprès de la République.

Résumé de la situation générale au commencement de Floréal.

**Pendant la période de huit mois qui sépara la chute de Robespierre de la journée du 12 Ger-**

minal, les départements ne furent pas moins agités que la capitale. Des causes multiples y concoururent (1).

(1794). La journée de Thermidor qui mit fin à tant de crimes, en amena d'une autre espèce. Sous la Terreur, des investigations inquisitoriales s'exerçaient à l'égard des nouveaux visages, jusque dans les moindres hameaux; lorsqu'elle disparut, toute surveillance cessa; les voyageurs purent parcourir la France entière sans montrer une seule fois leurs passe-ports. Un relâchement si complet favorisa les vols et les assassinats dans les campagnes (2). Ce genre de méfaits acquit dans le Midi des proportions exceptionnelles. Des bandes sinistres parcoururent en armes les environs de Vaucluse, Avignon, Montélimart et Tarascon. Elles s'installaient dans les auberges des villages dont elles terrifiaient la population, et y parta-

---

(1) Ce chapitre rappelle ce qui se passa dans les départements, dans l'Ouest et aux armées pendant la période de huit mois dont on a rendu compte en ce qui concerne les événements de Paris.

(2) Le 27 Brumaire (17 Novembre), la Convention fut mise en émoi par l'annonce de la mort du député Goupilleau, que l'on disait avoir été assassiné à Villejuif. Cette triste nouvelle était inexacte en partie; des voyageurs venant de Lyon avaient été l'objet d'un vol à main armée; la victime était leur postillon.

geaient les produits du brigandage, en buvant à Robespierre pour donner à leurs crimes une apparence politique (1).

D'un autre côté, les environs de Paris ressentirent successivement les contre-coups des agitations de la grande ville. Lorsque les ouvriers de la manufacture d'armes parisienne entrèrent en grève, ceux de la manufacture d'armes de Versailles les imitèrent; la Convention dut charger un de ses membres, Charles Delacroix, d'aller y rétablir la tranquillité (23 Frimaire-13 Décembre 1794). Les troubles à l'occasion des subsistances se reproduisirent dans les centres d'approvisionnement : Corbeil, Luzarches, Soissons, etc. Des agitateurs y répandaient de fausses nouvelles, détournaient les fermiers d'apporter leurs grains aux marchés, et excitaient les habitants à piller les convois ou les magasins.

---

(1) Le député Jean Debry, en mission dans la Drôme et l'Ardèche, faillit tomber sous leurs coups. A Rozetti, près Sorgues, soixante misérables arrêtèrent une voiture dans laquelle ils croyaient le trouver. Un membre du conseil général d'Avignon, Pollier, qui y était seul, fut assassiné à quelques pas de sa maison livrée au pillage; sa femme, vaincue par la torture, indiqua l'endroit où était caché l'argent de la famille. Les scélérats s'enfuirent emportant 80,000 livres, à l'approche du maire d'Avignon, qui accourait avec un détachement de soldats (21 Pluviôse-9 Février).

En somme, la cause la plus générale d'agitations était la même qu'à Paris. Dans toutes les villes, les *Réactionnaires* et les *Terroristes* étaient en présence. A Bordeaux, les *Bonnets rouges* insultaient les *Panaches blancs*. A Lyon, le parti victime de la Révolution préparait d'affreuses représailles. A Auxerre, les *contre-révolutionnaires* triomphants dispersèrent à coups de bâtons le personnel de la Société populaire, tandis qu'à Boulogne (Pas-de-Calais), les Terroristes se croyaient assez forts pour menacer de mort quiconque ne ferait pas cause commune avec eux.

Les représentants du peuple en mission dans les départements ne possédaient pas tous les qualités nécessaires à l'accomplissement de la tâche difficile qui leur était confiée. D'ailleurs, ils sympathisaient à divers degrés avec les Réactionnaires, les Modérés ou les Montagnards. L'esprit de parti entraînait la différence de leurs appréciations et la diversité de leurs moyens. Quelle que fût leur conduite, ils étaient sûrs de heurter ou de violenter des opinions irréconciliables.

Enfin la défiance de la Convention ayant, aussitôt après le 9 Thermidor, limité à trois mois le temps de leur mission, les premières mesures d'ordre et de réparation prises dans certains départements par quelques-uns d'entre eux, furent parfois rendues inutiles par les collègues moins énergiques ou moins habiles qui leur succédaient.

Le résumé des principaux faits qui se passèrent à Marseille peut donner un idée des malheurs produits par le choc des opinions, des passions et des intérêts qui, dans la plupart des localités, divisaient alors les autorités, les municipalités, les gardes nationales et les citoyens.

Aussitôt après le 9 Thermidor, Maignet, le bourreau du Midi, avait été rappelé et remplacé dans les départements des Bouches-du-Rhône et du Var par deux autres conventionnels, Auguis et Serres. Mais, dès les premiers actes de l'œuvre réparatrice à laquelle il s'étaient dévoués, la Société populaire, le comité révolutionnaire et tout le parti Jacobin de la ville les accusèrent d'aristocratie et de modérantisme ; ils furent dénoncés à la Convention comme opprimant les *patriotes* ; l'Assemblée nationale repoussa ces injustes réclamations. Alors, le parti terroriste de Marseille s'agita de manière à inspirer les plus graves appréhensions.

Auguis et Serres savaient qu'ils ne pouvaient compter sur la Garde nationale ; la partie honnête

CHAPITRE XLIV.— GERM. AN III. — AVRIL 1795.

de la population n'en faisant plus partie depuis longtemps, elle était composée de forcenés qui avaient élu pour chefs les plus dangereux et les plus terribles d'entre eux. La garnison se composait de quatre bataillons incomplets et du dépôt d'un régiment de hussards (1); pour la renforcer, les deux députés mandèrent de Port-la-Montagne (Toulon) deux autres bataillons qui se mirent en marche avec leur artillerie (2).

Pendant leur route, ces deux Corps furent en butte aux tentatives d'embauchage des émissaires des Terroristes qui tentèrent de les dissuader d'aller à Marseille « favoriser les aristo- » crates, opprimer les patriotes et obéir à des » gueux qui voulaient la contre-révolution (3). » Les soldats restèrent sourds à ces insinuations, et

---

(1) 4e bataillon de l'Ardèche, bataillon d'Apt, 8e bataillon des Bouches-du-Rhône, 3e bataillon de Vaucluse, dépôt du 1er régiment de hussards. — Bien que la plupart des bataillons fussent embrigadés, l'habitude les faisait encore désigner par leurs anciens noms, comme cela avait eu lieu pendant quelque temps pour les régiments, lorsque la Révolution avait substitué des numéros aux dénominations monarchiques.

(2) Bataillon de Nyons et 1er bataillon des Gravilliers, environ 1,000 hommes.

(3) *Les représentants du peuple, commissaires dans les départements des Bouches-du-Rhône, du Var et de l'Ardèche, à leurs collègues du Comité de salut public.* — **Moniteur universel** du 3 Vendémiaire (24 Septembre 1794).

ils entrèrent dans la ville sans que leur discipline eût été ébranlée (27 Fructidor-13 Septembre 1794). Leur présence permit à Serres et à Auguis d'agir avec quelque vigueur. Entre autres mesures répressives, ils firent arrêter un misérable qui avait projeté l'organisation d'un *massacre patriotique* (1) : l'ordre fut donné de le diriger sur Paris; mais, à peu de distance de Marseille, ceux qui le conduisaient furent attaqués par une bande de 150 hommes; le prisonnier délivré fut emmené par ses *frères*.

Cet acte de rébellion entraîna de nouvelles arrestations; on découvrit un complot habilement tramé par les agitateurs pour s'emparer du dépôt d'armes situé dans le fort Saint-Jean; le général Voulland, vieillard sur la faiblesse duquel ils comptaient, fut remplacé par son collègue Villemalet, appelé de l'armée d'Italie.

L'exaspération du parti terroriste, portée au comble par ces différents faits, éclata le 5 Vendé-

---

(1) «.... Une grande masse de patriotes intacts, ne formant
» qu'un faisceau avec les corps constitués et la Société populaire,
» n'attendent qu'un signal pour consolider la République en
» faisant disparaître; par un 2 et 3 Septembre, tout ce qu'il y a
» d'impur dans Marseille... » *Lettre écrite par Reynier à l'agent national de la commune de Chabeuil.* — *Moniteur universel* du 3 Vendémiaire (24 Septembre 1794).

miaire (26 Septembre). Auguis, Serres, Villemalet et quelques officiers étaient au moment de se mettre à table, lorsqu'un millier d'émeutiers envahit la rue de Brutus où se trouvait la maison des deux députés ; la porte n'en était défendue que par douze hommes du bataillon de Vaucluse. Le chef des insurgés, un tourneur, pénétra dans la salle où étaient les convives et, montrant d'un air significatif son sabre et ses pistolets, demanda insolemment la liberté des *patriotes* incarcérés. Ceux auxquels il s'adressait se précipitèrent sur lui, le désarmèrent et descendirent pour faire entendre raison à la foule ameutée ; mais leurs efforts furent vains, leur parole fut méconnue, les voies de fait succédèrent aux injures, et leur vie était en danger, lorsqu'arrivèrent les bataillons de Nyons et des Gravilliers soutenus par quelques hussards. A cette vue, une partie du nombreux rassemblement se dispersa ; le reste envahit un café qui faisait face à la maison des députés, barricada les portes, entassa des fagots ou d'autres obstacles aux fenêtres, et s'apprêta à commencer de sanglantes hostilités. On ne lui en laissa pas le temps ; la citadelle improvisée fut vigoureusement assaillie et l'on y arrêta une soixantaine d'émeutiers, parmi lesquels on comptait un grand nombre de gendarmes (1) et de gardes nationaux.

A la suite de cette échauffourée, Marseille fut mise en état de siége; la gendarmerie fut licenciée; une commission militaire de cinq membres procéda au jugement des chefs de l'insurrection; cinq furent exécutés (2); quant aux émeutiers subalternes, ils restèrent en prison pour être traduits devant le tribunal criminel. Cette vigoureuse répression amena momentanément une tranquillité relative; mais Auguis et Serres ne s'y trompèrent pas, et, tout en la signalant à la Convention, ils ajoutèrent qu'il importait de continuer à se tenir sur ses gardes. Effectivement, les factieux re-

---

(1) Dans la plupart des localités, la gendarmerie faisait alors cause commune avec les Terroristes. Recrutée depuis longtemps dans chaque ville des individus les plus disposés à seconder les rigueurs du *gouvernement révolutionnaire*, elle se considérait comme ayant été sa complice, et les effets de cette solidarité se manifestaient.

(2) Un de ces actes de justice fut signalé par un épisode qu'attestèrent plusieurs déclarations de même nature que celle-ci :

« Le 7 Vendémiaire, l'an 3ᵉ de la République française une
» et indivisible, le nommé Caston, gendarme, étant sur le point
» d'être exécuté, a dit en sautant trois fois sur l'échafaud : Je
» meurs pour Toulon; vivent les Anglais. »

Signé : BOURGOIN, capitaine en second d'artillerie,
1ᵉʳ bataillon des Gravilliers.
VIGOUREUX, capitaine des grenadiers.

— *Moniteur universel* du 18 Vendémiaire (9 Octobre 1794).

prirent peu à peu de la hardiesse. Enfin ils eurent l'audace de rendre un arrêté, qui condamnait à mort tout individu portant des armes sans être muni d'une autorisation qu'ils se chargèrent de délivrer. L'effet de cette odieuse décision ne se fit pas attendre : trois gardes nationaux furent assassinés. Auguis et Serres décidèrent alors que tout citoyen âgé de seize ans serait tenu de faire personnellement son service dans la Garde nationale. Malheureusement, le terme de leur mission trimestrielle étant arrivé, ils furent remplacés par deux de leurs collègues, Espert et Cadroy (29 Brumaire-19 Novembre 1794).

Ce renouvellement des députés parut aux terroristes une occasion favorable pour frapper un grand coup. Le tribunal criminel, où s'instruisait le procès des insurgés du 5 Vendémiaire, fut assailli; les juges furent obligés de lever la séance. Par faiblesse ou par connivence avec les agitateurs, Espert qui était seul à Marseille en ce moment, fit mettre en liberté les détenus. Ce premier succès encouragea les perturbateurs ; leur attitude et leurs propos dévoilèrent les espérances les plus criminelles (1). La conduite d'Espert leur

---

1) «... Ils disent hautement que ce qu'ils appellent l'op-

ayant donné lieu de croire qu'ils trouveraient de nombreux appuis parmi ses collègues, ils envoyèrent à Paris des députations chargées de demander à la Convention la levée de l'état de siége qui, disaient-ils, pesait sur la ville.

Les pétitionnaires éprouvèrent une forte déception devant l'Assemblée nationale. Indépendamment de l'impulsion contre-révolutionnaire du moment, elle était fortement indisposée contre les auteurs des agitations qui allaient peut être interrompre les arrivages de grains que l'abolition du *maximum* commençait à attirer à Marseille. On savait d'ailleurs que les Anglais déployaient la même ardeur à acheter les chargements dans les ports neutres qui servaient de point de départ, et à susciter des troubles dans les lieux d'arrivée (1).

---

» pression des patriotes ne durera pas longtemps. Ces hommes » altérés de sang poussent partout des cris de révolte; les têtes » fermentent, et les cannibales se flattent de jouer bientôt à la » boule avec la tête de ces b...-là. C'est ainsi qu'ils appellent les » amis de la révolution du 9 Thermidor; ils ajoutent : Jusqu'ici » nous n'avons eu de sang que jusqu'à la cheville; nous en au» rons bientôt jusqu'aux genoux. » — *Séance de la Convention* du 7 Pluviôse (26 Janvier 1795).

(1) *Séance de la Convention* du 7 Pluviôse (26 Janvier 1795).—
Clauzel : ... Écoutez la déclaration que Pitt a été forcé de faire au soi-disant parlement britannique, pour garantir encore quelques jours sa tête de la chute inévitable dont elle est menacée :

En conséquence, l'Assemblée décida que l'état de siége serait maintenu à Marseille et que le tribunal criminel serait transféré à Aix pour achever le procès des insurgés libérés par Espert ; ce dernier fut rappelé et remplacé par Chambon ; enfin, le conventionnel Mariette, alors en tournée dans les ports de la Méditerranée, fut investi, pour les départements du Var et des Bouches-du-Rhône, des pouvoirs confiés aux représentants du peuple en mission (7 Pluviôse-26 Janvier 1795).

Mais, dans cet intervalle, le mal avait acquis à Marseille des proportions formidables ; des soldats et des canonniers du bataillon des Gravilliers ayant été assassinés, la garnison furieuse se préparait à exercer de terribles représailles ; les habitants étaient terrifiés ; pour comble d'inquiétude, on

---

« L'Angleterre, » a-t-il dit, « étant un État commerçant, je me
» suis cru obligé d'exterminer, par tous les moyens possibles, le
» commerce des Français, en semant parmi eux tous germes des-
» tructifs de sédition, d'anarchie, de désordre, de despotisme et
» de famine. Je conviens que j'ai été parfaitement secondé par
» le parti qui s'intitulait en France *le parti patriotique par ex-*
» *cellence*, et qui a réussi, en quinze mois à peu près, à tout dé-
» truire, à tout désorganiser et à courber sous la terreur et la
» guillotine la plupart des hommes dont les talents et la moralité
» pouvaient contrarier le despotisme de son tyran délégué, de
» Robespierre...... »

apprit que le montagnard Salicetti, alors en mission à Toulon, voulait y rappeler le bataillon des Gravilliers et le remplacer par un bataillon de Marseille, qui se comportait à Toulon de la manière la plus désordonnée. Heureusement, Mariette accourut en toute hâte, calma l'irritation de la garnison, appela à lui son collègue Cadroy, alors en tournée dans le département, et tous deux prirent les mesures nécessaires pour déjouer les projets d'Espert et de Salicetti. Le bataillon des Gravilliers fut maintenu à Marseille; un bataillon de Loir-et-Cher y vint renforcer la garnison; l'administration du département et le tribunal criminel furent transférés à Aix; les brigands furent poursuivis à outrance et tous les commandants de la Garde nationale destitués; on soumit la société populaire à une sévère épuration; sa tribune, en forme de montagne, fut abattue, et l'on fit disparaître des murs de son local des peintures qui représentaient des bêtes féroces, des guillotines et une foule d'instruments de torture à l'adresse des *aristocrates*. Au grand déplaisir de la populace, on supprima des spectacles *gratis* dont l'obligation s'était établie et dont les représentations n'étaient que des encouragements au désordre ou à la rébellion. Marseille respirant enfin, vit arriver de nombreux navires, dont le voyage avait été suspendu jusque-là par l'appréhension des troubles qui l'avaient tant agitée.

Ce résumé restreint des regrettables événements dont Marseille fut le théâtre, donne une idée des causes multipliées qui, dans un grand nombre de villes, entretenaient le désordre, l'agitation ou la guerre civile. L'audace des terroristes, comprimée avec peine par l'énergie de certains Représentants du peuple, était encouragée par la faiblesse de quelques autres, ou par la connivence de ceux qui faisaient partie de la Montagne.

Lyon peut être choisi pour exemple des malheurs résultant, au contraire, de la fureur réactionnaire. Les assassinats y commencèrent le jour où l'ex-président de la commission révolutionnaire, Fernex, fut traduit devant le tribunal criminel et renvoyé absous. Cette indulgence envers le chef de ses anciens bourreaux excita la colère d'une partie de la population, qui s'empara de lui. Le misérable, devenu victime à son tour, fut mutilé de la manière la plus barbare; percé à coups de couteaux par les hommes, à coups de ciseaux par les femmes, il fut traîné jusqu'au Rhône, où on le précipita encore vivant. Aucune intervention ne fut tentée par les autorités, la police ou la Garde nationale, pour s'opposer à cet assassinat commis en plein jour. Un ancien Jacobin, condamné pour vol à la peine de l'exposition, fut de même massacré au pied de l'échafaud, et nulle poursuite ne fut ordonnée contre ses meurtriers.

Des bandes d'assassins s'organisèrent ensuite sous la dénomination de *Compagnies de Jésus* (1) et de *Compagnies du soleil*, à Lyon, Tarascon, Aix, Marseille et Toulon. Elles étaient composées d'anciens soldats du siége de Lyon rentrés dans la ville depuis Thermidor, de jeunes gens qui avaient des parents à venger, de bandits et de réactionnaires acharnés. Un pacte mystérieux et de terribles serments liaient entre eux les membres de ces hideuses associations. Dès qu'un ancien agent de la terreur, un *mathévon* (2), était

---

(1) Le nom de *Compagnies de Jésus* fut consacré par l'usage dès le commencement; mais leur véritable nom était *Compagnies de Jéhu*. C'était une réminiscence du roi d'Israël qui prit à tâche de venger le sang des prophètes répandu par Jézabel, et d'exterminer la maison d'Achab ainsi que les prêtres de Baal.

(2) Différentes conjectures ont été hasardées sur la signification du mot *mathévon*. Dans plusieurs provinces, on donne ce nom à l'arbrisseau que l'on transplante et auquel on coupe la tête. On dit aussi *mathévonner*.

désigné au poignard, dès que le sort avait indiqué le *compagnon* qui devait en faire justice, rien ne pouvait soustraire le premier à son sort ou détourner le second de son horrible devoir. La victime était frappée en plein jour, au milieu de la foule, dans la rue, à la promenade; son corps restait sur la place ou était précipité dans le Rhône, sans que les habitants s'inquiétassent de meurtriers dont les sinistres exécutions ne menaçaient que leurs anciens oppresseurs. L'auteur du crime restait toujours inconnu.

L'Autorité, sans force et sans appui, ne pouvait exercer aucune répression. Les troupes de ligne étaient peu nombreuses; leur emploi eût amené immédiatement la guerre civile, et probablement une défaite, puisque la Garde nationale lyonnaise partageait les idées de vengeance de la majorité de la population. Bientôt des assassinats isolés ne suffirent plus à la *Terreur blanche*; des rassemblements menaçants eurent lieu aux abords des prisons qui renfermaient les agents de la *Terreur rouge*. Le conventionnel Boisset sentait son impuissance sur cette population exaspérée par de longs malheurs; redoutant une agression générale suivie du massacre des détenus, il fit part de ses appréhen-

-sions à l'Assemblée nationale, et réclama le secours d'une nombreuse force armée (5 Floréal- 24 Avril) (1).

Après ces extraits de l'histoire de Marseille et de celle de Lyon, il semblerait superflu de multiplier les exemples pour prouver que partout les Gardes nationales étaient impuissantes, inertes ou dangereuses. Il n'y eut d'exception à cette manière d'être générale que dans quelques villes frontières où s'étaient perpétués des bataillons qui faisaient le service de garnison; mais là aussi, l'institution primitive avait perdu son caractère spécial; ces Corps n'étaient pas composés de l'ensemble des citoyens; ils étaient formés d'artisans auxquels on allouait une solde journalière (2). Conformément à l'exagération habituelle des orateurs de la Convention, lorsqu'il s'agissait d'effectifs militaires, on évaluait alors complaisamment à 100,000 le nombre de ces défenseurs, occupant d'habitude les postes

---

(1) On verra plus loin que ces secours arrivèrent trop tard. Boisset fut accusé, à tort ou à raison, d'intelligence secrète avec les *réactionnaires* de Lyon.

(2) Cette rétribution, d'abord de trente sols, fut ensuite portée à trois livres (14 Nivôse - 3 Janvier 1795).

avancés de Strasbourg, Metz et autres villes de guerre (1).

Les départements de l'Ouest conservaient l'attitude spéciale que leur avaient donnée la guerre Vendéenne, sur la rive gauche de la Loire, et la Chouannerie sur la rive droite.

(1794). L'ambition des deux principaux chefs Vendéens, Charette et Stofflet, avait amené entre eux une profonde mésintelligence. La Sèvre Nantaise séparait les deux territoires qu'ils s'étaient respectivement appropriés, et dont l'ensemble constituait le *pays des rebelles*. C'était une étendue de quatre cents lieues carrées, ayant pour base la partie de la Loire comprise entre Nantes et une petite rivière, le Layon. Les localités accessibles avaient été saccagées par les colonnes infernales de Turreau. Lorsqu'on eut renoncé à ces hideuses expéditions, l'armée de l'Ouest, sous le commandement du général Vimeux, fut disséminée dans quatorze camps, disposés de manière à cerner la région dans laquelle s'exerçait librement le pou-

---

(1) *Rapport sur la solde des troupes fait par Cochon à l'Assemblée nationale*, dans la séance du 3 Thermidor (21 Juillet 1794).

voir des deux chefs Vendéens : ils formaient une ligne semi-circulaire partant de Nantes, contournant le Bocage, passant par Chantonnaye et La Chateigneraye, et se terminant au Layon.

Le général Vimeux était âgé; son armée, réputée forte de 70,000 hommes, n'en comptait que 30,000, dont deux tiers seulement étaient bien armés (1); les camps étaient occupés par de faibles contingents, et quelques-uns se trouvaient trop éloignés pour pouvoir porter secours aux autres ou pour en recevoir; enfin, les officiers et les soldats, démoralisés par les habitudes d'ivrognerie, de pillage, de viol et de meurtre contractées sous le commandement de Turreau, profitaient du relâchement de la discipline pour aller se livrer aux plaisirs dans les villes voisines. Il en résulta que, dans le courant de Fructidor, Charette surprit et brûla les deux camps les plus rapprochés de Nantes. Quant à Stofflet, il restait dans une inaction qui l'a fait accuser d'avoir voulu laisser retomber tout le poids de la guerre sur son rival.

---

(1) *Lettre adressée de Fontenay au Comité de salut public* (30 Fructidor-16 Septembre 1794), par les représentants du peuple Dornier, Auger, Guyardin et Bezard. — *Guerres des Vendéens et des Chouans,* par un officier supérieur.

La révolution de Thermidor permit alors de réaliser l'idée, émise par Carnot et jusque là repoussée par ses collègues du Comité de salut public, d'essayer de la douceur et de la conciliation à l'égard des rebelles dont la rigueur n'avait pu triompher. Le général Canclaux, destitué un an auparavant pour faire place à Rossignol, parut éminemment apte à cette mission qui exigeait autant d'énergie que de sagesse : sur la proposition du Comité de salut public, la Convention lui décerna le commandement en chef de l'armée de l'Ouest (17 Vendémiaire-8 Octobre 1794).

La Chouannerie paraissait alors assoupie. Son grand organisateur, le comte de Puisaye, avant d'aller implorer du Cabinet de Londres des secours de toutes sortes, avait surtout recommandé aux lieutenants qu'il laissait dans les forêts de la Bretagne, de suspendre les hostilités. Il leur était enjoint d'étendre dans l'ombre les ramifications du parti, de travailler sans relâche à lui donner de la consistance, mais en observant une tranquillité profonde destinée à endormir la vigilance de la République. Les deux armées des côtes de Cherbourg et des côtes de Brest, chargées de surveiller les croisières anglaises et de traquer les

Chouans dans leurs repaires, jouissaient ainsi d'un moment de repos, lorsque la première fut mise sous les ordres de Hoche.

Ce jeune général, sorti de prison en Thermidor, avait d'abord songé à passer le reste de ses jours dans l'obscurité de la vie de famille ; mais cette résolution, inspirée par l'amertume, était trop contraire à l'énergie de son caractère pour être durable. Pressé par ses amis, cédant au besoin d'action et au désir d'une éclatante réparation, il demanda à servir de nouveau la République, et il accepta, faute de mieux, le commandement de l'armée des côtes de Cherbourg.

Hoche n'était plus alors le brusque soldat dont une regrettable vivacité ternissait les qualités. Son séjour en prison l'ayant forcé de faire un violent retour sur lui-même, il avait reconnu le danger de se laisser dominer par ses premières impressions. Le désir d'échapper à une mort sans compensation glorieuse et la terrible appréhension de ne plus revoir sa jeune femme, avaient achevé de transformer son bouillant caractère : il était devenu froid et réservé. Cette circonspection, nouvellement acquise, ne lui avait même pas fait défaut dans la journée du 9 Thermidor, lorsque les bruits effrayants de l'extérieur plongeaient ses compagnons de captivité dans de mortelles anxiétés (1). En outre, il avait employé les longues heures de la prison à travailler avec autant d'ardeur que lorsque, pauvre garde française, il brodait des bonnets de police d'officier pour acheter quelques livres d'instruction élémentaire. Enfin, sous les verroux, ce fils d'un garde du chenil de Louis XVI s'était trouvé, pour la première fois de sa vie, en contact avec des gens possédant les manières de la plus haute société ; son nom déjà fameux, les dons

---

(1) ...... Toute la journée du 9 Thermidor, toute la nuit qui suivit, se passèrent dans une fiévreuse anxiété ; les prisonniers allaient, venaient dans les corridors, se pressaient aux grilles des portes, affamés de nouvelles. Seul, Hoche restait calme ; il prit la plume et écrivit : « Aujourd'hui, 9 Thermidor, an II$^e$ de la
» République, à quatre heures après midi, me trouvant seul et
» un peu oublié au milieu de la préoccupation générale.......
» Pourquoi ai-je été arrêté ? Ma mémoire ne peut m'en fournir
» d'autre motif, sauf le bon plaisir du Comité, que mon refus de
» conférer avec les représentants quand j'ai cru qu'il était pressant
» d'agir. Est-ce là de l'insubordination ? Quoi qu'il puisse
» m'en coûter, je resterai convaincu du mot d'Eugène, que tout
» général qui tient un conseil de guerre n'a pas envie d'entre-
» prendre. En présence de l'occasion qu'il fallait saisir, je n'ai
» jamais craint d'engager ma responsabilité. J'ai toujours pensé
» que la plus terrible, c'est d'avoir à rendre compte un jour à
» l'Être suprême du sang humain qu'on aurait répandu sans né-
» cessité, et je dois le dire, celle-là, mais celle-là seule m'a tou-
» jours fait trembler... » — *Lazare Hoche*, par Claude Despretz. *Essai sur la vie de Lazare Hoche*, par E. Bergounioux.

magnifiques qu'il avait reçus de la nature et la communauté du malheur cimentèrent entre eux et lui des relations qui avaient modifié ses allures soldatesques.

Arrivé à l'armée des côtes de Cherbourg (19 Fructidor-5 Septembre 1794), il reconnut bientôt la nécessité d'y rétablir l'ordre et la discipline; il s'en occupa activement. Il n'était pas moins urgent d'obtenir la confiance des habitants du pays, et de leur persuader que la République, sévère pour ses ennemis, était pleine d'indulgence pour ses enfants égarés (1). Les résultats qu'il obtint en poursuivant ce double but furent tels que, sur la demande des Représentants du peuple qui l'accompagnaient, on lui donna aussi le commandement de l'armée des côtes de Brest.

Il se considéra dès lors comme uniquement chargé de réorganiser ses deux armées, car il était dans une erreur complète à l'égard des Chouans. Ces derniers s'étant d'abord conformés

---

(1) *Proclamations de Hoche*, des 19 et 29 Fructidor (5 et 15 septembre 1794). — *Guerres des Vendéens et des Chouans*, par un officier supérieur (Savary, qu'il ne faut pas confondre avec son homonyme devenu plus tard duc de Rovigo).

*Nota.* Les lettres, proclamations et documents cités dans les notes qui suivent, sont extraites du même ouvrage.

aux recommandations de Puisaye, le petit nombre de méfaits qui se commettaient, était attribué par le général républicain à des individus étrangers au pays, ou à des traînards des armées Vendéennes, dont il espérait avoir raison avec quelques gendarmes (1). Le soin de ses troupes n'absorbait qu'une partie de son temps; il se remit à l'étude en regrettant la gloire qu'il eût pu partager avec ses camarades des armées du Nord et de Sambre-et-Meuse.

Mais une inaction prolongée était impossible aux bandes indisciplinées que Puisaye avait pompeusement décorées du nom d'*Armée catholique et royale de la Bretagne*. D'ailleurs, des avis venus de Londres leur annonçaient une prochaine prise d'armes générale. Au moyen d'une active communication établie par Jersey, leur chef expédiait des armes, des munitions, des habits, de l'argent et des assignats fabriqués en Angleterre.

---

(1) *Le général Hoche au général Grigny :*

« Rennes, 23 Brumaire (13 Novembre 1794).

» Je ne puis te donner des détails bien longs. Il te suffira de
» savoir que je commande encore deux armées qui occupent de-
» puis la Somme jusqu'à la Loire : l'étendue est passable.

» Je fais ce qu'on appelle la guerre aux Chouans. Les drôles
» de gens! On ne les voit jamais. J'espère en faire disparaître
» sous peu ce qui en reste. »

Des prêtres et des émigrés débarquaient pour fanatiser les paysans. De tous côtés, apparurent de petits partis. Ils arrêtaient les malles-postes, assassinaient les courriers, brisaient les roues des charrettes qui portaient des provisions aux marchés, coupaient les arbres de liberté, mettaient le feu aux granges des paysans qui ne voulaient pas marcher avec eux, tiraient sur ceux qui cultivaient les biens des Républicains, menaçaient de mort quiconque prêterait secours aux *Bleus*, touchaient de force les fermages des métairies qui avaient appartenu à des émigrés, et pillaient les propriétés acquises aux enchères nationales (1).

---

(1) *Affiche placardée à Ancenis :*
AVIS AU PUBLIC.

« Les Chouans, instruits qu'il est parvenu aux municipalités, » de la part des soi-disant représentants du peuple, des ordres de » se réunir aux *bleus* pour les rechercher, et en même temps » pour couper les genêts et ouvrir les champs, afin que la pour- » suite en soit plus facile, déclarent qu'ils regarderont comme » leurs ennemis tous ceux qui travailleront en conséquence de » pareils ordres, et qu'ils poursuivront et fusilleront, jusque dans » leurs maisons, tous ceux qui marcheront avec ce qu'on appelle » la masse. »

» *Signé :* JEAN CHOUAN. »

*Sommation de paiement adressée par les Chouans.*
« DE PAR LE ROI.

« Je soussigné, et autorisé par les généraux de l'armée catho-

Hoche comprit alors que les ennemis, qu'il n'avait vus nulle part, étaient partout. Il multiplia les camps et organisa une multitude de petits détachements qui battaient le pays sans relâche, et fouillaient les villages à l'improviste. Il recommandait en outre à ceux qui les composaient, de parler aux paysans, de les rassurer et de tâcher d'obtenir leur concours et leur sympathie. En même temps qu'il écrivait au Comité de salut public pour lui exposer les plus sages moyens de mettre fin à cette guerre désastreuse (1), ses proclamations et celles des représentants du peuple se succédaient pour engager les insurgés à mettre bas les armes.

---

» lique et royale, fais sommation au nommé Jean d'Albion, fer-
» mier de la métairie de la Haye-Huet, de me payer sur-le-champ
» et sous peine de mort, la somme de quatre cent cinquante
» livres, pour le terme de sa ferme, qui doit échoir à la Toussaint
» prochaine 1794. En présence de Pierre Cherpil et de Jacques
» Dosbon, à la métairie de la Haye, l'an deuxième du règne de
» Louis XVII.

*Signé :* DAVOINE.

(1) Extrait de la *Correspondance de Hoche*.
« .... Il faut des prêtres à ces paysans; laissons-les leur puis-
» qu'ils en veulent. Beaucoup ont souffert et soupirent après leur
» retour à la vie agricole; qu'on leur donne quelques secours
» pour réparer leurs fermes. Quant à ceux qui ont pris l'habitude
» de la guerre, les rejeter dans leurs pays est impossible; ils le
» troubleraient de leur oisiveté et de leur inquiétude. Il faut en

C'est alors qu'une amnistie générale fut décrétée par la Convention en faveur des rebelles, Chouans ou Vendéens, qui reconnaîtraient les lois de la République (12 Frimaire-2 Décembre).

Il fallait en propager la connaissance parmi les Chouans disséminés dans leurs forêts; il était surtout urgent de leur persuader que, cette fois, on ne cherchait pas à les tromper et à les désarmer pour les fusiller ensuite, ainsi que cela avait déjà eu lieu. On s'adressa de différents côtés aux chefs avec lesquels il était possible d'avoir des rapports. Un des premiers intermédiaires fut un ex-constituant, Botidoux, qui, après avoir fait cause commune avec les rebelles, venait enfin de se soumettre (1). Un des lieutenants de Hoche, le jeune général Humbert, écrivit à l'un des chefs les plus renommés parmi les Chouans, Boishardy (2);

---

» former des légions et les enrôler dans les armées de la République. Ils feront d'excellents soldats d'avant-garde, et leur haine de la coalition, qui ne les a pas secourus, nous garantit leur fidélité. D'ailleurs, que leur importe la cause? Il leur faut la guerre. Souvenez-vous des bandes de Duguesclin allant détrôner Pierre le Cruel, et du régiment levé par Villars dans les Cévennes. »

(1) *Lettre du général Hoche au citoyen Botidoux* (10 Frimaire-30 Novembre 1794).

(2) *Lettre du général Humbert à Boishardy (Moncontour)* (4 Nivôse-24 Décembre 1794).

ces deux hommes, également braves et se fiant chacun à la parole de leur adversaire, eurent une entrevue nocturne dans un bois. On parvint aussi à s'aboucher avec Cormatin, lieutenant de Puisaye et major général de l'*Armée catholique*. Il fut convenu entre les représentants du peuple, les généraux républicains et Cormatin qu'il y aurait une suspension d'hostilités, pendant laquelle ce dernier ferait librement une tournée dans les districts occupés par les Chouans pour les engager à accepter l'amnistie. Par un sentiment de défiance dont la suite prouva la justesse, Humbert fut désigné pour l'accompagner, sous prétexte de lui servir de sauve-garde vis-à-vis des républicains.

Cormatin et Humbert visitèrent ensemble les nombreux cantonnements des Chouans. Sous des dehors épais, le républicain cachait toute la finesse de son ancien métier de maquignon; il se montrait humble vis-à-vis de celui qu'il était chargé de surveiller (1); le royaliste, attribuant cette déférence au respect du plébéien pour le

---

(1) *Instruction particulière pour le général Humbert* (20 Nivôse-9 Janvier 1795).

gentilhomme (1), trouvait facile et plaisant de prendre pour dupe son compagnon de voyage, tandis que les rapports de ce dernier, à la perspicacité duquel rien n'échappait, portaient les autorités républicaines à douter de plus en plus de la sincérité du lieutenant de Puisaye.

D'autres circonstances vinrent accroître la méfiance ou l'irritation de ceux qui s'étaient montrés d'abord les plus ardents propagateurs de l'amnistie. La suspension des hostilités enchaînait les opérations des républicains, tandis qu'une partie des Chouans, qui ne voulait pas mettre bas les armes ou qui ne comprenait pas la politique de ses chefs, poursuivait ses brigandages (2). Les républicains faisaient, parmi ces derniers, des prisonniers dont les royalistes réclamaient la liberté au nom de la trêve. Suivant les dispositions des représentants du peuple

---

(1) Cormatin était un intrigant, qui avait pour nom véritable Désoteux. Successivement démagogue au commencement de la Révolution, émigré à Coblentz, rentré en France, garde constitutionnel de Louis XVI, puis émigré de nouveau, il avait été, sur la recommandation des princes, accepté par Puisaye pour major général.

(2) *L'agent national de Ménil au général Vavin* (Chateau-Gontier) (11 Nivôse-31 Décembre 1794).— « La troupe de Coque-
» reau est entrée hier soir, sur les sept heures, au bourg de Ménil.
» Les citoyens Porcher, Brillant et Bodinier ont été massacrés.

ou des généraux, ces demandes étaient tantôt agréées et tantôt repoussées ; il en résultait une diversité incessante dans les appréciations des deux partis. La soumission de quelques bandes isolées, qui vinrent à Nantes déposer leurs armes, entretenait pourtant encore l'espérance de la possibilité d'une pacification ; mais, parmi ces dernières, un assez grand nombre de rebelles ne comprenaient pas la situation, et se refusaient à l'idée du pardon accordé par la République ; ils consentaient à ne plus lui faire la guerre, mais ils conservaient et étalaient leurs insignes royalistes dans les villes.

L'amnistie fut ainsi une cause de tromperies et de malentendus continuels, compliqués par le désaccord des représentants du peuple entre eux ou avec les généraux. Ainsi, le député Boursault

---

» Plusieurs maisons ont été pillées et les meubles brisés. L'affiche
» suivante a été mise sur les portes du temple :

« Au nom du Roi.

» Je déclare aux républicains que toutes charrettes qui ne se-
» ront pas démontées sous huit jours, ou mises hors d'état de servir
» à la soi-disant république, seront brûlées, et ceux à qui elles
» appartiennent seront sabrés, et toutes villes ou bourgs qui
» nous feront résistance seront réduits en cendres.
» Joseph-Juste Coquereau, commandant des
» armées catholiques et royales. »

demanda au Comité de salut public la destitution du brave Humbert pour une cause bien puérile en de telles circonstances : la lettre écrite par ce dernier à Boishardy était pleine de fautes d'orthographe, et l'orgueil du Conventionnel était froissé de ce que la République se fût adressée aux chefs royalistes par l'intermédiaire d'un agent aussi profondément illettré (1). Hoche défendit chaleureusement et avec succès son lieutenant auprès du Comité de salut public (2). Il commençait à craindre que l'amnistie ne fût impuissante à pacifier la Chouannerie, et il signalait au gouvernement les deux principaux obstacles à ce résultat désirable : le manque de sincérité des Royalistes et le peu d'accord entre les Républicains (3).

Les ouvertures conciliatrices furent plus fa-

---

(1) *Le représentant du peuple Boursault au Comité de salut public* (16 Nivôse-5 Janvier 1795).

(2) *Le général Hoche au Comité de salut public* (Rennes, 23 Nivôse-12 Janvier 1795).

(3) *Le général Hoche au Comité de salut public :* « Rennes, » 7 Pluviôse (26 Janvier 1795).

» ..... Je ne puis vous dissimuler que le retour de la paix » éprouvera beaucoup d'obstacles. J'aime assez mon pays pour » dire la vérité, la voici : Il est encore une infinité d'hommes

ciles à tenter en Vendée, où le pouvoir résidait entre les mains de deux chefs avoués et connus. Stofflet, plongé depuis un certain temps dans l'inaction, était loin de posséder l'influence, la renommée et les talents de son rival; les vexations, que ses chasseurs faisaient éprouver aux habitants pour les forcer à accepter une sorte de papier-monnaie, avaient contribué à le déconsidérer; une partie de ses troupes l'avait abandonné

---

» dans les administrations qui regrettent le régime de la ter-
» reur. Ils s'aperçoivent que le flambeau de la justice va éclai-
» rer leur ancienne marche, et faire connaître leurs concussions
» épouvantables; ceux-là ne veulent point la paix.
   » Je dois dire aussi que dans le cas où la guerre civile se ral-
» lumerait, elle serait puissamment secondée par la différence et
» la multiplicité des opérations. Ici, les *sectateurs de Jésus* sont
» protégés; là, ils sont poursuivis; dans ce département, on jouit
» d'une paix profonde, parce qu'on ne commet aucun acte arbi-
» traire; dans le département voisin, il se fait des visites domici-
» liaires toutes les nuits. On laisse à un canton les hommes de la
» réquisition; dans un autre, ils sont traités comme des conspi-
» rateurs. Vous le dirai-je enfin? Un représentant arrive dans un
» département pour y rétablir l'ordre; deux ou trois intrigants
» révolutionnaires l'entourent, surprennent sa bonne foi, et, sur
» leur rapport, les côtes, les ports sont dégarnis; et au moment
» où je crois pouvoir compter sur une garnison, elle est à trente
» lieues de là, sans que j'en sois informé.
   » Je suis très-fâché d'avoir un pareil rapport à vous faire; mais
» lorsque quinze à seize personnes me donnent des ordres con-
» traires, je crois devoir le faire connaître au gouverne-
» ment, etc. »

après le meurtre odieux de Marigny (1). Les Autorités républicaines pensèrent avec raison que si Charette mettait bas les armes, Stofflet serait infailliblement forcé de se soumettre à son tour; ce fut donc avec le premier que l'on tenta de négocier. Il était alors à Belleville, où il passait dans les plaisirs le temps qu'il ne consacrait pas à la guerre.

Une créole des environs de Port-au-Prince, madame Gasnier, échappée aux massacres commis par les nègres à Saint-Domingue, était venue, en 1792, se réfugier à Nantes, où elle avait été emprisonnée pendant la Terreur. Mise ensuite en liberté, des rapports de voisinage s'établirent

---

(1) Marigny, après avoir commandé l'artillerie de la *Grande armée vendéenne* détruite à Savenay, devint le compétiteur de Charette et de Stofflet. Ces trois chefs s'étaient concertés pour agir d'un commun accord avec leurs *armées* respectives, en vouant à la peine capitale celui d'entre eux qui manquerait à ses serments. A la suite de discussions relatives au commandement en chef, Marigny, mécontent de ses collègues, engagea ses soldats à se retirer dans leurs foyers. Un conseil de guerre, dans lequel Charette fit les fonctions de rapporteur, le condamna à mort; mais on n'avait nul dessein d'exécuter la sentence; on voulait seulement effrayer Marigny pour le forcer à s'éloigner. Plusieurs mois se passèrent; enfin l'abbé Bernier, qui haïssait Marigny, usa de la toute-puissance qu'il exerçait sur l'esprit de Stofflet, pour faire exécuter le jugement d'après les ordres et par les gens de ce dernier.

entre elle et les représentants du peuple qui cherchaient à s'aboucher avec Charette. Elle s'offrit comme intermédiaire, et leur procura une entrevue avec la sœur du chef vendéen, cachée alors dans la ville. Enfin ces deux dames, accompagnées de deux de leurs amis, partirent dans une voiture attelée par l'artillerie républicaine pour aller porter les premières paroles de paix. Une journée de marche les conduisit au bord du lac de Grandlieu dont la rive opposée était occupée par les avant-postes des rebelles. L'entrevue avec Charette eut lieu deux jours après.

Le général royaliste se trouvait alors dans une position difficile; il manquait de vivres aussi bien que de munitions, et l'effectif de ses troupes s'en ressentait; il savait vaguement que la Prusse avait fait à la République des propositions de paix (1) qui, si elles étaient suivies d'effet, permettraient de diriger contre lui des forces accablantes; les avis qu'il recevait de la petite cour de Vérone (2) et de l'*Agence royaliste* de Paris lui faisaient entrevoir que le parti monarchique comptait bien plus

---

(1) Voir quelques pages plus loin.
(2) Cour de Monsieur, frère de Louis XVI, portant alors le titre de Régent.

sur les négociations et les troubles dans la Capitale que sur la force des armes pour amener une restauration. Une trêve pouvait lui donner le temps de renforcer ses troupes, de réunir des approvisionnements, de correspondre avec l'extérieur et de s'entendre avec les mécontents de l'intérieur.

Les envoyés rapportèrent donc à Nantes une réponse favorable, tandis que Charette convoquait à Vieillevigne ses principaux officiers. La réunion fut orageuse; celui qui la présidait ne pouvait proclamer hautement son dessein de tromper les Républicains par une soumission apparente; parmi les assistants, les uns voulaient continuer hardiment la guerre; d'autres, enorgueillis de l'idée que la République demandait à traiter avec eux, entrevoyaient déjà le triomphe complet de la Monarchie. Enfin, l'influence de Charette l'emporta et deux délégués furent envoyés à Nantes pour traiter des préliminaires d'une entrevue entre les chefs des deux partis.

Le lieu choisi fut La Jaunaye, à peu de distance de Nantes et sur le territoire occupé par les troupes de Canclaux. Une vaste tente y fut dressée pour recevoir les commissaires et les généraux républicains, Charette et ses officiers, Cormatin et quelques chefs Chouans. Les conférences s'ouvrirent le 24 Pluviôse (12 Février) par des contestations assez vives ; elles se terminèrent cinq jours après (29 Pluviôse-17 Février), au bruit d'une pluie terrible qui battait les murs de toile entre lesquels de si grands intérêts étaient discutés (1). En somme, les Représentants du peuple se refusèrent à rédiger sous forme de *traité* les conventions acceptées ; ils exigèrent seulement des chefs des rebelles une déclaration de soumission à la République, et réglèrent les prétentions et les droits de leurs adversaires dans cinq *arrêtés* (2).

---

(1) Il existe au sujet de ces dates une légère discordance entre les historiens ; on a adopté ici celles qui sont indiquées dans les *Guerres des Vendéens et des Chouans*, par un officier supérieur.

(2) Ces cinq arrêtés consacraient principalement la liberté absolue dans l'exercice du culte, la sécurité la plus complète pour tous les rebelles qui se soumettraient aux lois de la République, des secours pour les aider à exister et à relever leurs maisons, la rentrée dans la possession de leurs biens, la liberté de faire partie des troupes de la République, l'organisation de *Gardes territoriales* qui ne pourraient être distraites du territoire de la Vendée, et le remboursement, jusqu'à concurrence de deux millions, des bons signés par les chefs Vendéens.

On a beaucoup parlé des *articles secrets* du traité de La Jaunaye ; ils ont même été minutés et ont donné lieu à de longues contestations. Il est généralement admis qu'un grand nombre de ces pièces furent postérieurement fabriquées par Cormatin, lorsqu'il eut à justifier sa conduite aux yeux des royalistes. Les deux points importants de ces documents apocryphes sont le réta-

La rédaction en était terminée lorsqu'on signala une troupe de cavaliers arrivant précipitamment : c'était Stofflet et son état-major. On avait aussi tenté près de lui quelques démarches conciliatrices ; il suffisait que Charette parût disposé à la paix pour qu'il les accueillît peu favorablement ; néanmoins, il avait été invité à assister aux conférences. Il mit pied à terre avec ses officiers auprès de la maison de La Jaunaye assignée pour demeure aux chefs Vendéens, et apprit alors que tout était terminé sans qu'il y eût participé. Outré de fureur, il s'emporta en imprécations contre la République et contre Charette, remonta précipitamment à cheval avec sa suite et disparut au galop.

Les jours suivants furent employés à étendre l'œuvre de la pacification ; les dispositions principalement prises à l'égard des Vendéens furent déclarées applicables à tous les Chouans qui mettraient bas les armes (1); plusieurs officiers de

---

blissement de la Royauté et le rappel des émigrés; il ne fut pas question du premier dans les conférences de La Jaunaye; quant au second, les chefs royalistes insistèrent beaucoup, mais sans pouvoir rien obtenir.

(1) Deux chefs de la Chouannerie, Cormatin et Solhilac, figurent seuls parmi les signataires de la déclaration de La Jaunaye, concernant la soumission à la République.

Stofflet se détachèrent de sa cause et vinrent faire leur soumission particulière. Enfin, le 8 Ventôse (26 Février 1795), Charette fit à Nantes l'entrée solennelle sur la nécessité de laquelle les Représentants du peuple avaient fortement insisté. Une salve d'artillerie annonça son approche à la multitude, dont la curiosité était vivement excitée et qui se porta en foule sur son passage. Canclaux s'effaçait courtoisement pour laisser le premier rang au chef Vendéen. Les deux généraux s'avançaient suivis de leurs états-majors, de cavaliers des deux armées et de détachements de Gardes nationales; l'ordonnance du cortége était complétée par la musique militaire et par deux voitures, surmontées de bonnets de liberté, dans lesquelles figuraient les Représentants du peuple.

Les rues et les places publiques de Nantes furent ainsi parcourues; un grand nombre de spectateurs applaudissaient, heureux d'un accord qui semblait assurer désormais la tranquillité de leur pays. Les Royalistes se montrèrent radieux: à leurs yeux, la République avait été amenée à compter avec son infatigable ennemi; c'était un commencement de Restauration. Les *patriotes* s'indignaient de voir un chef de rebelles amnistiés faire une entrée triomphale, porteur d'une cocarde et d'un panache blancs; néanmoins leur irritation était tempérée par un sentiment d'orgueil : les chefs Vendéens, avec leurs habits déchirés et leurs cocardes de papier, montés sur de petits chevaux maigres et mal équipés, faisaient une triste figure à côté des généraux républicains, qui avaient pris à tâche de développer tout le luxe possible d'armes, d'habits et de chevaux (1).

Charette, grave et sombre, rentra ensuite à l'hôtel des Représentants du peuple; une partie de la population se pressait sous ses fenêtres en criant : « Vive Charette! vive la paix! » Ces démonstrations ajoutaient encore à l'indignation de ceux qu'avaient froissés l'étalage des couleurs royalistes. Les commissaires de la Convention, dans l'espoir d'adoucir cette irritation, parvinrent, quoique avec peine, à décider le chef royaliste à paraître en public après avoir déposé les insignes qui indisposaient si fortement les républicains. C'est ainsi qu'il se rendit successivement à la Société populaire et au théâtre, où il

---

(1) *Vie du général Charette*, par M. Le Bouvier-Desmortiers. *La Commune et la Milice de Nantes*, par Camille Mellinet.

parut morne et embarrassé du rôle qu'il jouait évidemment à contre-cœur. Il retourna le lendemain à son quartier général de Belleville, où une sorte de sédition venait d'éclater en son absence.

La conduite de la plupart de ses soldats prouva qu'ils étaient loin de partager la duplicité de leur chef. Depuis deux ans, ils n'avaient pas eu de communications avec les grands centres de population; ils affluèrent à Nantes pour se procurer les mille objets dont ils étaient privés depuis si longtemps, et y apportèrent en échange les productions des campagnes. Rapprochés par le besoin qu'ils avaient les uns des autres, les *brigands* et les *patriotes*, ennemis irréconciliables la veille, trafiquaient ensemble, achetaient ou vendaient à crédit, et scellaient leurs marchés dans les cabarets. Des repas interminables étaient entremêlés de questions sans fin, de récits curieux et d'histoires dramatiques qui excitaient la terreur et l'admiration des *citoyennes*; la Fraternité et l'Amour facile avaient momentanément adopté la ville de Nantes pour résidence.

La convention de La Jaunaye, officiellement annoncée sur la rive gauche de la Loire, entraîna des redditions de bandes de Chouans (1), et différentes villes de la Bretagne offrirent l'image des scènes qui se passaient à Nantes. On espérait que, peu à peu, tous les rebelles, suivant cet exemple, viendraient successivement accepter l'amnistie offerte par la République.

Quant à Stofflet, il avait repris les armes dans la *Vendée d'Anjou*. Canclaux dirigea toutes ses forces contre ce dernier foyer de l'insurrection Vendéenne. Au commencement de Germinal, les troupes républicaines, occupant les communes de Cerisay, Bressuire, Châtillon, Maulévrier, Cholet, etc., resserrèrent leur ennemi dans un cercle étroit où toute défense lui devint impossible; Stofflet fut obligé de parlementer à son tour. Il déclara se soumettre à la République, ainsi que ses principaux officiers, dans une entrevue qu'il eut avec les autorités républicaines à Saint-Florent-le-Vieil (23 Floréal-12 Mai) (2)

Quelque incomplète que fût la pacification de

---

(1) *Le général Hoche à l'Armée* (*Rennes*) (1ᵉʳ Ventôse-19 Février).
— *Guerres des Vendéens et des Chouans*, par un officier supérieur.
(2) *Déclaration des chefs de l'armée catholique et royale d'Anjou et du Haut-Poitou.*— *Moniteur universel* du 23 Floréal (12 Mai).

la Vendée et de la Bretagne, le gouvernement Thermidorien la présenta comme une œuvre achevée dont les conséquences fortifieraient les rapports pacifiques qui commençaient à s'établir entre la République et certaines Puissances étrangères.

Deux d'entre elles avaient manifesté le désir d'entrer en arrangement; mais leurs tentatives s'étaient ressenties de la crainte de voir leurs avances repoussées de prime-abord. La diplomatie régulière n'existant plus depuis la mort de Louis XVI, elles ne s'étaient avancées qu'avec précaution dans cette voie étrangère à toutes les traditions des chancelleries; un refus du gouvernement républicain leur eût infligé, aux yeux de leurs alliés, le tort d'avoir voulu faire la paix et le ridicule de l'avoir proposée inutilement.

(1794.) Un mois environ après la mort de Robespierre, une dépêche fut déposée par un inconnu à l'hôtel qu'occupait à Bâle le citoyen Barthélemy, ambassadeur de la République française près des Cantons Helvétiques. Elle contenait certaines propositions de la Prusse, relatives à un échange de prisonniers, et quelques insinuations dénotant le désir de mettre un terme à la guerre (1).

Une ouverture encore plus indirecte fut faite à la même époque par l'Espagne. Dugommier, commandant l'armée des Pyrénées orientales, reçut une lettre apportée par un trompette espagnol (4 Vendémiaire-25 Septembre 1794). Suivant les habitudes de minutieuse circonspection forcément observées par les généraux de la République, Dugommier lut à haute voix cette dépêche devant les Représentants du peuple attachés à son armée : c'était une lettre du payeur des prisonniers de guerre français à Madrid.

Ouvrant ensuite une seconde enveloppe enfermée dans la première, il en tira une petite branche d'olivier. Le sens de ce message symbolique était facile à saisir; mais nul des assistants n'eut la hardiesse de formuler une explication qui eût pu lui devenir fatale (2), et tous se regardèrent sans oser se communiquer leurs pensées; enfin, d'un consentement unanime, le petit rameau d'oli-

---

(1) L'intermédiaire se fit connaître quelques jours après; c'était un négociant de Francfort, Schmerts, qui s'installa dès lors à Bâle pour attendre la réponse du gouvernement républicain.

(2) Un décret avait défendu sous peine de mort de parler de paix avec l'Espagne, tant qu'elle n'aurait pas donné satisfaction d'une capitulation violée à Collioures.

vier fut replacé dans son enveloppe et expédié à Paris sans commentaire. C'est ainsi que le Comité de salut public apprit, presque au même instant, que la Prusse et l'Espagne désiraient entrer en voie d'arrangement (1).

Aucune de ces deux tentatives n'aboutit au gré de ses auteurs. Depuis qu'une suite de victoires permettait à la République de se montrer exigeante, l'opinion dominante assignait le cours du Rhin pour limite à la France ; une négociation prématurée pouvait faire avorter cette espérance. En outre, les avances de la Prusse, la prétendue mésintelligence de ses généraux avec les généraux Autrichiens, et son subit désir de la paix pouvaient cacher un piége tendant à retarder les succès des armées républicaines. Enfin, la Pologne révoltée venait de courir aux armes et apportait une diversion fatale à la Coalition. Le Comité de salut public crut donc prudent de temporiser, et d'attendre que de nouveaux événements ne permissent plus d'élever aucun doute sur les intentions de la Prusse. Quant à l'Espagne, bien qu'elle fût gouvernée par un Bourbon, ses intérêts à la paix étaient trop évidents

---

(1) *Manuscrit de l'an III*, par le baron Fain.

pour qu'on pût concevoir à son égard de semblables soupçons; la négociation fut poursuivie. On apprit bientôt que cette Puissance consentirait à reconnaître la République, si on lui remettait les enfants de Louis XVI, alors prisonniers au Temple, et si l'on concédait au fils du malheureux Roi un royaume formé des provinces limitrophes de l'Espagne. Ces propositions, faites par un ennemi vaincu, excitèrent d'abord parmi les membres du Comité de salut public une vive colère à laquelle succéda une bruyante hilarité : les relations diplomatiques furent brusquement suspendues.

La guerre se poursuivit donc sans interruption malgré ces deux tentatives.

L'armée du Nord (Pichegru, Moreau), bravant les intempéries et les difficultés d'un pays submergé par la pluie et les inondations, s'avança jusqu'à la Meuse et s'empara de Bois-le-Duc (19 Vendémiaire-10 Octobre 1794). Pichegru, atteint par l'épidémie que les fatigues avaient développée parmi ses troupes, fut obligé de se retirer à Bruxelles pour s'y faire soigner d'une affection cutanée. Sous le commandement de Moreau, l'armée passa entre la Meuse et le Wahal, livra une bataille qui assura sa position (28 Vendémiaire-19 Octobre) et occupa Nimègue (18 Brumaire-8 Novembre). De nombreuses proclamations furent alors adressées au peuple Batave pour l'engager à secouer le joug du Stathouder, et l'assurer du concours empressé et fraternel des troupes de la République.

L'armée de Sambre-et-Meuse (Jourdan, Kléber, Marceau, Championnet) occupa Aix-la-Chapelle (2 Vendémiaire-23 Septembre 1794), investit Maestricht et battit l'ennemi, qui, fort de 80,000 hommes, s'était fortifié sur les bords de la Roer, sous la protection de la forteresse de Juliers (11 Vendémiaire-2 Octobre). Marceau prit Coblentz, et, après onze jours de tranchée au milieu d'incroyables difficultés causées par les inondations, Kléber obtint la reddition de Maestricht (14 Brumaire-4 Novembre). Un de ses aides de camp, Pajol (1), en apporta la nouvelle

---

(1) Pajol (Claude-Pierre), né à Besançon, en 1772, d'une famille de robe distinguée. Pendant les études de droit qu'il fit en 1789 dans sa ville natale, il eut, avec les officiers de la garnison, plusieurs duels dont il se tira d'une manière brillante. Il obéit à sa vocation, en saisissant l'occasion que la Révolution lui offrit d'entrer au service. Sous-lieutenant dans le régiment de Saintonge en 1791, il fit sa première campagne comme lieutenant, en 1792. Entrant le premier à Spire, il y fut grièvement blessé à

à la Convention : il lui présenta trente-six drapeaux ennemis, dans la séance où Carnot annonçait l'occupation de Nimègue, en même temps que la fermeture du club des Jacobins était irrévocablement décidée.

L'armée de la Moselle (Moreaux) et l'armée du Rhin (Michaud) opérèrent leur jonction à Lautereck (17 Vendémiaire - 8 Octobre 1794) et établirent leurs communications. La première entra ensuite à Bingen (29 Vendémiaire-20 Octobre) et prit Rheinfels, forteresse prussienne dans une des îles du Rhin (12 Brumaire-2 Novembre). La seconde s'empara de Franckenthal ainsi que de Worms (24 et 27 Vendémiaire-15 et 18 Octobre) et se prépara à faire le siège de Mayence.

La base primitive des opérations des Coalisés,

---

la main gauche d'un coup de baïonnette. Custine le distingua particulièrement, et le chargea plusieurs fois de services difficiles. Il compta parmi les défenseurs de Mayence (1793), où il eut le bras gauche fracturé dans une sortie de nuit, faite à la tête de sa compagnie, avec laquelle il s'empara d'une redoute et ramena 150 Hessois prisonniers. Après sa guérison, il devint aide de camp de Kléber et se fit remarquer dans une multitude de combats, notamment à Fleurus, où il eut un cheval tué sous lui, et à Maestricht. Pour lui témoigner sa satisfaction de toutes ces preuves de valeur, Kléber le chargea de porter à la Convention trente-six drapeaux enlevés à l'ennemi ; c'était alors la plus belle récompense à laquelle un officier pût aspirer. — *Dictionnaire des généraux français.*

l'immense ligne circulaire qui s'étend de Bâle à la mer, fut ainsi occupée par les quatre armées du Nord, de Sambre-et-Meuse, de la Moselle et du Rhin, toutes victorieuses et solidement reliées entre elles.

Les troupes républicaines triomphèrent aussi dans le Midi.

L'armée des Pyrénées-Orientales (Dugommier, Pérignon, Augereau) repoussa les efforts du général espagnol, le comte de La Union, pour reprendre Bellegarde, occupa Castella et battit l'ennemi sur les revers de la montagne Noire (27 Brumaire-17 Novembre 1794); mais ce dernier succès coûta la vie à Dugommier, qui fut atteint d'un obus à la tête (1). Pérignon le remplaça provisoirement et s'empara des nombreuses redoutes qui protégeaient le château de San-Fernando de

---

(1) La Convention décréta que le nom de Dugommier serait inscrit sur la colonne élevée au Panthéon, en l'honneur des défenseurs de la Patrie. Elle chargea le Comité de salut public de lui présenter les moyens de secourir la famille de ce général qui, par le fait de la Révolution, avait perdu aux colonies une fortune évaluée à deux millions. Dugommier laissait sans ressources sa femme, restée aux colonies, près de sa mère, et sa fille, qui vivait à Marseille dans la pauvreté. Deux de ses fils étaient adjudants généraux à l'armée des Pyrénées-Orientales; on ignorait alors le sort du troisième, qui avait été embarqué sur la flotte destinée à secourir les Iles-du-Vent; on apprit peu après

Figuières; La Union y fut tué; la garnison du château (7,500 hommes) se rendit prisonnière de guerre, et les vainqueurs s'y emparèrent d'immenses approvisionnements (7 Frimaire-27 Novembre).

L'armée des Pyrénées occidentales (Moncey) se rendit d'abord maîtresse de la mâture royale d'Iraty et des fonderies d'Egny et d'Orbaycète, évaluées à trente-deux millions (26 Vendémiaire-17 Octobre 1794); puis, une nouvelle victoire lui livra les villes d'Aspeytia et d'Acuatia (8 Frimaire-28 Novembre). Lorsque la neige l'empêcha de poursuivre ses succès, elle s'installa pour hiverner dans le pays ennemi qui lui fournissait des vins, des grains et des fourrages.

Ainsi, la barrière armée que la Coalition avait élevée autour de la France était renversée de tous

---

qu'il était prisonnier des Anglais. Dugommier avait, en outre, deux enfants nés de femmes de couleur : un garçon, qu'il faisait élever dans une maison d'éducation à Belleville, près Paris, et une fille qui vivait à Marseille avec sa sœur aînée.

Par décret du 7 Fructidor (24 Août) suivant, il fut alloué une pension de 3,000 livres à la veuve; et une de 1,500 à chacune des deux filles ainsi qu'au plus jeune des fils. Il fut décrété également, que le Comité de salut public s'occuperait, sans délai, d'opérer l'échange de celui qui était prisonnier des Anglais, et veillerait à son avancement, ainsi qu'à celui de ses deux frères, alors dans l'armée.

côtés. La tournure nouvelle de l'esprit public faisait alors envisager la paix comme le but et la récompense de tant de victoires ; d'ailleurs le bruit de propositions conciliatrices faites par certaines Puissances avait vaguement transpiré ; l'ignorance des détails donna cours à toutes les suppositions, et les partis extrêmes manifestèrent leurs tendances contradictoires avec leur exagération habituelle. Les Royalistes, dont la guerre avait trompé les projets, mettaient alors leurs espérances dans la paix ; leurs journaux accusaient le gouvernement Thermidorien d'abuser de la victoire et de rejeter systématiquement les ouvertures tendant à pacifier l'Europe. Les *Terroristes* lui imputèrent, au contraire, l'intention de faire bon marché de la gloire nationale, et le projet de faire rétrograder les armées pour obtenir de l'Étranger des conditions plus faciles. La question de la pacification fournit ainsi un nouveau champ de bataille aux partis : « Tous » les Français doivent désirer la paix, » disait le thermidorien André Dumont, « mais seulement » une paix glorieuse. Il n'y a que les ennemis de » l'Assemblée nationale qui puissent la repré- » senter comme prête à accepter une paix hon- » teuse. Ces traits calomnieux sont surtout ré-

» pandus dans les départements du Nord et du
» Pas-de-Calais, si désolés par le proconsulat de
» Joseph Lebon qu'il importe de mettre en accu-
» sation ainsi que Fouquier-Tinville... » — « Si,
» comme vous le dites, vous voulez réellement
» que les armées restent imposantes devant l'En-
» nemi, » s'écriait le montagnard Deville, « faites
» exécuter la loi en envoyant aux frontières les
» muscadins, les réquisitionnaires et tous ces
» jeunes gens à lunettes dont la présence à
» Paris ou dans les départements prive les ar-
» mées de 70,000 hommes. » — « Complétez les
» cadres, » ajoutait un autre, « en faisant partir
» tous les jeunes gens qui ont atteint l'âge de
» dix-huit ans depuis l'an dernier, et envoyez
» aux frontières cette Jeunesse dorée dont la con-
» duite constitue une insulte perpétuelle pour les
» *patriotes.* » — « Le gouvernement songe si peu
» à faire la paix, » disaient de perfides émissaires, « qu'on va procéder à une autre Levée
» en masse et appeler sous les drapeaux les ci-
» toyens de la seconde classe de réquisition (25
» à 35 ans). »

Le Comité de salut public ne se lassait pas de
réfuter ces calomnies. Aux Montagnards, qui déclamaient contre le séjour à Paris de certains ré-

quisitionnaires, il répondait que la loi avait été exécutée, et que s'il y avait eu quelques exemptions de mauvais aloi, elles avaient été accordées du temps de Robespierre : tant d'aigreur et d'emportement convenait donc peu à ceux qui avaient plus ou moins trempé dans ces illégalités. Il ne cachait pas qu'il voulait la paix, mais accordée et non subie par la France. Il dénonçait les coupables manœuvres des Royalistes qui avaient pour but de refroidir l'ardeur des troupes en leur présentant, au milieu des fatigues, des combats et des privations, la séduisante image d'un repos prématuré. Enfin il affirmait qu'au lieu de laisser endormir son énergie par la perspective de la paix, il préparait activement la campagne prochaine. « Mais loin de
» songer à envoyer aux armées les citoyens de
» la seconde classe de réquisition, » ajouta Richard en parlant à la Convention, « il ne sera
» même pas nécessaire d'enlever à l'agriculture
» et à d'autres travaux non moins utiles, les
» jeunes gens qui ont atteint l'âge de la première
» (18 à 25 ans). Un million de soldats répond
» de nos conquêtes et de la suite de nos succès.
» Vos armées seront suffisamment entretenues par
» le retour des soldats en congé et en convales-
» cence et par les citoyens de réquisition dont

» le départ a été suspendu par des causes parti-
» culières qui cessent successivement et les
» mettent dans le cas de rentrer journellement
» dans les bataillons dont ils font partie. »

Richard disait vrai. Après le départ de la Levée en masse (Octobre et Novembre 1793), le nombre des soldats de la République n'avait fait que s'accroître sous l'influence de causes multiples : les excitations des autorités révolutionnaires, la voix de l'honneur, le cri de la patrie, l'impossibilité de suivre une autre carrière, les chaleureux appels des camarades déjà sous le drapeau, le désir de doter sa famille d'une sorte de certificat de civisme, la hâte d'échapper à l'emprisonnement ou même à l'échafaud, etc. La possibilité d'une brillante carrière embellissait l'avenir; le pis-aller était une mort glorieuse sur un champ de victoire. Ces considérations expliquent comment, sans levée régulière et malgré les pertes dues à la guerre, les armées républicaines virent croître leur effectif avec la Terreur; lorsqu'elle cessa, il s'élevait à près de 1,200,000 hommes (1). A la vérité, la totalité de ce contin-

---

(1) *Tableau de la force des armées de la République, depuis le mois de Décembre* 1792, *jusqu'au mois de Janvier* 1797 (*Plu-*

gent ne figurait que sur le papier. Pour déterminer la véritable force des armées, il fallait en retrancher les blessés, les malades, dont regorgeaient les hôpitaux, les réquisitionnaires dont les forces avaient trahi le courage et qui étaient restés en route attendant le jour de la guérison pour rejoindre, et enfin ceux qui ayant pris le fusil par idée de conservation personnelle plutôt que par esprit militaire, multipliaient les incidents pour allonger le chemin qui conduisait à la frontière.

Après la Terreur, ceux qui étaient devenus soldats à contre-cœur, cherchèrent à sortir d'une carrière sans attrait pour eux ; missions de conseils d'administration, réclamations de Corps, congés temporaires, ils employèrent tous les moyens d'absence qui leur parurent un acheminement vers leur libération définitive. Leur affluence à Paris obligea même la Convention à prendre, dès le mois de Fructidor, de sévères mesures à leur égard (1).

---

viôse an V). — *Archives du Ministère de la guerre.* — *Histoire parlementaire de la Révolution Française*, par Buchez et Roux.

|  |  | Effec. total. | Effec. prés. |
|---|---|---|---|
| Nivôse et Pluviôse | (Janvier 1794) | 770,932 hom. | 632,101 |
| Messidor et Thermidor | (Juillet — ) | 972,704 | 706,371 |
| Vendémiaire | (Septem. — ) | 1,169,144 | 749,545 |

(1) Tous les militaires en congé durent s'éloigner dans un délai de trois jours ; ceux que des missions particulières retenaient dans

En somme, il existait une différence d'environ 400,000 hommes entre les effectifs totaux et les effectifs réels. Néanmoins ces derniers étaient encore de plus de 700,000 hommes (1). Le Comité de salut public avait donc raison en disant que la force militaire du pays était suffisante pour parer à toutes les éventualités; la République n'avait jamais eu réellement plus de troupes à sa disposition (2), et les 400,000 blessés, malades, absents par congés, réquisitionnaires éloignés momentanément par des causes diverses, devaient suffire pour entretenir ce contingent en rejoignant successivement les drapeaux. Il eût donc été superflu d'effectuer quelque levée qui eût indisposé le Pays et surchargé le Trésor, puisqu'en veillant à ce que les forces éparpillées ne fussent pas perdues, on se sentait assez fort pour continuer la guerre jusqu'au jour où la paix générale couronnerait tant d'efforts.

Une circonstance imprévue précipita les évé-

---

la capitale, furent astreints à ne plus paraître dans les rues après l'heure de la retraite, ainsi qu'il avait été d'usage pour les soldats au temps de la Monarchie; etc.
(1) Voir l'avant dernière note.
(2) Chapitre XXXV, page 255.

nements. Après la prise de Nimègue, l'armée du Nord prit, autour de Bréda et de Grave, qu'elle bloqua, des quartiers d'hiver dans lesquels elle espérait jouir d'un repos bien mérité; mais l'intensité du froid, qui causait à Paris tant de souffrances, parut devoir bientôt transformer en routes praticables le sol limoneux et les innombrables canaux qui constituent la meilleure défense de la Hollande; aussitôt Pichegru, encore malade, quitta Bruxelles et rejoignit la tête de son armée. Les grands fleuves charriaient déjà. Le 3 Nivôse (23 Décembre 1794), la Meuse était assez gelée pour pouvoir porter du canon; il en fut bientôt de même du Wahal; l'armée les traversa, refoulant devant elle les Hollandais et les Anglo-Hanovriens. Aussitôt le parti *patriote* entra en insurrection sur tout le territoire des Provinces-Unies. Le Stathouder, après avoir fait des propositions de paix trop tardives pour que la République les acceptât, quitta le pays qu'il ne pouvait plus défendre, et se réfugia en Angleterre. Les Représentants du peuple à l'armée du Nord, proclamèrent que les Républicains venaient pour affranchir la Hollande et lui laisser choisir son mode de gouvernement; alors les États généraux, réunis à La Haye pour remplacer le Stathoudérat par une constitution populaire, expédièrent aux commandants des forteresses l'ordre de les remettre entre les mains des Français. Ces derniers effectuant l'occupation du pays sans éprouver de résistance, entrèrent successivement à Amsterdam, Rotterdam et La Haye (1ᵉʳ Pluviôse-20 Janvier 1795) (1). Partout ils trouvèrent les bourgeoisies s'organisant en gardes nationales et des *patriotes* exerçant l'autorité à la place des partisans du Stathouder emprisonnés. Quant aux Anglais, ils se retirèrent sur l'Ems et le Weser pour aller s'embarquer à Brême (2).

Une telle conquête, effectuée dans des conditions aussi exceptionnelles, eut pour effet d'augmenter encore le désir des deux Puissances qui avaient déjà manifesté l'intention de faire la paix. Il n'y avait plus à douter de la sincérité de la Prusse (3), et la situation militaire était

---

(1) C'est alors que la flotte hollandaise, prise dans les glaces du Texel, fut sommée d'amener son pavillon par trois escadrons de hussards et une batterie d'artillerie légère.

(2) Le décret portant qu'il ne serait fait aucun prisonnier Anglais ou Hanovrien avait été rapporté par la Convention peu auparavant (10 Nivôse-30 Décembre 1794).

(3) La mésintelligence des Prussiens et des Autrichiens était devenue un fait avéré. De plus, l'insurrection de la Pologne avait

telle que le Comité de salut public crut pouvoir faire publiquement à la Convention des communications relatives à la cessation des hostilités. Mais de graves dissidences qui se manifestèrent à ce sujet et les accusations auxquelles le gouvernement fut en butte (1), réduisirent le Comité à attendre les ouvertures pacifiques des Puissances. Enfin la Prusse fit des propositions directes; un agent revêtu d'un caractère officiel vint à Paris, et suivant les bases convenues avec lui, des négociations s'ouvrirent à Bâle entre Barthélemy et le comte de Goltz, qui avait été le dernier ambassadeur de la Prusse en France (3 Pluviôse-22 Janvier 1795) (2).

Quant à l'Espagne, une lettre du général en chef d'Urrutia ayant apporté au général Pérignon de nouvelles offres de conciliation (24 Nivôse-13 Janvier), ce dernier répondit que « sa » seule affaire était de se battre et que, pour tout le

---

échoué, et cette circonstance défavorable n'avait pas ralenti les communications que le général prussien Mollendorf avait entamées à Bâle avec le citoyen Barthélemy.

(1) Quelques mesures d'humanité bien restreintes, envers les malheureux enfants de Louis XVI, furent dénoncées comme le prélude de transactions humiliantes avec l'Espagne.

(2) *Manuscrit de l'an III*, par le baron Fain.

» reste, on pouvait s'adresser au Comité de salut
» public. » Peu après, il s'empara de la ville de
Roses (11 Pluviôse-30 Janvier).

A la même époque, le comte Carletti, chambellan du grand-duc de Toscane, partit de Florence pour venir en France, et le bruit se répandit bientôt qu'il avait mission de négocier un acte de neutralité entre le grand-duc et la République. Il reçut à Paris l'accueil que lui méritaient ses sympathies pour la nation Française (1), et le 22 Pluviôse (10 Février), un traité de paix entre la France et la Toscane fut présenté par le Comité de salut public à la Convention, qui le ratifia quelques jours après. Ce traité donna lieu de décider une question toute nouvelle pour la République : l'étendue des pouvoirs du Comité de salut public pour faire la paix ou la guerre, et la fixation de ses attributions au point de vue des relations extérieures (2).

A cette époque, la situation militaire occa-

---

(1) Ces sympathies avaient été rendues manifestes quelques mois auparavant par un duel entre le comte Carletti et un envoyé extraordinaire de l'Angleterre en Toscane. Les détails en sont rapportés dans le *Moniteur universel* du 7 Messidor an II (25 Juin 1794).

(2) Les délibérations à ce sujet aboutirent le 27 Ventôse

sionna certains changements dans la composition et le commandement des armées (13 Ventôse-3 Mars) :

Armée du Rhin et de la Moselle. Général en chef, Pichegru.
      de Sambre-et-Meuse. . . . . . . . Jourdan.
      du Nord. . . . . . . . . . . . Moreau
      des Alpes et d'Italie. . . . . . . Kellermann.
      des Pyrénées-Orientales. . . . . . Schérer.
      des Pyrénées-Occidentales. . . . . Moncey.
      des Côtes de l'Ouest. . . . . . . Canclaux.
      des Côtes de Brest et des Côtes de Cherbourg. Hoche.

Le lendemain du jour où la Convention ratifia ces propositions du Comité de salut public, Carnot parut à la tribune; le renouvellement mensuel des membres du Comité entraînait son remplacement. Il venait proposer de réunir dans un tableau chronologique les succès et les principales victoires qui avaient illustré les armes de la République, depuis la bataille

---

(17 Mars). Le Comité de salut public resta chargé de négocier, au nom de la République, les traités de paix, d'alliance, de trêve, de neutralité et de commerce, et d'en arrêter les conditions. Il fut autorisé à faire les stipulations préliminaires et à conclure les amnisties et les neutralités pendant le temps de ces négociations. Les traités devaient être signés par les membres du Comité s'ils conféraient directement avec les envoyés des puissances étrangères, ou par les ministres plénipotentiaires auxquels ils pouvaient déléguer leurs pouvoirs. Toutes les transactions ne devaient être reconnues valables, qu'après la ratification de la Convention.

de Hondschoote jusqu'à la prise de Roses. Il en donna ainsi le magnifique résumé : « 27 vic-
» toires, dont 8 en bataille rangée; 120 combats
» de moindre importance ; 80,000 ennemis tués ;
» 91,000 faits prisonniers ; 116 places fortes ou
» villes importantes prises, dont 36 après siége
» ou blocus ; 230 forts ou redoutes enlevés ;
» capture de 3,800 bouches à feu, 70,000 fusils,
» 1,900 milliers de poudre et 90 drapeaux. » La Convention décréta que ce tableau serait affiché dans la salle de ses séances, imprimé en livret (1), délivré aux représentants du peuple, et envoyé aux armées, aux Corps administratifs et aux municipalités. Le lendemain eut lieu le remplacement mensuel de trois membres du Comité de salut public (15 Ventôse-5 Mars) (2); comme au jour où il avait pris en main les destinées militaires du pays, Carnot se retrouva représentant du peuple et capitaine du Génie (3).

Les négociations entre la République et la

---

(1) *Exploits des Français depuis le 22 Fructidor an I*er*, jusqu'au 15 Pluviôse an III,* par le citoyen Carnot.
(2) Sieyès, Laporte et Rewbell remplacèrent, au Comité de salut public, Cambacérès, Pelet (de la Lozère) et Carnot.
(3) Carnot passa chef de bataillon, à l'ancienneté, deux mois

Prusse se poursuivirent à Bâle, où le traité de paix fut signé le 16 Germinal (5 Avril). Ratifié huit jours après par la Convention (24 Germinal-13 Avril), il stipulait, entre autres conditions, l'occupation par les troupes de la République des États Prussiens situés sur la rive gauche du Rhin. Quelques jours après (4 Floréal-23 Avril), la Convention reçut le baron Staël de Holstein en qualité d'ambassadeur extraordinaire du roi de Suède près de la République française. Depuis un mois, le comte Carletti avait été également admis par elle en qualité de ministre plénipotentiaire du grand-duc de Toscane (28 Ventôse-18 Mars). Enfin, une lettre du citoyen Lallement, envoyé de la République française à Venise, avait annoncé (18 Germinal-7 Avril) l'arrivée prochaine de l'ambassadeur de la République de Venise, Alvise Guérini.

Ainsi, au commencement de Floréal :

La République française avait conclu la paix avec la Toscane et la Prusse ; alliée de la Ré-

---

après, (22 Floréal an III — 11 Mai 1795). Prieur (de la Côte-d'Or) sortit également du Comité de salut public avec le grade de capitaine du Génie. — *Mémoires sur Carnot* par son fils.

publique Batave qui s'organisait, elle était en bonnes relations avec la Suède et la République de Venise; enfin, elle n'avait plus d'ennemis à combattre depuis la mer jusqu'au Rhin.

Malheureusement la situation intérieure était bien différente. Les Chouans et les Vendéens semblaient avoir fait leur soumission; mais les esprits prévoyants conservaient à cet égard une trop juste méfiance.

Les départements étaient agités ou même ensanglantés par les dissensions politiques portées au plus haut degré. Paris sortait à peine de la crise insurrectionnelle de Germinal, et il était trop évident qu'il s'en préparait une autre plus terrible.

# CHAPITRE XLV.

## PRÉLUDES INSURRECTIONNELS. — JOURNÉE DU 1ᵉʳ PRAIRIAL AN III (20 MAI 1795.)

(Floréal et Prairial an III. — Avril et Mai 1795.)

**Sommaire.**

De nouvelles agitations entraînent de nouvelles mesures contre le parti terroriste. — Exécution de Fouquier-Tinville et de ses complices. — Le parti royaliste commence à se montrer. — Indifférence des citoyens pour le service de la Garde nationale. — Massacres des terroristes détenus dans les prisons de Lyon. — Leur retentissement est exploité à Paris par les agitateurs. — Organisation du mouvement populaire. — Manifeste de l'insurrection.

*Journée du 1ᵉʳ Prairial. De cinq heures du matin à onze heures.* Rassemblements dans les faubourgs; la colonne des insurgés se dirige vers les Tuileries. — La Garde nationale se réunit lentement.

*De onze heures à deux heures.* La Convention rend divers décrets pour le maintien de la tranquillité. — Préludes du désordre. — L'émeute envahit la salle; elle est deux fois repoussée.

*Deux heures.* Une troisième tentative rend la troupe insurrectionnelle maîtresse de l'enceinte législative. — Mort du député Féraud.

*Quatre heures.* Tumulte et confusion.

*Six heures.* Beau trait de Boissy d'Anglas. — Les Montagnards tentent de donner enfin à l'émeute une direction utile à leurs desseins.

*Sept heures et un quart.* Mode qu'ils adoptent pour faire voter la Convention conformément à leur volonté.

*De neuf heures à onze heures et demie.* Propositions révolutionnaires votées par les députés restés dans la salle. — Nomination d'une commission pour les faire exécuter.

*Événements extérieurs.* Dangers courus par les conventionnels chargés de lire à la population les proclamations de la Convention. — Confusion et divergences d'opinion parmi les bataillons de la Garde nationale. — La nuit concourt à attiédir l'ardeur des émeutiers. — Bataillons fidèles disposés aux abords de la Convention.

*Onze heures et demie.* Aspect de l'enceinte législative. — On somme les insurgés de se retirer.

*Minuit.* La force armée se précipite pour dégager enfin la Convention. — Les Montagnards croient un moment à leur triomphe définitif. — L'émeute repoussée regagne les faubourgs. — Arrestation des conventionnels qui ont fait cause commune avec les insurgés.

*Deux heures du matin.* Décret qui charge les Sections de procéder au désarmement et à l'arrestation des terroristes. — On annonce que le calme est rétabli dans la ville.

*Trois heures trois quarts.* La Convention s'ajourne à sept heures. — Les Comités restés en permanence expédient à toutes les troupes de ligne à proximité l'ordre d'entrer immédiatement dans Paris.

L'échec subi en Germinal par le parti montagnard et terroriste ne suffit pas pour lui enlever l'espoir d'une journée insurrectionnelle, qui amènerait la chute du gouvernement thermidorien. Le lendemain du jour où la Convention avait décrété la nouvelle organisation de la Garde nationale parisienne, la vigilance du Comité de sûreté générale déjoua un redoutable complot qui allait éclater dans la nuit même (29 Germinal-18 Avril) (1). Des comités d'insurrection avaient été créés dans tous les quartiers; des rassemblements armés, réunis de divers côtés, devaient à la même heure se porter aux prisons (2), délivrer les détenus enfermés pour leur participation aux derniers événements, investir les Comités de gouvernement, et occuper militairement les points stratégiques de l'émeute. On eût alors exigé l'exécution immédiate des dispositions de la Constitution de 1793, la destitution des Comités

---

(1) Ce complot reçut le nom de *conspiration des œufs rouges*. On avait surpris la lettre suivante adressée, dans un fromage, à l'un des chefs de l'émeute du 12 Germinal, alors détenu au Plessis : « Courage, mon ami; le jour où tu recevras des œufs moitié » rouges, moitié blancs, vous vous tiendrez, toi et les compa- » gnons nos amis, tout habillés. Je ferai tous mes efforts pour » vous délivrer. Ecris-moi si tu m'as compris, et ne dis rien jus- » qu'au moment de l'exécution. Le nombre des œufs t'indiquera » la quantité d'heures que vous aurez encore à rester en prison. »

(2) Le nombre des prisons employées était alors au nombre de douze : elles renfermaient :

| | | |
|---|---|---|
| 27 Germinal | (16 Avril) | 2338 détenus. |
| 6 Floréal | (25 Avril) | 2302 — |
| 15 Floréal | (4 Mai) | 2152 — |

— *Moniteur universel.*

de la Convention, l'arrestation des députés rappelés dans son sein depuis le 9 Thermidor, la déportation de Tallien, Fréron, Barras, etc.

La découverte de ce nouveau projet d'insurrection fut suivie de mesures répressives. Plusieurs conventionnels s'y trouvaient compromis, entre autres Montaut et quelques-uns de ceux qui s'étaient soustraits à l'incarcération votée contre eux le 16 Germinal (5 Avril). Le premier fut décrété d'arrestation (1); les autres furent sommés d'avoir à se constituer prisonniers dans un bref délai sous peine d'encourir la déportation. Les conspirateurs s'étant flattés d'interrompre le procès de Fouquier-Tinville, commencé le 8 Germinal (28 Mars), la Convention décida que le Tribunal révolutionnaire siégerait en permanence jusqu'à ce qu'il eût rendu son jugement (2);

---

(1) Maribon-Montaut fut, à cette occasion, accusé par Tallien et d'autres Thermidoriens d'avoir dénoncé et fait emprisonner sa mère et sa sœur pendant la période révolutionnaire. C'est lui qui, agissant en maître des cérémonies au premier anniversaire de la mort de Louis XVI (21 Janvier 1794), avait ménagé à la Convention le spectacle du supplice d'un malheureux dont la tête tomba, lorsque la Représentation nationale arriva sur la place de la Révolution; l'Assemblée en fut indignée.

(2) Il n'est question ici que des principales mesures prises par la Convention. C'est alors que les membres de l'ex-comité révolutionnaire de Nantes, absous un mois auparavant, furent renvoyés

enfin, l'accusateur public près le tribunal criminel du département de Paris fut chargé de poursuivre les obscurs conspirateurs nominativement placés à la tête du mouvement subversif qui avait échoué (1) (8 Floréal-27 Avril).

Cependant l'agitation allait toujours croissant. Le 10 Floréal (29 Avril), la Section de Montreuil, au mépris de la loi qui enjoignait aux assemblées des Sections de tenir une seule séance par décade (2), se déclara en permanence et députa vers les quarante-sept autres Sections pour les engager à l'imiter. Le lendemain, la Convention dut se réunir précipitamment à onze heures du soir, parce qu'une véritable émeute avait lieu dans la Section du Bonnet de la Liberté (Croix-Rouge). Ces excès avaient pour prétexte la rareté des subsistances, malheureusement trop réelle (3);

---

devant le tribunal criminel d'Angers (2 Floréal-21 Avril). Les Comités furent chargés de décider s'il n'y avait pas lieu d'examiner la conduite des trois Montagnards Borie, Lecarpentier et Esne-Lavallée. Etc.

(1) Un maréchal des logis de gendarmerie, un artificier, un marchand de vin, etc.

(2) Cette séance unique devait avoir lieu de 10 heures du matin à 2 heures, le décadi.

(3) Le rapport de Tallien, en cette occasion, donne la mesure de l'affreuse misère dont souffrait la population ouvrière. La dis-

mais les premiers actes de la foule inintelligente, que mettaient en jeu d'impitoyables instigateurs, consistaient toujours à courir chez les boulangers pour gaspiller les farines, jeter les levains et enlever le bois nécessaire à la manutention. Cette fois, il fallut recourir à l'emploi de toute la force armée qu'on put mettre sur pied. Le quartier de la Section insurgée fut occupé par les bataillons de la Butte-des-Moulins, de la Fontaine-de-Grenelle et de l'Unité, les grenadiers de la Convention, la gendarmerie, etc. De nombreuses arrestations furent effectuées, et le tribunal criminel de Paris reçut encore l'injonction de poursuivre les auteurs de cette nouvelle rébellion.

Ces désordres continuels entretenaient l'irritation de la majorité de la Convention contre ceux que le parti terroriste considérait alors comme des victimes de la Réaction. Le jour où Fouquier-Tinville et quinze de ses complices (1) subirent

---

tribution du jour, *qui surpassait de beaucoup celle des jours précédents*, avait été de :

700 sacs de farine produisant 646,800 rations d'une demi-livre.
et 3,500 livres de riz 93,333 de six onces.

Total 740,133 rations.

(1) Quatorze coaccusés furent acquittés; Fouquier-Tinville et

la peine capitale sur la place de la Révolution (18 Floréal-7 Mai), l'Assemblée nationale nomma une commission de vingt et un membres chargés de procéder à l'examen de la conduite de Joseph Lebon, en arrestation depuis Thermidor. Cinq jours après, sur la proposition des Comités de gouvernement, elle décida qu'il serait donné suite au décret du 13 Germinal ordonnant la déportation de Collot-d'Herbois, Barère et Billaud-Varennes (1).

Le parti ainsi frappé coup sur coup accusait hautement la Convention de tendances réactionnaires et prétendait que « le Royalisme relevait » la tête de plus en plus. » Cette dernière assertion n'était pas entièrement dénuée de fondement. En raison des besoins de l'agriculture ou d'autres arts utiles, une législation nouvelle avait adouci les lois révolutionnaires rendues contre ceux qui avaient quitté le sol national. Des pro-

---

les quinze autres furent déclarés convaincus d'avoir inventé les *conspirations des prisons*, établi des rapports mensongers, suborné de faux témoins, et jugé trente, quarante et même cinquante individus en moins de trois heures.

(1) Collot d'Herbois, Billaud-Varennes et Barère avaient été conduits à Rochefort; les deux premiers furent embarqués pour Sinamary. Barère, grâce aux protections qu'il avait su se ménager dans tous les partis, trouva moyen d'échapper à la déportation.

positions de radiations sur les listes d'émigrés, faites en faveur de laboureurs ou d'autres gens utiles, étaient envoyées par les députés en mission dans les départements et soumises à l'approbation du Comité de sûreté générale; un grand nombre de royalistes, spéculant sur la cupidité, la complaisance ou la crainte de certains membres des municipalités, obtenaient des certificats qui les faisaient passer pour cultivateurs, ou qui attestaient faussement leur séjour en France pendant la période qu'on venait de traverser. La quantité d'ennemis que la République renfermait dans son sein s'accroissait ainsi chaque jour. D'ailleurs, indépendamment des efforts de ces partisans de la Monarchie, l'impulsion contre-révolutionnaire était sans cesse avivée par les tentatives sans fin des Terroristes. Dans les théâtres on ne chantait plus que *Le Réveil du peuple*, et ceux qui réclamaient *La Marseillaise* étaient honnis et maltraités. Le désarmement des Terroristes, ordonné par les Comités après l'émeute du 12 Germinal, fournit une occasion de constater cette nouvelle tournure de l'esprit public; dans certaines Sections, on s'acharna après d'honnêtes gens, sincères républicains et soutiens de la Convention ; il fallut suspendre l'opération du désarmement dès le début.

En même temps que rentraient un grand nombre d'émigrés, l'enceinte législative retentissait de discussions prolongées sur l'opportunité et la justice de rendre aux familles des victimes les biens confisqués par le tribunal révolutionnaire; les acquéreurs de domaines nationaux doutèrent de la sûreté de leurs opérations; la valeur des assignats hypothéqués sur les propriétés des émigrés, et dont on augmentait la fabrication en raison des besoins, décrut dès lors dans une progression qui s'accrut de jour en jour (1).

---

(1) Jusqu'en Floréal an III, la dépréciation des assignats peut être évaluée par mois; à partir de cette époque, elle eut lieu par jour, ainsi :

Vingt-quatre livres numéraires valaient :

| | | | | |
|---|---|---|---|---|
| 1er Floréal, an III | (20 Avril 1795) | . . . . | 229 | livres assignats. |
| 2 | — (21 — ) | . . . . | 238 | |
| 3 | — (22 — ) | . . . . | 239 | |
| 4 | — (23 — ) | . . . . | 242 | |
| 5 | — (24 — ) | . . . . | 238 | |
| 6 | — (25 — ) | . . . . | 238 | |
| 7 | — (26 — ) | . . . . | 256 | |
| 8 | — (27 — ) | . . . . | 275 | |
| 9 | — (28 — ) | . . . . | 275 | |
| 10 | — (29 — ) | . . . . | décadi. | |
| 11 | — (30 — ) | . . . . | 292 | |

Le gouvernement Thermidorien, qui dans les commencements n'avait eu à se défendre que contre les ultra-révolutionnaires de cette époque, vit ainsi croître le nombre des nouveaux ennemis avec lesquels ces derniers affectaient de lui prêter des affinités. Lorsqu'il proposait à la Convention quelques mesures éclatantes de répression contre les Terroristes ou les Jacobins : « Et les Royalistes ? » s'écriaient ironiquement les Montagnards. — « Ces deux partis n'en font » qu'un, celui des ennemis de la République, » répondaient les Thermidoriens, et ils faisaient à la fois rendre à l'Assemblée des décrets de plus en plus sévères contre les ultra-révolutionnaires et les émigrés qui aspiraient à rentrer sur le territoire (12 Floréal-1er Mai).

En butte aux attaques simultanées des deux partis extrêmes, les Thermidoriens pouvaient prévoir l'importance de la crise qui se préparait.

---

12 Floréal, an III (1er Mai 1795) . . . . 299 livres assignats.
13   —   (2  — ) . . . . 328
14   —   (3  — ) . . . . 336
15   —   (4  — ) . . . . 329 — *Collection des tableaux de dépréciation du papier monnaie*, publiés dans chaque département en exécution de la loi du 5 Messidor, an V (23 Juin 1797).

La conduite de la Jeunesse dorée dans la journée du 12 Germinal, leur avait prouvé combien cette réunion de jeunes gens, avant tout amis du plaisir, était insignifiante devant les masses populaires. Dans quelques Sections, la compagnie de canonniers était à peu près formée (1) ou sur le point de l'être; mais la majorité de l'artillerie parisienne s'étant principalement recrutée d'artisans que l'habitude des travaux manuels rendait indifférents aux fatigues de l'exercice du canon, il était douteux qu'au jour de la collision son personnel se montrât disposé à agir contre ses frères des faubourgs. Quant à la Garde nationale, la nouvelle organisation décrétée à la fin de Germinal marchait avec une lenteur qui ne permettait pas l'illusion. « L'apathie des citoyens de » Paris est inconcevable ! » s'écriait Dentzel à la Convention (10 Floréal-29 Avril). « Chaque » jour, ils craignent de voir leurs propriétés » pillées, et ils ne s'empressent pas d'exécuter » un décret qui seul peut faire trembler les bri- » gands ; je veux parler de celui qui ordonne

---

(1) En exécution du décret rendu en Frimaire, antérieur de quatre mois à celui qui ordonna, en Germinal, la réorganisation complète de la Garde nationale parisienne (Chapitre XLIII).

» la réorganisation de la Garde nationale.....»

Il n'y avait rien d'exagéré dans ces reproches. L'opération avançait si lentement que le 21 Floréal (10 Mai), la Section des Champs-Élysées vint se targuer devant la Convention de dépasser les autres Sections en célérité pour la formation de son bataillon, parce qu'elle avait *déjà* soixante citoyens inscrits pour la première compagnie (grenadiers). On avait d'ailleurs un témoignage journalier de la coupable indifférence des habitants de Paris à cet égard : c'était de nombreuses patrouilles composées de soldats invalides auxquels on était obligé de recourir (1). Enfin, le service pour assurer la circulation des grains dans les environs, qu'on avait tenté vainement de confier aux citoyens armés, était fait par les troupes de ligne conformément à la récente proposition d'Aubry (2).

---

(1) « . . . . . On ne peut retenir ses larmes en voyant les
» honorables victimes de la guerre, ceux qui ont perdu un mem-
» bre au champ d'honneur, se réunir pour veiller au maintien
» des propriétés, et faire un service dont ils devraient être
» exempts; les citoyens de Paris ne devraient-ils pas rougir en
» voyant faire des patrouilles aux défenseurs de la patrie, qui
» n'ont plus que des jambes de bois? Et ils négligent encore de
» former la Garde nationale !.. . . . . . » *Séance de la Convention* du 10 Floréal (29 Avril).

(2) Chapitre XLIII.

La conduite de la Milice bourgeoise qui obligeait la Convention à recourir ainsi aux troupes de ligne, concourut à apaiser l'ancienne méfiance révolutionnaire à l'égard de la force armée régulière. Le 3 Floréal (22 Avril), l'Assemblée entendit proposer de *déployer des moyens de force* dans la 17° division militaire, et de nommer un général qui commanderait à la fois cette division et la Garde nationale parisienne. Quelques mois auparavant, la majorité des Conventionnels se fût récriée contre une pareille motion ; elle se contenta de la renvoyer à l'examen de ses Comités.

De tristes événements devaient trancher cette question. Préparés par les sourdes intrigues des Royalistes, par les excitations avouées des Terroristes et par les souffrances d'une misère sans exemple, l'explosion en fut précipitée par le retentissement de massacres commis à Lyon.

Le 14 Floréal (3 Mai), le bruit se répandit dans la ville de Lyon que le tribunal criminel jugerait le lendemain un dénonciateur du temps de la Terreur, dont les dilapidations avaient acquis une triste notoriété. Dans la soirée, des attroupements se formèrent aux abords du Palais de Justice. Le jour suivant, une foule immense, proférant des cris sinistres contre le *mathévon*, en obstrua toutes les issues. La salle d'audience fut tellement encombrée que le président enjoignit de faire évacuer le parquet. Quelques soldats tentèrent d'exécuter cet ordre; la foule résista, et il s'ensuivit une sorte de lutte qui, sans la prudence des magistrats, eût acquis de graves proportions. Les violentes dispositions de la multitude qui stationnait au dehors s'en accrurent encore et devinrent des plus menaçantes. Enfin sa colère, excitée par les *Compagnons de Jésus*, se tourna vers la prison de Roanne, voisine du tribunal. A sept heures du soir, les portes en furent enfoncées; les *Compagnons* envahirent les chambres et les cachots, et massacrèrent les détenus. Quelques-uns de ces derniers tentèrent d'échapper à la faveur de l'obscurité; mais à la lueur des torches, des groupes de forcenés, dirigés par deux individus dont la figure était couverte d'un masque en cire, fouillèrent les moindres réduits. Aucun des quarante et un prisonniers n'échappa à la mort; la foule s'acharna sur leurs cadavres auxquels elle fit subir d'affreuses mutilations.

Cette horrible exécution était à peine terminée à neuf heures, lorsqu'un nouveau cri se fit entendre : « Aux Recluses ! aux Recluses ! » et la multitude se dirigea tumultueusement vers cette autre prison (1). Un tumulte effroyable, que dominaient des cris de mort, apprit l'affreuse vérité aux détenus; dans l'espoir de se sauver à la faveur même du désordre, ils mirent le feu à l'étage supérieur, et la lueur de l'incendie éclaira bientôt la scène infernale. Quelques officiers municipaux tentèrent d'empêcher les forcenés d'enfoncer la porte de la prison; mais les bandes d'assassins envahirent les maisons voisines, escaladèrent les murs, firent voler en éclats les portes et les fenêtres, et se ruèrent sur les malheureux qui essayaient une défense impossible. Quarante-trois furent encore massacrés. Ces scènes atroces se répétèrent ensuite dans la prison de Saint-Joseph où quinze ex-terroristes tombèrent sous les coups de bourreaux aussi implacables qu'ils l'avaient été eux-mêmes (2) (3).

---

(1) Le nom de cette prison indique quelle avait été sa destination primitive; elle l'avait perdue pendant la Révolution. D'anciens agents de la Terreur y étaient alors renfermés.

(2) *Histoire de la ville de Lyon*, par J.-B. Monfalcon.

(3) Dans son rapport à la Convention (séance du 20 Floréal-9 Mai), Boisset signale en tout 60 à 70 victimes.

Pendant ces horribles scènes, le conventionnel Boisset se multiplia pour apaiser la foule qui l'entourait ; mais partout sa voix était couverte de mille cris : « Vive la Convention ! — Mort
» aux *Mathévons !* — Ils ont assassiné mon père !
» — égorgé mon frère ! — toute ma famille ! —
» Pourquoi la Convention n'ordonne-t-elle pas
» de faire justice des scélérats? etc. » Boisset avait donné l'ordre de diriger les troupes de ligne et la Garde nationale vers les prisons. Mais la garnison était complétement insuffisante pour résister au torrent, et déjà des cris de mort s'étaient fait entendre contre un bataillon de l'Isère, auquel appartenaient les soldats dont la conduite avait irrité la foule dans la matinée. Quant à la Garde nationale, dix mille hommes se rassmblèrent au son du rappel battu dans tous les quartiers; mais la plus grande partie vint sans armes. C'est ainsi que la majorité se laissa conduire du côté des prisons; elle ne tenta aucun effort pour s'opposer aux massacres. Bien plus, les deux chefs masqués qui avaient joué un si terrible rôle dans cette nuit affreuse furent saisis par quelques braves gens, et remis entre les mains de gardes nationaux; on les laissa

échapper sans qu'ils eussent été seulement forcés de découvrir leurs visages (1) (2).

La nouvelle de ces massacres produisit à Paris un effet terrible que de monstrueuses exagérations augmentèrent encore. Les Montagnards et les Terroristes accusèrent le gouvernement Thermidorien et la Convention d'avoir laissé commettre ou de ne pas réprimer assez vite ces *atrocités du royalisme et de la religion*. Ces imputatations coïncidèrent avec leurs derniers efforts pour faire éclater un mouvement populaire préparé depuis longtemps.

Les instigateurs avaient essayé de donner à leur nouvelle tentative l'unité et la direction qui avaient manqué à celle de Germinal. Un vaste

---

(1) *Rapport de Boisset à la Convention.*
(2) Les *Compagnons de Jésus* firent ensuite chez les Jacobins des visites domiciliaires et y commirent de sang-froid un grand nombre d'assassinats; dans les rues et sur les places publiques, les *Mathévons* furent assommés comme des chiens enragés, tués à coups de sabre et de pistolet, ou bien entraînés jusqu'au Rhône où ils étaient précipités. Quelques assommeurs furent traduits devant le tribunal criminel de Lyon; mais les juges intimidés n'osèrent prononcer aucune condamnation, et les assassins acquittés furent portés en triomphe.
Un Corps de l'armée des Alpes fut dirigé sur Lyon pour en désarmer la Garde nationale.

système de communications occultes, établi entre des *comités d'insurrection*, s'étendait jusque dans les prisons remplies par les arrestations qui résultaient des agitations continuelles dans les cinq dernières décades. Les montagnards Goujon et Bourbotte étaient les chefs secrets de la rébellion dont le but était de proclamer immédiatement la Constitution de 93 et, jusqu'à sa mise à exécution, de rétablir la dictature (1). Des papiers publics, le journal de Babeuf entre autres, provoquaient le *peuple* à la révolte. Comme toujours, le plan des insurgés était de mettre des femmes en avant pour paralyser la résistance armée que la Convention opposerait vraisemblablement à leur *manifestation*.

Dans la soirée du 30 Floréal (19 Mai), des groupes nombreux, composés principalement de femmes, retentissent de plaintes hardies, de propos séditieux et d'atroces menaces. « Il faut, » dit-on, « *tomber sur la Convention*. Elle n'a fait » mourir Robespierre que pour s'emparer du » gouvernement, tyranniser la population, la ré-

---

(1) *Conspiration de Babeuf,* par P. Buonarotti.
*Mémoires* de Levasseur (de la Sarthe).

» duire à la famine en faisant hausser le prix des
» denrées et en accordant protection aux agioteurs
» qui pompent les sueurs du peuple (1). » Le
plan de l'insurrection est distribué par milliers
dans tous les quartiers. Il est ainsi conçu :

*Insurrection du peuple pour obtenir du pain et reconquérir ses droits.*

« Le peuple considérant que le gouvernement le fait mourir
» inhumainement de faim; que les promesses qu'il ne cesse de
» répéter sont trompeuses et mensongères;

» Considérant que chaque citoyen se trouve réduit à envier le
» sort infortuné de ceux que la famine entasse journellement
» dans les tombeaux;

» Considérant que le peuple se rend coupable envers lui-
» même, envers la génération future, s'il ne se hâte d'assurer sa
» subsistance et de ressaisir ses droits;

» Considérant que le gouvernement est usurpateur, injuste et
» tyrannique, quand il fait arrêter arbitrairement, transférer de
» cachots en cachots, de communes en communes, et massacrer
» dans les prisons ceux qui ont assez de courage et de vertu pour
» réclamer du pain et des droits communs;

. . . . . . . . . . . . . . . . . . . . . . . . . . .

» Considérant, que l'insurrection est pour tout un peuple et
» pour chaque portion d'un peuple opprimé *le plus sacré des*
» *droits, le plus indispensable des devoirs,* un besoin de première
» nécessité;

» Considérant, qu'il appartient à la portion du peuple la plus
» voisine des oppresseurs de les rappeler à leurs devoirs, en ce
» que par sa position elle connaît mieux la source du mal;

---

(1) Par décret du **28** Floréal (17 Mai), la Bourse devait être rouverte au Louvre, le 1ᵉʳ Prairial (20 Mai).

» Le peuple arrête ce qui suit :

» Art. I$^{er}$. Aujourd'hui, sans plus tarder, les citoyens et les
» citoyennes de Paris, se porteront en masse à la Convention
» nationale pour lui demander :

» 1° Du pain;

» 2° L'abolition du gouvernement révolutionnaire, dont cha-
» que faction abuse tour à tour pour ruiner, pour affamer et pour
» asservir le peuple;

» 3° La proclamation et l'établissement sur-le-champ de la
» Constitution démocratique de 1793;

» 4° La destitution du gouvernement actuel, son remplace-
» ment instantané par d'autres membres pris dans le sein de la
» Convention nationale, et l'arrestation de chacun des membres
» qui composent les Comités actuels de gouvernement, comme
» coupables du crime de lèse-nation et de tyrannie envers le
» peuple;

» 5° La mise en liberté, à l'instant, des citoyens détenus pour
» avoir demandé du pain, et émis leur opinion avec franchise;

» 6° La convocation des assemblées primaires au 25 Prairial
» prochain, pour le renouvellement de toutes les autorités, qui,
» jusqu'à cette époque, seront tenues de se comporter et d'agir
» constitutionnellement;

» 7° La convocation de l'Assemblée nationale législative, qui
» remplacera la Convention pour le 25 Messidor prochain.

» II. Pour l'exécution du précédent article et des suivants, il
» sera conservé envers la Représentation nationale le respect dû
» à la majesté du peuple français. Il sera pris les mesures néces-
» saires pour que la malveillance ne puisse enlever, outrager, ni
» engager dans de fausses démarches les Représentants du peuple.
» En conséquence, les barrières seront à l'instant fermées à cet
» effet.

» Les personnes et les propriétés sont mises sous la sauvegarde
» du peuple.

» III. Ceux des représentants qui se trouveraient entraînés hors
» de leur poste, soit en costume ou de tout autre manière, seront
» sur-le-champ remis au sein de l'assemblée et mis sous la sauve-
» garde du peuple.

» IV. Le peuple s'emparera des barrières, de la rivière, du
» télégraphe, du canon d'alarme, des cloches destinées pour le
» tocsin, et des tambours de la Garde nationale, afin qu'il n'en
» puisse être fait aucun usage.

» Des citoyens chargés de l'approvisionnement de Paris auront
» seuls la permission de sortir de Paris et d'y entrer, tant que
» durera l'insurrection. Des certificats leur seront délivrés par un
» comité formé d'un commissaire nommé par chaque section. Ce
» comité sera responsable des certificats qu'il expédiera.

» Tout approvisionnement externe se fera reconnaître aux
» barrières en entrant et en sortant.

» Les courriers entreront; mais ils ne sortiront pas jusqu'à
» nouvel ordre.

» V. Les canonniers, la gendarmerie, les troupes à pied et à
» cheval qui sont dans Paris et aux environs, sont invités à se
» ranger sous le drapeau du peuple et à s'unir avec lui par les
» liens de la fraternité, pour reconquérir les droits communs.

» VI. Tout agent du gouvernement, tout fonctionnaire civil ou
» militaire, tout particulier qui tenteraient de s'opposer aux me-
» sures indiquées dans le présent arrêté, seront regardés comme
» ennemis du peuple et punis comme tels.

» Tout pouvoir non émané du peuple est suspendu. Tout agent
» ou fonctionnaire du gouvernement qui n'abdiquera pas sur-le-
» champ ses fonctions, sera considéré comme participant à la
» tyrannie et puni comme tyran.

» VII. Quiconque proposerait de marcher contre le peuple, de
» l'outrager d'une manière quelconque, soit en masse, soit dans
» un seul de ses membres, sera regardé comme ennemi de la li-
» berté et traité comme tel.

» VIII. Les citoyens et les citoyennes de toutes les sections in-
» distinctement partiront de tout point, dans un désordre fra-
» ternel, et sans attendre le mouvement des sections voisines,
» qu'elles feront marcher avec elles, afin que le gouvernement
» astucieux et perfide ne puisse plus enmuseler le peuple comme
» à son ordinaire, et le faire conduire, comme un troupeau, par
» des chefs qui lui sont vendus et qui nous trompent.

» IX. Le peuple ne se rassoira point qu'il n'ait assuré la sub-

» sistance, le bonheur, le repos et la liberté de tous les Fran-
» çais.

» X. Le mot de ralliement du peuple est : *Du pain et la Cons-*
» *titution de 1793.*

» Quiconque, durant l'insurrection, ne portera point ce mot
» de ralliement écrit à la craie sur son chapeau, sera regardé
» comme affameur public et comme ennemi de la liberté.

» Tout drapeau, guidon ou enseigne qui paraîtra, devra porter
» le même mot de ralliement.

» Tout autre signe ou point de ralliement est absolument dé-
» fendu et proscrit.

» XI. Il sera fait une adresse à nos frères des départements et
» des armées, pour les instruire des motifs et des succès de la
» révolution, ainsi que des moyens pris pour assurer le bonheur
» national.

» *Nota.* On ne doute point que le gouvernement n'essaye d'em-
» pêcher l'effet des mesures ci-dessus ; mais il ne le pourra pas.
» Il ne viendra point à bout d'arrêter l'indignation du peuple et
» son juste châtiment, quand même il ferait sortir des magasins
» les substances qu'il y tient enfermées, et qu'il réserve pour ses
» infâmes projets. »

La nuit se passe en agitations de toutes sortes, et, dès cinq heures du matin, le tocsin et la générale retentissent dans les faubourgs Saint-Antoine et Saint-Marceau (1ᵉʳ Prairial-20 Mai).

*De cinq heures du matin à onze heures.* Les groupes se forment ; les rassemblements acquièrent bientôt une consistance formidable. A dix heures, l'immense colonne, composée de trente mille individus environ, commence à s'ébranler. Elle se dirige lentement vers les Tuileries. Une multitude de femmes compose l'avant-garde ; ce ramas de crapule féminine est dirigé par trois furies qui ont marqué dans toutes les scènes sanglantes de la Révolution : Théroigne de Méricourt, son inséparable Jeanne Leduc et Rose Bélair. Les canons des Sections de Montreuil et Popincourt viennent après ; le commandant des canonniers est un nègre d'une énorme corpulence et d'une figure effroyable, Delorme, ancien massacreur de Septembre (1). Ensuite s'avance le gros de l'émeute sous une forêt de piques, de mauvais fusils, de sabres rouillés, de baïonnettes emmanchées et d'outils d'ateliers. On lit sur ses nombreux étendards : « Du pain et la Constitution de » 1793. » La même formule est écrite à la craie sur tous les chapeaux. L'allure contenue de cette armée du mal prouve son irrévocable résolution.

A huit heures, le rappel a battu dans toutes les Sections non insurgées ; mais les gardes nationaux sont excédés de ces appels journaliers ;

---

(1) Cet Africain était bègue, de capacité bornée et doué de passions physiques incroyables. Il avait organisé chez lui un petit sérail de trois ou quatre femmes, dont Théroigne et Jeanne Ledu furent momentanément les premières odalisques. Il parvenait à maintenir la paix dans ce singulier ménage grâce à une extrême sévérité.

d'ailleurs l'imminence du péril leur est inconnue; pour eux, l'agitation d'aujourd'hui est la même que celle d'hier et celle de demain. La colonne des révoltés est déjà en marche depuis deux heures, et nul bataillon ne présente encore un effectif de quelque importance.

*De onze heures à deux heures.* La séance de la Convention s'ouvre à onze heures; une profonde inquiétude est peinte sur la plupart des visages. Contrairement à leur habitude, les Montagnards sont calmes et silencieux; ils espèrent et redoutent à la fois l'explosion de la crise qu'ils ont fomentée; Goujon et Bourbotte seuls paraissent remplis de confiance. Les tribunes sont principalement occupées par des femmes (1).

Isabeau fait la lecture du plan de l'insurrection; les femmes manifestent leur approbation par des applaudissements. L'Assemblée garde d'abord un profond silence; mais un député s'écrie : « La Convention saura mourir à son » poste! » Tous ses collègues se lèvent et en font le serment. Divers orateurs font remarquer

---

(1) Les documents sur la journée du 1er Prairial sont très-rares. Les principaux faits sont cités d'après les *Séances* de la Convention, le *Moniteur universel* et *Les premiers jours de Prairial* par l'auteur *des journées des 12 et 13 Germinal* (Eusèbe Salverte).

que les tendances de la révolte actuelle sont les mêmes que celles des mouvements du même genre qui ont déjà eu lieu; les chefs et les agents sont les mêmes; les principaux instigateurs sont les conventionnels qui se sont soustraits jusqu'alors aux décrets d'arrestation décernés contre eux depuis Germinal; ils ont encore des adhérents dans l'Assemblée. L'insurrection de Germinal, ajoute-t-on, a éclaté lorsque la République allait conclure la paix avec la Prusse; celle dont chaque minute rapproche l'explosion a également pour but d'entraver les traités qu'on est à la veille de contracter avec d'autres Puissances; elle a été fomentée par ceux qui cherchent la ruine de la République dans ses déchirements intérieurs : l'Angleterre, les royalistes, les prêtres insermentés. La Montagne ne répond rien à ces allégations; elle compte sur une revanche assurée et prochaine.

Les rapports de l'extérieur deviennent de plus en plus alarmants. La Convention rend plusieurs décrets : La Commune est déclarée responsable de toute atteinte à la Représentation nationale; — Tous les citoyens sont requis de se rendre en armes dans leurs Sections pour accourir ensuite au secours de l'Assemblée; — Les chefs d'attroupements, c'est-à-dire les vingt individus marchant en tête de tout rassemblement, sont mis hors la loi ; — enfin l'Assemblée se déclare en permanence jusqu'au rétablissement complet de la tranquillité dans Paris. A la lecture de chacune de ces décisions, les femmes qui occupent les tribunes poussent des cris ou éclatent en rires ironiques.

Un projet de proclamation, tendant à éclairer la population parisienne sur les manœuvres des ennemis de la République, est adopté ; onze conventionnels sortent pour le propager dans les Sections. Tout à coup les femmes, qui viennent de recevoir un avis de l'extérieur, montent sur leurs bancs en criant : « Du pain ! » du pain ! » On tente de leur imposer silence ou de les apaiser ; les unes rient ; les autres montrent le poing en vociférant ; le président, Vernier, se couvre. Après un quart d'heure, le tumulte s'apaise un moment ; Vernier se découvre : « Ces cris affreux, » dit-il, « nous annoncent » que l'orage va éclater... Mais rien ne nous » ébranlera... » Une nouvelle explosion de tapage l'interrompt ; la voix d'une femme domine les autres : « Il y a trop longtemps que nous » attendons, f..... »

La grande majorité des Conventionnels demande l'évacuation des tribunes. André Dumont, qui a remplacé Vernier au fauteuil de la présidence, sort pour en rédiger l'ordre ; Boissy d'Anglas lui succède. En ce moment, une nouvelle troupe de femmes, arrivant du dehors, se joint aux premières ; les unes, crient : « La Constitution » de 93 ! » ; les autres, « La Constitution de 89. » Ce dernier cri, considéré comme un symptôme des influences royalistes, excite une indignation générale et fait même sortir momentanément la Montagne de son attitude d'expectative. Les plus violentes apostrophes sont échangées avec celles qui le profèrent, lorsqu'André Dumont reparaît et lit l'ordre d'évacuer les tribunes. « Nous ne » nous en irons pas ! » répondent les femmes. L'adjudant général Liébaut, qui se trouve dans la salle, reçoit l'injonction de faire exécuter la volonté de l'Assemblée ; il sort et reparaît bientôt dans la tribune qui s'est le plus signalée par son tapage, suivi de quatre fusiliers et de deux jeunes gens armés de fouets de poste. Les femmes s'enfuient en désordre, lorsqu'un nouveau bruit se mêle à leurs clameurs : la porte de l'enceinte, à gauche du président, retentit du choc précipité des haches, des marteaux et des leviers; les ais crient, des plâtras tombent avec fracas, les ferrures éclatent, les battants se détachent et livrent passage à un torrent de femmes qui, précédé de quelques hommes, envahit le parquet, proférant mille cris d'injures et de menaces (1). Les députés placés sur les bancs inférieurs remontent précipitamment sur les gradins supérieurs; les grenadiers-gendarmes de la Convention tentent vainement de se former en ligne entre les représentants et les émeutiers, lorsque des gardes nationaux débouchent précipitamment par la porte en face de celle qui a été forcée, et refoulent les insurgés ainsi que leurs compagnes. Les rebelles sortent en proférant des clameurs épouvantables; mais ils rentrent immédiatement, repoussés en avant par la foule qui remplit les corridors, les escaliers et les salles du palais. Un choc irré-

---

(1) Pour se rendre compte des faits, il est nécessaire de se rappeler les principales dispositions de la salle de la Convention. Elle occupait la moitié du palais des Tuileries la plus éloignée de la Seine. Le fauteuil du président tournait le dos au jardin. L'espace vide qui séparait les gradins des députés de la tribune et du bureau, aboutissait de chaque côté à une grande porte. Pendant la presque totalité de la journée, les contingents populaires arrivèrent par celle qui était à la gauche du président, du côté de la rue Saint-Honoré; les détachements des défenseurs de la Convention entrèrent généralement par celle de droite.

sistible fait reculer les défenseurs de la Convention, et le parquet se trouve de nouveau encombré par la foule des assaillants.

Un second détachement de défenseurs apparaît alors sous la conduite du député Auguis ; une nouvelle collision a lieu ; des deux côtés, partent les mêmes cris : « En avant ! Ferme ! Serrez vos » rangs ! » Les soutiens de la Convention ont encore le dessus ; les émeutiers sont repoussés hors de la salle ; deux de leurs chefs sont faits prisonniers ; on les fouille séance tenante, et l'on trouve dans la poche de l'un d'eux un énorme morceau de pain. Un détachement de la Section de Grenelle arrive, annonçant qu'il a fait évacuer une salle voisine (le Salon de la Liberté) ; des gardes nationaux occupent les issues de l'enceinte législative ; un moment de calme qui succède permet d'entendre le bruit du tocsin et de la générale. Le représentant du peuple Delmas et le général Fox sont chargés du commandement de la force armée. L'Assemblée adresse des éloges aux ambassadeurs étrangers qui sont tous restés à leur place en déclarant qu'ils voulaient partager le sort des Conventionnels. Aucun des deux partis n'ayant fait usage de ses armes, le sang n'a pas encore coulé.

*Deux heures.* Le répit laissé à la Convention dure à peine une demi-heure ; de nouveaux cris se font entendre du côté qui a déjà donné plusieurs fois passage aux assaillants ; le tumulte grandit, comme le tonnerre, en se rapprochant ; c'est le corps d'armée de l'émeute qui donne à son tour. Comme précédemment, des gardes nationaux s'élancent par la porte de droite pour s'y opposer, traversent précipitamment la salle aux cris de : Vive la République ! et un troisième choc plus terrible que les deux autres a lieu près de la porte brisée. Les baïonnettes et les piques se croisent ; des coups de feu sont tirés par les insurgés ; plusieurs députés, Dubois-Crancé et Féraud entre autres, se sont joints à leurs défenseurs, et luttent contre les assaillants ; il en est de même des généraux Delille, d'Oraison, etc. (1). Boissy d'Anglas, qui siége au fauteuil de présidence, la tête couverte et le visage impassible, ne sort de son immobilité que pour faire signe aux Représentants de rester assis à leur place ; mais les yeux de tous ceux qui ne prennent

---

(1) Il y avait alors à Paris un grand nombre de généraux et d'officiers qui sollicitaient pour être rétablis dans leurs anciens grades ou remis en activité. (Voir le chapitre XLVII).

point part au combat, sont tournés vers la porte, où se livre une lutte acharnée. Les gardes nationaux ont d'abord réussi à arrêter le flot des envahisseurs; ils évitent de faire usage de leurs armes, de peur d'attirer de terribles représailles sur la Convention; mais l'ennemi contre lequel ils se roidissent en désespérés, se renforce de moment en moment; ils perdent peu à peu du terrain et sont enfin contraints de plier; Féraud, à bout de ressources, se jette à terre, espérant qu'on n'osera marcher sur le corps d'un député; le torrent de l'émeute roule sur lui et fait irruption dans la salle.

*Trois heures et demie.* Le parquet, les bancs des députés, les tribunes, les couloirs et les moindres recoins sont remplis par la foule qui pousse des hurlements de victoire. Quelques généreux défenseurs de la Convention soutiennent encore des luttes isolées dont ils sont victimes. Un jeune homme, le fils du député Mailly, arrache à un insurgé le chapeau sur lequel est l'inscription séditieuse; un coup de feu l'étend par terre (1). Le général d'Oraison, blessé de deux

---

(1) Il ne fut que légèrement blessé et put reparaître le lendemain devant la Convention dont il reçut les félicitations.

coups de sabre et sur le point d'être égorgé, est retiré sanglant de la bagarre par un huissier qui le fait évader (1). Vingt fusils tiennent couché en joue Boissy d'Anglas qui semble ne pas s'en apercevoir; son attitude calme et sévère impose aux insurgés. Féraud, le visage meurtri et les habits déchirés, arrive près du bureau; il veut escalader la tribune pour se joindre à quelques citoyens courageux qui se sont rangés à côté du président; un officier de la garde nationale le soutient pour l'aider; un homme

---

(1) « . . . . . . . . . . . . . . . . . . . . . .
» Peu de jours après, je me rendis à la séance de la Convention
» (1er Prairial an III), qui allait être assaillie par le faubourg
» Saint-Antoine en insurrection. Lorsque les séditieux arrivèrent
» pour attaquer à main armée la seule autorité gouvernementale
» qui existât alors, j'appelai à moi quelques officiers de l'armée
» qui se trouvaient dans l'enceinte législative, et nous nous élan-
» çâmes, le sabre à la main, à la tête d'une centaine de gardes
» nationaux accourus pour défendre l'Assemblée. Après avoir
» combattu quelque temps au pied même du bureau, je fus blessé
» de deux coups de sabre, dont un sur la tête, qui me firent per-
» dre beaucoup de sang. A bout de forces, je dus me retirer. Le
» brave représentant Féraud venait d'être massacré. Des rebelles,
» qui m'avaient remarqué dans la mêlée, me poursuivirent, et je
» me croyais au moment d'être égorgé, lorsqu'un huissier qui
» me reconnut, me sauva de ce danger en me faisant sortir pré-
» cipitamment de la salle et du bâtiment des Tuileries par des
» issues détournées. . . . » *Manuscrit inédit* du général d'Oraison, communiqué par son fils le général de division comte d'Oraison.

du peuple le tire au contraire par son habit; l'officier, pour faire lâcher prise à ce dernier, lui assène un coup de poing dans la poitrine ; l'insurgé tire à bout portant un coup de pistolet sur le député. Féraud tombe ; il est accablé de coups et traîné par les cheveux hors de la salle (1). Dubois-Crancé est blessé à la main en essayant de le défendre.

Un certain nombre de députés quittent leur poste, gagnent le jardin, ou vont retrouver les Comités, qui, réunis dans des locaux éloignés, préparent les mesures de salut les plus urgentes. Cependant de nouveaux contingents de l'émeute continuent à affluer dans la salle, après avoir passé sans opposition au milieu des bataillons ou des compagnies d'artillerie de la Garde nationale, qui commencent enfin à se réunir dans le jardin ou dans les cours. L'en-

---

(1) Une sorte de fatalité amena la mort de Féraud. Revenu depuis deux décades de l'armée de la Moselle, on l'avait adjoint, avec son collègue Rouhier, à Barras, qui était alors en tournée dans les ports de la Manche, pour presser l'envoi et surveiller le transport des approvisionnements de blé nécessaires à Paris. Il devait se mettre en route le matin même du 1ᵉʳ Prairial; les dangers qui semblaient menacer la Convention lui firent ajourner son départ. Enfin, le coup qui le frappa était destiné à Fréron, dont la mort avait été préméditée comme chef de la Jeunesse dorée ; l'assassin fut trompé par la faible similitude des deux noms.

ceinte législative, littéralement encombrée, est le théâtre d'un vacarme épouvantable; tous crient, hurlent, jurent ou demandent la parole (1).

---

(1) *Les premiers jours de Prairial* contiennent diverses anecdotes transmises par Boissy d'Anglas, ou sa famille, qui caractérisent d'une manière frappante cette triste journée.

« . . . . . Un homme s'approche du président et lui demande
» son nom. — Boissy se nomme. Quoi! s'écrie l'autre avec les plus
» horribles imprécations, quoi! tu es ce Boissy qui nous a fait
» mourir de faim cet hiver! — Je suis Boissy qui ne vous ai point
» fait mourir de faim cet hiver. J'ai eu le tort, au contraire, de
» laisser distribuer trop de pain, vu le malheur des circonstances.
» Si alors on l'eût économisé, on en aurait davantage aujour-
» d'hui. — Tu es un scélérat! Nous mourons de faim. Je n'ai
» pas de pain. — Je n'ai pas plus de pain que vous. — J'ai une
» femme et quatre enfants! — J'ai aussi une femme et des en-
» fants. — Ah!.... Et tu n'as pas de pain! — Je vous l'ai déjà
» dit. Si vous voulez vous en assurer, allez chez moi, de ma part;
» je demeure à tel endroit..... — Ma foi! Tu as l'air d'un brave
» homme. Mets-toi à notre tête. — Je ne le puis pas; je suis à
» mon poste. — Tant pis!..... Et tu as une femme et des en-
» fants! — Oui. — Et pas de pain? — Pas de pain. — Et bien!
» tiens! en voilà un morceau, porte-le à ta femme.... »

» En effet, cet homme tire de sa poche un morceau de pain
» que Boissy accepte et met dans la sienne. L'entretien continue :
» —Dis moi un peu, je te prie, où sont ces scélérats de Fréron et
» Tallien. Il faut que j'aille massacrer ces gueux-là. — Je ne vous
» le dirai pas. Je l'ignore absolument; et quand je le saurais,
» je ne voudrais pas vous le dire. — Ma foi, tu as l'air d'un brave
» homme; c'est dommage que tu ne veuilles pas te mettre à notre
» tête.

» Boissy, rentrant chez lui, à cinq heures du matin, remit à sa
» femme le morceau de pain...... »

*Quatre heures.* La tempête semble s'apaiser ; il se fait un moment de silence ; un des insurgés s'écrie : « Nous demandons du pain et la Consti-
» tution de 93 (Bravos) ! Nous vous demandons
» ce que vous avez fait de nos trésors et de notre
» liberté ! » La foule applaudit et les tambours résonnent en signe d'approbation. Boissy d'Anglas veut parler ; mille cris l'en empêchent : « A
» bas ! — Coquin ! — Qu'as-tu fait de notre ar-
» gent ?..... » Un canonnier monte à la tribune des orateurs, dispose autour de lui quatre hommes armés de fusils, déploie une pancarte et commence à lire le plan d'insurrection, *au nom du peuple souverain.* A chaque article, il est interrompu par les bravos et les trépignements de la foule qu'accompagnent des roulements de tambours, pendant que les plus atroces menaces sont prodiguées à la plupart des députés restés à leur poste. Une femme propose « de tuer tous ces co-
» quins-là pour en finir. »

Pendant la lecture faite par le canonnier, quelques gardes nationaux apparaissent dans une des tribunes publiques ; les huées de la multitude les obligent à se retirer précipitamment ; les grenadiers-gendarmes de la Convention semblent un moment vouloir repousser doucement la

foule vers la porte d'entrée; mille cris « A bas
» les armes! » les forcent à l'immobilité. Les
Montagnards causent familièrement avec ceux
des insurgés qui ont pris place à côté d'eux;
ils songent à profiter de la victoire, et plusieurs d'entre eux tentent successivement de
prendre la parole; mais leur voix est couverte
par une multitude d'acclamations : « L'appel
» nominal des députés! — Il faut bien recon-
» naître les coquins! — Laissons délibérer les
» bons représentants! — A bas! — Qu'ils sor-
» tent tous! — Formons la Convention nous-
» mêmes! — Je demande la parole! — Si-
» lence! » Et tous crient « Silence! » pendant
trois quarts d'heure (1).

---

(1) Des faits isolés, perdus dans l'action générale, prouvent suffisamment que tous les meneurs de l'insurrection n'étaient pas du parti terroriste ou montagnard.
Boissy paraissant violemment incommodé par la poussière et la chaleur: « Sors et va prendre un peu l'air, » lui dit un homme à côté de lui. — « Non! » répond Boissy, « je suis à mon poste et » ne veux pas le quitter. » — « Je ne vous le conseillerais pas, » lui dit un jeune homme proprement vêtu, qui participait active- ment à la rébellion, « avant d'être au bout de la salle, vous seriez- » massacré. » — « Vous ne paraissez pas trop aimer la Répu- » blique, citoyen? » — « Il ne s'agit pas de mon opinion. Mais » sûrement la liberté ne vaut pas cinq ans de révolution. » — *Les premiers jours de Prairial.*

*Six heures.* Un Montagnard, Romme, parvient à faire entendre quelques phrases relatives à la liberté de la tribune; elles sont suivies d'un nouveau tumulte qui dure depuis une demi-heure, lorsqu'un affreux spectacle attire tous les yeux. Une tête apparaît à l'extrémité d'une pique; c'est celle du malheureux Féraud. Le misérable qui la porte s'arrête en face du président, vers lequel s'abaissent en même temps les fusils de ceux qui le suivent. La multitude rit et applaudit. Boissy d'Anglas, dont la figure exprime une profonde douleur, met la main sur son cœur et s'incline respectueusement devant le hideux trophée. Les insurgés, stupéfaits de tant de grandeur d'âme, restent muets un moment (1).

Mais le tumulte reprend bientôt son intensité (2).

---

(1) Une circonstance peu connue ajoute encore à la grandeur d'âme de Boissy. Il ne reconnut pas de suite la tête de son malheureux collègue; il crut saluer celle du général Fox auquel il avait remis, peu auparavant, l'ordre écrit de repousser la force par la force. La découverte d'une pareille injonction devenant pour lui un arrêt trop certain, il dut considérer sa mort comme infaillible. — *Les premiers jours de Prairial.*

(2) C'est alors qu'un des émeutiers se pencha à l'oreille de Boissy d'Anglas et lui dit: « En as-tu assez de ta s..... révo- » lution? » Le ton dont furent prononcées ces paroles, le sentiment qu'elles exprimaient et leur contraste avec la tournure du personnage, frappèrent vivement le président de la Conven-

Boissy d'Anglas agite en vain sa sonnette pour obtenir un peu de silence. Une femme, les bras nus, s'agite violemment à la tribune. Des Montagnards qui se sont installés au bureau des secrétaires, désespèrent de pouvoir se faire entendre; ils sont perdus s'ils ne parviennent à diriger la *manifestation* dans un but utile à leurs desseins; en conséquence, ils lancent à la foule bruyante de petits papiers sur lesquels sont inscrits les vœux qu'on lui insinue : « La liberté » des patriotes ; — l'arrestation des royalis- » tes, etc. »

---

tion; malgré la gravité des circonstances, il put graver dans sa mémoire les traits de son singulier interlocuteur.

Vingt ans après, Louis XVIII étant sur le trône, Boissy d'Anglas crut reconnaître dans un salon des Tuileries la figure de l'émeutier de Prairial. C'était celle d'un grand personnage de la Cour. Ce dernier s'apercevant de l'étonnement de Boissy, le fixa de manière à lever toute hésitation. « Comment! vous êtes » ici ? » articula l'ex-président de la Convention. — « Vous y êtes » bien! » répondit le grand seigneur en souriant. — *Souvenirs thermidoriens*, par Georges Duval.

*Nota.* Ce fait, raconté par Georges Duval, a paru mériter confirmation; il était d'ailleurs intéressant de connaître le nom de l'interlocuteur de Boissy d'Anglas. Un des parents du célèbre conventionnel, qui a vécu dans son intimité, a déclaré n'en avoir jamais entendu parler. Tout porte à croire que cette anecdote a été imaginée d'après la participation occulte du parti royaliste à l'insurrection de Prairial.

*Sept heures et un quart.* Dans un des rares moments où sa voix peut se faire entendre, Boissy d'Anglas tente de représenter que l'insurrection compromet l'arrivée des subsistances; mille cris l'interrompent : « C'est encore de la tactique! — » On cherche à nous endormir! — La perma- » nence des Sections! — Des visites domiciliaires » pour les subsistances! — L'arrestation de tous » les émigrés! — La liberté de tous les patriotes! » — Leur rentrée à la Convention! — L'arres- » tation des coquins et des lâches! — Vive la » Montagne! — Vivent les Jacobins! — Soubrany » pour général de l'armée Parisienne! — La » Constitution de 93! » Enfin, à la suite de quelques propositions faites d'une manière moins désordonnée, un compromis a lieu. On décide que les députés quitteront les bancs supérieurs pour occuper les gradins inférieurs et délibérer *au nom du peuple;* ce dernier les remplacera sur les siéges abandonnés, et ne cessera de les entourer tant qu'il n'aura pas obtenu la ratification complète de tous ses vœux; il restera couvert, et les représentants voteront en levant leurs chapeaux.

Ce double mouvement s'exécute; la foule s'entasse sur les gradins supérieurs, tandis que les députés prennent place sur les bancs inférieurs ou se tiennent debout dans le parquet. Vernier remplace Boissy d'Anglas au fauteuil de la présidence.

*De neuf heures à onze heures et demie.* Les montagnards Duroy, Romme, Goujon, etc., font les propositions; Vernier les met aux voix; les députés les approuvent par des mouvements de chapeaux, et la foule applaudit à chaque nouvelle décision. On décrète ainsi coup sur coup :

La liberté des citoyens arrêtés, depuis le 9 Thermidor, pour opinions politiques;

La restitution des armes à ceux qui ont été désarmés pour cause de terrorisme;

La suspension des procédures commencées contre les patriotes;

La liberté des représentants du peuple incarcérés;

L'établissement d'une seule espèce de pain et la défense, aux traiteurs et pâtissiers, de cuire des brioches et des pâtés;

Des visites domiciliaires pour rechercher les farines;

La convocation et la permanence des Sections de Paris;

Le renouvellement au gré du *peuple* des comités civils de chaque Section;

Un appel aux patriotes opprimés ;

La fin des missions des représentants du peuple dans les départements ;

Le renouvellement des Comités de gouvernement ;

L'arrestation des journalistes qui ont empoisonné l'esprit public ;

L'abolition de la peine de mort, excepté pour les émigrés et les fabricants de faux assignats (1) ;

La fermeture des barrières ;

Etc.

Quatre montagnards, Duquesnoy, Prieur (de la Marne), Bourbotte et Duroy, sont chargés de procéder immédiatement à l'exécution de cette

---

(1) L'abolition de la peine de mort fut demandée par le montagnard Pautrizel, député de la Guadeloupe, « pour couronner » dans cette heureuse journée le glorieux triomphe du peuple » et prouver que les rassemblements ne sont pas composés de » buveurs de sang. » Cette proposition ayant excité de violents murmures, son auteur en excepta les émigrés, les fabricateurs de aux assignats, les traîtres et les conspirateurs. « Et les assassins ! » cria une voix retentissante au milieu des brigands qui avaient tué Féraud. La motion n'eut pas de suite.

Un grand nombre des émeutiers réclama aussi l'établissement d'une *municipalité*. Les Montagnards qui dirigeaient le mouvement général, feignirent de ne pas entendre, de peur d'être obligés d'en faire la motion et de créer ainsi un pouvoir rival de celui qu'ils croyaient devoir être incessamment leur partage.

multitude de décrets. Il est *onze heures et demie.*

*Événements extérieurs.* Dans la matinée, la plupart des onze conventionnels envoyés dans les Sections pour lire la proclamation de l'Assemblée à la population, avaient été injuriés ou maltraités. Henri Larivière, après avoir rempli une première fois cette mission au chef-lieu de la Section de la Butte-des-Moulins, recommença cette même lecture devant le corps de garde du Palais Égalité, malgré les insultes dont l'accablait une troupe de mégères. Un homme qui vint lui demander du pain en feignant de pleurer, voulut le frapper d'un coup de couteau au moment où ce député fouillait dans sa poche pour en tirer un assignat. Débarrassé de ce misérable par quelques bons citoyens, il continuait sa route, lorsqu'en passant par la rue de Chartres, il fut encore l'objet d'une tentative d'assassinat de la part de plusieurs individus qui le prirent pour Fréron (1). Echappé de ce nouveau danger, il gagna la cour du Carrousel en fendant une foule hostile et se crut sauvé quand il se trouva au milieu d'un petit groupe de gendarmes. Mais

---

(1) On a vu ci-dessus que la mort de Fréron avait été résolue.

ces derniers, qui faisaient cause commune avec la populace, le laissèrent saisir, traîner par les cheveux, battre à coups de hampes de pique et de plat de sabre; il eût perdu la vie si quelques gardes nationaux ne fussent intervenus pour le conduire au Comité de sûreté générale où il arriva sans chapeau et les habits déchirés. Cavaignac dans la section de l'Observatoire, Legot dans le quartier Saint-Honoré, et Doulcet près du Carrousel, éprouvèrent des traitements non moins indignes et furent également sauvés par l'énergie de quelques braves gens.

Pendant que l'émeute devenait entièrement maîtresse de l'enceinte législative, tous les moyens en usage ne cessèrent d'appeler la force armée au secours de la Convention. Le rappel du tambour, qui se faisait entendre presque tous les jours, ne suffisait plus alors pour décider les gardes nationaux bien intentionnés à se rendre en armes au chef-lieu de leur Section; mais le tocsin et la générale dénoncèrent bientôt l'imminence du péril; les nouvelles les plus alarmantes circulèrent : certains bataillons présentèrent peu après des effectifs passables (1). Alors se manifestèrent

---

(1) On a déjà fait remarquer que le mot *bataillon*, employé

les fâcheuses conséquences du mode de commandement défectueux donné depuis thermidor à la Garde nationale; nul ordre n'arrivait pour guider la force armée des Sections. Les unes se conformèrent à la loi de grande police qui enjoignait de marcher au secours de la Convention dès que résonnait le tocsin; d'autres, interprétant l'esprit de la loi, correspondirent avec les Sections voisines et concertèrent les moyens de délivrer l'Assemblée. La distance à parcourir, l'heure différente à laquelle chacune put se mettre en route, les obstacles qui s'opposèrent à la marche de quelques-unes, les ordres des Comités qui arrivèrent à quelques autres, concoururent à faire encore du 1er Prairial une de ces journées désordonnées dont il serait impossible d'énumérer tous les détails militaires. Le bataillon des Piques parvint jusqu'au pied des bâtiments des Tuileries, où il resta entouré de femmes qui essayaient d'entraîner ou de désarmer les gardes nationaux. Celui du Mont-Blanc, au moment d'entrer dans la cour du Carrousel, trouva une multitude de furies qui lui barrèrent le passage et le forcèrent à

---

faute d'autre, signifie seulement les citoyens qui prenaient volontairement les armes dans chaque Section.

rétrograder au milieu des injures et des menaces ; le commandant fut grièvement battu, pendant qu'une partie de ses *soldats* échangeait des obscénités avec celles qui les provoquaient.

En somme, les bataillons les mieux intentionnés, tels que ceux de la Butte-des-Moulins et Lepelletier, se concertaient ou faisaient demander des ordres aux Comités. D'autres attendaient les événements. Le plus grand nombre s'était mis en marche vers les Tuileries ; ceux dont la foule croyait avoir les sympathies ou dont l'effectif ne semblait pas redoutable, avaient trouvé peu d'obstacles ; ils étaient mêlés à la multitude qui environnait le Palais. L'esprit général de plusieurs d'entre eux était au moins très-suspect. Les mieux composés contenaient une quantité d'hommes timides, tenus en respect par leurs voisins dans le rang qui étaient unis d'intention aux séditieux. Par opinion ou pour leur garantie personnelle, beaucoup de gardes nationaux portaient sur leurs chapeaux l'inscription séditieuse, signe de ralliement des rebelles.

Autour d'eux, la foule insurgée criait sans cesse : « A bas les armes ! A bas les baïonnettes ! » Des misérables avaient apporté des foies de mouton dont ils se frottaient le visage et les bras ; élevant ensuite leurs mains sanglantes, ils disaient qu'ils sortaient de la Convention, qu'on y coupait les poignets aux femmes ou qu'on leur fendait le ventre à coups de sabre.

Cependant les Comités de gouvernement réunis dans un lieu écarté rendaient des arrêtés pour neutraliser d'avance les résultats de la journée, et préparaient les mesures nécessaires pour rendre la Convention à la liberté (1). Différents messages arrivaient des Sections; l'une offrait à la Convention un nouveau Jeu de paume pour y venir délibérer; une autre annonçait qu'elle prenait les armes; une troisième demandait des ordres; etc.

Pendant ce temps, la nuit survint et produisit son effet ordinaire : une partie des insurgés, satisfaite de sa journée de tapage et de désordre, abandonna les abords de la salle de l'Assemblée et facilita ainsi les mouvements de troupes ordonnés par les Comités. Par suite, pendant que les Mon-

---

(1) Aucun décret, prétendu émané de la Convention, ne devait être reconnu tant que les Comités ne pourraient pas communiquer librement avec elle ; — défense aux autorités constituées d'en exécuter d'autres que ceux qu'ils lui transmettraient eux-mêmes; — défense aux gardiens des prisons de délivrer aucun prisonnier; — etc.

tagnards, maîtres de l'enceinte législative, faisaient voter coup sur coup les décrets insurrectionnels dont ils attendaient un succès définitif, on prenait à l'extérieur de formidables dispositions pour les vaincre : les meilleurs bataillons (Lepelletier, Fontaine de Grenelle et Butte-des-Moulins) furent convenablement disposés autour des bâtiments des Tuileries. Ces préparatifs se terminaient au moment où les quatre montagnards Duquesnoy, Prieur (de la Marne), Bourbotte et Duroy furent investis d'une sorte de dictature momentanée.

*Onze heures et demie.* L'intérieur de la Convention n'offre plus le même aspect que dans la matinée; la fin du jour a rappelé dans leurs foyers un grand nombre de rebelles. Les uns ont cru leur triomphe complet; d'autres ont été prendre du repos pour se préparer aux manifestations du lendemain. Les bandes insurgées qu'aucun ordre n'a arrêtées, ont successivement défilé; il ne reste dans la salle de l'Assemblée que les plus acharnés des factieux; ils suffisent encore pour la remplir; mais ils sont moins animés : leur ardeur s'est dissipée par l'excès de la fatigue. Tous, Conventionnels et émeutiers, couverts de sueur, noirs de poussière et asphyxiés par un air infect qui assombrit les lampes d'éclairage, succombent sous la lassitude. Çà et là, sur les gradins, dans les tribunes publiques, des hommes et des femmes ivres se sont endormis.

Les quatre montagnards protestent du dévouement avec lequel ils rempliront leurs nouvelles fonctions, lorsque Boissy d'Anglas reparaît et remplace Vernier au fauteuil. Deux autres conventionnels, Legendre et Delécloy, enjambent pardessus des femmes ivres qui gisent sur les marches de la tribune, et le premier prend la parole pendant que le second s'apprête, au besoin, à le couvrir de son corps (1) : « Vos Comités de gou-
» vernement nous députent, » dit Legendre en s'adressant aux députés groupés autour du bureau, « pour vous inviter à rester fermes à
» votre poste, et pour engager les citoyens qui sont
» dans la salle à se retirer afin que la Conven-

---

(1) La précaution n'était pas inutile ; pendant que parlait Legendre, un gredin armé d'un grand sabre paraissait prêt à se précipiter sur lui. Ce député avait noblement offert aux Comités le sacrifice de sa vie. En quittant les détachements armés qu'il venait de disposer aux abords de la Convention, ses dernières paroles avaient été : « **Je vais à la tribune ; peut-être vais-je périr ;**
» si vous me voyez tomber, que ce soit votre signal ; marchez et
» délivrez la Convention. » — *Moniteur universel.*

» tion puisse délibérer. » Aussitôt Boissy d'Anglas se couvre pour indiquer la suspension de la séance ; des cris « A bas ! » partent de tous côtés ; les huées qui succèdent obligent Legendre et Delécloy à se retirer.

Duquesnoy pérore ensuite contre les Comités de gouvernement, et Soubrany presse ses quatre collégues de se rendre immédiatement à leur nouveau poste.

*Minuit.* Les quatre Montagnards, au moment de franchir la porte de droite, se trouvent inopinément en face d'un détachement armé commandé par Raffet, chef du bataillon de la Butte-des-Moulins, accompagné de plusieurs députés, Legendre, Auguis, Kervélégan, etc. Les deux troupes s'arrêtent subitement en se mesurant des yeux : « As-tu l'ordre du président d'en» trer dans la Convention? » dit Prieur à Raffet. — « Je ne te dois aucun compte, » répond le commandant. — « A moi, Sans-culottes ! » — « A moi, Citoyens ! » Boissy d'Anglas renouvelle en même temps à la multitude la sommation de se retirer ; des cris, des insultes et des bravades lui répondent ; la force armée croise la baïonnette et s'avance rapidement ; la populace s'enfuit d'abord, mais elle revient immédiatement à la charge et repousse les défenseurs de la Convention. Kervélégan est grièvement blessé à l'épaule; Raffet est terrassé d'un coup de crosse de fusil; on crie qu'il est tué (1). Les insurgés se retrouvent encore une fois maîtres du terrain disputé. Du haut de leurs bancs et de la tribune, les montagnards Bourbotte, Peyssard, Édouard, Gaston, etc., crient : « Victoire! » en agitant leurs chapeaux, lorsque la charge retentit de tous les côtés à la fois, et une immense quantité de gardes nationaux débouche par toutes les issues. On voit à leur tête le courageux Raffet, parvenu à se dégager des mains des insurgés qui l'ont traîné par les cheveux, les députés Legendre, Auguis, Kervélégan malgré sa blessure, Chénier, Mathieu, Bergoin, Fermont, Rabaut, Pommier, Fréron, le général Fox suivi d'officiers de l'armée, Martainville et quelques jeunes gens (2).

La populace violemment heurtée de divers côtés cherche à soutenir ce choc plus terrible que

---

(1) *Notes extraites d'un manuscrit communiqué par le citoyen Raffet, commandant temporaire de Paris.* — Bibliothèque du Louvre : Recueil de pièces sur la Révolution, 441ᵉ volume.

(2) Les gardes nationaux qui délivrèrent l'Assemblée, appartenaient aux sections Lepelletier, Fontaine de Grenelle, Gardes françaises, Contrat social, Mont-Blanc, Guillaume-Tell, Brutus, Butte-des-Moulins, etc.

les précédents ; il en résulte encore une de ces mêlées où l'on crie plus qu'on ne frappe et où les blessures ne sont guère que des contusions. La masse des gardes nationaux évitant l'effusion du sang se borne à refouler vigoureusement la multitude ; cette dernière, qui comprend son infériorité, n'ose pas faire usage de ses armes : elle cède à une impulsion de plus en plus vigoureuse. Les uns se précipitent dans les tribunes publiques ; quelques autres s'échappent par les fenêtres ; le gros des insurgés disparaît par la porte de gauche laissée libre à dessein, se heurte dans les cours contre d'autres bataillons de Sections et fuit vers les faubourgs.

L'enceinte législative est entièrement déblayée des assaillants ; les députés reprennent leurs places, aux cris de leurs défenseurs : « Vive la » Convention ! A bas la Montagne ! » Le président remercie ces derniers au nom de la Représentation nationale, les engage à la laisser vaquer à ses travaux, et ils défilent au bruit des applaudissements les plus chaleureux.

L'Assemblée reprend le cours de sa séance. Les décrets rendus par un petit nombre de députés sous la pression de la populace, sont déclarés non avenus ; un secrétaire en recueille les minutes et les livre successivement à la flamme d'une bougie. Les Montagnards semblent interdits du revers de fortune qui leur a subitement arraché la victoire. Thibaudeau appelle la sévérité de la Convention sur ceux de ses membres qui ont fait cause commune avec la rébellion. On applaudit. « Plus de demi-mesures! » s'écrie Tallien; on applaudit encore. Les dénonciations se succèdent rapidement contre les Montagnards, et on décrète immédiatement l'arrestation de plusieurs d'entre eux : Peyssard, qui a crié victoire au moment du triomphe des insurgés; Soubrany, que les rebelles désignaient pour général de l'armée Parisienne; Bourbotte, Duroy, Prieur (de la Marne) et Duquesnoy, qui devaient composer la commission extraordinaire; Albitte (aîné), Rhul, Goujon et Romme, qui se sont fait remarquer parmi les plus violents motionnaires. Quelques-uns de ces inculpés veulent prendre la parole; elle leur est refusée; ils sont forcés de descendre à la barre où des grenadiers-gendarmes les saisissent. Lecarpentier, Pinet (aîné), Boric et Fayau, qui se sont rendus odieux dans les départements où ils ont été en mission, sont également décrétés d'arrestation.

*Deux heures du matin.* Isabeau vient annoncer que tout danger est passé. L'Assemblée décrète l'envoi de courriers extraordinaires aux Représentants du peuple chargés dans les départements voisins de l'approvisionnement de Paris, afin qu'ils puissent démentir tous les faux bruits qui pourraient détourner les habitants des campagnes de venir apporter le tribut accoutumé. On décide également que quintidi prochain (5 Prairial-24 Mai), les Sections s'assembleront et procéderont sur-le-champ « au désarmement » des assassins, des buveurs de sang, des voleurs » et des agents de la tyrannie qui précéda le 9 » Thermidor. » Elles sont même autorisées à arrêter et à faire conduire au Comité de sûreté générale les individus qu'elles croiront devoir être traduits devant les tribunaux. Jusqu'à ce que le calme soit entièrement rétabli dans Paris, les femmes ne seront plus admises dans les tribunes de l'Assemblée. Plus tard aucune n'y prendra place, qu'en étant accompagnée d'un citoyen muni de sa carte civique. Les Comités de gouvernment sont chargés d'envoyer des courriers extraordinaires porter, aux départements et aux armées, une proclamation relative à l'heureuse issue des événements de la journée.

Auguis annonce ensuite que le calme est entièrement rétabli · la distribution du pain est même commencée dans la Section de la Cité.

*Trois heures trois quarts.* La Convention s'ajourne à sept heures.

Les Comités de gouvernement restent en permanence. Ils expédient à toutes les troupes de ligne, récemment cantonnées dans les environs pour le service des subsistances, l'ordre d'entrer immédiatement dans la ville. Pour la première fois depuis trois ans, les troupes régulières étaient appelées à Paris.

# CHAPITRE XLVI.

Journéés des 2, 3 et 4 prairial an III (21, 22 et 23 mai 1795). — Fin de la lutte entre les thermidoriens et les montagnards. — Réinstallation des troupes de ligne a Paris. — Armée de l'intérieur.

(Prairial an III. —Mai et Juin 1795).

**Sommaire.**

*Journée du 2 Prairial.* Comité insurrectionnel installé à l'Hôtel de Ville. — Dissidences dans la Garde nationale. — Annonce à la Convention d'un traité d'alliance entre les républiques Française et Batave. — Décret qui met hors la loi les chefs d'attroupements. — Trois conventionnels, Aubry, Gillet et Delmas sont chargés de la direction de la force armée à Paris et dans la 17ᵉ division militaire. — Mesures diverses décrétées contre les insurgés.

Rencontre de deux bataillons armés pour la Convention et des trois bataillons insurgés du Faubourg Saint-Antoine. — Ces derniers tentent de cerner les Tuileries. — Attitude des deux partis en présence. — Les canonniers de plusieurs sections passent du côté des insurgés. — Indignation de la Convention. —

## 286  L'ARMÉE ET LA GARDE NATIONALE.

Elle est obligée de temporiser et de parlementer avec l'émeute. — L'insurrection se calme et les rebelles regagnent les faubourgs.

*Journée du 3 Prairial.* Un des misérables qui ont porté la tête de Féraud au bout d'une pique est arraché au supplice par la populace. — Rupture de la trêve conclue la veille entre la Convention et les faubourgs. — Arrivée des troupes de ligne à Paris. — Menou en reçoit le commandement en chef. — Organisation d'un bataillon de jeunes gens qui offrent leurs services à la Convention.

*Journée du 4 Prairial.* Expédition du général Kilmaine dans le faubourg Saint-Antoine. — Difficultés du retour. — Elles sont aggravées par la conduite irréfléchie de la Jeunesse dorée. — Kilmaine, parvenu à tirer sa division de ce mauvais pas, fait sa jonction sur les boulevards avec d'autres colonnes militaires.

Conduite des insurgés à l'Arsenal. — Elle prouve, ainsi que beaucoup d'autres faits, combien s'était amoindrie la furie révolutionnaire des faubourgs.

Mouvement stratégique pour cerner le faubourg Saint-Antoine. — Préparatifs de résistance des rebelles. — Leurs dispositions sont déconcertées. — Soumission du faubourg. — Retour des troupes.

Mesures décrétées par la Convention contre les chefs du parti terroriste. — Une commission militaire est instituée. — Jugements qu'elle prononce. — Licenciement de la gendarmerie parisienne. — Incarcération et désarmement des terroristes effectués par les assemblées de Sections. — Abus qui font suspendre ce mode de répression. — On amène les Sections à faire le sacrifice de leur artillerie.

De tristes événements accomplis à Toulon accroissent encore l'irritation de la Convention contre le parti terroriste. — Nouvelles arrestations de Montagnards. — Carnot échappe aux effets de cette animosité rétrospective. — Suicide de six Montagnards condamnés à mort par la commission militaire.

La population ouvrière est indirectement exclue des rangs de la Garde nationale parisienne. — Décret d'organisation des Gardes nationales départementales.

### CHAPITRE XLVI. — PRAIR. AN III. — MAI 1795.

Création de la *Légion de police générale*.
Formation de l'*Armée de l'intérieur*.

Une des principales causes qui faillirent amener la perte de la Convention dans la journée du 1ᵉʳ Prairial, fut le mode de commandement affecté depuis Thermidor à la Garde nationale parisienne. Heureusement pour l'Assemblée nationale, l'insurrection commit une faute semblable : dépourvue de chefs avoués et connus qui l'eussent empêché de perdre son temps en de vaines clameurs, elle parvint à l'excès de la fatigue avant d'avoir atteint son but. Par suite, les tardifs défenseurs de la Représentation nationale n'eurent à repousser qu'une faible partie des masses populaires qui avaient commencé la *manifestation*. Au moment qui décida de la journée, le plus fort contingent des insurgés avait déjà regagné ses quartiers sous l'impression de sa victoire; la *défaite des désheurés* ne constitua donc qu'un échec partiel, attribué par les Sections des faubourgs (Montreuil, Popincourt et Quinze-Vingts) à l'absence du plus grand nombre des émeutiers; nul découragement n'en fut la conséquence. Également incomplète au point de vue du succès ou de la répression de la révolte, la première journée de Prairial devait être forcément suivie de nouveaux événements.

*Journée du 2 Prairial* (21 Mai). Dès le matin, le tocsin retentit encore dans les faubourgs et dans le quartier de la Cité. De divers côtés, les députés qui se rendent à l'Assemblée sont insultés ou même assaillis; des rassemblements considérables se forment devant l'Hôtel de Ville; un comité d'insurrection s'y installe sous le nom de *Convention nationale du Peuple souverain.*

Les abords du Palais des Tuileries sont occupés par la force armée d'un grand nombre de Sections; les bataillons qui, la veille, ont délivré la Représentation nationale continuent à se déclarer ses zélés défenseurs. Dans quelques autres, il y a moins d'unanimité; une quantité notable de gardes nationaux, qui semblent cependant venus pour soutenir la Convention, portent écrit sur leurs chapeaux le mot d'ordre de l'insurrection : « Du » pain et la Constitution de 93. » Leurs camarades les engagent à faire disparaître ce signe de rébellion; les uns y consentent; les autres refusent : ils veulent conserver cette sauvegarde pour le cas où les insurgés reprendraient l'avantage.

*De dix heures du matin à cinq heures du soir.*

La Convention ouvre sa séance à dix heures. Elle prend un arrêté relatif au recensement général des grains et des farines. Diverses députations viennent la féliciter de la victoire remportée la veille sur l'anarchie. Merlin (de Douai) lui communique, au nom du Comité de salut public, un traité d'alliance conclu à La Haye entre les Républiques Française et Batave (1). Les citoyens qui remplissent les tribunes sont invités à propager cette heureuse nouvelle dans la ville; ils sortent aux cris de « Vive la République! vive la » Convention! »

On apprend alors que les rebelles réunis à la Maison commune se proposent de venir de nouveau assaillir la salle des délibérations. Les chefs de tout attroupement illégal sont aussitôt déclarés hors la loi; Larivière annonce que la force armée qui entoure la Convention, vient de prêter le serment de faire une guerre à mort aux *terroristes* et aux *buveurs de sang*. Une proclamation est adressée au peuple parisien pour entretenir son zèle en faveur de la Représentation nationale; on dément de la même manière un

---

(1) Les deux traités avec la Prusse et la Hollande donnaient le Rhin pour limite à la France.

bruit répandu par les agitateurs, qui accuse la Convention d'avoir fait fusiller des femmes. En confirmation des choix faits par les Comités, Aubry, le successeur de Carnot au Comité de salut public pour la partie militaire, est chargé, avec les conventionnels Gillet et Delmas, de la direction de la force armée dans la capitale et dans la 17ᵉ division militaire. Le général Dubois commandera toutes les troupes de cavalerie qui vont arriver à Paris en exécution des ordres expédiés pendant la nuit. Un escadron commandé par un jeune officier, Murat, bivouaque déjà sous les arbres du jardin des Tuileries à côté du bataillon des Champs-Élysées.

Les mesures que prend ensuite la Convention prouvent que le temps de l'indulgence est passé :

» Les insurgés, arrêtés la veille après le décret
» qui les mettait hors la loi, seront livrés à l'exé-
» cuteur sans autre formalité que la constatation
» de leur identité par le tribunal révolutionnaire;

» Les conventionnels mis en arrestation la
» veille, ou à la suite des journées de Germinal,
» sont décrétés d'accusation (1); les Comités

---

(1) Décrétés d'arrestation, le 1ᵉʳ Prairial : Duquesnoy, Duroy, Bourbotte, Prieur (de la Marne), Romme, Soubrany, Goujon,

» sont chargés de présenter dans trois jours un
» rapport déterminant le tribunal et la commune
» où se poursuivra leur procès;

» Toutes les cloches de Paris seront brisées
» et converties en canons; la plus volumineuse
» sera seule conservée au Palais national pour
» y servir de tocsin, conformément à la loi
» du 1ᵉʳ Germinal (loi de la grande police);

» La cocarde nationale constituera le seul
» signe de ralliement; tout autre est interdit sur
» les chapeaux ou les bannières. Tout individu
» qui enfreindra cette décision sera désarmé, et,
» s'il résiste, traité comme rebelle à la loi. »

Pendant ce temps, les deux bataillons des Sections de la Butte-des-Moulins et Lepelletier ont marché sur l'Hôtel de Ville, que l'insurrection avait d'abord choisi pour quartier général; mais

---

Albitte (aîné), Peyssard, Lecarpentier (de la Manche), Pinet (aîné), Borie et Fayau.

Décrétés d'arrestation, les 12 et 16 Germinal : Ruamps, Thuriot, Cambon, Maribon-Montaut, Duhem, Amar, Choudieu, Chasles, Foussedoire, Huguet, Léonard Bourdon, Granet, Levasseur (de la Sarthe), Lecointre (de Versailles).

Sur la demande de Bourdon (de l'Oise), Ruhl, alors âgé de 70 ans et hydropique, fut maintenu en arrestation sans être compris dans le décret d'accusation.

ils le trouvent évacué. Apprenant que les insurgés se sont repliés sur le faubourg Saint-Antoine (1), ils poursuivent leur marche dans cette nouvelle direction.

De leur côté, les chefs du mouvement insurrectionnel ont compris l'insuffisance de colonnes désordonnées d'hommes et de femmes, telles que celles de la veille; ils ont disposé militairement les trois bataillons des Sections insurgées (Popincourt, Montreuil et Quinze-Vingts); après y avoir incorporé tous les ouvriers, ils leur ont fait prendre, avec leurs canons, la route qui doit les conduire au Palais national.

Les deux colonnes de gardes nationaux, mar-

---

(1) Le comité insurrectionnel momentanément installé à l'Hôtel de Ville n'a laissé aucune trace écrite de son existence. D'après les récits recueillis par quelques écrivains du temps, il aurait nommé Cambon maire et Thuriot procureur de la Commune; il aurait aussi déclaré hors la loi les Sections qui avaient délivré la Convention pendant la nuit.

Les principaux meneurs de l'insurrection firent dissoudre ce Comité eux-mêmes. Dans la *séance* de la veille, ils avaient fermé l'oreille à la motion de constituer une *municipalité* qui eût créé un pouvoir rival de celui auquel ils prétendaient. L'installation d'un comité insurrectionnel à l'Hôtel de Ville était la réalisation de cette proposition importune; en conséquence, ils usèrent de toute leur influence pour le désorganiser, et reportèrent le centre de l'insurrection dans le faubourg Saint-Antoine.

chant ainsi l'une vers l'autre, se rencontrent dans la rue Saint-Antoine, et font respectivement halte en s'observant. Les troupes de la Convention sont fort inférieures en nombre; elles croyaient d'ailleurs ne devoir rencontrer que des groupes d'émeutiers sans cohésion; elles se trouvent, au contraire, vis-à-vis d'une force armée compacte et résolue. Leurs chefs n'osent prendre sur eux-mêmes la responsabilité d'engager un combat dont le résultat est fort douteux, et dont l'insuccès entraînerait sans doute la ruine de l'Assemblée nationale. Ils commandent demi-tour; les deux bataillons Lepelletier et Butte-des-Moulins font volte-face, reprennent en sens opposé la route qu'ils viennent de parcourir, regagnent la place du Carrousel occupée par d'autres bataillons de Sections, et prennent position à côté d'eux.

Les trois bataillons du faubourg, se remettant en marche, suivent leurs adversaires avec calme et résolution. Une sorte de stratégie préside aux dispositions qu'ils prennent pour envelopper la Convention. Le premier (Quinze-Vingts) se porte vis-à-vis du Pont-Tournant, à l'extrémité du jardin des Tuileries; mais ce passage étant gardé par l'escadron de cavalerie arrivé le matin et par le bataillon des Champs-Élysées, les insurgés se rangent en bataille et braquent leurs canons du côté des troupes de l'Assemblée. Les deux autres bataillons rebelles (Montreuil et Popincourt) se développent sur la place du Carrousel vis-à-vis des forces conventionnelles, et en face des bâtiments occupés par l'enceinte législative sur lesquels le nègre Delorme fait pointer ses canons (1).

*Cinq heures.* Cette attitude menaçante reste à peu près la même pendant deux heures, en dépit des exhortations de parlementaires bienveillants qui tentent d'ébranler la résolution des émeutiers. Quelques mouvements ont lieu parmi les troupes conventionnelles que l'on veut placer d'une manière moins confuse; mais les ordres étant mal donnés, ou mal exécutés, ils ne font que rendre la position des troupes insurrectionnelles plus redoutable : ainsi, les bataillons de la Butte-des-Moulins et du Théâtre-Français, resserrés dans la rue du Carrousel, se trouvent dans l'impossibilité de se servir au besoin de leurs canons.

L'esprit de corps qui unit entre elles les diffé-

---

(1) *Moniteur universel.*
*Les premiers jours de Prairial*, par l'auteur des *Journées des 12 et 13 Germinal* (Eusèbe Salverte).

rentes compagnies de l'Artillerie parisienne concourt encore à compliquer la situation. Cinq tonneaux d'eau-de-vie sont apportés dans la rue Saint-Nicaise, et les canonniers des faubourgs invitent les artilleurs du parti opposé à venir fraterniser avec eux. Ces derniers acceptent; au milieu d'épanchements bachiques, quelques bouches à feu détournées de leur première position, cessent de se menacer; les canonniers des rebelles proposent alors à leurs camarades de réunir tous les canons ensemble...... En ce moment, un mouvement du bataillon posté à la porte principale du Palais cause de l'émoi parmi les insurgés; ils courent à leurs pièces, les chargent, et le nègre Delorme, saisissant précipitamment une mèche allumée, l'approche de la lumière d'un canon. Ses soldats le retiennent; à cette vue, les artilleurs des Sections Lepelletier et de la Butte-des-Moulins s'écrient qu'ils ne veulent pas mitrailler leurs frères qui demandent du pain; ils passent avec leurs pièces du côté des insurgés. Onze bouches à feu sont ainsi braquées sur le bâtiment de la salle de la Convention.

*Sept heures et un quart.* La nouvelle de cette trahison jette l'Assemblée dans la consternation. Pendant que le cri « Aux armes ! » retentit de tous côtés à l'extérieur, vingt propositions sont faites à la fois ; mais la voix de Legendre domine le bruit ; il invite ses collègues à conserver la plus grande impassibilité ; il demande que nul ne sorte sous aucun prétexte et qu'on se repose du salut de la Représentation nationale sur tous les bons citoyens décidés à la soutenir : « La » Nature, » ajoute-t-il, « nous a tous condamnés » à la mort ; un peu plus tôt, un peu plus tard, » qu'importe ?..... » L'Assemblée reste dans un calme plein d'anxiété.

Heureusement pour elle, au moment critique où quelques-uns des insurgés parurent vouloir commencer l'attaque de vive force, une grande quantité de gardes nationaux, abjurant leur rôle militaire, déposèrent leurs armes pour aller adresser aux rebelles des représentations amicales et fraternelles. Cette agglomération populaire, mise en mouvement par la misère autant que par l'effet d'instigations multipliées, n'était pas animée de la fiévreuse exaltation des masses révolutionnaires d'autrefois. La fatigue la rebutait promptement, et elle écoutait sans colère des conseils contraires aux excitations qui lui avaient fait prendre les armes.

Peu d'instants auparavant, le général Dubois, commandant quelques pelotons de cavalerie isolés au milieu des défenseurs de la Convention, avait été porter dans les rangs des insurgés des paroles de paix et de conciliation. L'un d'eux s'était élancé insolemment sur la croupe de son cheval, et du haut de cette tribune de nouvelle espèce, il avait harangué ses camarades ; cette scène burlesque s'était terminée par l'arrestation du général que le bataillon de Montreuil avait gardé en otage. Au contraire, les tentatives des gardes nationaux parlementaires obtinrent immédiatement un demi-succès ; on annonça bientôt à la Convention que les citoyens armés des deux partis étaient disposés à fraterniser, et, l'on proposa que, conformément aux désirs de ceux qui avaient entamé la pacification, dix membres de l'Assemblée fussent désignés pour achever l'œuvre conciliatrice. Quelques protestations, qui s'élevèrent parmi les représentants, furent aussitôt étouffées ; il fallait temporiser à tout prix jusqu'à ce que les troupes de ligne, mandées le matin, fussent arrivées.

*Huit heures.* Les dix Conventionnels désignés se rendent sur la place du Carrousel, se dispersent parmi les insurgés, et leur adressent des paroles amicales. Pourquoi, disent-ils, les faubourgs s'arment-ils contre la Convention, lorsqu'elle est toute disposée à accéder aux justes requêtes qu'ils peuvent avoir à présenter? La preuve de ses bonnes dispositions ne ressort-elle pas évidemment de la mission qui leur est confiée de venir fraterniser avec le peuple? Ce langage, en partie sincère, en partie dicté par les nécessités du moment, persuade une partie des rebelles; six ouvriers sont nommés pour accompagner les députés qui retournent parmi leurs collègues; ils sont introduits devant l'Assemblée, et leur orateur reproduit, mais dans un langage fort peu respectueux (1), les demandes de la veille; il réclame, *au nom de ses frères*, du pain,

---

(1) *Séance de la Convention nationale* du 2 Prairial (21 Mai).
..... Les pétitionnaires sont admis.
*L'un d'eux* : « Les citoyens des faubourgs Antoine et Marceau
» nous ont nommés pour vous faire part de leurs sentiments. Le
» peuple demande du pain, la Constitution de 93 et l'élargisse-
» ment des patriotes mis en état d'arrestation. » (Violents murmures dans les tribunes. Les citoyens qui les remplissent s'écrient : *A bas les Jacobins!* Le président réclame du silence.)
« Le peuple demande l'élargissement des patriotes mis en
» arrestation depuis le 9 Thermidor. (Plusieurs voix : Il n'y en a
» pas!) Le peuple demande la punition des scélérats; il demande
» la punition de ceux qui l'assassinent en faisant une distinction
» entre l'assignat et l'argent. Le peuple demande l'exercice des

la Constitution de 93 et l'élargissement des *patriotes*. Le président, Vernier, lui répond en lisant un décret, rendu quelques minutes auparavant, qui enjoint à la commission des Onze de présenter à la Convention, le 25 Prairial (13 Juin), les lois organiques de la Constitution de 1793. Il ajoute que l'Assemblée pèsera dans sa sagesse les autres points de la pétition sur lesquels elle n'a pas eu encore le temps de statuer, et il invite les six délégués à assister à la séance. Un député demande que le président donne à l'orateur l'accolade fraternelle au nom de toute la Garde nationale de Paris; la proposition est adoptée et accomplie au bruit de violents murmures et de quelques applaudissements. De nouveaux gages d'accommodement sont encore accordés; la Convention consent à l'élargissement du président et

---

» droits que lui assurent la Constitution et la Déclaration des
» droits de l'homme. Le peuple, ami de la Convention et de
» l'Humanité, est prêt à se retirer dans ses familles; mais il est
» résolu à mourir au poste qu'il occupe en ce moment plutôt que
» de se désister des réclamations que je vous fais en son nom. »
(Violents murmures).

 » Je ne crains rien, moi, je me nomme Saint-Giez (Mur-
» mures). Au surplus, voilà le vœu du peuple : Vive la Répu-
» blique! Vive la liberté! Vive la Convention, si elle est amie
» des principes! »

du secrétaire de la Section de Montreuil, incarcérés depuis quelques jours pour un fait insurrectionnel. Ces concessions achèvent d'apaiser les délégués de l'insurrection, flattés d'avoir parlé à la Convention et de s'en être fait craindre ; leurs nouveaux sentiments, rapidement transmis à leurs commettants, propagent l'entente mutuelle à laquelle une foule de citoyens, mêlés aux insurgés, n'a cessé de travailler. L'émeute est calmée; les ouvriers restituent les canons enlevés aux bataillons conventionnels, et ils regagnent les faubourgs par bandes séparées. A onze heures du soir, la place du Carrousel est aussi déserte qu'à l'ordinaire (1).

*Journée du 3 Prairial* (22 Mai). La seconde journée insurrectionnelle, terminée comme la première et par l'emploi de moyens différents, dénotait significativement la lassitude de la furie révolutionnaire ; néanmoins les meneurs ne désespérèrent pas de parvenir à la réussite de leurs projets.

Dans la matinée qui suivit, des groupes animés remplirent encore les rues et les places publi-

---

(1) *Histoire générale de la Révolution*, par L. Vivien.
*Manuscrit de l'an* III, par le baron Fain.

ques : de pernicieuses instigations et leurs propres réflexions avaient fait comprendre aux insurgés qu'on les avait habilement éconduits. De son côté, la Convention ressentait une sorte de honte de sa conduite ambiguë. Le moment était venu d'adopter un rôle plus conforme à sa dignité : les troupes de ligne, appelées trente-six heures auparavant, n'étaient plus qu'à de très-faibles distances. Sur la proposition d'Aubry, qui partageait avec les conventionnels Gillet et Delmas la direction suprême de la force armée, elle décréta que tout individu qui ferait battre du tambour sans autorisation régulière serait conduit en prison ; le délinquant qui ferait entendre la *générale* devait être puni de mort.

Un incident précipita la marche des événements. Un des misérables qui avaient promené la tête de Féraud, avait été arrêté ; conformément au décret de mise hors la loi, on le conduisait au supplice dans l'après-midi, lorsqu'une troupe de *frères*, apostés près de l'échafaud, fondit sur l'escorte, enleva le prisonnier et l'emmena en triomphe au faubourg Saint-Antoine. Cette audacieuse agression fut considérée comme mettant fin à l'espèce de trêve conclue la veille entre la Convention et les faubourgs. L'Assemblée n'avait d'ailleurs plus besoin de garder d'indignes ménagements; plusieurs bataillons de ligne et 3,000 hommes de cavalerie étaient arrivés à l'École militaire; on leur distribua des cartouches ainsi qu'aux bataillons de la Garde nationale du concours desquels on était assuré. Le commandement en chef fut décerné au général Menou; on lui donna Baraguey d'Hilliers pour chef d'état-major; les généraux Dubois, Berruyer, et tous ceux qui se présentèrent, reçurent des commandements (1).

Entre huit et neuf heures, le bruit se répandit dans le jardin du Palais-Égalité que l'assassin de Féraud avait été arraché au supplice. Indignés de tant d'excès, 500 jeunes gens qui représentaient la partie de la Jeunesse dorée restée fidèle à la Convention, vinrent offrir leurs services aux Comités de gouvernement; on leur assigna des chefs militaires; on les munit d'armes tirées du dépôt des Feuillants (2), et on les forma en

---

(1) Le nombre des généraux et des officiers de tous grades était alors très-grand à Paris, par suite du remaniement des états-majors et des cadres qui excita tant de justes colères contre Aubry. Voir chapitre XLVII.

(2) L'ancien Manége, après avoir servi d'enceinte législative, était devenu magasin d'armes.

bataillon pour prendre part à une expédition qui s'organisa dans la nuit.

*Journée du 4 Prairial* (23 Mai). Le général Kilmaine fut chargé de conduire cette première opération (1). Il devait aller investir la maison de Santerre, située à l'extrémité du faubourg Saint-Antoine (2), et y arrêter Cambon et Thuriot considérés comme chefs de l'insurrection (3). La colonne, formée sur la place du Carrousel et mise sous ses ordres, comprenait : le bataillon des jeunes gens, dénommé *Bataillon d'avant-garde*, des détachements des Sections de la Butte-des-

---

(1) *Les premiers jours de Prairial*, par l'auteur des *Journées des 12 et 13 Germinal* (Eusèbe Salverte).

*Détails circonstanciés de ce qui s'est passé, le 4 Prairial, au faubourg Saint-Antoine*, par le citoyen Kilmaine, général de division, commandant la colonne de droite.

*Histoire du bataillon des jeunes citoyens à l'attaque du faubourg Saint-Antoine, le 4 Prairial an* III, par Louis Costaz, volontaire de ce bataillon et professeur de mathématiques.

(2) Santerre joua un double jeu pendant l'insurrection de Prairial. Il vint demander aux Comités le commandement de la force armée du faubourg, se plaignit de ce que les insurgés, après avoir pris les chevaux de sa brasserie pour traîner leurs canons, avaient voulu le faire marcher avec eux, etc. — *Séances de la Convention* des 4 et 8 Prairial.

(3) On a vu que Cambon et Thuriot avaient été nommés maire et procureur de la Commune par le comité insurrectionel installé l'avant-veille à l'Hôtel de Ville.

Moulins, Lepelletier, des Champs-Élysées et du Théâtre-Français (1), deux cents dragons; en tout 1,200 hommes auxquels on avait adjoint deux canons servis par les canonniers de la Section du Mont-Blanc, qui avaient opiniâtrément refusé de livrer leurs pièces aux insurgés dans la journée du 2 Prairial. Deux représentants du peuple, Vernier et Courtois, marchaient avec Kilmaine. Une seconde division de 1,500 à 2,000 hommes, sous les ordres du général Doyen, devait suivre peu après pour le soutenir.

La colonne part du Carrousel au point du jour sans bruit de tambours ni de trompettes (2). Elle suit les quais, passe sur la place de Grève et la place Saint-Gervais, parcourt la rue Saint-Antoine et s'engage dans le faubourg. Sur sa route, elle rencontre fréquemment des hommes et des femmes à faces patibulaires, qui se rangent le long des maisons en la considérant avec éton-

---

(1) Kilmaine ayant omis dans sa relation de mentionner le détachement de la section du Théâtre-Français (Odéon), cette dernière inséra une réclamation dans le *Moniteur universel* du 28 Prairial (16 Juin).

(2) Le général Kilmaine dit être parti du Carrousel à cinq heures et demie; d'après Louis Costaz, on arriva à cinq heures à l'entrée du faubourg; l'exacte vérité, peu importante d'ailleurs, est probablement entre les deux versions.

nement, colère ou terreur ; les sourdes exclamations qui leur échappent et les commandements des chefs militaires troublent seuls le silence.

On arrive ainsi à la *Barrière renversée* (du Trône); la colonne fait halte et se repose, pendant qu'on fouille la maison de Santerre. Mais Kilmaine est inquiet de ne recevoir aucune nouvelle de la division Doyen, qui devait assurer sa retraite en prenant position au commencement et au milieu du faubourg (1). Plusieurs patrouilles ont été vainement envoyées en arrière pour la découvrir; les deux dernières ne sont pas revenues. Cependant la visite de la maison suspecte est terminée sans résultat, et le moment de se remettre en marche est arrivé (2). Un

---

(1) Cette colonne avait ultérieurement reçu une autre destination; elle fut envoyée au pont Marie dans le but d'empêcher la jonction du faubourg Saint-Marceau avec le faubourg Saint-Antoine. On fit partir à sa place 300 dragons et quatre pièces de canon sous les ordres du général Montchoisy; mais ce dernier, commandé trop tard, n'arriva pas à temps pour être utile à Kilmaine.

(2) Kilmaine dut croire sa position d'autant plus critique, qu'il reçut alors par un agent du Comité l'invitation tardive de ne pas pénétrer dans le faubourg, et de se contenter d'en garder certains passages jusqu'à l'arrivée de troupes que l'on organisait pour cerner entièrement le quartier rebelle. Il dut se croire tout à fait abandonné.

moyen bien simple d'éviter tout embarras consiste à sortir du faubourg par la barrière du Trône, et à regagner les boulevards en faisant un détour; mais Kilmaine répugne à l'emploi de cet expédient qui aurait l'air d'une fuite et augmenterait l'audace des rebelles. Il reprend donc la route par laquelle il est arrivé, et s'engage dans le faubourg en ordre inverse, c'est-à-dire que le *bataillon d'avant-garde*, composé des 500 jeunes gens, forme l'arrière-garde.

On apprend bientôt que les faubouriens ont construit des barricades avec des charrettes et des tonneaux pour disputer le passage à la colonne; mais il n'est plus temps de reculer. Kilmaine comprend que sa position exige autant de prudence que de fermeté, puisque ses 1200 hommes sont « entourés de 20,000 insurgés et de » 40,000 furies, car on ne peut les appeler des » femmes (1). » Il s'arrête devant le comité civil de la Section des Quinze-Vingts et fait appeler deux membres dont il requiert le concours; ces derniers le lui promettent, déclarent vouloir partager ses dangers, et le conjurent de n'em-

---

(1) Relation du général Kilmaine.

ployer la force qu'à la dernière extrémité. Le général leur en donne l'assurance.

Bientôt la tête de la colonne arrive à la première barricade où elle est accueillie par les hurlements et les injures d'une multitude d'hommes et de femmes (1). Kilmaine donne à cette première explosion le temps de se calmer un peu; il fait ensuite sommer la foule de lui ouvrir un passage sous peine de le voir employer la force. Les insurgés résistant également aux prières ainsi qu'aux menaces, le général déclare rejeter sur eux les conséquences de leur opiniâtreté et fait mettre ses deux pièces en batterie. Cette énergie impose aux émeutiers, ébranlés d'ailleurs par les représentations des membres du comité civil des Quinze-Vingts et de quelques autres bons citoyens. La barricade est démolie pour livrer passage aux troupes, qui reprennent leur marche.

Les mêmes circonstances se reproduisent à la deuxième barricade, un peu plus forte que la première; elles sont suivies du même résultat. Kilmaine se félicite déjà de voir sa colonne sortie

---

(1) Cette première barricade, élevée à la hâte depuis le premier passage de Kilmaine, était assez faible.

de ce mauvais pas, lorsque l'imprudence du bataillon de la Jeunesse dorée, qui forme l'arrière-garde, amène une terrible complication. Arrivés à la hauteur du corps de garde de Montreuil, au lieu de suivre le mouvement général en franchissant l'obstacle, quelques jeunes gens se précipitent pour s'emparer des deux canons de la Section postés devant le corps de garde (1). Au bruit de cette attaque intempestive, une effroyable multitude armée de sabres, de piques et de fusils, sort des maisons, remplit la rue et garnit les fenêtres ainsi que les toits; la barricade, brusquement refermée, sépare les agresseurs du reste de la division; aux menaces, aux injures et aux imprécations succèdent rapidement quelques rixes particulières, qui semblent les préludes d'un combat général.

Informé des faits qui causent du tumulte à l'arrière de sa colonne, Kilmaine suspend encore une fois la marche de ses troupes. Lors même qu'il aurait des chevaux pour emmener les deux

---

(1) Pour justifier cet acte imprudent, ceux qui l'avaient commis prétendirent plus tard que l'on préparait ces pièces pour tirer sur la colonne; toutes les circonstances concourent à faire révoquer en doute la vérité de cette assertion.

canons saisis à l'improviste, la possession de ces deux pièces exigerait un sanglant combat dont les chances douteuses compromettraient les opérations projetées pour le reste de la journée. En conséquence, le général Brune porte de sa part à l'arrière-garde l'ordre de restituer les bouches à feu. Les jeunes gens, comprenant les suites que peut avoir leur étourderie, obéissent aussitôt ; les insurgés consentent alors à rouvrir la barricade, mais ils n'y pratiquent qu'un étroit passage où les agresseurs sont forcés de défiler un à un, au milieu des cris, des insultes, des rires et des quolibets. « A bas les baïonnettes! » leur crient des voix brutales et menaçantes. La plupart se résignent à cette nouvelle humiliation. Enfin, quand les derniers jeunes gens ont franchi ces fourches caudines de nouvelle espèce, la colonne entière reprend sa marche, et arrive bientôt en face de la troisième et dernière barricade, élevée à l'entrée du faubourg.

Ce nouvel obstacle, plus fort et plus haut que les deux précédents, est gardé par des ouvriers du faubourg, auxquels se sont joints leurs *frères* de la Section de l'Indivisibilité et de la rue Saint-Antoine. La foule est compacte et formidable ; ses cris, ses menaces et ses refus de livrer passage sont les mêmes que tout à l'heure ; Kilmaine ne se départ pas de son sang-froid et de son énergie ; la résistance se manifestant trop obstinément, il fait pointer ses canons et menace de tirer à mitraille dans trois minutes si l'on n'obéit pas à sa dernière sommation. Comme précédemment, ses paroles sont appuyées des arguments des citoyens conciliateurs et des commissaires civils des Quinze-Vingts ; la population ouvrière cède enfin : la troisième barricade est ouverte. Les troupes de Kilmaine, débouchant alors sur la place de la Bastille, se rencontrent avec une division de 300 dragons et de quatre pièces d'artillerie, que le général Montchoisy et le représentant Fréron amènent par la rue Saint-Antoine. Les deux colonnes opèrent leur jonction et longent le boulevard jusqu'à la hauteur de la rue Montmartre, où elles font halte pour se reposer. Les jeunes gens se dispersent chez les traiteurs du voisinage en s'entretenant de leurs *exploits* (1);

---

(1) « ..... Nous avions donc enfin porté l'effroi dans ce fau-
» bourg qui s'était arrogé le droit de dicter des lois à la Répu-
» blique française..... Nous étions sûrs de le vaincre désormais
» quand nous voudrions. » Ainsi s'exprime Louis Costaz dans son *Histoire du bataillon des jeunes citoyens*, en parlant de cette expédition où la prudente énergie de Kilmaine faillit devenir inutile

il est environ *dix heures et demie* du matin.

Peu après, le général Steingel, à la tête d'une division d'infanterie et de cavalerie, débouche par la rue de la Loi (Richelieu) et prend également position sur le boulevard; de tous côtés, des troupes se massent pour la grande opération

---

par la folle conduite de ceux auxquels leur camarade décerne le nom de *guerriers*. Costaz mêle d'ailleurs à son belliqueux récit les plus singuliers détails :

« ......... Beaucoup d'entre nous n'avaient rien pris depuis
» leur dîner de la veille; il était dix heures; nous avions passé
» la nuit dans le mouvement; nous avions un besoin extrême de
» rafraîchissements et de nourriture; la nature physique défaillait
» en moi et dans beaucoup de mes camarades. Les cafés ne nous
» offraient que la ressource de quelques bouteilles de bière ou des
» bavaroises: ils manquaient de pain. Nos capitaines reçurent
» ordre de nous conduire chez les restaurateurs les plus voisins;
» nous fûmes chez Roze, rue Grange Batelière.

» Notre dîner fut de bon appétit, court et frugal; on nous
» servit d'excellent vin : une bouteille pour deux; j'étais de
» moitié avec le citoyen Patris, de la Section de l'Observatoire,
» ancien instituteur, qui était accouru avec une médecine dans
» l'estomac. Je remarquai après le repas, qu'aucune bouteille n'a-
» vait été vidée. Cette circonstance donne la mesure de la sobriété
» de nos camarades et de la bonne éducation qu'ils ont reçue.

» Il était difficile, en effet, de dîner en meilleure compagnie :
» tous jeunes gens pétillant d'esprit, ornés de connaissances
» positives et décents comme des vierges. Chaste Clémentine! ta
» pudeur n'eût point été alarmée au milieu de ces jeunes guer-
» riers; nul autre incarnat que celui de la santé n'eût coloré ton
» timide visage.

» Nous nous rendons au lieu de rassemblement..... »

préparée contre le quartier insurgé. Partout aussi des groupes de femmes viennent causer avec les soldats et tenter de les débaucher; mais ce moyen révolutionnaire ne réussit plus : des paroles sévères ou brutales répondent seules à leurs provocations.

D'autres faits arrivés à la même heure que l'expédition du général Kilmaine prouvèrent, comme elle, combien l'ardeur révolutionnaire du faubourg s'était refroidie. Dans la matinée, le Comité de salut public avait envoyé le représentant du peuple Dentzel, ainsi que les généraux Belair et Valori, à l'Arsenal pour lequel on craignait la proximité du quartier Saint-Antoine. Ces trois délégués croyaient y trouver 3,000 hommes qu'on avait dû commander pour le défendre; mais, en raison du peu d'ordre et de la hâte qui présidaient aux opérations, cette division n'était pas encore arrivée, et l'Arsenal n'avait que sa garde ordinaire. Il fut bientôt investi par 1,500 insurgés environ. Valori parvint à leur échapper et alla demander du secours au général Doyen, posté au Pont-Marie pour intercepter la communication des faubourgs Saint-Antoine et Saint-Marceau; mais ce dernier avait l'ordre de ne faire aucun mouvement et de n'agir que si on l'attaquait. Valori revint donc seul, et l'on fut forcé de parlementer avec les rebelles qui menaçaient de mettre le feu à l'Arsenal, parce que, disaient-ils, on y faisait des préparatifs contre les patriotes. Dentzel et les généraux allèrent à eux, et les invitèrent à nommer des commissaires pour examiner les faits qui leur portaient ombrage. Des délégués des ouvriers entrèrent ainsi à l'Arsenal et y virent une longue file de canons posés sur leurs avant-trains, grâce à une précaution de Belair. On leur fit observer que ces pièces n'étaient pas tournées vers le faubourg, mais qu'elles étaient prêtes à faire route pour l'armée du Nord. Les commissaires, probablement gagnés plutôt que convaincus, revinrent vers leurs mandataires, les rassurèrent, et bientôt le rassemblement se dispersa. Il y avait loin de cette facilité de composition à l'ancienne furie de la population ouvrière (1).

L'Assemblée, réunie *à dix heures*, a décrété que les trois Sections du faubourg insurgé seraient

---

(1) *Les premiers jours de Prairial*, par l'auteur des Journées des 12 et 13 Germinal (Eusèbe Salverte).

sommées de remettre léurs canons et de livrer les assassins de Féraud, notamment celui qui a été délivré la veille par la rébellion; sinon, toute distribution de subsistances cessera immédiatement pour elles, et elles seront ensuite traitées militairement. Une commission militaire de cinq membres a été nommée pour juger les principaux séditieux (1). Les attroupements de plus de cinq femmes sont interdits; celles qui enfreindront cette mesure seront immédiatement arrêtées.

A *quatre heures*, le mouvement stratégique préparé depuis le matin, s'exécute sous les ordres du général en chef Menou. 8,000 hommes de troupes de ligne et 20,000 gardes nationaux, répartis en cinq colonnes, s'avancent de toutes parts et cernent le faubourg Saint-Antoine. La division principale, ayant en tête Menou et les conventionnels Fréron, Sevestre et Gilet, arrive par les boulevards et prend position en face de l'entrée principale du quartier insurgé.

De leur côté, les rebelles se sont préparés à

---

(1) La suppression du tribunal révolutionnaire, proposée après la mort de Fouquier-Tinville et de ses complices, était décidée en principe. Elle eut effectivement lieu quelques jours après (12 Prairial — 31 Mai).

la résistance : ils ont massé leurs forces et disposé quatre bouches à feu en avant du jardin Beaumarchais (1).

Lorsque les troupes de la Convention ont formé une imposante ligne de bataille, on communique aux rebelles les décrets de l'Assemblée, et l'on met en batterie des mortiers qui menacent le faubourg d'un prochain bombardement. Ces dispositions, rendues à dessein aussi effrayantes que possible, portent leurs fruits ; les propriétaires et les chefs de fabrique qui, pour leur propre sûreté, ont généralement feint jusque-là de pactiser avec l'émeute, reprennent de l'énergie : ils engagent les ouvriers à ne pas persévérer dans une résistance dont les conséquences sont incalculables. Sous l'influence de ces sages conseils, des propositions de paix sont rédigées ; des parlementaires sont nommés ; ils reçoivent de Menou des sauf-conduits, et arrivent jusqu'à l'Assemblée. Mais cette dernière, alors dans toute sa force, refuse de

---

(1) La propriété de Beaumarchais, de 4,000 mètres de superficie environ, comprenait l'espace alors limité par la rue d'Aval, la rue Amelot, le boulevard et la place Saint-Antoine. Elle fut achetée, en 1818, par la ville de Paris, pour faciliter l'ouverture du canal Saint-Martin. — *Dictionnaire des rues de Paris* par Félix et Louis Lazare.

les admettre en sa présence, tant que le faubourg n'aura pas obéi au décret rendu contre lui dans la matinée.

Le retour des envoyés, la réponse qu'ils rapportent et les préparatifs de bombardement qui prennent une apparence de plus en plus terrible, augmentent l'indécision et le découragement des insurgés, auxquels on ne laisse plus qu'une heure pour se décider. La soumission la plus complète est devenue inévitable : elle a lieu presque immédiatement ; la barricade qui ferme l'entrée du faubourg est enlevée et le laisse à découvert ; la Section de Popincourt livre ses canons avec leur commandant, le nègre Delorme (1); celles de Montreuil et des Quinze-Vingts l'imitent bientôt, et toute l'artillerie des rebelles défile devant les troupes de la Convention. Des prisonniers sont faits parmi les émeutiers, entre autres vingt-six des gendarmes qui, suivant leur habitude, ont fait cause commune avec l'insurrection.

---

(1) Lorsque Delorme fut arrêté, il entra en fureur contre ses propres canonniers. Faisant allusion à ce qui s'était passé deux jours auparavant, lorsqu'ils l'avaient empêché de mettre le feu à un canon braqué sur la Convention : « Lâches, » leur dit-il, « si » vous m'aviez laissé faire, nous ne serions pas où nous en » sommes ! »

La révolte est complétement réprimée, et il n'y a pas eu une goutte de sang versée. Les troupes victorieuses reviennent par les quais et les boulevards ramenant les canons et les prisonniers ; elles s'avancent au milieu d'une foule immense qui encombre les chaussées, garnit les maisons jusqu'aux toits et fait retentir les airs d'un hourra perpétuel : Vive la République ! Vive la Convention ! Bientôt elles défilent devant les murs du Palais national sous les yeux de vingt-quatre Représentants désignés pour les féliciter dans la personne de leur général. La Convention, dans l'ivresse du succès, continue sa délibération au bruit éloigné des trompettes et des tambours. Néanmoins, des députés font observer que les décrets de l'Assemblée ne sont pas tous exécutés : on n'a pas livré les assassins de Féraud ; les Comités de gouvernement sont chargés d'y pourvoir, et la séance est levée à *onze heures* du soir.

Le lendemain (5 Prairial-24 Mai), la Convention manifesta par d'énergiques mesures qu'elle voulait en finir avec les Montagnards, les Terroristes et les anciens agents du *gouvernement révolutionnaire* qui, du fond de leurs retraites ou des prisons, servaient encore de chefs aux complots et fomentaient les insurrections (1).

La Commission militaire de cinq membres, créée la veille, s'était immédiatement installée au Comité de salut public (section de la guerre) (2). Elle condamna à mort le nègre Delorme, un lieutenant de gendarmerie et un ex-membre d'un comité révolutionnaire; tous trois subirent leur peine sur la place de la Révolution. Le lendemain (6 Prairial-25 Mai), un de ceux qui avaient porté

---

(1) Le décret de déportation rendu contre Barère, Billaud, Collot et Vadier fut rapporté; on décida qu'ils seraient traduits devant le tribunal criminel de la Charente-Inférieure; mais Billaud et Collot étaient déjà embarqués, et Vadier était contumace. De même, les prisonniers du château de Ham, Pache, Bouchotte, Daubigny, etc., durent être traduits au tribunal criminel d'Eure-et-Loir. Un montagnard, Forestier, fut décrété d'arrestation. Sur le rappel d'anciens faits, le décret d'arrestation rendu autrefois contre Rossignol fut changé en décret d'accusation. Le Comité de législation fut aussi chargé de présenter un rapport général sur les dénonciations parvenues jusqu'alors contre les Représentants du peuple accusés de cruautés ou de dilapidations dans leurs missions.

(2) Quelques écrivains ont confondu la *Section de la guerre* du Comité de salut public avec le *Comité de la guerre* de la Convention. La première avait ses bureaux dans les dépendances attribuées au Comité dont elle faisait partie, c'est-à-dire au rez-de-chaussée du bâtiment des Tuileries, du côté de la Seine; le second siégeait à l'hôtel de Noailles, adossé à la partie opposée du palais.

la tête de Féraud au bout d'une pique fut également livré à l'exécuteur (1).

Le même jour, les troupes récemment arrivées à Paris furent réunies en armes sur la place de la Révolution dont la Gendarmerie parisienne occupait le centre. Un des Représentants du peuple chargés de la direction de la force armée rappela l'insubordination de la gendarmerie et son inertie vis-à-vis des factieux quand elle ne se joignait pas à eux; il en prononça ensuite le licenciement (2). Les gendarmes, sommés aussitôt de déposer leurs armes en faisceaux, obéirent et se retirèrent. Leurs fonctions furent provisoirement dévolues aux troupes de ligne, également admises à faire le service d'honneur auprès de la Convention (7 Prairial-26 Mai).

Un arrêté des trois Représentants du peuple, chargés de la direction de la force armée, avait interdit l'usage de toutes armes autres que les fusils, sabres ou pistolets. Les assemblées de Sections furent invitées par un décret de la

---

(1) Le véritable assassin de Féraud fut découvert dans le faubourg Saint-Antoine; il mit fin lui-même à ses jours en se précipitant du haut d'un toit.

(2) Gendarmerie des tribunaux et gendarmes des 29<sup>e</sup>, 32<sup>e</sup> et 35<sup>e</sup> divisions alors à Paris. — *Journal militaire* de Gournay.

Convention à procéder immédiatement à l'arrestation et au désarmement des Terroristes. Le sentiment du péril auquel on venait d'échapper fit d'abord affluer une grande quantité de gens à ces réunions; des révolutionnaires dangereux ou turbulents furent incarcérés. Mais, après un ou deux jours, la lassitude et l'incurie diminuèrent le nombre de ceux qui votaient sur le sort de leurs concitoyens; la passion et la défiance entravèrent les opérations; quelques meneurs firent la loi, et il en résulta les conséquences les plus opposées. Dans certaines Sections, on emprisonna des individus qui n'avaient eu d'autre tort que d'avoir exercé une fonction quelconque ou crié : « Vive la Montagne! » au temps de Robespierre. Dans quelques autres, les Terroristes en majorité décidèrent l'arrestation de bons citoyens que le Comité de sûreté générale fut obligé de rendre à la liberté. Ailleurs, on craignit d'envoyer une foule d'accusés devant la Commission militaire, et de concourir ainsi à ramener la Terreur. Le système d'intimidation se réduisit en définitive à un simple désarmement. Les fusils, les piques, les lances des *terroristes*, furent rassemblés au comité civil de chaque Section, pour être transportés ensuite dans des dépôts généraux. Mais cette opération occasionna des désordres analogues à ceux qu'avaient produits les arrestations; des habitants paisibles furent désarmés au profit d'individus auxquels on avait enlevé leurs armes après la journée de Germinal. Le mal devint si patent que, sur la proposition du Comité de sûreté générale, la Convention y mit fin sans hésiter (9 Prairial-28 Mai) : elle décréta que les arrestations et les désarmements cesseraient dans les Sections le décadi, 10 Prairial (29 Mai).

Pendant ce temps, la population envoyait à la Convention des députations chargées de lui adresser des protestations de dévouement, des félicitations et l'expression de différents vœux. La Section des Piques (place Vendôme) demanda à changer de nom. La Section des Tuileries proposa que tout individu désarmé, retrouvé en armes dans un rassemblement, fût puni comme conspirateur et que tous les Terroristes fussent exclus des fonctions publiques. Une autre réclama le licenciement des Canonniers parisiens qui avaient, disait-elle, trahi la cause de la Nation.

Ce dernier vœu, s'il ne fut pas fait à l'instigation du gouvernement, était trop conforme à ses vues pour ne pas être immédiatement pris en considération. Dans la journée du 2 Prairial, la défection de l'artillerie de plusieurs bataillons, bien disposés d'ailleurs pour la Convention, avait démontré une fois de plus les inconvénients de ce Corps, recruté surtout dans les classes dont les sympathies étaient acquises à toutes les insurrections.

Mais il parut indispensable d'user de précautions pour ne pas mécontenter la plupart des Sections. Quatre d'entre elles étant alors privées de leurs canons (1), on fit demander par certaines feuilles publiques s'il n'était pas contraire à l'Égalité que les autres Sections conservassent leur bouches à feu. Elles ajoutèrent que ces pièces, sans danger entre les mains des citoyens bien intentionnés, constituaient un appât pour les conspirateurs qui songeaient à les enlever. Enfin, on conseilla secrètement aux bataillons d'en faire la remise volontaire. Le 11 Prairial (30 Mai), la Section des Droits de l'Homme vint offrir ses deux canons à la Convention qui la remercia chaleureusement de ce *sacrifice patriotique*. « Dans un Etat libre, » lui dit le

---

(1) Indépendamment des Sections du faubourg (Montreuil, Popincourt et Quinze-Vingts) qui avaient rendu leurs canons le 4 Prairial, on avait enlevé aussi ceux de la Section des Gravilliers dont les dispositions n'étaient guère plus rassurantes.

président de l'Assemblée, « tout citoyen doit être
» armé; mais le canon n'est pas une arme indi-
» viduelle. Bien que la Convention laisse aux
» citoyens le libre arbitre et l'initiative à ce sujet,
» elle se flatte d'avoir bientôt à féliciter les autres
» Sections d'une démarche semblable. » Effectivement, par l'effet des mêmes influences, toutes vinrent successivement (1) se donner le mérite de cette renonciation volontaire. L'Artillerie parisienne se trouva ainsi dissoute après six mois d'existence (2).

Quatre jours après la soumission forcée du faubourg Saint-Antoine, alors que l'indignation de l'Assemblée contre les Montagnards et les Terroristes semblait ne plus pouvoir s'accroître, de tristes nouvelles venues du Midi la portèrent jusqu'à l'exaspération.

On préparait depuis quelque temps une expédition maritime contre Rome. Pour venger la

---

(1) Les Sections du Mont-Blanc, des Champs-Élysées, de la République, de l'Homme armé et de l'Indivisibilité remirent leurs canons le 23 Prairial (11 Juin); la Section de l'Arsenal en fit autant le 1er Messidor (19 Juin), etc. Chacune n'avait réglementairement que deux pièces.

(2) Le décret de dernière formation avait été rendu en Frimaire (Chapitre XLIII).

mort de Basseville, secrétaire de légation assassiné deux ans auparavant (1), on voulait surprendre la cité papale et la frapper d'une contribution de guerre; dans ce but, l'escadre de Brest avait rejoint celle de la Méditerranée. Toutes deux attendaient, en rade de Toulon, que les circonstances atmosphériques leur permissent de mettre à la voile, lorsque se manifesta l'une de ces émotions populaires qui surgissaient toujours dans les ports quand l'intérêt de l'Angleterre était en jeu. Il s'agissait cette fois d'empêcher le départ de la flotte.

Par une coïncidence remarquable avec ce qui se passait à Lyon et à Paris, la sédition éclata à la fois dans la ville, dans le port et sur plusieurs vaisseaux, les 27, 28 et 29 Floréal (16, 17 et 18 Mai). Les ouvriers de l'Arsenal, cédant à de secrètes instigations, s'emparèrent du magasin d'armes : on leur avait persuadé qu'un Corps d'émigrés venait d'opérer un débarquement. La populace ainsi ameutée contre les royalistes se porta aux prisons demandant la liberté des *patriotes*. Un des conventionnels en mission à Toulon, Niou, était sur l'escadre; son collègue

---

(1) Chapitre XVIII, page 136.

Brunel, entouré par cinq ou six mille furieux, signa l'ordre d'élargir les prisonniers; honteux de sa faiblesse, il se brûla ensuite la cervelle (1). Un autre conventionnel, Chiappe, accourut pour se réunir à Niou; tous deux manquèrent perdre la vie.

A la nouvelle de ces tristes événements (8 Prairial = 27 Mai), la Convention prit les mesures que commandaient les circonstances (2); mais cette répétition de faits insurrectionnels, auxquels une partie de ses propres membres prenait part d'une manière si active, porta sa colère au plus haut dégré. Des représentants du peuple en mission dans le Midi, accusés d'avoir pris part à cette nouvelle rébellion, furent décrétés

---

(1) D'après une opinion assez accréditée, ce Représentant aurait été assassiné par les factieux; mais dans une intention politique très-concevable, on aurait attribué sa mort à un suicide.

(2) Comité de salut public chargé de prendre les mesures militaires pour faire rentrer dans l'obéissance les révoltés de Toulon; — Chambon et Guérin, conventionnels alors à Marseille, investis des mêmes pouvoirs que les Représentants du peuple aux armées; — ordre d'organiser une commission militaire pour juger les séditieux; — envoi de nouveaux commissaires de la Convention à Toulon et à l'armée navale, etc.

Des troupes de l'armée d'Italie entrèrent bientôt à Toulon (9 Prairial-28 Mai), et l'escadre put mettre à la voile le 19 Prairial (7 Juin).

d'arrestation (1). En raison de la solidarité évidente des deux séditions, où la Constitution de 1793 avait également servi de cri de ralliement et qui avaient coûté chacune la vie à un membre de l'Assemblée, trois Montagnards présents à Paris subirent le même sort (2). Il fut décidé que les conventionnels, déjà arrêtés pour leur participation à la révolte de Prairial, seraient jugés par la commission militaire (3) (8 Prairial-27 Mai). Le lendemain, par l'effet des mêmes impressions, on prétendit faire retomber la responsabilité de cette succession d'événements déplorables sur les membres des Comités, dictateurs avant Thermidor. Carnot prit la parole et se défendit noblement (4). Cependant les accusations

---

(1) Escudier, Ricord, Salicetti et Charbonnier.
(2) Panis, Laignelot et Thirion (de la Moselle).
(3) Ruhl, Romme, Duroy, Goujon, Forestier, Albitte (aîné), Bourbote, Duquesnoy, Soubrany, Prieur (de la Marne) et Peyssard.
(4) *Séance de la Convention* du 9 Prairial (28 Mai).
CARNOT. « ....... Je n'ai jamais cessé de combattre Robespierre
» et de presser mes collègues de le dénoncer à la Convention.
» J'atteste sur cela le témoignage des membres qui restent de ce
» Comité et plusieurs autres de mes collègues. Je m'étais mis en
» possession de l'appeler *tyran* toutes les fois que je lui parlais;
» je tenais la même conduite avec Couthon et Saint-Just.
» J'ai défendu Collot, Billaud et Barère, parce que j'ai cru

contre chacun des membres des anciens Comités furent suivies d'un vote qui entraînait son arres-

---

» qu'il importait au salut de la République de ne plus laisser
» revenir ces temps affreux où l'on promenait la hache sur la
» tête de tous les représentants du peuple; j'ai cru qu'il fallait
» assurer l'intégralité de la représentation nationale. Au surplus,
» ce ne sont plus mes paroles ni mes opinions qu'il faut juger;
» ce sont mes actions. Quand je me serais accolé à ces trois
» hommes, cela ne ferait rien contre moi; je ne suis pas mon
» juge; c'est vous qui l'êtes; c'est à vous à me séparer d'eux si
» je n'ai pas commis les mêmes crimes.

» Le premier, après le 9 Thermidor, je dis dans la réunion
» des Comités que le seul moyen de sauver la Patrie était de
» fermer les Jacobins.

» J'ai été en mission au Nord, au Rhin et à Bordeaux, et ja-
» mais il ne s'est élevé un seul reproche contre moi; que Tal-
» lien, qui m'a succédé à Bordeaux, dise si j'y ai fait arrêter une
» seule personne, si j'y ai fait répandre une seule goutte de sang.
» Je n'ai mis en arrestation que huit personnes dans le départe-
» ment du Pas-de-Calais; elles s'opposaient au recrutement des
» trois cent mille hommes. Sitôt que ce recrutement a été opéré,
» je les ai fait mettre en liberté. Dans le nombre était un de mes
» plus proches parents.

» Dans tous les départements où j'ai passé, je m'étais déclaré
» anti-Maratiste; cela fut cause que Saint-Just proposa de me
» chasser du Comité, comme on en avait chassé Hérault. La so-
» ciété montagnarde de Saint-Omer envoya ici une députation à
» Robespierre pour l'engager à demander le décret d'accusation
» contre moi. Robespierre répondit que, comme la partie mili-
» taire à la tête de laquelle j'étais allait très-bien, il ne pouvait
» alors demander le décret d'accusation contre moi; mais il
» promit de saisir la première occasion favorable pour faire
» tomber ma tête.

» Je me suis constamment renfermé dans la partie dont j'étais

tation (1). Quand vint le moment de statuer sur le sort de Carnot : « Carnot a organisé la victoire ! » s'écria une voix, et la Convention passa à l'ordre du jour en applaudissant. Dans les séances qui suivirent, neuf Montagnards furent encore décrétés d'arrestation (2).

Ainsi la Montagne était traitée comme elle avait traité elle-même le parti girondin après sa défaite. Ses membres étaient proscrits, emprisonnés ou renvoyés devant des tribunaux exceptionnels. Les journées de Germinal et de Prairial lui coûtaient plus de soixante membres et avaient rempli les prisons de plusieurs milliers de ses partisans.

La Commission militaire continuait ses fonctions sans qu'on pût l'accuser de cruauté. Les

---

» chargé; je travaillais seize heures par jour, et je n'avais poin
» l'oreille ailleurs qu'à ce qui se faisait dans mes bureaux.
 » Quant aux signatures, je les ai données de confiance, et cela
» se fait encore aujourd'hui; il était impossible que j'examinasse
» toutes les pièces qu'on me présentait à signer. Non-seulement
» j'aurais abandonné pour cela toutes mes autres affaires, mais
» même je n'aurais pas pu y suffire. »

(1) Robert Lindet, Jean-Bon-Saint-André, Jagot, Elie Lacoste, Lavicomterie, David, Barban-Dubarran et Bernard (de Saintes).

(2) Dartigoyte, Sergent, Javoques, Mallarmé, Lacoste, Baudot, Monestier, Lejeune et Allard.

condamnations à mort qu'elle prononça atteignirent des gendarmes qui avaient manqué à toutes les lois militaires en faisant cause commune avec les insurgés, des chefs voués de la révolte du 1er Prairial et les misérables qui avaient participé à l'assassinat de Féraud (1). Néanmoins ce

---

(1) *Jugements de la Commission militaire :*

| | Condamnés à mort, | | à la déportat, | à la détent., | acquittés |
|---|---|---|---|---|---|
| 6 Prairial, | 19 | (dont 18 gendarmes qui, malgré le compte rendu du *Moniteur*, n'ont pas été exécutés). | » | 5 gendarm. | 1 |
| 7 — | » | | » | » | 1 |
| 8 — | 2 | (participation à l'assassinat de Féraud.) | » | » | » |
| 9 — | » | | » | » | 1 |
| 10 — | » | | » | » | 1 |
| 11 — | 3 | { 1 idem. <br> 2 chefs de rebelles. } | » | » | » |
| 12 — | » | | » | » | 1 |
| 13 — | » | | » | 1 | 1 |
| 14 — | » | | » | » | 1 |
| 15 — | » | | » | 4 femmes. | » |
| 16 — | » | | » | 1 | » |
| 17 — | » | | » | » | 1 |
| 18 — | » | 2 (1 avait porté la tête de Féraud au bout d'une pique). | » | » | » |
| 19 — | » | | 2 (mari et femme) | » | 1 |
| 20 — | » | | » | » | » |
| 21 — | » | | » | » | 1 |
| 22 — | » | | » | » | 2 |
| 23 — | » | | 1 | 1 | 13 |
| 24 — | | Comparution des huit Conventionnels devant la Commission militaire. | | | |

nouveau mode de juger expéditivement, qui succédait immédiatement au tribunal révolutionnaire, contristait la population, lorsque les Conventionnels arrêtés à la suite des événements de Prairial comparurent devant la Commission militaire (24 Prairial - 12 Juin). Leur nombre était réduit à huit (1). Peyssard fut condamné à la déportation et Forestier à la détention. La peine de mort fut prononcée contre Romme, Goujon, Duquesnoy, Soubrany, Duroy et Bourbote (29 Prairial - 17 Juin). En sortant de la salle du tribunal, ces six condamnés tinrent le serment qu'ils s'étaient fait les uns aux autres de ne pas attendre le moment du supplice : ils se frappèrent eux-mêmes au moyen de deux couteaux et d'une vieille paire de ciseaux qu'ils avaient su conserver. Les trois premiers furent assez heureux pour mourir sur le coup; les trois autres furent conduits sanglants à l'échafaud. Un très-petit nombre de spectateurs assista à l'exécution ; l'événement tragique qui l'avait précédée, et le courage antique de ces républicains

---

(1) Ruhl, mis en arrestation dans son domicile, s'était tué d'un coup de poignard (10 Prairial-29 Mai). Albitte (aîné) et Prieur (de la Marne) étaient contumaces.

vaincus dénotaient une conviction qui faisait oublier la culpabilité des victimes.

Plusieurs de ces hommes s'étaient distingués par des qualités et des connaissances malheureusement alliées à l'esprit faux qui causa leur perte. Ces implacables Montagnards rêvaient une République à leur guise, et non celle que la Convention tentait d'établir avec peine sur tant de ruines. Leur inexorable volonté n'avait voulu admettre aucun des atermoiements réclamés par l'expérience et la raison. L'absolutisme déraisonnable qui les portait à imposer au pays des systèmes préconçus dans leurs cerveaux malades, les conduisit inutilement à la mort, et ne fit qu'engager plus fortement la Nation dans la voie de la Réaction qu'ils avaient voulu lui fermer entièrement. Ainsi se termina la lutte des Thermidoriens avec la Montagne et la démagogie (1).

Le jour où cessa le désarmement des *Terroristes*, si mal effectué par les Sections (10 Prairial

---

(1) Renouvellement partiel du Comité de salut public, le 15 Prairial (3 Juin) :
*Sortants :* Merlin (de Douai), Fourcroy, Lacombe (du Tarn), Laporte.
*Entrants :* Henri Larivière, Gamon, Marec et Blad.

29 Mai), la Convention poursuivant le même but d'une manière plus habile, autorisa les ouvriers et les artisans à ne plus faire partie de la Garde nationale « afin de laisser aux citoyens vivant du » travail de leurs mains, toutes les facilités pos- » sibles pour gagner le salaire nécessaire à l'en- » tretien de leurs familles. » Sur l'invitation du Comité militaire, de nouvelles listes d'officiers choisis par les Sections parmi ceux qui s'étaient distingués dans les derniers événements, furent présentées à l'Assemblée (5 Messidor-23 Juin). Le brave Raffet fut nommé commandant de place; on choisit aussi avec un soin particulier ses trois adjoints, les 12 adjudants généraux, les 24 adjudants de division et les 48 adjudants de bataillons (1).

Ainsi, les Sections n'avaient plus d'artillerie;

---

(1) Ces titulaires recevant une solde, ils étaient nommés par le gouvernement. D'après la loi du 28 Germinal (17 Avril), le nombre des adjudants de division eût dû être de 48, mais une décision, rendue par la Convention sur la proposition du Comité militaire (29 Prairial-17 Juin), réduisit ce chiffre à 24. — En même temps, le nombre des tambours, qui devait être de deux par compagnie, fut réduit à un pour celles du centre; les grenadiers et les chasseurs seulement devaient en avoir deux, lorsque leur nombre s'élèverait au-dessus de 100.

l'autorisation donnée à la population ouvrière de ne plus faire partie de la Garde nationale, motivait son désarmement complet; la milice bourgeoise parisienne, composée de ceux qui avaient le plus d'intérêt au maintien de l'ordre, voyait se renforcer l'organisation militaire et quelque peu *aristocratique* décidée en Germinal; enfin, elle avait auprès d'elle des troupes de ligne prêtes à l'appuyer. Il fut permis de croire que la période des insurrections était terminée, et il parut opportun de doter aussi les départements des mêmes conditions de tranquillité.

Depuis Thermidor, les Gardes nationales départementales comprenaient *officiellement* l'universalité des citoyens. En raison même de cette composition, les agitateurs et les turbulents imposaient leurs volontés à la multitude sans énergie, et faisaient de cette force armée un corps complétement inutile, lorsqu'il n'était pas dangereux. Ainsi, dans les environs de Paris, les Milices bourgeoises n'avaient pu assurer la circulation des grains; dans le Midi, elles laissaient commettre des assassinats et des massacres; des Conventionnels en mission dans divers départements, Mailhe à Dijon, Casenave à Rouen, Bernier à Évreux, etc., avaient été obligés d'effectuer des désarmements partiels; enfin, il avait fallu envoyer à Lyon un Corps de l'armée des Alpes et faire occuper Toulon militairement. Il était donc urgent de rétablir les Gardes nationales départementales sur un pied qui leur permît de rendre quelques services et offrît des garanties de sécurité aux populations. Le moment était favorable; la Capitale avait accepté sans opposition l'organisation nouvelle de sa Milice bourgeoise, et la victoire de la Convention sur les anarchistes assurait une obéissance générale à ses décrets.

Le projet de la nouvelle organisation départementale fut présenté par Bodin, parlant à l'Assemblée au nom du Comité militaire (28 Prairial-16 Juin); l'orateur insista particulièrement sur « la nécessité de laisser aux citoyens qui avaient » le plus de facultés la charge du service public, » le soin de veiller pour la tranquillité de tous, et » de n'appeler aux armes les citoyens les moins » aisés que dans les dangers de la Patrie. »

La loi, ainsi conçue, fut adoptée par la Convention.

« Art. Ier. Toutes les Gardes nationales de la République se-
» ront sur-le-champ réorganisées (excepté Paris, où cette opéra-
» tion sera bientôt terminée).

» Art. II. Elles seront composées de tous les citoyens valides
» âgés de seize à soixante ans.

» Art. III. Ne seront compris dans l'organisation, ni com-
» mandés pour aucun service : les membres du Corps législatif,
» ceux du Pouvoir exécutif ou des commissions qui le représen-
» tent, les juges des tribunaux et de paix, les directoires de dé-
» partement et de district, les maires et officiers municipaux,
» les greffiers en chef, les receveurs des districts, les directeurs
» des postes aux lettres, les courriers de malles, les postillons
» des postes aux chevaux, les militaires en activité de service,
» les commissaires des guerres, les gardes des arsenaux et ma-
» gasins de la République, les directeurs, officiers de santé et in-
» firmiers des hôpitaux militaires, les employés aux transports et
» aux charrois militaires, les étrangers non naturalisés, les con-
» cierges des maisons d'arrêt, les guichetiers et les exécuteurs
» des jugements criminels.

» Art. IV. Les ouvriers ambulants et non domiciliés, ceux
» travaillant dans les manufactures, sans domicile fixe, ne seront
» point également compris dans la présente organisation. Ceux
» d'entre eux qui seront cautionnés, par écrit, par les citoyens
» chez lesquels ils travailleront, seront admis dans les rangs des
» compagnies de leur quartier, lorsque la générale battra.

» Art. V. Les citoyens peu fortunés, domestiques, journaliers
» et manouvriers des villes ne seront plus compris dans les con-
» trôles des compagnies, à moins qu'ils ne réclament contre
» cette disposition. Dans le cas où l'on battra la générale, ils
» prendront place dans la compagnie de leur quartier, pour con-
» tribuer aux secours ou à la défense commune.

» Art. VI. Les bataillons seront formés de dix compagnies, y
» compris celles de grenadiers et de chasseurs.

» Art. VII. Les compagnies seront composées d'un capitaine,
» un lieutenant, un sous-lieutenant, un sergent-major, quatre
» sergents, huit caporaux, soixante fusiliers, un tambour.
» Total : soixante-dix-sept hommes.

» Art. VIII. Dans les communes, sections de communes ou
» cantons dont le nombre des citoyens excédant la formation d'un
» bataillon ne pourrait en composer un second ou un troisième,

» cet excédant de citoyens serait réparti également sur toutes les
» compagnies.

» IX. S'il arrivait que la population d'une commune, d'une
» section de commune ou d'un canton ne pût pas former un
» bataillon, elle s'adjoindrait la section, la commune ou le
» canton le plus voisin pour en compléter l'organisation.

» Art. X. Alors tous les citoyens concourraient également à la
» nomination de l'état-major.

» Art. XI. L'état-major des bataillons sera composé d'un chef
» de bataillon, d'un adjudant et d'un porte-drapeau, et chaque
» bataillon aura un tambour instructeur.

» Art. XII. Les bataillons seront toujours embrigadés.

» Art. XIII. Les brigades seront ordinairement composées de
» trois bataillons ; elles pourront être portées à quatre, et réduites
» à deux, tellement qu'une commune ou un district qui aurait
» huit bataillons, les répartirait en trois brigades, deux de trois
» et une de deux, et que la commune ou le district qui fournirait
» sept bataillons, n'aurait que deux brigades, une de quatre et
» une de trois.

» Art. XIV. Chaque brigade sera commandée par un chef de
» brigade et un adjudant.

» Art. XV. Les brigades seront organisées par divisions.

» Art. XVI. Les divisions seront de dix brigades au plus et de
» cinq au moins.

» Art. XVII. Chaque division sera commandée par un chef de
» division et deux adjudants généraux.

» Art. XVIII. Toutes les divisions de gardes nationales d'un
» département seront commandées par un officier général, lors-
» qu'elles seront réunies pour l'intérêt public, et ce général sera
» nommé par le gouvernement.

» Etc., etc. (1).

En même temps qu'on s'acharnait ainsi à
poursuivre l'idée révolutionnaire d'organiser les

---

(1) Pour la suite, voir le *Journal militaire* de Gournay.

citoyens en une vaste corporation militaire, l'Armée, la véritable force du pays, commençait à reprendre à l'intérieur la position qu'elle avait perdue depuis plusieurs années.

Les troupes de ligne, après avoir rétabli la tranquillité à Paris, avaient quitté leurs bivouacs sur les places ou dans les jardins publics; on les avait installées à Marly et au camp des Sablons autrefois occupé par l'école de Mars. Une députation de tous les Corps, conduite par le général Menou, vint offrir l'expression de son dévouement à la Convention qui la remercia du service rendu à la République *par les vainqueurs de Fleurus* (13 Prairial-1er Juin). Des détachements de l'*Armée de Paris* assistèrent le lendemain à la cérémonie des funérailles de l'infortuné Féraud. Cette bonne intelligence entre la Représentation nationale et les troupes de ligne devenues ses soutiens, s'accrut par les protestations de zèle et d'obéissance des armées aux frontières : les Représentants du peuple, qui y étaient en mission, assuraient qu'au premier appel ils marcheraient avec des colonnes aguerries au secours de l'Assemblée.

Une *Légion de police générale* composée d'infanterie et de cavalerie, fut créée, pour faire le service des tribunaux et des prisons, à la place de la gendarmerie licenciée (1) (9 Messidor-27 Juin).

Enfin, sur la proposition d'Aubry parlant au nom du Comité militaire, il fut décidé que les départements de la Somme, de la Seine-Inférieure et de l'Eure feraient partie de la 17ᵉ division militaire (Paris). Toutes les troupes qui s'y trouvaient, avaient été mises sous les ordres du général Menou, le 3 Prairial; leur ensemble reçut alors le nom d'*Armée de l'intérieur* (24 Messidor-12 Juillet).

---

(1) La *Légion de police générale* fut ainsi composée :
Deux demi-brigades d'infanterie, chacune de trois bataillons à huit compagnies de 100 hommes, officiers compris; en tout 4800 hommes d'infanterie.
Une brigade de troupes à cheval de deux escadrons de cavalerie et de deux escadrons de chasseurs; chaque escadron de deux compagnies de 152 hommes, officiers compris; en tout 1,216 cavaliers.
L'État-major.

## CHAPITRE XLVII.

CATASTROPHE DE QUIBERON. — PAIX AVEC L'ES-
PAGNE. — SUITE DE LA RÉORGANISATION MILI-
TAIRE. — CONSTITUTION DE L'AN III.

(Messidor, Thermidor et Fructidor an III. — Juin, Juillet et Août 1795).

### Sommaire.

Tentatives de Puisaye pour obtenir des secours de l'Angleterre. — Position des armées du Nord, du Rhin et de Sambre-et-
Meuse. — Plan de l'expédition de Quiberon. — Les Chouans reprennent les armes. — Débarquement des émigrés à Quiberon.
— Causes de leur désastre. — Catastrophe qui termine l'expédition.
Traité de paix conclu avec l'Espagne. — Suppression des deux
armées des Pyrénées-Orientales et des Pyrénées-Occidentales.
Suite de la réorganisation militaire. — Détermination des généraux et des officiers qui doivent composer les états-majors et
les cadres de l'armée. — Difficultés qu'elle présente. — Bonaparte à Paris.
Constitution de l'an III. — Dispositions qu'elle consacre relativement aux forces militaires du Pays.

Les mesures coercitives prises contre le parti
terroriste étaient dans toute leur vigueur, lorsque

le parti royaliste opéra une formidable tentative contre la République.

Le ministre anglais Pitt avait vu se dissiper successivement les espérances qu'il avait fondées sur la coalition de l'Europe contre la France; son désappointement concourut à la réussite des projets du comte de Puisaye. Ce grand chef de la Chouannerie lui avait affirmé, avec toute la chaleur de la conviction, que les bandes de l'Ouest obligées de subir une pacification imposée par la nécessité, n'attendaient que l'apparition du drapeau blanc sur les côtes de la Bretagne pour recommencer la guerre. Il en résulta un nouveau plan d'attaque contre la France.

L'armée du Nord, commandée par Moreau, occupait alors la Hollande; l'armée de Sambre-et-Meuse, sous les ordres de Jourdan, était placée sur le Rhin, vers Cologne; l'armée du Rhin, à la tête de laquelle était Pichegru, s'étendait de Strasbourg à Mayence. Ces deux dernières, indépendamment des positions stratégiques qu'elles occupaient, faisaient le blocus de Luxembourg et le siége de Mayence, les seules villes que la Coalition n'eût pas encore perdues sur la rive gauche du Rhin. On comptait que Luxembourg serait obligé de se rendre faute de secours; quant à Mayence, il fallait pour s'en emparer que Pichegru ou Jourdan passât d'abord le Rhin afin de l'investir sur les deux rives; or, les armées étaient dans une pénurie qui résultait du relâchement des ressorts du gouvernement républicain, de la ruine du papier-monnaie et de l'incapacité d'Aubry : les équipages de pont étaient insuffisants (1). Sur l'autre rive, les Autrichiens, démoralisés par leurs revers, se réorganisaient

---

(1) *Séance de la Convention* du 30 Vendémiaire an IV (22 Octobre 1795), c'est-à-dire quatre mois plus tard et après le mouvement rétrograde auquel fut obligée l'armée de Sambre-et-Meuse.

CARNOT : « On ne peut faire aucun reproche au Comité de
» salut public à raison de l'événement dont il vient de vous être
» rendu compte.... Jourdan a déployé dans cette retraite le même
» talent qui a déjà valu tant de victoires..... S'il y avait des re-
» proches à faire à quelqu'un, ce serait à ceux qui ont retardé le
» passage du Rhin.... Lorsque je quittai le Comité de salut pu
» blic, il y a six mois, on était prêt à le faire; je ne sais pour-
» quoi il a été tant différé. On a laissé venir la mauvaise saison,
» de manière qu'on n'a pu faire les démarches nécessaires pour
» se maintenir dans le pays. . . . . . . . . . . . . . . . »

MERLIN (de Douai) : « Il est très-vrai que le passage du Rhin
» avait été résolu bien avant qu'il ne fût effectué. Au mois de
» Floréal, j'avais fait signer à tous les membres du Comité un
» arrêté qui ordonnait le passage. Lorsque je rentrai au Comité,
» le 15 Thermidor, il n'y avait point encore un bateau préparé
» pour traverser le fleuve..... Je fus informé que les membres
» entrés au Comité le 15 Messidor, étonnés de l'inexécution du
» premier arrêté, en avaient fait prendre un second. . . . . . »

lentement et n'osaient tenter quelques coups décisifs pour entraver les opérations des Républicains ; mais leur présence suffisait pour empêcher le passage du fleuve par des troupes dépourvues des principaux attirails.

Les trois grandes armées de la République étant ainsi forcées à une sorte d'immobilité, le ministre Anglais voulait que le Corps du prince de Condé, passé récemment à la solde de l'Angleterre (1), fît une tentative pour pénétrer par la Franche-Comté, marcher sur Paris, et opérer ainsi une diversion qui faciliterait une descente importante sur les côtes de l'Ouest.

On désignait le comte d'Artois comme chef de cette dernière expédition. Une flotte organisée secrètement dans les ports d'Angleterre avait reçu le matériel et les approvisionnements nécessaires pour une armée que l'on comptait former en Bretagne. On y embarqua différents Corps composés d'anciens officiers de la marine Française, de réfugiés toulonnais, d'émigrés de toutes sortes

---

(1) Les troupes du prince de Condé, dont le quartier général était alors sur le Rhin, se composaient de 2,500 fantassins et de 1,500 cavaliers. Pour cette opération, tous les émigrés sur le continent devaient se réunir à lui sous peine d'être expulsés des divers territoires où ils avaient trouvé refuge.

et de prisonniers de guerre enrôlés pour la circonstance; les uns étaient à peu près complets; les autres consistaient en cadres dans lesquels on espérait incorporer les auxiliaires qui, au dire de Puisaye, allaient se présenter en foule aussitôt que l'expédition aurait touché les côtes. L'effectif total était de 4,300 hommes, tous Français (1); d'autres divisions navales devaient le renforcer de Français et d'Anglais, pris à Jersey et à l'embouchure de l'Elbe.

En même temps, les avis et les émissaires expédiés d'Angleterre ranimèrent les espérances de la Chouannerie; le nombre et la gravité des actes commis par les rebelles qui reprenaient les armes, atteignirent des proportions inusitées; à la fin de Prairial, le courrier de Brest ne se hasardait dans la forêt du Pertre, près Laval, qu'escorté de huit cents hommes et de trois pièces de canons. Une chaleureuse proclamation de Hoche annonça à ses troupes que leur courage n'était plus enchaîné, puisque ceux que la République avait amnistiés, trahissaient leur serment de soumission. Les hostilités recommen-

---

(1) *Lettre au citoyen Lanjuinais, représentant du peuple.* — *Moniteur universel* du 25 Messidor (13 Juillet).

cèrent d'autant plus vives qu'elles avaient été momentanément suspendues; dès le commencement, elles coûtèrent la vie à deux chefs fameux parmi les Chouans, Coquereau et Boishardy.

Cependant l'expédition Anglaise cinglait vers les côtes de Bretagne, tandis que d'autres divisions navales se montraient de divers côtés pour entretenir l'indécision des Républicains sur le point de débarquement; l'une d'elles battit l'escadre de Brest sortie pour s'opposer à la flotte principale (5 Messidor-23 Juin). Cette dernière mouilla bientôt avec trente bâtiments de transport dans la baie de Quiberon (7 Messidor 25 Juin).

La Convention, éclairée par les derniers événements de la Vendée sur les inconvénients résultant de la présence aux armées d'un trop grand nombre de Représentants, décida qu'un seul député serait en mission auprès de chacune des trois armées dans l'Ouest (1). Elle décréta que les rebelles, pris les armes à la main après avoir fait soumission à la République, seraient punis de mort (30 Prairial-18 Juin). Les généraux des armées de l'Ouest (Canclaux), des

---

(1) Mathieu, Guezno et Bodin.

côtes de Brest (Hoche) et des côtes de Cherbourg (Aubert Dubayet) reçurent l'ordre de diriger à la hâte des forces imposantes vers le point de débarquement. Enfin, dans la nuit du 10 au 11 Messidor (28 au 29 Juin), deux membres du Comité de salut public, Tallien et Blad, partirent pour la Bretagne.

Le malheureux enfant au nom duquel s'agitaient tant de passions et d'intérêts, Louis XVII à l'étranger et *fils de Capet* à Paris, venait de mourir au Temple (20 Prairial-8 Juin), martyr de l'atroce barbarie dont il avait été si longtemps victime; l'avènement de Louis XVIII fut proclamé au camp du prince de Condé, et le parti royaliste se flatta de voir prochainement se réaliser ses plus audacieuses espérances.

Mais les causes qui avaient tant de fois fait échouer les efforts des Émigrés, se manifestèrent encore. Le comte d'Hervilly, auquel avait été confié le commandement de l'armée royaliste, était brave et dévoué, mais nullement apte à conduire une opération aussi importante : il voulut faire de la stratégie, lorsqu'il eût fallu agir en audacieux partisan, et perdit deux jours avant de débarquer (9 Messidor - 27 Juin). Une funeste mésintelligence s'éleva entre ce chef aux lentes allures et l'énergique Puisaye; tous deux prétendirent au commandement, l'un parce qu'on lui avait confié la direction de l'expédition maritime, l'autre parce qu'il se considérait comme le chef incontestable de la Bretagne insurgée; on expédia un cutter en Angleterre pour demander de nouveaux ordres; le comte d'Artois, dont la présence eût mis fin à ces contestations, ne parut pas.

En outre, quelques milliers de Chouans, accourus pour tendre la main aux nouveaux débarqués, se virent accueillis par eux tout différemment qu'ils ne l'espéraient. Ces émigrés qui avaient conservé les traditions militaires de la Monarchie, ces débris de l'armée régulière et de la marine royale, éprouvèrent un profond sentiment de défiance et de dégoût à la vue des bandits déguenillés qui allaient devenir leurs soldats ou leurs alliés. Les Chouans, manquant de tout et habitués à agir irrégulièrement, se jetaient sur les caisses de provisions, d'habillements ou de fusils, et s'en partageaient le contenu au grand étonnement des sergents qui s'apprêtaient à leur faire magistralement des distributions régulières suivant l'ancienne méthode. Puisaye passait son temps à empêcher les querelles de dégénérer en rixes entre les troupes de ligne et ses anciens soldats des forêts de la Bretagne. Quand on put enfin s'occuper des dispositions militaires à prendre pour s'avancer dans l'intérieur du pays, l'orgueil des ex-gentilshommes devint une cause nouvelle de difficultés ; ils ne demandaient qu'à se battre, ils voulaient bien mourir, mais ils ne voulaient pas *chouanner*.

Du côté des républicains, au contraire, Hoche déploya sa bouillante activité. Il réclama des secours de Canclaux et de Dubayet, envoya des troupes sur les points de la côte qui lui semblaient menacés, en rassembla d'autres à Rennes, Ploërmel et Vannes; le 14 Messidor (2 Juillet), il était à Auray avec 4,000 hommes.

Les hostilités commencèrent bientôt entre ses postes avancés et ceux des Chouans, avec une bravoure égale des deux côtés; leurs résultats se ressentirent de la mésintelligence qui compromettait l'expédition des Émigrés. Les avis et les ordres de l'*Agence royaliste de Paris* complétèrent la confusion. Elle accusait l'Angleterre de vouloir recommencer en Bretagne ce qu'elle avait tenté inutilement à Toulon, c'est-à-dire d'agir dans ses intérêts et non dans ceux de la Monarchie; elle prescrivit de ne rien tenter de décisif tant que le comte d'Artois ne paraîtrait pas; aussi une partie de la Chouannerie, qui recevait ses instructions de Paris, attendit-elle le débarquement du prince qui ne devait pas arriver. De même, de petits corps royalistes, envoyés pour effectuer des diversions, obéirent aux ordres de l'*Agence* et gardèrent une compromettante immobilité. Des bandes de Chouans se plaignirent alors d'avoir été mal secondées ou exposées seules au feu de l'ennemi; de leur côté, les troupes de ligne s'irritaient de reproches qu'elles ne méritaient pas, tout le blâme devant être imputé à la mésintelligence ou à l'impéritie de leurs chefs. Pour comble de maladresse, lorsque les Chouans, se croyant trahis et regrettant leur ancienne guerre, demandèrent qu'on les rendît à leurs forêts, d'Hervilly, espérant les forcer à s'engager dans les régiments, enjoignit qu'il ne fût plus distribué aux troupes irrégulières qu'une demi-ration par homme. Une sédition s'ensuivit; Puisaye parvint encore à l'apaiser en faisant révoquer l'ordre malencontreux donné à son insu.

Cependant les troupes républicaines s'organisaient d'une manière formidable. Les renforts envoyés par Canclaux et Aubert-Dubayet étaient arrivés. Dans le camp de Hoche, officiers et soldats travaillaient avec une ardeur infatigable à élever des retranchements qui devaient enfermer leurs ennemis entre la mer et un inexpugnable rempart garni d'artillerie (1).

Sur ces entrefaites, une nouvelle division navale jeta l'ancre dans la baie de Quiberon (27 Messidor-15 Juillet); elle amenait des bouches de l'Elbe 1,100 hommes commandés par le jeune comte de Sombreuil; elle annonçait le prochain débarquement de 3,000 Anglais et l'arrivée de forces plus considérables commandées par le comte d'Artois; elle était aussi chargée de vivres et de munitions. En même temps, un léger navire apporta une dépêche qui terminait le différend entre d'Hervilly et Puisaye : ce dernier avait le commandement absolu avec le titre de lieutenant général au service de l'Angleterre.

Puisaye put croire que la fortune allait enfin lui sourire; une attaque formidable contre les retranchements de Hoche avait été préparée pour le lendemain (28 Messidor-16 Juillet); il eût

---

(1) « Je voyais les officiers eux-mêmes, en chemise et distingués seulement par leur hausse-col, manier la pioche, et hâter les travaux des soldats. » — *Mémoires* de Puisaye.

voulu la retarder pour attendre que les troupes de Sombreuil fussent débarquées; mais les petits Corps qui devaient aller prendre les Républicains à revers, étaient déjà embarqués. L'opération eut lieu; on en connaît les résultats. Les signaux des détachements, chargés de faire diversion, furent mal interprétés; les colonnes qui s'avancèrent contre le front des Républicains furent écrasées par le feu de l'artillerie; des ordres mal donnés, mal transmis et mal exécutés changèrent la défaite en déroute. A la fin de la journée, il ne restait plus aux Émigrés et aux Chouans, enfermés dans la presqu'île de Quiberon, que l'espoir de se rembarquer pour aller porter la guerre dans la Vendée, sous les ordres de Charette, « général plus habile que Puisaye, » disait la masse des mécontents.

Hoche ne leur en laissa pas la possibilité. Il était renseigné par des ex-prisonniers des pontons anglais, que l'on avait enrôlés dans les régiments des Émigrés et qui désertaient pour venir retrouver les Républicains. Son armée s'avança pendant la nuit du 2 au 3 Thermidor (20 au 21 Juillet), et bientôt les malheureux débris de l'expédition royaliste furent acculés à la mer, pourchassés par la cavalerie et écrasés par l'artillerie républicaine. Le feu ouvert par les canonnières Anglaises contre les troupes victorieuses, frappant parfois les vaincus en même temps que les vainqueurs, ajouta un nouvel épisode à cette scène d'horreur. L'état de la mer rendait très-difficile le rembarquement des fugitifs auquel concourait l'immensité des chaloupes anglaises; la majorité périt dans les flots et sous le feu des Républicains. Sept cent Émigrés du Corps de Sombreuil, après s'être longtemps défendus avec le courage du désespoir, se virent contraints à mettre bas les armes; ils crurent à une capitulation qui a été l'objet perpétuel d'affirmations de la part des Royalistes et de négations de la part des Républicains (1).

Le 9 Thermidor (27 Juillet), la Convention célébrait l'anniversaire de sa délivrance par des hymnes révolutionnaires et des symphonies

---

(1) Les débats au sujet de cette capitulation se retrouvent dans la plupart des historiens. Les deux opinions contraires citent des preuves à l'appui de leurs allégations. Entre autres, Rouget de Lisle, l'auteur de la Marseillaise, nie la capitulation dans ses *Souvenirs historiques de Quiberon*. Chasle de la Touche en soutient la réalité dans la *Relation du désastre de Quiberon*. Il est certain que l'erreur, et non la mauvaise foi, amena ce déplorable résultat.

qu'exécutait l'Institut national de musique (1), lorsque, vers une heure, Tallien revenant des bords de l'Océan, parut à la tribune au bruit des applaudissements. Il rendit un compte détaillé de l'expédition de Quiberon et du nouveau succès qu'elle avait valu aux armes de la République. Un tonnerre d'acclamations répondit à ses paroles. La fête continua ensuite ainsi qu'elle avait commencé; les airs qui exprimaient des idées politiques opposées, tels que *le Réveil du Peuple* et *le Chant du Départ*, se succédaient en raison des opinions qui divisaient alors l'Assemblée.

Tallien qui avait, dit-on, formé d'abord le projet de sauver les malheureux compagnons de Sombreuil, n'en parla que de manière à exciter contre eux la sévérité de l'Assemblée (2). Des Com-

---

(1) C'est dans cette séance que Lemoine présenta à la Convention un glaive que Robespierre avait fait faire pour lui, d'après les dessins de David. Ce sabre affectait la forme antique de celui des élèves de l'École de Mars dans laquelle le dictateur voyait sa garde future; il était tout brillant d'or et de nacre, et sur le ceinturon, on lisait : Liberté, Égalité.

(2) Tallien voulait d'abord les sauver; mais en arrivant à Paris, il fut informé qu'il avait été dénoncé comme ayant des intelligences secrètes avec les royalistes de l'extérieur. La crainte de se compromettre le fit changer d'avis. Quant au triste sort des victimes de Quiberon, on ne peut que le déplorer; mais on doit considérer que ces émigrés étaient pris les armes à la

missions militaires furent instituées à Auray, à Vannes et à Quiberon ; les malheureux débris de l'expédition furent condamnés à mort comme émigrés pris les armes à la main sur le territoire, et fusillés.

A la même époque, la République remporta des succès heureusement empreints d'un tout autre caractère. Luxembourg, bloqué pendant l'hiver et le printemps, se rendit enfin par famine (6 Messidor-24 Juin). Dans les négociations qui se poursuivaient à Bâle, l'échange de la fille du roi Louis XVI, prisonnière au Temple, fut stipulé contre la remise aux agents de la République, des Représentants du peuple et du ministre livrés autrefois aux Autrichiens par Dumouriez (1). Cette mesure facilitant la paix avec l'Espagne, la prise de Vittoria et de Bilbao furent les derniers exploits de l'armée des Pyrénées-Orientales ; le 14 Thermidor (1er Août), la Convention ratifia les conditions du traité conclu à Bâle avec cette

---

main sur le territoire de la République, qu'ils venaient avec l'Étranger recommencer la guerre civile, que les lois étaient inexorables, et que le gouvernement était menacé chaque jour de plus en plus par les progrès de la faction royaliste.

(1) Chapitre XXI.

Puissance. Deux jours auparavant, le ministre plénipotentiaire de la république de Venise avait été admis dans le sein de la Convention ; ceux de la république des Provinces-Unies (Hollande et Belgique) y siégeaient depuis quelque temps. Un mois après, Boissy d'Anglas présentait à l'Assemblée le traité de paix conclu par la République avec le Landgrave de Hesse-Cassel (15 Fructidor-1er Septembre).

En somme, la Coalition avait décidément perdu la Hollande ainsi que l'Allemagne septentrionale, tandis qu'un Bourbon venait de reconnaître la République. La France, au ban de l'Europe entière deux ans auparavant, voyait se succéder rapidement les négociations diplomatiques qui reconnaissaient la République et assuraient ses conquêtes. Ses frontières n'étaient plus menacées que du côté du Sud-Est.

Kellermann y commandait les deux armées des Alpes et d'Italie affaiblies par diverses causes. On en avait d'abord retiré 10,000 hommes pour les placer à Toulon (1), sur l'escadre partie pour agir

---

(1) Chapitre XLVI.

contre Rome. Un combat avec une flotte Anglaise, où toutes deux furent également maltraitées, fit rentrer au port les vaisseaux français. Les troupes enlevées à Kellermann lui furent alors restituées; mais on le priva en même temps de deux autres Corps de troupes; l'un fut envoyé à Toulon pour combattre les Terroristes; l'autre fut dirigé sur Lyon pour désarmer la Garde nationale qui avait laissé commettre des massacres dans les prisons. Les Autrichiens et les Piémontais, ayant alors reçu des renforts du Tyrol, les armées des Alpes et d'Italie durent exécuter un mouvement rétrograde.

Heureusement, la paix conclue avec l'Espagne entraînant la suppression des deux armées des Pyrénées, rendit leur personnel disponible (1).

Ainsi commençait à se simplifier l'immense développement que la Révolution avait donné

---

(1) Il en résulta parmi les généraux en chef plusieurs mutations (14 Fructidor-31 Août).

Schérer quittant l'armée des Pyrénées-Orientales, fut nommé commandant en chef de l'armée d'Italie.
Moncey — des Pyrénées-Occidentales, — — des Côtes de Brest.
Hoche — des Côtes de Brest, — — de l'Ouest.
Canclaux — de l'Ouest, — — des dép. du Midi.
Kellermann conserva la direction de l'armée des Alpes.

à la force militaire du pays. Le triste état des finances commandait d'ailleurs de procéder à toutes les réductions possibles; on fit une économie de 20,000 hommes et de 10,000 chevaux en retranchant une des deux pièces d'artillerie attachées jusqu'alors à chaque bataillon d'infanterie (18 Floréal-7 Mai). D'un autre côté, la dépréciation considérable des assignats obligeait à d'onéreux sacrifices. Pour alléger un peu la misère des sous-officiers et des soldats (1), on leur accorda un supplément de solde journalier de deux sols *en numéraire* (15 Thermidor-2 Août). Les officiers reçurent aussi une indemnité mensuelle de huit livres en numéraire (28 Fructidor-14 Septembre). Le même décret leur accorda un uniforme gratuit (2).

La Commission de l'organisation et du mouvement des armées continuait l'œuvre à laquelle Carnot avait donné une si vigoureuse impulsion :

---

(1) Un décret du 15 Brumaire précédent (5 Novembre 1794) avait mis en réquisition tous les bois propres à la fabrication des sabots, pour qu'on en pût confectionner un million de paires nécessaires au service des garnisons.

(2) Un décret du 4 Messidor (22 Juin) avait d'abord accordé cet habillement aux officiers, à raison de 120 livres à retenir sur leurs appointements par douzième et par mois.

le génie, l'artillerie, la gendarmerie, les charrois, les commissaires des guerres, les conseils d'administration, etc., étaient l'objet d'une multitude de lois et de décrets qui, présentés à la Convention par le Comité de salut public, achevaient de dissiper le chaos dans lequel la Révolution avait autrefois plongé la force militaire (1).

L'opération la plus difficile et la plus délicate fut la détermination du personnel qui devait constituer définitivement les états-majors et les cadres de l'Armée. A l'époque où les effectifs avaient subi un accroissement prodigieux, et par là même instantané, les grades et les emplois avaient été prodigués sans mesure. Alors que Pache et Vincent dirigeaient le ministère de la guerre, les délégués du Club des Jacobins aux armées recevaient des paquets de brevets en blanc qu'ils distribuaient selon leur bon plaisir; devant l'Ennemi, les représentants du peuple et les généraux avaient accordé des grades mérités par la valeur; en raison de cette facilité illimitée, un nouveau titulaire était nommé dès qu'une blessure, une maladie, une destitution créait une va-

---

(1) Voir le *Journal militaire* de Gournay et son *Supplément*.

cance. Quand on put songer à sortir de cette anarchie, on reconnut que le nombre des officiers était le double de celui qui eût été suffisant (1).

Cette multitude de choix, faits souvent sans discernement et sous l'influence des idées révolutionnaires les plus pernicieuses, avait fréquemment favorisé l'immoralité ou la bassesse. *L'ancienneté de service* ayant déterminé l'avancement au détriment de l'*ancienneté de grade*, de vieux serviteurs avaient franchi les degrés hiérarchiques avec une incroyable rapidité, et se trouvaient élevés à des positions que leur ignorance eût du leur interdire. De même, de jeunes gens entrés volontairement dans les états-majors, dont le service était plus attrayant et plus fructueux que celui des régiments, y avaient gagné successivement divers grades sans avoir jamais fait manœuvrer une compagnie ou un escadron.

L'intérêt des finances exigeait que la République ne soldât pas une quantité d'officiers inutiles ; l'honneur et la dignité militaires com-

---

(1) En Pluviôse (Février), on évaluait la force militaire de la République à 1200 bataillons, 500 escadrons et 60,000 hommes d'artillerie. — *Rapport sur la situation des armées* présenté à la Convention par Dubois Crancé, dans la séance du 12 Pluviôse (31 Janvier 1795).

mandaient d'expulser les indignes ; pour la sûreté et la gloire du pays, il fallait écarter les incapables ; la justice réclamait la réintégration de ceux qui avaient perdu leur emploi par les conséquences de l'iniquité révolutionnaire ; il importait enfin que la position de ceux qu'on devait conserver fût définitivement assurée par des brevets.

Une partie de l'année se passa, pour la Commission de l'organisation des armées, à expédier des commissions ou à réclamer les pièces nécessaires pour les établir. De nombreux officiers qui n'en obtinrent pas, demandèrent l'examen de leur conduite. Dès le 27 Pluviôse (15 Février), la Convention, assaillie de pétitions souvent fondées sur la justice, avait chargé les Comités de salut public et militaire d'examiner les motifs de suspension ou de destitution d'une grande quantité de généraux et d'officiers.

Pendant qu'on y procédait, des dispositions nouvelles relatives à l'avancement (1), furent

---

(1) Les dispositions générales de la loi du 14 Germinal (3 Avril) peuvent être ainsi résumées pour l'infanterie :

Un tiers des vacances accordé à l'ancienneté de grade, sur toute la demi-brigade ;

mises en vigueur. On décida que l'*ancienneté de grade* et non l'*ancienneté de service* donnerait des droits à la position supérieure ; les aides de camp et les adjoints à l'état-major furent astreints, lorsqu'ils acquéraient un nouveau grade, à en remplir d'abord les fonctions dans les Corps. Enfin, il fut décrété que l'Armée serait ramenée à l'organisation simple et uniforme réglée par la loi du 21 Février 1793 (1).

Cette dernière condition limitait le nombre des généraux et des officiers. Cependant, indépendamment des droits acquis devant l'Ennemi, un grand nombre de ceux qui sollicitaient à Paris leur réintégration dans leurs anciennes positions, rendirent en Prairial des services qui militaient en leur faveur. L'épuration de la masse d'officiers sans emploi en devint encore plus difficile. D'ailleurs, pour beaucoup d'entre eux, on avait décidé d'après des notes incomplètes, souvent partiales. Enfin, en dépit des assertions formulées

---

Un tiers à l'élection, roulant seulement sur le bataillon.
Un tiers à la nomination du Corps législatif sur la présentation du Comité du salut public.
Dans les troupes à cheval, les trois modes d'avancement roulaient sur tout le régiment.
(1) Chapitre XIX.

par Aubry à la tribune, ses contemporains ont, à cet égard, porté sur son compte un jugement sévère et mérité.

Par suite, lorsque le Comité de salut public eut présenté à la Convention la liste des officiers généraux maintenus, une multitude de réclamations s'éleva. Plusieurs de ceux qui n'y étaient pas compris vinrent offrir à l'Assemblée le spectacle de leurs cicatrices. La clameur fut telle qu'on proposa de déclarer ce travail non avenu (11 Thermidor-29 Juillet); mais cette mesure eût causé une nouvelle émotion parmi les généraux dont les droits avaient été reconnus. La liste incomplète fut donc reconnue valable par la Convention, avec la restriction que le Comité de salut public « pouvait, dans un travail aussi com-
» pliqué, avoir commis quelques erreurs qu'il
» importait de réparer. »

Le tableau des officiers souleva bien d'autres récriminations. Les uns étaient définitivement repoussés des cadres; d'autres y étaient maintenus dans un grade différent de celui auquel ils croyaient avoir des droits (1); une grande quan-

---

(1) Une des conditions de la conservation du grade était d'y avoir passé au moins six mois.

tité d'entre eux restaient titulaires de leur position, mais le manque d'emplois ne permettait pas d'utiliser leurs services; placés *à la suite*, ils ne devaient toucher que la moitié d'un traitement rendu presque illusoire par la dépréciation des assignats, jusqu'au jour où des vacances permettraient de les faire rentrer dans le service actif.

En réponse aux vives interpellations qui affluaient à la tribune de la Convention, Aubry protestait des bonnes intentions du Comité de salut public et des siennes en particulier. Ces discussions, quoique soutenues en termes généraux et sans désignation personnelle, entraînaient de nombreux inconvénients : elles avaient des échos dans les armées, où elles causaient du découragement parmi les officiers. La Convention agit sagement en renvoyant toutes les réclamations au Comité de salut public, qui fut chargé d'y faire droit (1).

---

(1) Comité de salut public :
Entrés au 15 Messidor : Louvet (du Loiret), Boissy d'Anglas, Jean Debry, Lesage.
Sortis — : Roux, Rewbell, Sièyes et Gillet.
Entrés au 15 Thermidor : Letourneur (de la Manche), Merlin (de Douai), Rewbell, Sieyès.
Sortis — : Tallien, Aubry, Treilhard, Cambacérès.

Un des exemples les plus connus de la partialité d'Aubry fut que, de simple capitaine d'artillerie, il se créa d'emblée général de division (1). En même temps, trouvant que les épaulettes de général de brigade avaient récompensé trop vite les services rendus à Toulon par Bonaparte, il l'avait rayé des cadres de l'Artillerie, et destiné à servir à l'armée de l'Ouest comme général d'infanterie. Bonaparte terminait alors l'armement des côtes de la Provence dont il s'était acquitté à la satisfaction du gouvernement ; il vint à Paris réclamer contre la mesure dont il était victime ; il fut alors attaché au bureau topographique du Comité de salut public pour la direction des armées (2) (3).

La grande préoccupation du moment était la

---

(1) *Mémoires sur Carnot* par son fils.
(2) Lettres de Napoléon des 25 Juin, 25 Juillet et 20 Août 1975. — *Mémoires du roi Joseph* publiés par A. Du Casse.
(3) La plupart des auteurs de *Mémoires* ont prétendu que Bonaparte se trouvait alors dans un complet dénûment, sans doute pour présenter un contraste plus piquant avec la grandeur qui fut ensuite son partage. Il était évidemment dans une position pécuniaire très-modeste et même gênée, mais elle était alors celle de la plupart de ses camarades, et n'avait pas le caractère de misère sous lequel on s'est plu à la peindre.

prochaine apparition de la Constitution qui devait, espérait-on, fermer à jamais l'abîme révolutionnaire.

Le 2 Floréal (21 Avril), une commission de onze Conventionnels avait été nommée dans le but avoué de préparer les *lois organiques* de la Constitution de 1793, mais en réalité pour en rédiger une entièrement nouvelle. Boissy d'Anglas la présenta à l'Assemblée, le 5 Messidor (23 Juin). La discussion y apporta peu de changements. On avait voulu éviter, dans ce troisième essai d'un gouvernement républicain, les inconvénients inhérents aux deux Constitutions qui avaient précédé. Celle de 1791 avait eu pour but de désarmer le Pouvoir; celle de 1793, si on l'eût mise à exécution, eût établi la suprématie de la *démocratie pure*. Le nouvel acte constitutionnel, tendant à rendre au gouvernement des conditions de force et de durée conciliées avec les idées libérales, constitua un immense progrès.

Après la période agitée que la France venait de traverser, la force armée régulière, la garde nationale, l'instruction publique, l'organisation et l'administration municipale et judiciaire, les contributions, tout en un mot était à rétablir. A tous ces points de vue, la Constitution de l'an III entrait dans les détails les plus circonstanciés. On doit se borner ici à indiquer le mode de gouvernement et les dispositions concernant la force armée.

Le Gouvernement devait se composer de deux chambres et d'un pouvoir exécutif.

Les deux Assemblées ou *Conseils*, résultats de l'élection populaire, devaient avoir même durée et ne différer que par les conditions d'âge et les fonctions. Le *Conseil des Cinq cents*, ainsi nommé du nombre de ses membres, avait l'initiative et la discussion des lois. Il fallait avoir trente ans pour en faire partie. Le *Conseil des Anciens*, composé de 250 membres, consacrait ou rejetait les résolutions du Conseil des Cinq cents. Il fallait avoir quarante ans pour y être éligible. Les deux Conseils étaient renouvelés chaque année par tiers. Ils ne pouvaient, en aucun cas, se réunir dans le même local ; le palais des Tuileries fut destiné aux *Anciens*, et le palais Bourbon aux *Cinq cents*.

Le Pouvoir exécutif devait être dévolu à un *Directoire* composé de cinq membres. Les *Directeurs* avaient la disposition de la force armée et des finances, nommaient les fonctionnaires et conduisaient les négociations avec les Puissances étrangères ; mais ils n'agissaient que par l'intermédiaire de ministres responsables. Le Directoire devait être partiellement renouvelé par le remplacement annuel d'un de ses membres, qui ne pouvait plus être réélu qu'après cinq ans d'intervalle. Il devait résider au palais du Luxembourg, avoir une garde, des messagers d'État et une liste civile montant pour chaque Directeur à 50,000 myriagrammes de froment (1).

Enfin, les douze Commissions exécutives, substituées par le *gouvernement révolutionnaire* aux ministères de l'ancien régime (2), allaient être remplacées à leur tour par les six ministères de la justice, de l'intérieur, des finances, de la guerre, de la marine et des relations extérieures.

Relativement à la force armée, la nouvelle Constitution employait encore le verbiage de la Révolution en ne reconnaissant que des *Gardes nationales* :

. . . . . . . . . . . . . . . . . . . . . . . . . . . . . .

### TITRE IX.
*De la force armée.*

« Article 274. La force armée est instituée pour défendre

---

(1) Nouveau mode de tarif adopté par suite de la dépréciation croissante des assignats.
(2) Chapitre XXXIV.

» l'État contre les ennemis du dehors, et pour assurer au dedans
» le maintien de l'ordre et l'exécution des lois.

» Art. 275. La force publique est essentiellement obéissante;
» nul corps armé ne peut délibérer.

» Art. 276. Elle se distingue en *garde nationale sédentaire*,
» *et garde nationale en activité*.

### De la garde nationale sédentaire.

» Art. 277. La garde nationale sédentaire est composée de
» tous les citoyens et fils de citoyens en état de porter les armes.

» Art. 278. Son organisation et sa discipline sont les mêmes
» pour toute la République; elles sont déterminées par la loi.

» Art. 279. Aucun Français ne peut exercer les droits de ci-
» toyen, s'il n'est inscrit au rôle de la garde nationale sédentaire.

» Art. 280. Les distinctions de grades et la subordination n'y
» subsistent que relativement au service et pendant sa durée.

» Art. 281. Les officiers de la garde nationale sédentaire sont
» élus à temps par les citoyens qui la composent, et ne peuvent
» être réélus qu'après un intervalle.

» Art. 282. Le commandement de la garde nationale d'un
» département entier ne peut être confié habituellement à un
» seul citoyen.

» Art. 283. S'il est jugé nécessaire de rassembler toute la
» garde nationale d'un département, le directoire exécutif peut
» nommer un commandant temporaire.

» Art. 284. Le commandement de la garde nationale sé-
» dentaire, dans une ville de cent mille habitants et au-dessus,
» ne peut être confié à un seul homme.

### De la garde nationale en activité.

» Art. 285. La République entretient à sa solde, même en
» temps de paix, sous le nom de *garde nationale en activité*, une
» armée de terre et de mer.

» Art. 286. L'armée se forme par enrôlement volontaire et,
» en cas de besoin, par le mode que la loi détermine.

» Art. 287. Aucun étranger, qui n'a point acquis les droits
» de citoyen français, ne peut être admis dans les armées fran-

» çaises, à moins qu'il n'ait fait une ou plusieurs campagnes
» pour l'établissement de la République.

» Art. 288. Les commandants en chef de terre et de mer ne
» sont nommés qu'en cas de guerre ; ils reçoivent du directoire
» exécutif des commissions révocables à volonté. La durée de
» ces commissions se borne à une campagne, mais elles peuvent
» être continuées.

» Art. 289. Le commandement général des armées de la Répu-
» blique ne peut être confié à un seul homme.

» Art. 290. L'armée de terre et de mer est soumise à des lois par-
» ticulières pour la discipline, la forme des jugements et la nature
» des peines.

» Art. 291. Aucune partie de la garde nationale sédentaire,
» ni de la garde nationale en activité, ne peut agir pour le ser-
» vice intérieur de la République, que sur la réquisition par
» écrit de l'autorité civile, dans les formes prescrites par la loi.

» Art. 292. La force publique ne peut être requise par les
» autorités civiles que dans l'étendue de leurs territoires ; elle
» ne peut se transporter d'un canton dans un autre sans y être
» autorisée par l'administration du département, ni d'un dé-
» partement dans un autre sans les ordres du directoire exécutif.

» Art. 293. Néanmoins, le Corps législatif détermine les
» moyens d'assurer par la force publique l'exécution des juge-
» ments et la poursuite des accusés sur tout le territoire français.

» 294. En cas de dangers imminents, l'administration mu-
» nicipale d'un territoire peut requérir la garde nationale des
» cantons voisins ; en ce cas, l'administration qui a requis,
» et les chefs des gardes nationales qui ont été requises, sont
» également tenus d'en rendre compte, au même instant, à l'ad-
» ministration départementale.

» 295. Aucune troupe étrangère ne peut être introduite sur
» le territoire français sans le consentement préalable du Corps
» législatif. »

. . . . . . . . . . . . . . . . . . . . . . . . . . . . . .

Le 2 Fructidor (19 Août), la Convention décréta que la nouvelle Constitution serait pré-

sentée, le 20 du même mois (6 Septembre), au peuple Français réuni dans les *Assemblées primaires*.

Ces assemblées comprenant tous les citoyens âgés de vingt et un ans, devaient, après l'acceptation de l'acte constitutionnel, procéder à la formation des *Assemblées électorales*.

Ces dernières avaient à nommer les sept cent cinquante députés, qui composeraient les deux *Conseils* et procéderaient à l'élection des cinq Directeurs constituant le *Pouvoir exécutif*.

# CHAPITRE XLVIII.

Lutte entre les partis royaliste et républicain. — Journée du 13 vendémiaire. — Annihilation de la garde nationale parisienne. — Fin de la Convention.

(Fructidor an III. Vendémiaire et Brumaire an IV. — Août, Septembre et Octobre 1795.)

**Sommaire.**

Efforts du parti royaliste pour empêcher l'acceptation de la Constitution de l'an III. — Ses manœuvres dans les Sections. — Ces dernières réclament contre la proximité des troupes de ligne et contre les *décrets des deux tiers*. — Leur esprit d'hostilité est partagé par la Jeunesse dorée. — Arrestation de jeunes gens réfractaires à la réquisition.

Ouverture des assemblées primaires. — Celle de la Section Lepelletier donne le signal de l'opposition. — Les Thermidoriens appellent au secours de la Convention tous les vétérans de la Révolution. — Passage du Rhin par une partie de l'armée de Sambre-et-Meuse. — La Constitution de l'an III est proclamée loi fondamentale de l'État.

Continuation de l'agitation dans les Sections parisiennes. — La Section Lepelletier les provoque à la révolte. — Assemblée des électeurs dans la salle du Théâtre-Français (Odéon). — Elle méconnait le décret de la Convention qui lui enjoint de se dis-

372   L'ARMÉE ET LA GARDE NATIONALE.

soudre. — La force armée est chargée de la dissiper. — Formation du *bataillon sacré des patriotes de* 89. — La colonne dirigée par Menou ne rencontre aucun ennemi.

Suite de la révolte des Sections. — La force armée est dirigée contre la Section Lepelletier. — Cette seconde expédition n'aboutit à aucun résultat.

*Journée du* 13 *Vendémiaire.* Menou est destitué de son commandement. — Bonaparte est proposé pour le remplacer. — Ses hésitations; il accepte. — Subterfuge pour éviter de le laisser sous les ordres de trois conventionnels chargés de diriger la force armée : Barras est nommé général en chef de l'armée de Paris et de celle de l'Intérieur.

Organisation des forces de l'insurrection. — Dispositions militaires prises par Bonaparte. — L'armée et la garde nationale restent en présence toute la journée. — Mouvements de détail; tentatives pour parlementer. — Nécessité pour les chefs militaires d'en venir aux mains. — Combat d'une heure. — Victoire des troupes de la Convention.

Abolition des causes d'insurrection. — Suppression des distributions de pain. — Annihilation de la garde nationale parisienne.

Situation nouvelle de l'armée vis-à-vis de la nation.

Commissions militaires instituées pour juger les rebelles de Vendémiaire. — Indulgence à l'égard de ces derniers.

Derniers jours de l'Assemblée nationale. — Fixation de la force et de la composition de l'armée pour l'an IV. — Fin de la session de la Convention.

Les Royalistes pensaient que l'acceptation de l'acte constitutionnel allait anéantir leurs dernières espérances; ils déployèrent, pour l'entraver, des efforts d'autant plus puissants que, depuis les journées de Prairial, le parti réactionnaire avait gagné en force ce qu'avait perdu le parti terroriste. A Paris, de nombreux émissaires se répandirent dans les assemblées des Sections pour envenimer ou dénaturer les faits du moment, et les transformer en motifs d'accusation contre la Convention. L'exécution des sept cents prisonniers de Quiberon devint le texte de déclamations passionnées dont l'humanité n'était pas le seul mobile. Le gouvernement fut représenté comme déployant une dangereuse indulgence envers les *ex-satellites de Robespierre*, tandis qu'il usait de rigueurs inqualifiables contre les débris impuissants d'un parti dispersé. Le Royalisme, tant de fois vaincu, disaient ces orateurs, n'est plus qu'un vain fantôme dont les *terroristes de la Convention* abusent pour égarer les Républicains et ressaisir le pouvoir. Des journaux et des pamphlets luttèrent d'acharnement pour calomnier et avilir la Représentation nationale. Une affiche placardée à profusion dans les environs de Paris s'exprimait sans détours : « Peuple » Français, reprends ta religion et ton roi légi- » time ; alors tu auras la paix et du pain. »

Des députations vinrent bientôt manifester à la barre de l'Assemblée le nouvel esprit qui agitait les Sections ; leurs pétitions et leurs réclamations devinrent même assez importunes pour qu'un député demandât de quel droit les Sections de Paris s'arrogeaient un privilége de remontrance blessant pour l'Égalité, puisque la presque totalité de la population du pays n'en pouvait user (24 Thermidor-11 Août). Ces nouveaux symptômes acquérant chaque jour plus de gravité, l'Assemblée décida la fermeture immédiate de tous les Clubs (6 Fructidor-23 Août).

Cette mésintelligence entre la Convention et les Sections qui l'avaient défendue en Prairial, s'accrut par l'effet de plusieurs causes. Ceux qui rêvaient le retour de la Monarchie avaient compris qu'il eût été prématuré d'en arborer ouvertement l'étendard; leur tactique consistait alors à diriger le choix des électeurs, de telle sorte que le Corps législatif fût composé de partisans avoués ou secrets de la Royauté et d'individus sans couleur politique disposés à laisser agir. On eût ainsi obtenu un régime transitoire que l'on présumait devoir amener la restauration du Trône.

Ce projet menaçant également tous les députés républicains des vengeances de la contre-Révolution, un intérêt commun réunit aussitôt les Thermidoriens et les débris de la Montagne; une portion de l'Assemblée restée incertaine jusque-là, se joignit à eux parce qu'elle était épouvantée des violences de la réaction royaliste dans le Midi. L'immense majorité de la Convention résolut ainsi de conserver une part importante dans le prochain gouvernement. Deux décrets tranchèrent la question (5 et 13 Fructidor-22 et 30 Août): l'un arrêtait que les deux tiers des élus de la prochaine législature (500 sur 750) seraient choisis parmi les Conventionnels; le second réglait leur mode de réélection. L'acceptation du *décret des deux tiers* dut être, comme la Constitution, soumise au vote des Assemblées primaires.

Aussitôt la plus vive indignation se manifesta dans les feuilles réactionnaires; elles demandèrent en vertu de quel droit les restes d'une « assemblée débile, usée par le crime, » osaient tenter une aussi audacieuse usurpation. De nombreux pamphlets signalèrent la Convention comme un ramas de terroristes et d'ilotes sans énergie; les premiers, disait-on, veulent conserver le pouvoir en guise de bouclier, et les autres ont sans cesse racheté leurs têtes au prix de leur honneur et de leur devoir. Des pétitions contraires au *décret des deux tiers* furent colportées de tous côtés et couvertes de signatures; partout retentit la même phrase adressée aux

députés : « Méritez le choix du peuple et ne le
» commandez pas ! »

D'un autre côté, la Convention avait provoqué la prompte adhésion des armées et des Corps militaires à l'acte constitutionnel, ainsi qu'au décret dont il était accompagné. Le 11 Fructidor (28 Août), une députation composée de généraux, d'officiers et de soldats vint lui présenter les votes d'acceptation des troupes du camp formé récemment à Marly. Le même jour, la Section du Mail fit entendre à la barre une réclamation contre la proximité de ces troupes : elle dépeignit l'inquiétude que la population ressentait, disait-elle, de cette force militaire à laquelle l'Assemblée pouvait recourir instantanément. La Garde nationale parisienne avait-elle donc démérité pour qu'on l'environnât de troupes de ligne? Pourquoi ces dernières n'allaient-elles pas cueillir de nouveaux lauriers à la frontière? Les citoyens ne sauraient-ils plus veiller à la sûreté de l'intérieur? La Section des Champs-Élysées présenta aussi diverses considérations contre *les deux tiers*; elle demanda également qu'on fît cesser les alarmes occasionnées par la présence des troupes, et que « l'on ne vît plus surgir les enseignes de la ter-
»reur. » A ce discours interrompu par de fréquents

murmures, le président de la Convention répondit que « la dernière ressource du despotisme royal » était de calomnier les représentants du peuple » qui avaient fondé la République, et les quatorze » armées qui avaient su la maintenir contre les » despotes conjurés. » Tallien et Thibaudeau prirent aussi la parole en faveur des défenseurs de la Patrie assimilés aux agents de la Terreur, et insultés, dirent-ils, par des individus qui, ne sachant montrer leur courage que dans les spectacles, sollicitaient des emplois dans les administrations quand il s'agissait d'aller à la frontière.

Ces dernières paroles font apprécier comment était alors envisagée la Jeunesse dorée. Immédiatement après la chute de Robespierre, elle avait rendu de grands services aux Thermidoriens en criant dans les spectacles, en pourchassant les Terroristes et en faisant fermer le club des Jacobins. A mesure que les événements avaient pris plus de gravité, son action s'était amoindrie ainsi que son effectif, par la défection des jeunes gens dont les opinions dépassaient la marche de la Convention dans la voie de la Réaction. En Germinal, elle avait été complétement inutile; en Prairial, les cinq cents jeunes gens qui s'étaient offerts pour servir encore la Convention, avaient compromis follement la colonne de Kilmaine. Après la défaite sans retour du parti terroriste, la Représentation nationale, soutenue d'ailleurs par les troupes de ligne, n'avait plus besoin de ces alliés douteux ou compromettants. Ils s'en aperçurent bientôt à la froideur de ces mêmes Thermidoriens qui les avaient choyés au moment du besoin. Leurs plaintes n'ayant pas été écoutées, un certain nombre manifesta des velléités d'opposition et fit cause commune avec les agitateurs du moment, les royalistes. On se ressouvint alors que presque tous ces jeunes gens étaient des réfractaires à la réquisition ; un arrêté des Comités enjoignit à ceux d'entre eux qui avaient échappé jusque-là au service militaire, de se rendre dans les vingt-quatre heures à l'État-major de la Place, afin de prouver la régularité de leur position ou de prendre une feuille de route pour la frontière. Nul n'ayant répondu à cet appel, on fit cerner les spectacles, les bals publics et autres lieux semblables ; les jeunes gens qui ne purent justifier de la légalité de leur présence à Paris furent conduits à la maison d'arrêt des réquisitionnaires insoumis (1).

---

(1) Située alors rue des Orties, le long des galeries du Louvre.

Les plus énergiques ayant voulu résister, conformément aux habitudes turbulentes qu'ils avaient adoptées depuis un an, ils se virent couper les cadenettes ou les collets noirs, autrefois signe de ralliement contre les Jacobins et devenus l'indice d'un esprit de réaction trop avancé. Ceux qui avaient soutenu la Convention avec le plus de zèle, quelques mois auparavant, déclamaient alors contre elle dans les assemblées des Sections (1) (2).

Le 20 Fructidor (6 Septembre), jour de l'ouverture des Assemblées primaires dans toute la France, celle de la Section Lepelletier donna le signal de l'opposition : elle déclara dans un *acte de garantie* que les pouvoirs de tout corps constituant cessaient en présence du Peuple assemblé,

---

(1) « .... Chaque Section avait son orateur qui s'était chargé » d'enflammer de plus en plus les esprits. A la Section des » Piques, c'était Saint-Marc Souriguères, l'auteur du *Réveil du* » *Peuple*; à la Section du Louvre, Isidore Langlois; à la Section » des Tuileries, l'acteur Léger; ailleurs Martainville, ailleurs » Dussault. Richer Serizy tenait en haleine la Section des Filles- » Saint-Thomas; Fiévée gouvernait celle du Théâtre-Fran- » çais..... » — *Souvenirs Thermidoriens*, par Georges Duval.

(2) Le renouvellement partiel du Comité de salut public eut lieu dans ces circonstances (15 Fructidor - 1er Septembre).

*Sortants :* Doulcet, Rabaud-Pommier, Verrier et Defermon.

*Entrants :* Cambacérès, Dumont, Laréveillère-Lépaux et Berlier.

et que tout citoyen avait le droit d'émettre son vœu sur la Constitution, le décret du 5 Fructidor et les *mesures de salut public* à déployer. L'*acte de garantie* fut communiqué aux quarante-sept autres Sections par des commissaires; la plupart l'adoptèrent au nom de la *souveraineté du peuple*. Il fut dénoncé dans la matinée du lendemain à l'Assemblée nationale (21 Fructidor-7 Septembre) qui, dans sa séance du soir, apprit que la Section Lepelletier avait aussi proposé aux autres Sections la formation d'un *Comité central*. La Convention décida que les citoyens qui se réuniraient comme délégués d'Assemblées primaires, seraient déclarés coupables d'attentat à la souveraineté du peuple et à la sûreté intérieure de la République. Il devait en être de même pour ceux qui, prétextant les missions données par ces assemblées, se rendraient d'une commune dans une autre ou auprès des corps militaires (1).

Les Sections affectant de ne tenir aucun compte de ces décrets, leur attitude hostile obligea la Convention à chercher des auxiliaires. Les Thermidoriens n'avaient pas oublié le lan-

---

(1) *Séances de la Convention* dans le *Moniteur universel*. — *Essai sur les journées des 13 et 14 Vendémiare*, par P. F. Réal.

gage révolutionnaire; au nom de la République menacée, ils rappelèrent à eux les *patriotes* qu'ils avaient naguère combattus et désarmés. Le 22 Fructidor (8 Septembre), une députation de ceux que l'on qualifiait peu auparavant de Terroristes, vint à la barre réclamer l'accomplissement de la Constitution. Ils se plaignirent de ce que, dans la Section de la place Vendôme, on avait invité les citoyens désarmés en Prairial à se retirer des assemblées primaires, sous peine d'en être exclus par la force. La Convention les encouragea, et leur dit qu'appuyée sur leurs sentiments patriotiques, la Révolution triompherait à jamais du Royalisme.

Ce dernier parti s'exaltant par l'effet de ses propres impressions, avait cru que le pays entier seconderait la résistance à laquelle il donnait l'impulsion. La masse de la Nation au contraire, aspirant au repos après tant d'orages, était disposée à adopter la Constitution ainsi que les deux décrets. Chaque jour arrivaient les acceptations des départements (1), des armées et des corps en gar-

---

(1) *Séance de la Convention* du 27 Fructidor (13 Septembre). *Suite de l'acceptation de l'acte constitutionnel.*
*Département de la Charente-Inférieure.* Vingt-huit assemblées

nison (1): elles donnaient lieu de constater la faible minorité de ceux qui repoussaient la Constitution ou les décrets. Les Sections de Paris n'en

---

primaires, dans lesquelles sont comprises les communes de La Rochelle, Rochefort, Pons, Saintes et Saint-Jean-d'Angély, ont à l'unanimité accepté les décrets des 5 et 13 Fructidor, aux cris mille fois répétés de Vive la République!

*Département de la Haute-Marne.* Quarante-sept assemblées primaires; dix-sept acceptent la constitution sans réclamer contre les décrets des 5 et 13 Fructidor; huit acceptent la constitution et refusent les décrets; six refusent la constitution.

*Département de la Marne.* Soixante et onze assemblées primaires; trente-six acceptent l'acte constitutionnel sans réclamer contre les décrets; dix acceptent la constitution et les décrets; vingt et une acceptent la constitution seulement; quatre la refusent.

Etc.

(1) *Séance de la Convention* du 30 Fructidor (16 Septembre). *Merlin de Thionville représentant du peuple près l'armée du Rhin et Moselle, à la Convention nationale.*

« Strasbourg, le 25 Fructidor, an III.

« . . . . . . Je vous fais passer les procès-verbaux qui cons-
» tatent l'acceptation de la Constitution; ils sont au nombre de
» cent cinquante-trois, émanés de différents corps réunis ou sé-
» parés. Vous verrez qu'elle a reçu l'assentiment unanime de l'ar-
» mée et des administrations qui y sont attachées; moins soixante-
» trois charretiers des équipages et convois militaires. Le décret
» sur la réélection n'a été rejeté que par les quarante-huit em-
» ployés des subsistances générales, 2ᵉ section, qui ont cependant
» accepté à l'unanimité l'acte constitutionnel. Il a été rejeté de
» même par trente individus de la 1ʳᵉ compagnie du 3ᵉ bataillon
» de la 7ᵉ demi-brigade d'infanterie légère, deux officiers de
» santé et un commis aux entrées de l'hôpital de Porentrui. Une
» très-faible partie du 20ᵉ régiment de chasseurs à cheval a aussi
» refusé l'acte constitutionnel, etc. »

persistèrent pas moins dans l'opposition la plus manifeste. En vain, on apprit que l'Aile gauche de l'armée de Sambre-et-Meuse, commandée par Kléber, avait enfin passé le Rhin (20 Fructidor-6 Septembre) et que Dusseldorf s'était rendu ; cette nouvelle, qui eût entraîné quelques jours auparavant de bruyantes manifestations d'allégresse, ne détourna pas les assemblées des Sections de leur agitation subversive ; quarante-sept sur quarante-huit rejetèrent les décrets tout en acceptant la Contitution. La Section des Quinze-Vingts fit seule exception en votant comme l'immense majorité de la Nation.

La Convention se hâta de publier le résultat général des acceptations (1). Son président proclama solennellement que la Constitution, adoptée par le Peuple français, devenait la loi fondamentale de l'État. Une déclaration analogue eut lieu pour les décrets des 5 et 13 Fructidor, auxquels les Assemblées électorales allaient être tenues de

---

(1) Sur 958,226 votants connus, 914,853 avaient accepté la Constitution.
Sur 263,131 votants connus, 167,758 avaient accepté les décrets. — *Séance de la Convention* du 1ᵉʳ Vendémiaire an IV (23 Septembre 1795).

se conformer (1ᵉʳ Vendémiaire 23 Septembre) (1).

Alors la presse réactionnaire mit au jour de nouvelles récriminations; des pamphlétaires et des journalistes, opposant leurs correspondances particulières à celles des Comités, prétendirent qu'il y avait eu fraude dans le recensement des votes; d'autres soutinrent que la majorité ne devait pas faire la loi. Les délibérations des assemblées primaires de Paris en devinrent plus turbulentes; on s'y rendit en armes; le seul nom de la Convention y excitait des murmures; on ne pouvait y parler du gouvernement sans provoquer des huées ou des vociférations; les propositions les plus extravagantes y furent formulées. Chacune de ces réunions agissant à sa guise, se coalisa avec les assemblées voisines et se déclara en permanence. La Section des Quinze-Vingts persista dans l'attitude, récemment prise, de dévouement à la Convention à laquelle elle envoya une députation qui fut accueillie de la manière la plus flatteuse (2).

---

(1) L'année 1796 étant bissextile, l'an III compte six jours complémentaires, et le 1ᵉʳ Vendémiaire an IV correspond au 23 Septembre 1795, tandis que pour les ans I, II, III, V, etc., le 1ᵉʳ Vendémiaire correspond au 22 Septembre.

(2) Séance de Convention du 5 Vendémiaire (27 Septembre). Le président répond à la députation de l'Assemblée primaire

En même temps, les bruits les plus absurdes se répandirent dans divers quartiers; on prétendait que chaque député avait reçu des armes et deux livres de poudre fine, que des potences étaient érigées dans la rue de l'Arbre-Sec, etc. Les manifestations turbulentes se multiplièrent; des individus à cravate et collet verts ou noirs déclamaient ouvertement contre la Constitution; des émissaires se rendirent au camp pour tenter de corrompre les soldats; les militaires isolés devinrent l'objet de lâches attaques; des patrouilles furent insultées au Palais-Royal; d'autres, traversant des groupes malintentionnés, s'entendaient comparer aux Suisses du 10 Août.

La Convention décréta que les Représentants du peuple chargés de la direction de la force armée prendraient toutes les mesures propres à assurer la tranquillité publique (3 Vendémiaire-

---

de la Section des Quinze-Vingts : « Les hommes laborieux qui
» composent votre Section ne peuvent être que d'excellents ré-
» publicains. L'amour du travail et la simplicité des mœurs sont
» le plus ferme appui des républiques; ces vertus mettent ceux
» qui les pratiquent dans une heureuse indépendance de tous
» les besoins qu'enfante la mollesse. Elles disposent à cette
» aimable fierté qui ne courbe point la tête devant un maître, et
» qui réserve la soumission pour la loi et pour les magis-
» trats, etc. »

25 Septembre); le Comité de sûreté générale fit poursuivre et arrêter les perturbateurs; parmi ces derniers figurait un assez grand nombre de jeunes gens, auxquels on appliqua la loi alors en vigueur contre les réquisitionnaires insoumis.

La Convention avait déjà décidé que les assemblées primaires, qui n'avaient pas encore nommé leurs électeurs, devraient terminer cette opération avant le 10 Vendémiaire (2 Octobre); en considération des événements qui se passaient à Paris et des funestes contre-coups qu'ils avaient dans les environs, elle rapprocha de dix jours la réunion de la prochaine législature et la fixa au 5 Brumaire (27 Octobre) (1).

Dès que cette décision, qui enlevait un temps précieux aux agitateurs, fut connue, l'assemblée primaire de la Section Lepelletier se créa elle-même *Assemblée constituante*, et prit un arrêté qui convoquait à la révolte toutes les autres assemblées primaires. Ce factum accusait la Convention d'avoir causé la disette, de vouloir prolonger ses pouvoirs, séduire et tromper les citoyens, etc. Il prescrivait aux électeurs de toutes les Sections parisiennes de se réunir le

---

(1) Au lieu du 15 Brumaire (6 Novembre).

lendemain (11 Vendémiaire—3 Octobre) dans la salle du Théâtre-Français (Odéon); chacune d'elles était invitée à faire accompagner ses délégués par une force armée capable de les défendre.

Cette résolution extravagante ne fut pas accueillie partout avec faveur. Les assemblées primaires des Sections des Gardes-Françaises et des Quinze-Vingts étaient fermées; celle de Bonconseil passa à l'ordre du jour; etc. Mais dans la matinée du 11 Vendémiaire (3 Octobre), trente-deux Sections (Théâtre-Français, Butte-des-Moulins, Brutus, Halle au blé, Mail, etc.) y adhérèrent définitivement; celle de Bondy prit un arrêté encore plus incendiaire.

Ce même jour avait été consacré par la Convention à honorer la mémoire des Girondins et d'autres conventionnels *martyrs de la liberté*, au nombre de quarante-sept. Au-dessous de la tribune était une urne funéraire couverte de crêpes et de couronnes d'immortelles, qu'ombrageaient des branches de chêne et de cyprès. Tous les députés, en costume, portaient un crêpe au bras. Les artistes du Conservatoire faisaient entendre des airs et des chants de circonstance, lorsque les nouvelles inquiétantes venues du dehors obligèrent à discuter les mesures de salut. Un décret enjoignit aux électeurs réunis au Théâtre-Français de se séparer sans délai ; à cette condition, il ne devait être exercé aucune recherche à l'égard de ceux qui s'étaient laissé entraîner à des manifestations illégales (1).

La population parisienne, lasse de tant de perturbations, vaquait comme d'habitude à ses affaires, ses travaux ou ses plaisirs; les classes inférieures étaient peu disposées à seconder un mouvement royaliste; l'agitation était ainsi concentrée à la Convention, dans les assemblées primaires des Sections et au Théâtre-Français.

Aussi les électeurs réunis dans ce dernier lieu furent-ils déconcertés en constatant leur petit nombre et le faible effectif de leurs défenseurs : quelques jeunes gens armés de grands sabres,

---

(1) Pour les détails contenus dans ce chapitre :

*Séances de la Convention* dans le *Moniteur universel*, et notamment celle du 14 Vendémiaire (soir), où fut prononcé par Merlin (de Douai) un rapport fait au nom des Comités de salut public et de sûreté générale.

*Rapport fait à la Convention nationale, le 30 Vendémiaire an IV, sur la conspiration et la rébellion qui ont éclaté dans les journées des 13 et 14 Vendémiaire, et sur les opérations exécutées par l'armée républicaine*, par P. Barras, représentant du peuple, général en chef de l'armée de l'intérieur.

*Mémorial de Sainte-Hélène*, par le comte de Las Cases.

*Essai sur les Journées des 13 et 14 Vendémiaire.*, par P. F. Réal.

de petits détachements de gardes nationaux, en tout trois à quatre cents hommes. Une partie de la journée se passa à délibérer inutilement, et à recevoir ou à envoyer des députations; des avis et des encouragements furent expédiés aux Sections paresseuses ou insouciantes; néanmoins le nombre des électeurs n'augmenta pas. Pour déguiser sa faiblesse, le *Corps électoral*, après s'être déclaré permanent, admit dans la salle les *sectionnaires* du quartier; les *représentants* se trouvèrent ainsi confondus avec les *représentés*, et débitèrent des lieux communs sur les moyens de sauver la Patrie qu'eux seuls mettaient en danger.

La nuit est venue, lorsque des hérauts, escortés par six dragons, arrivent sur la place du Théâtre-Français, pour proclamer, à la lueur des torches, le décret qui enjoint au prétendu Corps électoral de se dissoudre immédiatement. Ce dernier se croit fort de l'impuissance de la Convention, dont cette sommation tardive lui paraît un indice significatif. A peine le petit cortège est-il parvenu sur le perron du théâtre que les *gardes électoraux* et ceux qu'ils protégent, sortent de la salle et interrompent la lecture du décret par des cris et des huées. Les flambeaux qui éclairent les hérauts sont éteints plusieurs fois; eux-mêmes sont violemment repoussés du perron et définitivement obligés de quitter la place, au milieu des vociférations de la foule qui emplit les abords du théâtre.

La séance de la Convention est rouverte à sept heures du soir. Ses partisans remplissent les tribunes; une force imposante de troupes de ligne l'environne, et de nombreux détachements de cavalerie et d'infanterie occupent les quais jusqu'au Pont-Neuf, avec quelques pièces d'artillerie.

On a compris qu'il faut agir vigoureusement. Les Comités de gouvernement veulent donner au pouvoir plus de force en le centralisant (1). Une commission de cinq membres est spécialement chargée de diriger les moyens de maintenir la tranquillité publique (2). Elle ordonne que la force armée s'emparera du Théâtre-Français et dissipera les rebelles qui y sont réunis. Le gé-

---

(1) Une autre raison était qu'on soupçonnait les tendances royalistes de quelques membres des comités.
(2) Barras, Colombel, Daunou, Letourneur et Merlin (de Douai).

néral Menou reçoit le commandement des troupes qui doivent concourir à l'expédition.

Quinze cents républicains environ ont répondu aux chaleureux appels par lesquels on exhorte les vétérans de la Révolution, quelle que soit leur nuance politique, à venir apporter à la Convention le secours de leurs bras contre le *royalisme* (1); ils sont armés au magasin de la terrasse des Feuillants et l'on en forme trois bataillons; le vieux général Berruyer prend le commandement de ce corps auxiliaire dénommé *bataillon sacré des patriotes de* 89 (2).

Les colonnes se mettent en marche vers onze heures; à minuit, elles arrivent près du Théâtre-Français; mais tout est désert. L'assemblée des électeurs s'est dissoute à dix heures et demie en s'ajournant au lendemain.

---

(1) « Patriotes de 89, hommes du 14 Juillet, vainqueurs du
» 10 Août, victimes du 31 Mai, libérateurs du 9 Thermidor,
» venez tous et placez-vous dans les rangs des vainqueurs de
» Fleurus ! »

(2) Ce nom fut adopté pour dissiper certaines inquiétudes de la population. Le parti opposé à la Convention prétendait qu'après avoir réclamé l'appui des individus expulsés des assemblées primaires, des terroristes, et des suppôts de Robespierre, elle rétablirait la terreur volontairement ou forcément. Le nom de *patriote de* 89 indiquait que les Thermidoriens ne voulaient pas rappeler autour d'eux les anarchistes de 93.

Pendant ce temps, la Section Lepelletier, réunie dans le lieu ordinaire de ses séances (1), déclare que le décret rendu par la Convention, pour dissoudre l'assemblée électorale, est tyrannique et attentatoire aux droits du peuple. Elle annonce hautement qu'elle ne reconnaîtra plus les volontés de la Représentation nationale. Cette décision insurrectionnelle est communiquée aux autres Sections, adoptée par la majorité d'entre elles, et proclamée avec une audacieuse solennité.

*Journée du 12 Vendémiaire (4 Octobre).* Les meneurs de la Section Lepelletier, informés de l'expédition tardive dirigée contre le Théâtre-Français, comprennent la gravité de leur situation : ils sont placés entre le triomphe et l'échafaud. N'ayant plus aucune mesure à garder, ils multiplient leurs efforts auprès des autres Sections. Des affiches, des proclamations et des discours en plein vent annoncent le prochain retour de la Terreur et des massacres. L'armement du *bataillon de* 89 n'est-il pas une preuve fla-

---

(1) L'ex-couvent des Filles Saint-Thomas, à l'extrémité de l'ancienne rue Vivienne, sur la place de la Bourse actuelle.

grante que la Convention, pour se sauver, se jette dans les bras des *terroristes* et des *buveurs de sang?* Les gens bien intentionnés qui tentent de démontrer la fausseté ou le ridicule de ces sinistres prédictions, sont honnis et maltraités. Des électeurs, plus nombreux que la veille, retournent au Théâtre-Français pour y aviser à des moyens de salut public; les députations entre les Sections se multiplient (1); le tambour retentit de tous côtés; des patrouilles de gardes nationaux parcourent les divers quartiers et invitent les citoyens à s'armer « pour protéger Paris contre la » horde terroriste à laquelle la Convention vient » de rendre les armes et qui menace d'égorger » les femmes et les enfants. » Enfin l'assemblée de la Section Lepelletier se transforme en force armée et jure, son président en tête, de défendre le lieu de ses séances.

De son côté, la Convention, s'est déclarée en permanence. Les deux Sections des Ternes et des Gardes Françaises viennent l'assurer que nul parmi elles ne s'est joint aux rebelles du Théâtre-

---

(1) Sections Lepelletier, de la Butte-des-Moulins, du Contrat-Social, du Théâtre-Français, du Luxembourg, du quartier Poissonnière, du Temple, etc.

Français. Une députation du *bataillon sacré de* 89 se présente et proteste de son dévouement à l'Assemblée nationale, de son amour pour la république et de ses sentiments fraternels pour ses concitoyens. On ordonne la publication et l'affichage de cette profession de foi, et une nouvelle proclamation est encore adressée au peuple parisien.

Pendant qu'on tente de rassurer ainsi les gens timides qu'effrayent encore les souvenirs de la Terreur, les représentants du peuple, chargés de la direction de la force armée, sont requis de faire arrêter les membres du bureau de la Section Lepelletier. Les troupes renvoyées au camp des Sablons après l'expédition de la nuit précédente sont rappelées, et rentrent dans Paris.

La situation de la ville est effrayante; la nuit approche; toutes les boutiques sont fermées; la pluie tombe par torrents; de tous côtés, le rappel bat dans les quartiers révoltés, et le son des tambours mouillés produit sur les habitants une impression funèbre.

*De huit à dix heures du soir*, trois colonnes sous le commandement de Menou se mettent en marche pour investir le chef-lieu des séances de la Section Lepelletier; la colonne de gauche arrive par la rue des Filles-Saint-Thomas; la colonne du centre, par la rue Vivienne; celle de droite par la rue Notre-Dame-des-Victoires. De leur côté, les rebelles (7 à 800 hommes) se sont mis en bataille devant les deux faces du vaste bâtiment, chef-lieu ordinaire de leurs séances, et font mine de vouloir se défendre. Un coup de vigueur eût mis fin à l'insurrection : mais le député Laporte et le général Menou pensent qu'ils parviendront à leur but en employant les voies de la douceur et de la persuasion. Ils parlementent avec les rebelles. Il est convenu que ces derniers se dissiperont à l'instant, et que les troupes républicaines se retireront immédiatement après. Effectivement, la force sectionnaire commence à défiler; Laporte autorise Menou à faire rétrograder ses colonnes : le mouvement en arrière s'exécute. Alors, au mépris de leur parole, les Sectionnaires reviennent sur leurs pas, reprennent leur position et se réinstallent au chef-lieu de l'insurrection, en se félicitant de la *victoire* remportée sur les troupes de la Convention.

Vers *onze heures et demie du soir*, la séance permanente de la Convention était momentanément suspendue, et la plupart des députés causaient ou se reposaient dans le salon de la Liberté, à côté de la salle des séances ; tout à coup se répand le bruit du singulier résultat de l'expédition dirigée contre la Section Lepelletier. Les conventionnels rentrent précipitamment dans l'enceinte des délibérations; un des membres des Comités de gouvernement rend compte de ce qui s'est passé. La plus vive indignation se manifeste; Menou est destitué de son commandement, et l'on décide que sa conduite sera sévèrement examinée. Une foule de motions se succèdent. Chaque conventionnel propose de remplacer Menou par le général qui a sa confiance. Des représentants du peuple, qui ont été à Toulon ou à l'armée d'Italie, désignent Bonaparte, attaché récemment à la direction du mouvement des armées. Les membres du Comité de salut public, qui ont des relations journalières avec le jeune général, appuient cette proposition. On l'envoie chercher.

On n'a rien de nouveau à lui apprendre. Informé au spectacle Feydeau des événements de la rue Vivienne, il a couru aux tribunes de l'Assemblée et a tout entendu. S'il ne se présente pas, c'est qu'il délibère en lui-même. Est-il sage de se déclarer le champion d'une Assemblée souillée de crimes, et de s'infliger ainsi une sorte de solidarité avec des faits douloureux auxquels il est complétement étranger? Doit-il s'exposer bénévolement à entendre dans quelques heures son nom accolé à d'autres qu'on ne prononce qu'avec horreur? La victoire n'aura-t-elle pas un caractère odieux? La défaite ne le vouera-t-elle pas à l'exécration de la postérité? Mais si l'insurrection royaliste triomphe, les victoires des armées et les flots de sang répandus sur tant de champs de bataille auront été inutiles; l'Étranger, si souvent vaincu triomphera à son tour; l'ancienne Monarchie reparaîtra pour exercer des vengeances. La défaite de la Convention entraînerait donc le succès des ennemis extérieurs et la honte de la France. Ce dernier sentiment, ses vingt-cinq ans et la confiance en sa destinée mettent fin à cette irrésolution d'une demi-heure (1).

*Journée du 13 Vendémiaire (5 Octobre).* Bonaparte se rend au Comité de salut public. Il démontre l'impossibilité de diriger convenablement l'opération qu'on veut lui confier, lorsque trois

---

(1) *Mémorial de Sainte-Hélène*, par le comte de Las Cases.

Représentants du peuple sont investis du pouvoir militaire; il en donne pour preuve ce qui s'est passé dans la rue Vivienne quelques heures auparavant; il en a été témoin; les commissaires de la Convention sont les coupables, et cependant ils ont accusé le général Menou devant l'Assemblée. Le Comité est frappé de ces raisons; mais il est impossible d'enlever aux trois députés les fonctions qu'on leur a momentanément confiées sans provoquer une nouvelle décision de l'Assemblée qui exigerait encore une longue discussion. On tourne la difficulté en prenant un conventionnel pour chef de la force militaire : *à quatre heures et demie* du matin, Barras est nommé général en chef de l'armée de Paris et de celle de l'Intérieur; Bonaparte commandera sous ses ordres; les fonctions déléguées aux trois commissaires ne constituent plus qu'une sinécure.

A la même heure, le parti opposé multiplie ses efforts. Pendant toute la nuit, le son lugubre des tambours mouillés provoque les citoyens à la révolte. Des émissaires frappent aux portes, appellent les habitants par leurs noms, les conjurent de s'armer pour défendre leurs femmes, leurs enfants et leurs propriétés contre les Conventionnels et les *Terroristes*. La *victoire* de la Section Lepelletier a doublé la force effective et décuplé la force d'opinion des rebelles. Dans la plupart des quartiers, on raconte que cernée par 30,000 hommes, cette *généreuse Section* les a forcés à une retraite honteuse. Quant à l'Assemblée nationale, ce n'est plus la haine qu'elle inspire : c'est le mépris. On doit se presser, ajoute-t-on, d'envoyer des bataillons auprès de la *généreuse Section*, moins pour la secourir que pour assister aux funérailles de la Convention déjà vaincue.

Dans la *généreuse Section*, un *gouvernement central* s'organise. Une *commission militaire*, présidée par un ex-garde du corps, Lafond, se constitue ; pour premiers actes, elle met hors la loi les Comités de gouvernement et la Convention sauf quelques membres. Les *patriotes* qui se sont armés pour l'Assemblée nationale sont également proscrits. Sur la rive droite de la Seine, c'est au chef-lieu de la Section Lepelletier que doit se réunir la force militaire des insurgés ; sur la rive gauche c'est au Théâtre-Français (Odéon). Quelques barrières sont fermées par les rebelles ; des cavaliers d'ordonnance sont arrêtés, démontés ; on s'empare avec avidité des ordres dont ils sont porteurs. Des dépôts de chevaux, des magasins de subsistances et la trésorerie nationale tombent au pouvoir des sectionnaires.

La Convention cherche à recruter des défenseurs. De grand matin, Fréron se transporte au faubourg Saint-Antoine, et fait un chaleureux appel aux sentiments républicains de la population ouvrière. Cette dernière, oubliant sa défaite de Prairial, se déclare pour la Convention et demande des armes. Une partie de celles qu'on lui destinait ayant été interceptée en route par les rebelles, il n'en arrive qu'un petit nombre; des faubouriens s'en emparent, se forment en bataillon et, traversant fièrement divers quartiers insurgés, viennent se ranger sous les murs de la Représentation nationale, pour laquelle s'organisent en même temps des appuis plus sérieux.

Dès que Bonaparte a été chargé du commandement des forces militaires, il s'est rendu dans la chambre des Tuileries où Menou est emprisonné, pour obtenir de lui les renseignements nécessaires. Ce qu'il apprend est peu satisfaisant. Les troupes de ligne se composent de 5,000 hommes de toutes Armes. Quant à l'artillerie, quarante pièces de position sont au camp des Sablons, mais gardées seulement par 150 hommes. Les bataillons de ligne ont leurs bouches à feu; mais les canons de 4 qui sont aux Tuileries, dans la cour des Feuillants, n'ont pas de canonniers. Il n'y a que 80,000 cartouches en magasin, point de vivres rassemblés, pas d'eau-de-vie. La communication avec les bureaux de l'état-major (rue des Capucines) est interrompue.

Bonaparte expédie aussitôt le chef d'escadron Murat, avec 300 chevaux, pour aller saisir en toute diligence l'artillerie des Sablons. Ce détachement arrive au camp à deux heures du matin et s'y rencontre avec une colonne de la Section Lepelletier venue dans le même but. Murat se précipite sur le parc; il est à cheval et on est en plaine : ses adversaires ne peuvent donc tenter de lui disputer sa prise; ils se retirent. Les quarante pièces arrivent aux Tuileries vers six heures, et Bonaparte en garnit successivement tous les débouchés aboutissant aux Tuileries. On recrute des canonniers parmi les grenadiers-gendarmes, les patriotes du *bataillon sacré de* 89 et les faubouriens; des officiers leur sont donnés pour chefs. On fait venir des cartouches de Meudon et de Marly. La plupart des généraux, présents à Paris, offrent leurs services à la Convention, ainsi qu'ils l'ont fait en Prairial; les principaux chefs des troupes sont convoqués en conseil; bientôt chacun connaît le plan général; partout la ponctualité et la régularité militaires président aux divers mouvements. Vers *neuf heures*, la plupart des dispositions sont terminées.

La ligne de défense, sur laquelle sont échelonnées les troupes de la Convention, part du Pont-Neuf, suit les quais sur la rive droite de la Seine jusqu'aux Champs-Élysées, et remonte par la rue Saint-Honoré à la place du Carrousel. La tête du pont National est garnie d'artillerie; il en est de même du pont de la Révolution; la place de même nom est occupée par une forte réserve qui, avec des pièces de position, assurera au besoin la retraite de la Convention sur Saint-Cloud. Les rues de Chartres, de Rohan, du Dauphin, de l'Échelle, qui conduisent de la rue Saint-Honoré aux Tuileries, sont défendues chacune par deux bouches à feu. Sur la place du Carrousel, deux canons de 8 et deux obusiers stationnent, prêts à suivre les colonnes ou à foudroyer les maisons d'où l'on pourrait tirer sur les défenseurs de la Convention. De petites batteries masquées sont aussi établies pour prendre à revers les assaillants qui parviendraient à forcer quelque débouché.

Quant à l'insurrection, ses chefs sont les généraux Danican et Duhoux (1), l'ex-garde du corps Lafond et quelques autres des Royalistes les plus exaltés. 25 à 30,000 Sectionnaires se sont mis sous leurs ordres. Ils occupent, sur la rive droite de la Seine, la rue Saint-Honoré, la place Vendôme,

---

(1) Danican (Auguste), né en 1763 d'un gentilhomme sans fortune, entra comme simple soldat au régiment de Barrois (infanterie). La Révolution, pour laquelle il cacha ses secrets sentiments, le fit avancer rapidement. Après avoir été colonel de hussards, il fit, avec le grade de général de brigade, les campagnes de 1793 et 1794 contre les Vendéens. Battu plusieurs fois par les royalistes, il fut accusé par Levasseur (de la Sarthe) d'avoir voulu livrer la ville d'Angers aux rebelles; mais il fut défendu par Dubois-Crancé. Il mérita des éloges pour son humanité, et ne craignit pas d'attirer sur lui l'attention en pressant la Convention nationale de faire punir les auteurs des noyades de Nantes. Le commandement de Rouen lui fut dévolu en 1795. C'est de là qu'il dénonça plusieurs de ses collègues, et particulièrement Turreau, Huchet, Grignon, les accusant d'avoir poussé jusqu'à la cruauté les rigueurs de la guerre. En Vendémiaire an IV, les Sections de Paris insurgées, bien informées sans doute des opinions du général Danican, l'invitèrent à se mettre à leur tête. Il prétendit avoir contre les Comités des sujets de mécontentement, et il accepta. — *Biographie universelle des Contemporains*.

Duhoux-d'Hauterive, maréchal de camp avant la Révolution, fut nommé, en Août 1792, commandant du camp de Soissons. Il

Saint-Roch, le Palais-Royal et la rue Vivienne; ils se déploient et s'agitent librement dans les quartiers de la rive gauche.

Ainsi, l'Armée et la Garde nationale, ces deux forces militaires que la Révolution s'est obstinée à vouloir faire marcher côte à côte, sont prêtes à en venir aux mains. La première a reçu l'ordre de s'abstenir de toute agression et de souffrir avec

---

concourut après à la glorieuse défense de Lille, et fut ensuite employé dans la Vendée. Il combattit les 26 et 28 Juillet 1793 au Pont de Cé, qui fut enlevé aux Vendéens dont son neveu, le chevalier Duhoux, commandait l'avant-garde. Le 17 Septembre suivant, il assista à la déroute de Coron; deux jours après, il fut attaqué par le centre de l'armée de d'Elbée à la tête duquel se trouvait encore son neveu. Les troupes qu'il commandait se dispersèrent sans combattre, et les conséquences furent la perte de l'artillerie et des bagages, ainsi que 4,000 hommes tués, blessés ou prisonniers Le général Duhoux, traduit devant le tribunal révolutionnaire, fut non-seulement accusé de négligence et d'impéritie, ce qui parut certain, mais encore de s'être concerté avec son neveu par qui il venait d'être battu. On cita comme grief d'accusation un propos que ce dernier avait tenu aux royalistes à Chalonnes, et qui pouvait résulter aussi de la parfaite connaissance que le chevalier avait des faibles moyens de son oncle : « Prenez patience; mon oncle ne nous laissera pas manquer de » munitions. » Ces griefs étaient plus que suffisants pour faire tomber sa tête; néanmoins, il ne fut pas condamné à mort. Il disparut ensuite pour reparaître en Vendémiaire à la tête des Sections insurgées. — *Biographie universelle des Contemporains.*

patience les menues provocations. On ne veut employer les derniers moyens que lorsque les insurgés forceront de recourir à cette triste nécessité; mais comme ils perdent du temps à se réunir et à se concerter, la matinée se passe dans l'attente et l'incertitude.

Divers Représentants du peuple ayant été chargés d'aller échauffer le zèle de plusieurs Sections douteuses, le conventionnel Garos part du Carrousel *à midi* pour se rendre à celle de l'Indivisibilité (Place-Royale); il est suivi d'une trentaine de dragons et de chasseurs à cheval. En longeant les quais, il rencontre sur les terrains du Louvre les bataillons des Sections du Muséum et des Gardes françaises qui lui portent les armes pour rendre hommage à la Représentation nationale. Il passe ensuite devant le Pont-Neuf, gardé par le général Carteaux avec 350 hommes et deux pièces de quatre (1). C'est l'extrême gauche de la ligne de défense des troupes conventionnelles.

---

(1) *Essai sur les journées des 13 et 14 Vendémiaire*, par P. F. Réal.

Le *Mémorial de Sainte Hélène* attribue à Carteaux 400 hommes et quatre pièces de 4. Il y a ainsi, entre les diverses relations, plusieurs différences insignifiantes au point de vue de l'intelligence des faits.

Garos poursuivant sa route, arrive au Pont-au-Change, occupé par un demi-bataillon de rebelles. On n'ose pas l'arrêter, et il parvient ainsi sans difficulté au chef-lieu de la Section de l'Indivisibilité qui, malgré ses exhortations, persiste dans la neutralité. Le Conventionnel pousse alors jusqu'au faubourg Saint-Antoine, où le bataillon de Montreuil l'accueille aux cris de « Vive la Convention! » Il veut ramener avec lui ces fidèles républicains; mais ces derniers répondent qu'ils ne se mettront en marche que sur l'ordre de Barras, devenu leur général en chef par décret de l'Assemblée. Garos prend alors le parti de revenir sur ses pas avec son escorte et 200 hommes du bataillon des Quinze-Vingts, qui veulent rejoindre leurs camarades entraînés le matin par Fréron. Cinquante seulement sont armés.

Pendant ce temps, les choses ont changé de face sur la route qu'il a déjà parcourue et qu'il reprend pour retourner aux Tuileries.

Carteaux, qui occupait le quai depuis le Pont-Neuf jusqu'au jardin de l'Infante (1), a vainement

---

(1) Jardin bordant le Louvre en face du pont des Arts, lequel n'était pas construit alors.

demandé du renfort; il n'a reçu que l'ordre de conserver sa position extrême, autant qu'il serait possible, sans combattre. A *deux heures*, une colonne de 1,200 Gardes nationaux des Sections de l'Unité et de la Fontaine de Grenelle, arrive près de la partie du Pont-Neuf qui fait suite à la rue de Thionville (1); elle s'approche des avant-postes de Carteaux; ce dernier lui fait défendre d'avancer davantage et, après quelques pourparlers, elle se range en bataille sur les quais de Conti et des Augustins, c'est-à-dire en face de lui, de l'autre côté de la Seine.

A *trois heures et demie*, une seconde colonne de Sectionnaires débouche par la rue de la Monnaie; une troisième par le quai de la Ferraille; une quatrième, commandée par Lafond, file le long du quai de l'École. Carteaux voyant qu'on veut couper la ligne de défense dont il forme la gauche, se retire en arrière jusqu'au jardin de l'Infante. Le Pont-Neuf est alors entièrement occupé par la Garde nationale.

Par suite, Garos revenant du faubourg Saint-Antoine, voit le Pont-au-Change désert; le Pont-Neuf est, au contraire, hérissé de baïonnettes

---

(1) Aujourd'hui rue Dauphine.

qu'il prend d'abord pour celles des soldats de Carteaux; mais la vue des pompons rouges et verts (1) le tire bientôt de son erreur; d'ailleurs, on lui crie de faire halte, et le général ennemi, Lafond, se présente. Après une courte conférence, ce dernier accorde le passage à la troupe de Garos : « Il le lui doit, » dit-il ironiquement, « quand ce ne serait que pour répondre » à l'honnêteté de ceux qui viennent de lui aban- » donner ce poste sans coup férir. »

Il serait difficile de décider si cette manière d'agir provenait de l'indécision ou de l'excès de confiance des chefs royalistes. La Convention ne se montra pas plus pressée de commencer les hostilités.

Vers *trois heures*, un parlementaire envoyé par le général Danican arrive aux Tuileries; on lui fait traverser les postes les yeux bandés. Il remet aux Comités une lettre portant sommation à la Convention d'éloigner les troupes qui menacent *le peuple* et de désarmer *les terroristes qu'elle a armés la veille*; à ces conditions, on lui promet la paix. Au lieu de renvoyer le plénipotentiaire des insurgés sans l'entendre, les Comités

---

(1) Grenadiers et chasseurs de la Garde nationale parisienne.

espèrent pouvoir éviter l'effusion du sang. On reconnaît à l'unanimité qu'on ne doit pas répondre à Danican; mais divers moyens de conciliation sont discutés. Il est successivement question de désarmer les *Patriotes de* 89, de renvoyer les troupes, de s'en remettre à la loyauté des Sections, d'adresser une proclamation aux insurgés, d'expédier des représentants dans tous les quartiers de Paris, etc. Ces différentes propositions sont également agitées à la Convention; certains députés s'en indignent; d'autres les approuvent (1). Pendant ce temps, on apporte dans la salle législative sept cents fusils, des gibernes et des cartouches destinés aux conventionnels eux-mêmes; le danger qui apparaît imminent rend la discussion encore plus orageuse..... Tout à coup, le bruit de la mousqueterie retentit au dehors; des détonations d'artillerie lui succèdent; le sort de la Convention n'est plus entre ses mains. Il est *quatre heures et demie.*

Sept coups de fusil tirés brusquement des fenê-

---

(1) La relation de cette séance de la Convention est écourtée d'une manière remarquable dans le *Moniteur universel*. On n'a pas voulu sans doute laisser publier des hésitations et des faiblesses dont on eut honte après la victoire.

tres du restaurateur Vénua, sur les troupes de ligne qui occupaient les abords du Manége, près de la terrasse des Feuillants, avaient engagé l'action (1). On a prétendu que les chefs militaires employèrent ce moyen pour faire enfin commencer les hostilités; quelle que soit la vérité sur cette question controversée, il était indispensable, pour leur parti, d'en venir aux mains le plus promptement possible.

En raison de la position resserrée qu'occupaient les défenseurs de la Convention sur la ligne de la rue Saint-Honoré, les postes avancés des deux partis n'étaient qu'à douze ou quinze pas de distance. Les Sectionnaires envoyaient des femmes pour causer avec les soldats vers lesquels ils s'avançaient aussi pour *fraterniser*. Il était à craindre que ces derniers ne fussent à la fin ébranlés par ces démonstrations réitérées. La nuit allait arriver; à la faveur de l'obscurité, les insurgés pouvaient se faufiler de maison en maison jusqu'aux Tuileries. En outre, après les expéditions insignifiantes dirigées l'avant-

---

(1) D'après le *Mémorial de Sainte-Hélène*, ces coups de feu auraient été tirés de l'hôtel de Noailles. Cette assertion, peu vraisemblable, est d'ailleurs en contradiction avec les autres récits de la même journée.

veille contre le Théâtre-Français, et la veille contre la Section Lepelletier, une troisième journée passée inutilement sous les armes eût enlevé tout prestige à la force militaire, et augmenté à la fois l'audace et le nombre des rebelles. Deux jours auparavant, on les comptait par centaines; ils étaient alors quarante mille; ils eussent été cent mille le lendemain, tandis que les forces de la Convention consistaient seulement en 5,000 hommes de troupes de ligne, 1,500 *Patriotes de 89* et environ 300 faubouriens du bataillon des Quinze-Vingts. A la vérité, le grand nombre de pièces d'artillerie qui défendaient les abords des Tuileries, la qualité des défenseurs de l'Assemblée et l'expérience de leurs chefs compensaient la différence numérique, mais à condition que les troupes ne resteraient pas plus longtemps inactives. Les quelques coups de fusil tirés à quatre heures et demie, servirent donc à la fois les projets et les besoins des chefs, entre les mains desquels la Représentation nationale avait remis sa destinée.

A cette détonation soudaine, le feu de la mousqueterie s'engage sur toute la longueur de la rue Saint-Honoré; les rebelles embusqués dans les maisons, au bord des toits et derrière les cheminées, font pleuvoir une grêle de balles sur les défenseurs de la Convention. Ces derniers ripostent avec désavantage contre des ennemis invisibles; mais l'artillerie et la mitraille rétablissent l'équilibre tout en causant plus d'effroi que de ravage. L'action est aussi engagée dans les rues St-Nicaise, de l'Échelle et du Dauphin; du côté de cette dernière, le combat est acharné parce que l'église Saint-Roch, qui lui fait face, sert de forteresse aux rebelles; retirés à l'intérieur, ils n'apparaissent que pour décharger leurs fusils. C'est là que commande Danican.

Le combat dure depuis une demi-heure environ, quand les Sectionnaires de la rive gauche tentent une diversion formidable. Une nombreuse colonne de gardes nationaux, conduite par Lafond, débouche par toutes les rues qui donnent sur le quai et se dirige vers le Pont-National (Royal). Les pièces placées à la tête de ce pont, et celles qui sont en batterie au guichet du Louvre tonnent à la fois contre la colonne insurgée; ainsi prise en tête et d'écharpe, elle se débande immédiatement; après la troisième décharge, le quai Voltaire est entièrement désert.

A peu près à la même heure, les rebelles

chassés à la baïonnette de la rue Saint-Nicaise se réfugient dans le théâtre de la République (Théâtre-Français actuel). A *six heures*, le feu cesse en grande partie; la victoire de la Convention est certaine. On tiraille encore un peu dans la rue Saint-Honoré, à l'église Saint-Roch et au théâtre de la République.

De *six à neuf heures du soir*, les Sectionnaires sont expulsés de ces derniers refuges; les vainqueurs occupent le Palais-Royal, les rues Saint-Honoré et Saint-Florentin. Le pont de la Révolution (Concorde), dont la défense était formidable, n'a pas été attaqué.

Pendant la nuit, les insurgés, refoulés de tous côtés, se réunissent dans le haut de la rue de la Loi (Richelieu) et tentent d'y construire des barricades; une pièce de douze placée dans la rue de Rohan et tirant à poudre, suffit pour les empêcher d'accomplir leur projet.

Il était à craindre que la journée du lendemain (14 Vendémiaire-6 Octobre) ne fût ensanglantée par de nouvelles hostilités; on prétendait que la Section Lepelletier s'était entourée de barricades armées d'artillerie. Dès le matin, des colonnes de troupes de ligne débouchant par les boulevards, la rue Richelieu et le Palais-Royal, la cernèrent entièrement. Réduite à ses seules forces, elle obéit à l'impérieuse sommation qui lui fut faite de se rendre immédiatement. On y trouva quatre canons, une quarantaine de chevaux et une grande quantité de fusils. Les chefs de l'insurrection avaient pris la fuite.

Le reste de la journée fut employé à faire parcourir les différentes Sections par des troupes qui en commençaient le désarmement, en même temps qu'on lisait aux citoyens des proclamations de la Convention. Le soir, la ville était entièrement rentrée dans l'ordre. Le nombre des tués et des blessés de la veille s'élevait à deux cents environ pour chacun des deux partis (1).

La Convention, que la victoire rendait maîtresse de la situation, usa immédiatement de sa puissance devenue incontestable, pour supprimer les principales causes d'agitation contre lesquelles elle se débattait depuis si longtemps. Elle retira aux Sections l'autorisation, qui leur avait été récemment donnée, de tenir leurs assemblées habituelles du décadi jusqu'à la mise en vigueur de la

---

(1) *Mémorial de Sainte-Hélène.*

Constitution. Elle mit fin aux distributions de pain à prix réduit, qui étaient devenues une habitude pour la totalité des habitants de Paris ; le Comité de salut public (1) fut chargé de restreindre cette libéralité à la population pauvre et laborieuse.

Enfin la Garde nationale parisienne fut l'objet de mesures extrêmement restrictives. Il n'était plus possible de conserver d'illusion à son égard : elle avait laissé le champ libre à tous les désordres, ou fait cause commune avec toutes les insurrections, tant qu'elle s'était composée de l'universalité des habitants ; on lui avait ensuite donné une organisation qui remettait la force armée entre les mains des classes supérieures, et elle n'en avait profité que pour lever elle-même l'étendard de la guerre civile. Cependant le faux esprit de la Révolution venait de consacrer de nouveau l'existence des Gardes nationales sédentaires par la Constitution : on ne pouvait donc pas faire entièrement disparaître la milice bourgeoise de la capitale.

---

(1) Renouvellement mensuel du Comité de salut public, le 15 Vendémiaire (7 Octobre) :
   *Sortants* : Gamon, Henri Larivière, Blad et Marec.
   *Entrants* : Chénier, Gourdan, Eschassériaux aîné, Thibeaudeau.

On prit le moyen terme de l'annihiler : on supprima l'état-major, l'artillerie, la cavalerie et les compagnies de grenadiers et de chasseurs. On ne laissa qu'une caisse de tambour à chaque Section ; encore fut-elle enfermée pour ne voir le jour qu'en vertu d'un ordre spécial du commandant de place (16 Vendémiaire-8 Octobre) (1). D'ailleurs, les gardes nationaux qui avaient pris une part directe ou indirecte au mouvement insurrec-

---

(1) *Décret* du 16 Vendémiaire (8 Octobre).

« Article I<sup>er</sup>. L'état-major de la Garde nationale parisienne est
» supprimé.

» Art. II. La Garde nationale parisienne ne sera composée que
» d'infanterie.

» Art. III. Les compagnies de grenadiers et de chasseurs sont
» supprimées. . . . . . . . . . . . . . . . . . . . . . . . . .

» Art. IV. Chaque bataillon sera réduit à huit compagnies.

» Art. V. L'état-major de chaque bataillon ne sera plus com-
» posé que d'un chef et d'un adjudant de bataillon.

» Art. VI. L'état-major de Section est supprimé, en exceptant
» toutefois l'adjudant de Section.

» Art. VII. Les compagnies de canonniers demeurent défi-
» nitivement supprimées.

» Art. VIII. L'état-major de division est supprimé.
. . . . . . . . . . . . . . . . . . . . . . . . .

» Art. IX. La Garde nationale parisienne ne conservera
» qu'un tambour par Section ; la caisse destinée au tambour de
» chaque section sera déposée au comité civil, et elle ne sera dé-
» livrée audit tambour qu'en vertu d'un ordre du commandant
» temporaire de la place. »

tionnel, ceux pour lesquels les obligations du citoyen armé avaient constitué une gêne ou un ennui, les grenadiers et les chasseurs déchus de leurs priviléges aristocratiques, s'empressaient de déposer leurs armes aux chefs-lieux de leurs Sections. Par suite la Garde nationale parisienne, bien qu'elle restât officiellement reconnue, cessa réellement d'exister.

En même temps, par l'effet du jeu de bascule commencé avec la Révolution entre l'Armée et la Garde nationale, la première avait recouvré à l'intérieur le caractère d'énergie et de dignité qui doit être son partage.

Mise d'abord au ban du Pays, sous l'influence de fausses aspirations libérales ou humanitaires qui faillirent perdre la France, elle avait été privée des conditions essentielles à son existence par des démolisseurs acharnés. Carnot lui avait rendu la vie, ainsi que la force nécessaire pour délivrer le territoire et poursuivre l'Étranger au delà des frontières. Mais ce glorieux résultat n'avait pas suffi pour dissiper les préventions de la défiance révolutionnaire à l'égard de l'Armée; il est pénible de penser qu'il fallut une guerre civile pour relever définitivement les troupes de ligne de la déchéance qu'avaient fait peser sur elles les malheurs des premières années de la Révolution. Ainsi l'espèce de bannissement qui leur interdisait de circuler dans un rayon de dix lieues autour de Paris fut levé en Germinal, parce que les Gardes nationales étaient impuissantes à assurer l'approvisionnement de la Capitale. L'insurrection de Prairial força la Convention à leur en ouvrir les portes. Enfin, la journée de Vendémiaire compléta leur réhabilitation définitive.

Des bataillons arrivaient alors en si grand nombre que le commandant en chef Barras, dut en faire rétrograder une partie (17 Vendémiaire-9 Octobre). Les députations de l'*Armée de Paris* se succédaient pour assurer la Convention du respect et de l'inaltérable dévouement des troupes de ligne. L'Assemblée confirma la nomination de Bonaparte comme général en second de l'Armée de l'intérieur (18 Vendémiaire-10 Octobre). Fréron prit la parole en faveur de généraux et d'officiers qui non compris sur les listes d'Aubry, avaient néanmoins offert leurs services à la Convention et combattu pour elle. Le Comité de salut public fut chargé de « mettre en activité les

» officiers qui, après avoir dignement servi la
» République, avaient été laissés sans emploi,
» et purger les armées de ceux qui y avaient
» été employés indûment et au préjudice des mi-
» litaires républicains. » Le même Comité reçut
aussi la mission de régler tout ce qui était relatif
à la force et à l'organisation des Armées de terre
et de mer pour l'an IV de la République (20 Vendémiaire-12 Octobre).

Parmi les félicitations qui affluaient alors à l'Assemblée nationale, les plus caractéristiques furent celles des *Patriotes de 89*, des *Hommes du 10 Août* et de tout le parti révolutionnaire, ennemi de la Convention en Prairial et devenu son défenseur en Vendémiaire. Ces *ex-Terroristes*, habilement conseillés par les chefs avec lesquels ils avaient fait cause commune contre les royalistes, mêlaient à leurs manifestations des paroles de fraternité et d'humanité ; ils invoquèrent la clémence de la Représentation nationale « en faveur
» de ceux qu'ils avaient vaincus. »

Cette pétition, honorable pour ses auteurs, était inutile. Le parti défait en Vendémiaire et les sectionnaires entraînés dans sa folle tentative avaient redouté d'abord de terribles vengeances :

le bruit s'était même répandu que tous les prisonniers seraient fusillés dans la nuit sans distinction et sans formalités. La Convention répondit à cette manœuvre de ses ennemis en décrétant la formation de trois Commissions militaires pour les juger; Barras leur assigna, pour tenir leurs séances, les chefs-lieux des Sections Lepelletier, de la Butte-des-Moulins et du Théâtre-Français, centres principaux de l'insurrection (16 Vendémiaire-8 Octobre). Bien que la gravité de la rébellion justifiât la formation de tribunaux exceptionnels, la Convention ne voulait pas donner raison à ceux qui prétendaient qu'elle avait combattu pour rétablir le Terrorisme. D'ailleurs les Sectionnaires avaient suffisamment prouvé qu'ils étaient peu dangereux; après leur défaite, ils s'étaient contentés de rentrer dans leurs maisons, satisfaits d'en être quittes à si bon marché. La politique et la raison s'accordant pour conseiller de ne pas user sévèrement de la victoire, le Comité de sûreté générale fut autorisé à statuer sur le sort des détenus contre lesquels il n'existait aucun délit spécialement caractérisé. Les trois conseils militaires commencèrent à fonctionner le 20 Vendémiaire (12 Octobre), après avoir annoncé que la justice et l'humanité seraient leurs guides (1). Ils auraient pu ajouter l'indulgence. Deux chefs marquants de l'insurrection périrent sur l'échafaud; encore ces deux victimes ne durent-elles la mort qu'à des circonstances exceptionnelles (2). La condamnation capitale fut également prononcée contre une vingtaine d'autres individus déclarés contumaces; les uns crurent prudent de se cacher; les autres, plus hardis, continuèrent à circuler librement dans la ville (3); nul d'entre eux ne fut

---

(1) Ils étaient ainsi composés : un président, un rapporteur et sept juges. Ces derniers étaient un capitaine, un lieutenant, deux sous-officiers, un caporal, un grenadier et un soldat.

(2) Un des condamnés fut l'ex-garde du corps Lafond. Sa jeunesse et la bravoure qu'il avait déployée dans la journée du 13 Vendémiaire avaient excité l'intérêt en sa faveur : on voulait le sauver; mais il s'obstina à se targuer de sa double qualité d'émigré et de chef des rebelles. Le conseil militaire, séant à la Section Lepelletier, dut le condamner à mort. Il subit sa peine le 21 Vendémiaire (13 Octobre). — L'autre fut Lebois, qui avait présidé pendant l'insurrection la section du Théâtre-Français. Condamné à mort par contumace (20 Vendémiaire-12 Octobre), il se frappa de plusieurs coups de baïonnette, fut découvert, et périt aussi sur l'échafaud (23 Vendémiaire-15 Octobre).

Ces deux exécutions eurent lieu sur la place de Grève. La Convention avait décidé (20 Messidor-8 Juillet) qu'il n'y en aurait plus sur la place de la Révolution.

(3) Le vicomte de Castellane-Novejean, emprisonné en 1793 et libéré en Thermidor, fut condamné à mort comme ayant présidé la section Lepelletier, fait battre la générale et donné des ordres

inquiété; la Convention se contenta de récompenser ceux qui l'avaient défendue, sans s'acharner à poursuivre ceux qui avaient voulu la renverser (1).

En même temps, les assemblées électorales poursuivaient la nomination du nouveau Corps législatif qui, divisé en deux Conseils, allait prochainement constituer la Représentation nationale. Les derniers jours de l'existence de la Convention furent encore troublés par les tiraillements qui résultaient du choc de tant d'opinions, de passions, d'intérêts et d'espérances contraires; néanmoins, elle prit les mesures les plus indispensables à la transition gouvernementale qui allait s'opérer. Les représentants du peuple en mission dans les départements ou près des armées, reçurent l'injonction de continuer l'exer-

---

pour attaquer la Convention. Rencontré une nuit par une patrouille qui lui cria : *Qui vive!* il répondit : *Castellane, contumace*, et poursuivit son chemin.

(1) Le dernier jour que siégea la commission militaire du Palais-Égalité (5 Brumaire-27 Octobre), elle eut à juger le général Menou, dont la conduite avait été si fortement incriminée à la suite de son expédition contre la section Lepelletier. Elle déclara qu'il n'y avait pas lieu à accusation contre lui, et il fut mis immédiatement en liberté.

cice du pouvoir qui leur était délégué, jusqu'au jour où ils recevraient du futur gouvernement l'avis de la fin de leur mission (20 Vendémiaire-12 Octobre).

Ainsi qu'il en avait été chargé par la Convention, le Comité de salut public détermina quelle serait la composition de l'Armée pour l'année républicaine qui commençait. L'effectif en fut fixé à 531,000 *Gardes nationaux en activité* (1). D'au-

---

(1) *Arrêté relatif à l'organisation de l'armée de terre* (10 Brumaire-1er Novembre).

« Le Comité de salut public, spécialement chargé par le décret
» du 20 Vendémiaire an IV de régler par des arrêtés tout ce qui
» est relatif à la force et à l'organisation des armées pour l'an IV
» de la République, arrête :
» Art. Ier. La République entretiendra à sa solde, pendant le
» cours de la quatrième année républicaine, pour former l'armée
» de terre, 531,253 gardes nationaux en activité, non compris
» les troupes et les officiers généraux destinés à la défense des
» colonies, et les quatre régiments destinés au service des ports,
» les grenadiers de la représentation nationale, et la légion de
» police.
Art. II. . . . . . . . . . . . . . . . . . . . . . . . . . . . . .
» Art. III. L'infanterie combattant en ligne sera composée
» de 323,000 hommes, officiers compris; elle sera organisée,
» quant aux compagnies, ainsi qu'il est prescrit par le décret de
» la Convention nationale du 2 Frimaire de l'an II. — L'état-
» major de chaque demi-brigade sera composé ainsi qu'il est
» prescrit par l'article V du titre Ier du décret de la Convention
» nationale du 21 Février 1793. — L'infanterie sera conséquem-
» ment divisée en cent demi-brigades, chacune composée de trois

tres arrêtés réglèrent également le mode à suivre pour ramener les forces militaires à ce chiffre nouveau pour la République.

Le 4 Brumaire (26 Octobre), Barras annonça que la confiance et la tranquillité régnaient dans Paris, et il offrit sa démission de général en chef de l'armée de l'Intérieur; il fut alors adjoint aux représentants du peuple Delmas, Goupilleau et Laporte, chargés de la direction de cette armée

---

» bataillons subdivisés en neuf compagnies, dont une de gre-
» nadiers et huit de fusiliers.

» Art. IV. L'infanterie légère sera composée de 96,960 hommes,
» officiers compris; elle sera organisée ainsi qu'il est prescrit
» pour l'infanterie de bataille, avec cette seule différence que
» l'une des compagnies de chaque bataillon portera le nom
» de carabiniers, et le reste des compagnies, celui de chas-
» seurs.

» Art. V. L'artillerie sera composée de 29,128 hommes, et
» restera organisée ainsi qu'il est prescrit par la loi du 18 Floréal
» an III, avec cette différence toutefois que ne seront plus attachés
» à chaque compagnie de canonniers à pied les trente canonniers
» volontaires qui y avaient été annexés par l'article LI de la loi
» du 18 Floréal. — Les 14,000 canonniers gardes-côtes volon-
» taires seront réduits au nombre de 6,518.

» Art. VI. L'arme du génie sera composée et organisée ainsi
» qu'il est prescrit par les lois antérieures. Sa force sera
» de 20,272 hommes, savoir : 400 officiers, 600 mineurs, 12 ba-
» taillons de sapeurs formant 19,272 hommes.

» Art. VII. La cavalerie sera composée de 14,080 hommes;
» elle formera vingt régiments. Chaque régiment sera divisé
» en quatre escadrons, et chaque escadron en deux compa-

dont Bonaparte resta le véritable commandant.

C'était le dernier jour de la Convention nationale. Elle décida que la *place de la Révolution* prendrait le nom de *place de la Concorde;* la rue qui y aboutit en venant du boulevard reçut la dénomination de *rue de la Révolution*. L'Assemblée décréta également que la peine de mort serait abolie dans toute la République, à dater de la paix générale. Une amnistie, dont on excepta seulement les Émigrés et les Chouans, fut proclamée pour tous les faits uniquement relatifs à la Révolution. Enfin, à deux heures et demie, le président, Génissieux, déclara que la Convention avait

---

» gnies. — Les régiments, escadrons et compagnies seront or-
» ganisés ainsi qu'il est prescrit par le décret du 11 Pluviôse de
» l'an II.
» Art. VIII. Les dragons formeront un corps de 16,920 hom-
» mes. — Vingt régiments de six escadrons, chacun de deux
» compagnies.
» Art. IX. Les chasseurs à cheval. — Comme les dragons.
» Art. X. Les hussards formeront un corps de 11,288 hommes.
Huit régiments de six escadrons, chacun de deux compa-
» gnies.
» Art. XI, XII, XIII (Compagnie de guides, détachement de
» gendarmerie et vaguemestres attachés à chaque armée en ac-
» tivité).

rempli sa mission et que sa session était terminée.

Une ère nouvelle allait commencer pour la France républicaine. Par l'annexion récente du pays de Liège, de la Belgique et du Luxembourg, elle se composait alors de quatre-vingt-dix-huit départements.

# CHAPITRE XLIX.

## CONCLUSIONS.

**Sommaire.**

I. Considérations générales.
II. Garde nationale parisienne.
III. Gardes nationales départementales.
IV. Gardes nationales mobiles, ou volontaires de la République.
V. Armée.

### 1. CONSIDÉRATIONS GÉNÉRALES.

1. Soixante-dix années se sont écoulées, et la période révolutionnaire (1789-1795) n'a pas encore bénéficié de l'action du Temps qui, dégageant peu à peu les faits capitaux des complications secondaires, permet à l'Histoire de prononcer des jugements définitifs. Les passions qui ont si violemment agité les contemporains de cette terrible époque, ne sont pas mortes avec eux : les pères ont légué à leurs enfants ce triste

héritage; au lieu de tirer d'utiles leçons des discordes et des malheurs du passé, des générations nouvelles ont poursuivi la lutte commencée avant leur naissance.

Aussi la Polémique s'est-elle souvent substituée à l'Histoire dans les récits sans nombre auxquels a donné lieu ce temps exceptionnel. Indépendamment de l'esprit de parti agissant volontairement ou à son propre insu, des impressions, dont un écrivain n'est pas maître, contribuent à égarer le jugement de celui qui cherche scrupuleusement la vérité dans ce chaos où l'horrible et le sublime sont si souvent confondus. Un mélange inextricable d'aspirations humanitaires et de cruautés révoltantes, les appels à la Liberté aboutissant au plus horrible despotisme, des invocations perpétuelles à la Fraternité ou à la Mort, l'effusion du sang innocent et l'énergie du sentiment national, la continuité des scènes funèbres à l'intérieur et la gloire des armées à l'extérieur, constituent un ensemble sans nom, susceptible de motiver les appréciations les plus divergentes.

« C'est la Terreur qui a sauvé la France de l'Étranger, » disent les uns. — « C'est l'enthousiasme de toute la jeunesse républicaine se

» précipitant à la frontière, » répondent les autres. Ces deux assertions émanent de partisans sincères de la Révolution, et pourtant il y a entre elles la même différence qu'entre le couperet du bourreau et le sabre du soldat. Cette double citation suffit pour établir le fait que l'on veut constater en premier lieu : *Les historiens de la Révolution ne s'accordent pas sur les causes auxquelles la République, attaquée par l'Europe entière, dut à la fois son salut et la conservation du territoire national.*

2. C'est ainsi que l'auteur fut conduit à se poser la question qui a donné naissance à cet ouvrage : « Comment la France révolutionnaire
» a-t-elle pu triompher de l'Europe coalisée,
» tandis qu'à l'intérieur elle était en proie à une
» anarchie destructive de toute force armée régu-
» lière ? »

La recherche des moyens employés par une nation pour repousser les agressions de l'Étranger constituerait, pour toute autre époque, un problème exclusivement militaire : il en est autrement de la période révolutionnaire.

Dès que la guerre est déclarée (Avril 1792), il ne s'agit pas seulement des hostilités habituelles entre des peuples momentanément ennemis : il s'agit pour la Révolution d'être ou de ne pas être. Cette dernière ne sait pas encore que son essence est indestructible, et elle croit que sa vie ou sa mort dépend des succès ou des défaites sur le champ de bataille. En même temps, son ignorance d'elle-même l'entraîne à redouter toute espèce de pouvoir ; cette méfiance exagérée et la force d'expansion du sentiment révolutionnaire rendent impossible tout gouvernement, qu'il émane d'un Roi ou d'une Assemblée nationale. Il en résulte une *période anarchique* pendant laquelle l'impulsion directrice des événements ne rayonne pas, comme d'habitude, du centre du pays vers les frontières ; ce sont au contraire les péripéties de la guerre qui déterminent les principaux faits subversifs de l'intérieur. Ainsi, un insolent manifeste du duc de Brunswick confirme la connivence du malheureux Louis XVI avec l'Étranger, et précipite la catastrophe du 10 Août. Ainsi, la prise de Longwy par les Prussiens est suivie des exécrables journées de Septembre. En continuant ces citations attristantes, on ne ferait que rappeler en quelques lignes tous les forfaits de cette époque.

A la *période anarchique* succède la *période*

## CHAPITRE XLIX. — CONCLUSIONS.

*despotique*. Dès que le second Comité de salut public est nommé (Juillet et Août 1793), il impose au pays la terrible dictature du *gouvernement révolutionnaire*. La Nation, qui depuis quatre ans n'a voulu respecter aucune autorité, subit tout à coup le joug de tyrans impitoyables qui la torturent pour la forcer enfin à l'obéissance. La confusion résultant de l'incertitude, de la faiblesse et du manque de direction fait place à la confusion d'une activité dévorante, qui n'a pas le temps d'énumérer ou de classer ses ressources, mais qui les dirige toutes vers le but capital : la conservation de l'intégralité du territoire impliquant aussi le succès de la Révolution. La dictature commande sous peine de mort, sans appel et sans merci. L'enthousiasme, la fièvre révolutionnaire, la crainte, tous les moyens possibles de surexciter la fibre nationale sont mis en jeu. La Levée en masse lance aux frontières toute la jeunesse. Pour nourrir et habiller les défenseurs du pays, on crée les réquisitions et le *maximum* qui ruinent les populations. Qu'importent les bouches inutiles ! Ceux que l'approvisionnement des armées prive de toute ressource, périront de faim : c'est aussi mourir pour la Patrie.

Quant aux ennemis qui complotent à l'intérieur, on n'a pas le temps de les rechercher; on proscrit en masse tous les suspects. Les ex-nobles, les prêtres, les aristocrates, leurs amis, leurs parents et leurs serviteurs sont signalés aux comités révolutionnaires, c'est-à-dire à la populace. Son envie, ses rancunes et son ineptie garantissent l'énergie de ses persécutions; on ne lui parle pas d'être juste; on sait bien qu'elle en est incapable : on veut seulement qu'elle effraye en incarcérant vite et beaucoup. Chaque jour, par suite de la même logique, quelques malheureux sont tirés de la foule des détenus pour être conduits à l'échafaud. N'est-ce pas, pour un gouvernement assassin, la preuve la plus démonstrative de sa force et de son inexorable volonté? On guillotine des femmes : comment persuader autrement aux conspiratrices que leur sexe ne leur servira pas de sauvegarde? Ne faut-il pas aussi faire comprendre aux chefs militaires que l'insuccès et la trahison sont synonymes, et faire réfléchir les habitants des villes de guerre trop portés à vouloir capituler? D'ailleurs, le trésor national est vide : il a besoin des dépouilles des plus riches. De quoi se plaignent donc ceux qu'étouffent les miasmes des prisons ou que va frapper la hache de l'exécuteur? Ils

## CHAPITRE XLIX. — CONCLUSIONS.

meurent à Paris au lieu de mourir à la frontière ; leur exemple empêchera la trahison ; enfin, leurs fortunes confisquées concourront au salut général.

Les imprécations des bourreaux, les protestations des innocents, les cris de douleur des victimes, les sanglots de leurs enfants, tout ce concert infernal ne s'entend pas ; il est couvert par l'écho du canon qui résonne à toutes les frontières, et perdu dans le bruit tumultueux de la population en travail comme une ruche d'abeilles. Partout, on extrait du salpêtre, on fabrique des fusils, on aiguise des sabres, on fond des canons et l'on construit des affûts. Les émigrés seront repoussés du sol natal par les baïonnettes forgées avec les grilles de leurs parcs ; la mousqueterie leur renverra en détail le plomb de leurs châteaux ; leurs vieux parchemins doivent être ménagés ; ils font de si bonnes gargousses ! La littérature..., c'est la recherche des livres dont le papier se prête le mieux à la confection des cartouches. La poésie..., c'est la *Marseillaise* et le *Chant du départ*. Les arts et les sciences n'existent que pour perfectionner les engins de la guerre, hâter la fabrication de la poudre et découvrir de nouveaux incendiaires.

L'emploi définitif de toutes les forces ainsi mises

en jeu est irrévocablement réglé par le Comité de salut public. Peu lui importe que ses projets stratégiques paraissent difficiles ou même impossibles à quelque général; il ne s'agit pas d'opérations particulières, mais de plans dont l'ensemble embrasse toutes les frontières. Pour leur réussite, chacun doit savoir sacrifier ses idées personnelles, sa vie et au besoin sa réputation militaire.

On voit que dans la *période anarchique* et dans la *période despotique*, le fait dominant est la lutte de la Révolution contre l'Europe qui cherche à l'étouffer. Dans le cours de la première, le combat est mal dirigé et compromis par d'ineptes démagogues; pendant la seconde, soutenu avec une énergie farouche et cruelle, il ressemble au boulet qui vole vers son but en frappant indistinctement amis ou ennemis sur son passage.

Les dissensions de l'intérieur exercent leur action sur certaines parties de l'épopée militaire; aussi la recherche du problème que l'auteur s'était posé l'a-t-elle amené, forcément pour ainsi dire, à faire un résumé de l'histoire complète de la période révolutionnaire. Mais en réduisant à leur juste valeur les discussions des Assemblées nationales et les querelles des partis, on reconnaîtra que leur influence a été très-secondaire; elles pouvaient prolonger ou raccourcir la durée de la lutte, et précipiter ou retarder les péripéties militaires; elles étaient nulles au point de vue fondamental de la situation : la guerre entre l'Europe et la Révolution.

On croit que c'est ce qui caractérisera surtout cette époque dans l'Histoire. Il viendra un temps où les différences tranchées qui séparent à nos yeux les Girondins, les Montagnards, les ultra-révolutionnaires, etc., ne seront plus que des nuances; alors, on ne verra dans ces diverses factions que des républicains plus ou moins violents, plus ou moins habiles, se combattant sur les débris d'un trône renversé d'un commun accord. Alors aussi les plaies qui saignent encore seront cicatrisées; des impressions trop vives ne feront plus tomber à chaque instant la plume des mains de l'écrivain; après avoir signalé les crimes de cette époque comme de terribles exemples des malheurs auxquels conduisent les révolutions à main armée, il pourra s'étendre avec un juste orgueil sur le tableau de l'activité militaire développée par la France pour conserver ses frontières et sauvegarder les principes qui abolirent le régime de l'injustice et du privilége. Alors la figure de Carnot grandira aux dépens de celle de Robespierre.

En somme, *Du moment où la guerre fut déclarée (Avril 1792) jusqu'à la délivrance complète du territoire (Septembre 1794), la grande artère qui doit guider l'historien consiste dans la succession des efforts faits par la Révolution pour combattre, à main armée, l'Europe qui cherchait à l'étouffer.*

3. Cette conclusion déplace le point de vue généralement adopté pour le tableau d'ensemble de la Révolution, où les détails des séances des Assemblées nationales et les drames de l'intérieur occupent la plus large place. L'impression de surprise qu'elle peut causer s'affaiblira peut-être si l'on réfléchit que la succession au pouvoir des Girondins, des Montagnards et des Thermidoriens ne constitue que l'histoire de certains partis; tandis que le combat de la Révolution contre l'Europe est l'histoire de la France entière.

En effet, la période révolutionnaire rappelle les temps barbares, où chaque individu était obligé de prendre les armes et de guerroyer. Dès l'origine, la Nation trop oublieuse d'un passé glorieux ne voit plus dans l'Armée qu'un servile instrument du *despotisme* monarchique. La France nouvelle, qui veut s'élever sur les ruines de l'ancienne, prétend, entre autres utopies, répudier le système militaire qui a fait jusque-là sa grandeur et sa puissance; elle veut remplacer le *soldat* par le *citoyen armé*. Tous sont appelés à servir militairement la Patrie; tous s'y croient aptes momentanément et endossent l'uniforme; de ce moment l'histoire militaire du Pays comprend à la fois celle de l'*Armée* et celle de la *Nation armée*.

De là, le titre donné à cet ouvrage; car si les rares pelotons qui vont journellement monter la garde à l'Hôtel-de-Ville constituent pour nous la *Garde nationale*, il n'en fut pas de même pendant la Révolution. Cette dénomination comprenait alors les citoyens armés des villes et des campagnes, les diverses espèces de Fédérés, les bataillons de Volontaires, les Corps francs, etc. En un mot, la Garde nationale était la *Nation armée*.

Une preuve convaincante en est donnée par la Constitution de l'an III, qui eût pu pourtant se débarrasser de la phraséologie révolutionnaire au moment où elle instituait un Directoire exécutif et deux chambres législatives : » ....

« Art. 276. La force publique se distingue en *garde nationale*
» *sédentaire* et *garde nationale en activité*. . . . . . . . . . .
» Art. 277. La *garde nationale sédentaire* est composée de
» tous les citoyens et fils de citoyens en état de porter les armes.
» Art. 285. La République entretient à sa solde, même en
» temps de paix, sous le nom de *gardes nationales en activité*,
» une armée de terre et de mer. »

Ainsi : *Pendant la période révolutionnaire, le mot* Garde nationale *fut le synonyme de* Nation armée.

---

Pour se rendre compte du rôle joué par la *Nation armée*, il est indispensable de discuter à part chacune des trois grandes catégories dont elle se composa, savoir :

La Garde nationale parisienne ;

Les Gardes nationales départementales ;

Les Gardes nationales mobiles, vulgairement dénommées *Volontaires de la République*.

L'examen du rôle joué par l'*Armée* complétera ensuite le tableau.

## II. GARDE NATIONALE PARISIENNE.

1° La population parisienne se leva à la voix de Mirabeau réclamant impérieusement la formation de milices bourgeoises. Après avoir fouillé tous

## CHAPITRE XLIX. — CONCLUSIONS.

les magasins d'armes, elle se précipita à l'attaque de la Bastille (14 Juillet 1789), dernier symbole armé de la Monarchie, puisque toutes les troupes s'étaient éloignées de la Capitale par ordre du Roi (1). Le sac du vieux château enivra la Nation d'orgueil et d'espoir. Elle y vit à la fois une victoire remportée sur le *despotisme* et la consécration d'une Révolution ardemment désirée. A soixante-dix ans de distance, il semble qu'on doive en juger autrement.

Dans les années qui précédèrent la Révolution, son esprit progressait de tous côtés sans faits éclatants, mais par l'effet d'une impulsion irrésistible et continue : mille courants divers acheminaient insensiblement le Pays vers la voie de réformes devenues indispensables. A l'époque de la réunion des États généraux (5 Mai 1789), la Nation était mûre pour les concevoir et en recueillir l'accomplissement; la preuve en est que, six semaines après, le Tiers-État se déclara *Assemblée nationale* et tint la fameuse séance du jeu de Paume (17 et 20 Juin). Voilà quelle fut la véritable consécration de la Révolution; elle fut empreinte de l'énergie, de la fermeté et

---

(1) Chapitre I<sup>er</sup>.

du caractère pacifique qui assurent d'immuables conquêtes.

Les troubles qui suivirent ne furent que des manifestations de l'impatience de la foule et du peu de confiance de la Nation en sa propre force. Ils ternirent la bannière arborée au nom de l'humanité; ils firent douter du droit ainsi que de la justice de la cause qu'elle représentait. La prise de la Bastille constitua la première étape dans la voie sanglante qui devait être si longue; le soir de cette victoire, des têtes coupées figurèrent au bout des piques. La population parisienne n'était armée que depuis trois jours, et déjà commençaient les malheurs et les crimes de la Révolution.

2° Après la prise de la Bastille, les habitants de Paris furent en proie à la monomanie militaire : les gens les moins aptes au métier de soldat endossèrent l'uniforme avec volupté. Chacun des soixante districts forma son bataillon ; la Milice bourgeoise compta ainsi 25,000 hommes dont l'humeur belliqueuse se manifesta par des prises d'armes sans but, des promenades au son du tambour, des bénédictions de drapeaux et des décharges de mousqueterie (1).

---

(1) Chapitre II.

Mais cette ardeur guerrière se calma bien vite. Les obligations militaires, prises d'abord en guise d'amusement, furent bientôt considérées comme une servitude. Le service de la ville eût été impossible sans l'adjonction de 6,000 anciens soldats, incorporés à la Milice bourgeoise sous la dénomination de *Garde nationale soldée* (1). Néanmoins dans les revues, les fédérations et les autres prises d'armes qui faisaient reluire au soleil les baïonnettes parisiennes, Lafayette paraissait avoir sous ses ordres une force armée imposante. Il le croyait lui-même. Son erreur prolongée est d'autant plus surprenante que des faits continuels eussent dû lui dessiller les yeux.

Ses *troupes* aimaient l'ordre, mais encore plus la paix; d'ailleurs leurs chefs, les *constitutionnels* comme on les appelait alors, avaient des ménagements à garder vis-à-vis de l'esprit révolutionnaire. Par suite, la Milice bourgeoise prenait volontiers les armes pour s'opposer aux désordres; mais ensuite elle y assistait ordinairement l'arme au bras et semblait les sanctionner par sa présence. Ainsi, au retour de Versailles (6 Octobre 1789), la canaille, ivre de vin et d'excès, in-

---

(1) Chapitres II et V.

sulta la Famille royale pendant une demi-journée sous les yeux de 15,000 gardes nationaux (1).

Cette mansuétude habituelle fut brusquement interrompue par un excès de rigueur, lorsque la Loi martiale fut proclamée au Champ-de-Mars (17 Juillet 1791). Mais un acte aussi insolite d'énergie, succédant à une absurde longanimité, donna occasion aux agitateurs de crier au guet-apens et à l'assassinat (2). Leur dédain se changea en haine pour la Milice bourgeoise qui retomba d'ailleurs dans son inertie habituelle. C'est en traversant les rangs de bataillons silencieux et immobiles que, le 20 Juin 1792, les bandes des faubourgs arrivèrent jusqu'au palais des Tuileries, en enfoncèrent les portes, et firent une reconnaissance des localités qu'elles allaient bientôt attaquer à main armée (3).

Ainsi, la Garde nationale était alors *révolutionnaire* pour la Monarchie qu'elle ne défendait contre aucun excès, et *réactionnaire* aux yeux de la population turbulente à laquelle elle permettait pourtant tous les désordres, mais sans y par-

---

(1) Chapitre IV.
(2) Chapitre IX.
(3) Chapitre XII.

ticiper directement. Les meneurs révolutionnaires s'acharnèrent donc contre cette *institution aristocratique*; ils avaient déjà obtenu plusieurs concessions à cet égard, lorsque eut lieu la prise des Tuileries (10 Août 1792) (1).

3° Avec la chute du Trône, la masse révolutionnaire obtint la réalisation de ses désirs en ce qui concernait la force militaire parisienne. Les soixante bataillons de la Garde nationale furent remplacés par quarante-huit *Sections armées* dont faisaient partie tous les habitants; l'effectif monta ainsi à 90,000 hommes; il n'y eut plus ni grenadiers, ni chasseurs, ni uniforme; la majorité s'arma d'une pique; un bonnet rouge, une carmagnole et des sabots complétaient la tenue ordinaire (2).

Le brasseur Santerre, nommé général en chef de cette nouvelle milice, acquit bientôt la conviction qu'il ne pourrait se faire obéir de ses *soldats* (3), et il fut réduit à composer sans cesse avec l'insubordination et le désordre. Par exemple, il eut soin d'aller passer à Versailles la journée

---

(1) Chapitres XII et XIV.
(2) Chapitres XIV et XV.
(3) Chapitre XVI.

dans laquelle *ses subordonnés devaient* laisser piller les boutiques des épiciers (25 Février 1793) (1).

La partie de la population que froissait le rude contact de grossiers prolétaires, s'abstenait alors de paraître dans les rangs des Sections armées. En temps ordinaire, son absence était tolérée : les *Sectionnaires* se trouvaient ainsi *débarrassés des aristocrates*. Mais quand devait s'accomplir quelque grand fait révolutionnaire, il eût été imprudent de laisser chez eux ces *réactionnaires*; alors, la Commune convoquait le ban et l'arrière-ban de la Milice bourgeoise; les *contre-révolutionnaires*, forcés d'apparaître dans les rangs, y étaient surveillés par les *patriotes* qui les coudoyaient. C'est ainsi que, le 21 Janvier 1793, des milliers d'hommes, qui eussent volontiers concouru à sauver le malheureux Louis XVI, formèrent en tremblant la haie sur la route qui aboutissait à l'échafaud (2). Il en fut de même, lorsque le parti Montagnard voulut expulser violemment le parti Girondin de la Convention (2 Juin 1793). L'Assemblée nationale parut assié-

---

(1) Chapitre XIX.
(2) Chapitre XVIII.

gée par 80,000 hommes; mais les bandits soudoyés par la Commune, et qui occupaient les abords des Tuileries, savaient seuls ce qu'ils faisaient; la presque totalité de la Garde nationale ignorait le but auquel elle concourait (1).

4° Après ce coup d'État, la prostration de la Milice parisienne se manifeste par des chiffres. La Commune voulut en faire donner le commandement général à Hanriot. Un scrutin fut ouvert; sur 90,000 citoyens armés, 15,000 y prirent part; 9,000 votèrent pour Hanriot; les autres furent maltraités, proscrits, réduits à fuir ou à se cacher.

Alors la Milice bourgeoise n'exista plus que de nom. Son général, dont la véritable place eût été au bagne, n'eut guère à commander que ceux qu'il appelait ses *frères d'armes*. Il leur était alloué une solde de quarante sols par jour, et leur service consistait surtout dans la surveillance des barrières et les arrestations à domicile. Il en fut ainsi jusqu'à la chute de Robespierre (9 Thermidor an II-27 Juillet 1794) (2).

5° Le Gouvernement thermidorien rétablit la

---

(1) Chapitre XXII.
(2) Chapitres XXII et XXX.

Garde nationale sur le même pied qu'avant le coup d'État du 2 Juin 1793 qui n'avait pas été changé *officiellement* : les Sections armées comprirent de nouveau tous les habitants. Les discordes politiques qui divisaient la population s'opposant à l'unité et au service régulier de cette Milice (1), on tenta de remédier au mal par divers moyens, tels que celui de la réélection des officiers (Pluviôse an III – Janvier 1795). Mais l'émeute du 12 Germinal (1ᵉʳ Avril) vint démontrer que la Milice citoyenne, constituée en Sections armées, était impuissante à assurer la moindre sécurité. La Garde nationale reçut alors une organisation analogue à celle du commencement de la Révolution : on fit revivre des compagnies d'élite (grenadiers et chasseurs), sur lesquelles on croyait pouvoir compter pour maintenir énergiquement la tranquillité; les compagnies de fusiliers représentèrent la masse flottante et indécise; les compagnies de piquiers comprirent la partie dangereuse, qu'on espérait ne jamais réunir (2).

Le peu d'empressement de la majorité de la population aisée à se plier aux exigences militaires,

---

(1) Chapitre XLI.
(2) Chapitre XLIII.

allait faire échouer encore cette combinaison nouvelle, lorsque l'insurrection du 1ᵉʳ Prairial (20 Mai) prouva définitivement l'impossibilité de mettre un terme aux agitations révolutionnaires avec la seule Garde nationale. Le Gouvernement thermidorien fit alors rentrer à Paris les troupes de ligne, que la méfiance républicaine en tenait écartées depuis la chute de la Monarchie (1).

6° La seule présence de ces troupes régulières mit fin à l'insurrection. Les quartiers populaires furent désarmés. Les bataillons *aristocrates* se considérèrent comme des vainqueurs (2). Mais l'ivresse d'un succès auquel ils n'étaient pas habitués, la certitude d'une suprématie désormais incontestée et les idées réactionnaires à l'ordre du jour, en firent presqu'aussitôt des instruments dociles aux vues réactionnaires de ceux qui visaient à rétablir la Monarchie. La Milice bourgeoise parisienne leva l'étendard de la révolte contre la Représentation nationale; c'était protester à la fois contre la République et contre l'esprit de la Révolution. La Convention dut encore recourir aux troupes de ligne; l'Armée et la

---

(1) Chapitres XLV et XLVI.
(2) Chapitre XLVI.

Garde nationale se trouvèrent ainsi en présence dans la journée du 13 Vendémiaire (5 Octobre).

Même après cet épisode de guerre civile, la Convention n'osa pas supprimer entièrement la Milice parisienne ; mais elle apporta à son organisation des restrictions équivalentes à un arrêt de mort (1).

Ce résumé de l'histoire de la Garde nationale parisienne, pendant la période révolutionnaire (1789-1795), a été séparé en six divisions principales ; chacune donne lieu à une conclusion qui semble porter elle-même son enseignement.

1° *L'armement général de la population de Paris eut pour effet immédiat de faire entrer la Révolution dans une voie sanglante* (Juillet 1789).

2° *Sous la Monarchie* (Juillet 1789-Août 1792), *la Milice bourgeoise* (25,000 hommes), *imprégnée d'une sorte d'esprit aristocratique, assista l'arme au bras à la plupart des scènes de désordres qu'elle eût dû réprimer.*

3° *Dans les premiers mois de la République* (Août 1792-Juin 1793), *elle se composa de la*

---

(1) Chapitre XLVIII.

totalité des habitants en état de porter les armes (90,000 hommes). — *Ses éléments démocratiques, c'est-à-dire la grande majorité, ne connurent aucune espèce de subordination. Les gens des classes aisées ou éclairées ne paraissaient dans ses rangs que pour les circonstances exceptionnelles; quand la Commune ordonnait quelque prise d'armes générale afin de placer les* suspects *et les* réactionnaires *sous la pression et la surveillance des* patriotes.

*4° La Garde nationale parisienne ne subsista que de nom pendant la dictature du gouvernement révolutionnaire (Juillet 1793 - Juillet 1794).*

*5° Le gouvernement thermidorien s'efforça vainement, pendant dix mois (Juillet 1794-Mai 1795), de lui donner une consistance qui la mît à même de résister à l'anarchie. Il fut enfin forcé de rappeler à Paris les troupes de ligne pour assurer l'existence de la Convention mise à deux doigts de sa perte par la partie prolétaire de la Garde nationale.*

*6° Alors, entièrement rassurée contre les tentatives populaires qu'elle n'avait pas su réprimer elle-même, la partie aristocratique de la Milice bourgeoise devint l'instrument du parti royaliste, et s'insurgea à son tour contre la Représentation nationale. La Convention, n'osant pas supprimer* entièrement cette institution révolutionnaire, apporta à l'organisation de la Garde nationale parisienne des restrictions équivalentes à un arrêt de mort (Octobre 1795).

### III. — GARDES NATIONALES DÉPARTEMENTALES.

Il suffit de lire l'histoire des villes les plus importantes, pour constater que les *Gardes nationales départementales* subirent les mêmes phases que la Garde nationale parisienne. A Lyon, Toulon, Marseille, etc., les faits de l'intérieur s'aggravèrent ou se compliquèrent par l'effet d'influences particulières ou étrangères. Il en fut de même en Bretagne et en Vendée. Mais si l'on dégage les événements généraux des circonstances exceptionnelles, on reconnaîtra que les conclusions présentées ci-dessus relativement à la Milice bourgeoise de Paris, sont également applicables à celles des provinces (1).

*Pendant la période révolutionnaire, les Gardes nationales départementales présentèrent les mêmes caractères et subirent les mêmes phases que celle de Paris, savoir :*

1° *Monomanie militaire* (1789);

---

(1) Chapitres III, IV, V, VI, VII, VIII, IX, XII, XVIII, XLIII, XLIV, XLVI.

2° *Impuissance ou inertie vis à vis des désordres* (1790 et 1791);

3° *Asservissement des classes supérieures aux classes inférieures* (1792-1793);

4° *Disparition pendant la dictature du gouvernement révolutionnaire* (1793-1794);

5° *Anarchie ou faiblesse qui mit le gouvernement Thermidorien dans la nécessité de recourir à l'action des troupes de ligne* (1794-1795).

## IV. GARDES NATIONALES MOBILES
### ou
### VOLONTAIRES DE LA RÉPUBLIQUE.

1° La tradition révolutionnaire a fait du *volontaire de la République* un type séduisant pour l'orgueil national. D'après l'opinion populaire, ce personnage de convention réalise l'utopie de la *baïonnette intelligente*. Fier de ses droits de citoyen, il les sacrifie avec ardeur à ses devoirs envers la Patrie. Sourd à toute voix autre que celles de l'Honneur et de la Liberté, il quitte ses parents et sa fiancée pour voler à la frontière menacée. Dès son arrivée sous les drapeaux, il possède naturellement les qualités des vieux soldats. Il est inutile de parler de son courage.

Imbu des sentiments de la fraternité universelle, il a juré de ne déposer ses armes qu'après avoir renversé les despotes, abattu les tyrans et affranchi les esclaves. Dans cet espoir, il court au combat en chantant *la Marseillaise*, donne en passant quelques conseils à son général, accomplit des prodiges au bruit du canon, et revient, toujours pur et désintéressé, déposer son havresac dans sa chaumière.

Tel est le *volontaire* des romans, des contes populaires, des recueils de chansons et des cirques militaires. Ce personnage de fantaisie plaît singulièrement à la nombreuse partie de la population, qui s'enthousiasme plus facilement qu'elle n'examine. Ainsi s'est propagée l'idée commune d'après laquelle, à l'époque où l'échafaud était dressé en permanence dans les grandes villes, il s'est trouvé en France un million de jeunes gens joignant aux vertus austères, prétendues républicaines, les qualités militaires qui résultent habituellement d'un rude et patient apprentissage.

Sans aucun doute, la tourmente révolutionnaire fit éclater une foule de sentiments généreux qui restent dans l'ombre à des époques plus tranquilles: le dévouement au malheur, le mépris de la mort, l'enthousiasme belliqueux, les aspirations humanitaires, les idées de liberté et de fraternité, etc. Mais quand il s'agit de rechercher si les *Volontaires de la République* furent, ainsi qu'on l'a si souvent répété, supérieurs à ceux qui les ont précédés ou suivis dans la glorieuse carrière, on ne peut s'appuyer sur des faits isolés, quelque nombreux qu'ils soient; il est indispensable de considérer en masse ces défenseurs de la République, pour apprécier au juste ce qu'ils furent et ce qu'ils firent.

Un premier doute s'élève immédiatement à leur égard. L'abnégation, la résignation et la patience sont aussi nécessaires que la bravoure pour constituer un bon soldat. Or, ces qualités stoïques ne font pas partie du caractère national. Si nos troupes les possèdent, c'est que le conscrit en reçoit d'abord l'exemple de ceux qui l'ont précédé sous les drapeaux; l'idée du devoir, qui se développe en lui, fortifie ces premiers rudiments inculqués par l'éducation mutuelle; la pratique lui en imprime l'habitude, et ces vertus acquises tempèrent ensuite l'excès de la fougue et de la légèreté originelles. C'est ainsi que la France possède une armée dont l'éloge est superflu. Les Volontaires de la République qui triomphèrent de l'Europe coalisée furent-ils doués exceptionnellement de ces qualités que l'enthousiasme n'engendre pas? C'est un des côtés de la question qu'on se propose d'examiner, au point de vue de ceux qu'enorgueillissent également Fontenoy, Fleurus et Austerlitz.

2° *Volontaires de* 1791. — Le principe de la mobilisation d'une partie des Gardes nationales fut adopté en Juin 1791, lorsque le départ du Roi et son arrestation à Varennes firent croire que l'Étranger allait prendre les armes. A l'idée d'une invasion ayant pour but de restaurer un passé qui paraissait déjà vieux de mille ans, l'effervescence révolutionnaire fit vibrer la fibre nationale d'une généreuse exaltation; la population frémit à l'appel simultané de la Patrie et de la Liberté; l'Assemblée constituante décréta la levée de 169 bataillons mobiles : c'était 97,000 citoyens armés demandés à la Nation.

Chaque département ayant reçu avis du contingent qu'il avait à fournir, la plupart en trouvèrent d'abord le chiffre trop restreint. Les âmes généreuses, les cœurs bouillants, les esprits aventureux, tous ceux qui aspiraient au rôle de défenseurs de la Patrie, se précipitèrent dans ces ba-

## CHAPITRE XLIX. — CONCLUSIONS.

taillons volontaires. Les communes, les villes, les habitants, hommes et femmes, luttèrent de sacrifices pour habiller, équiper et armer ces *premiers soldats de la Liberté*. Dès que l'effectif d'un bataillon était à peu près réuni, les Volontaires choisissaient leurs officiers parmi eux, et se mettaient en route avec une précipitation désordonnée que rien ne motivait. La guerre n'avait pas encore été déclarée (1).

Après le départ de ces enthousiastes, l'effervescence générale se calma, et l'effectif demandé ne fut même pas réalisé. En somme, ce premier appel de 97,000 hommes fournit seulement 60,000 citoyens qui s'engagèrent, de leur plein gré, à servir la Patrie pendant une année commençant le 1ᵉʳ Décembre 1791 (2).

Le caractère général de ce premier contingent fut empreint des défauts et des qualités résultant de la composition de ses bataillons et des circonstances dans lesquelles ils s'étaient formés. Les *premiers soldats de la Liberté* portèrent, dans les camps et dans les garnisons, les coutumes des sociétés populaires. Ils improvisaient partout des

---

(1) Chapitres IX et XI.
(2) Chapitres XIII et XVIII.

tribunes et y faisaient des motions qui aboutirent souvent à des actes désordonnés. Leur turbulence révolutionnaire se plia peu à la discipline, et lorsque la guerre eut été déclarée (Avril 1792), leur ivrognerie et leur insubordination firent souvent avorter des opérations de détail (1).

La responsabilité de ces actes regrettables doit retomber en partie sur certains chefs militaires qui, habitués à voir les jeunes soldats livrés pendant des mois entiers aux sergents instructeurs, ne comprirent pas le parti qu'ils eussent pu tirer immédiatement de ces recrues de nouvelle espèce. Il en fut autrement de Dumouriez. Au camp de Maulde, il créa pour les Volontaires une éducation militaire rapide, la dirigea avec sagacité, et mit ces enthousiastes à même de déployer leur bravoure et leur intelligence naturelles. Il bénéficia ainsi de l'ardeur qui les animait, et les vit rapidement en état de soutenir avec succès de petits combats contre des ennemis aguerris (2).

Les Volontaires de 1791 prirent ensuite part aux batailles de Valmy et de Jemmapes. On dut ces deux victoires aux troupes de ligne; mais elles

---

(1) Chapitres XI, XV, XVI et XVII.
(2) Chapitre XV.

CHAPITRE XLIX. — CONCLUSIONS. 457

eurent à féliciter leurs jeunes émules du concours qu'ils leur avaient chaleureusement prêté. Il en résulta même l'interruption momentanée des querelles qui divisèrent constamment les *soldats* et les *volontaires* (1).

La vie guerrière des *premiers défenseurs de la liberté* finit en Décembre 1792, terme de l'année de service offerte par eux à la Patrie. La pratique de la vie militaire ayant éteint leur enthousiasme, ils usèrent de leurs droits en annonçant deux mois d'avance le projet de retourner dans leurs foyers. En vain la Convention employa tous les moyens susceptibles de les retenir sous les drapeaux; également sourds à ses exhortations et à ses menaces, ils abandonnèrent en masse les armées et les garnisons (2).

On peut regretter que le généreux concours de ces citoyens armés, alors suffisamment aguerris, ait cessé avec le contrat volontaire qui les liait au service; mais aucun blâme ne doit leur être imputé, puisqu'ils tinrent jusqu'au dernier jour l'engagement qu'ils avaient pris de plein gré avec la Patrie. Leur exemple prouverait une fois de plus, s'il était nécessaire, qu'un en-

---

(1) Chapitres XV et XVII.
(2) Chapitre XVIII.

thousiasme éphémère ne suffit pas pour créer des soldats.

3° *Volontaires de 1792.* — Lorsque la guerre fut déclarée (Avril 1792), l'Assemblée législative fit un second appel à l'humeur belliqueuse du pays. Le nombre des bataillons mobiles (169) fut porté à 247. L'effectif de chacun fut fixé à 800 hommes (au lieu de 594). Le total devait être de 200,000 gardes nationaux mobiles. En défalquant les 60,000 volontaires de 1791 alors sous les drapeaux, c'était 140,000 nouveaux défenseurs de bonne volonté qu'il s'agissait d'obtenir (Juin 1792) (1).

Pour y parvenir, on voulut frapper vivement les imaginations; alors eut lieu la célèbre déclaration du danger de la Patrie (Juillet 1792). Cette manifestation patriotique n'obtint pas les résultats que la tradition révolutionnaire lui a complaisamment prêtés (2). Les Girondins avaient eux-mêmes enlevé à ce produit de leur imagination les principales chances de réussite, en dirigeant la fièvre révolutionnaire vers un autre but

---

(1) Chapitre XIII.
(2) *Ibid.*

qui constituait une puissante diversion : la chute de la Royauté.

Elle eut lieu quelques jours après (10 Août 1792), hâtée par l'opinion de la connivence du Roi avec l'Étranger qui s'avançait. Longwy et Verdun tombèrent immédiatement au pouvoir de l'Ennemi (23 Août et 2 Septembre). Pendant que d'affreux massacres ensanglantaient les prisons de Paris, sans doute pour enlever à la population tout espoir d'accommodement, les autorités révolutionnaires firent d'incroyables efforts pour envoyer des renforts à Dumouriez, alors dans l'Argonne. On dirigea précipitamment sur Châlons les gendarmeries, les Fédérés encore échauffés du sac des Tuileries, des compagnies franches et des détachements de toutes sortes, subitement créés en vertu d'un décret autorisant tout citoyen à lever des corps armés (1).

Cette multitude confuse et hétérogène n'aurait pas tenu cinq minutes devant quelques régiments Prussiens ; mais l'éloignement et les circonstances la revêtirent d'un prestige formidable pour l'Ennemi. Sur la foi des Émigrés, ce dernier avait cru qu'une simple promenade militaire le con-

---

(1) Chapitre XV.

duirait à Paris. Loin de là, chaque pas en avant lui causait une désillusion. La déclaration du danger de la Patrie avait eu un énorme retentissement, et les feuilles publiques lui attribuaient des résultats considérables ; le tumulte révolutionnaire donnait au territoire sur lequel s'avançait l'Étranger, l'apparence d'un sol volcanisé prêt à l'engloutir dans ses convulsions. Enfin, l'imperturbable assurance de Dumouriez concourut à persuader aux militaires méthodiques de l'armée Prussienne qu'il comptait sur une puissante arrière-garde retranchée à Châlons (Septembre et Octobre 1792) (1).

Pendant que les Prussiens se retiraient, et que Custine et Montesquiou pénétraient facilement dans le Palatinat et dans la Savoie, les efforts ne discontinuèrent pas à l'intérieur pour multiplier le nombre des Corps armés; on espérait parvenir en détail au résultat qu'on n'avait pu obtenir d'un seul coup par la déclaration du danger de la Patrie. Des sentiments bien différents impressionnaient alors les volontaires qui se rendaient à la frontière : les uns s'exaltaient à l'idée des triomphes de la République naissante, et

---

(1) Chapitres XIV et XV.

brûlaient de concourir à de nouveaux succès ; d'autres, effrayés des proscriptions à l'ordre du jour depuis le 10 Août, maudissaient un gouvernement qui s'élevait sous de si noirs auspices et cependant, cherchant sous les drapeaux un abri protecteur, ils prenaient les armes pour le défendre (1).

Le recrutement des Volontaires de 1792 fut donc confus, saccadé et irrégulier ; il se continua jusqu'à la déroute d'Aix-la-Chapelle, suivie bientôt de la défaite de Neerwinden (19 Mars 1793).

Le premier de ces deux faits malheureux fut la conséquence de mauvaises dispositions militaires ; le second est surtout imputable aux bataillons de volontaires qui formaient l'aile gauche des troupes de Dumouriez ; mais tous deux firent ressortir l'inconvénient principal qui résultait de la nouvelle composition des troupes : l'impossibilité de reprendre l'offensive après un revers. L'insuccès enlevait toute confiance à ces citoyens armés qui n'avaient pas dans leurs rangs de vieux soldats pour soutenir leur moral. Après la déroute d'Aix-la-Chapelle, 10,000 Volontaires se dispersèrent entre Bruxelles

---

(1) Chapitres XVI et XVII.

et la frontière; heureusement Dumouriez, accouru précipitamment de la Hollande, empêcha que ce mouvement de défection ne devînt général (1). Mais après Neerwinden, les routes se couvrirent de bataillons de Volontaires qui reprenaient en masse le chemin de la frontière. Si Dumouriez n'eût formé une arrière-garde de 15,000 hommes de troupes de ligne, pour couvrir la retraite des débris de l'armée qui fondait entre ses mains, ces bandes éparses eussent été taillées en pièces par la cavalerie Autrichienne, ou massacrées par les paysans belges qu'elles ruinaient pour ne pas mourir de faim elles-mêmes. Les deux plans que Dumouriez avait formés pour défendre le territoire étant ainsi détruits sans retour, il exhala toute sa colère contre les Volontaires « dont il ne voulait plus dans son armée (2). »

Cette opinion défavorable, partagée par tous les généraux sérieux, blessait cruellement l'amour-propre des Révolutionnaires. Par orgueil et par besoin, ils avaient établi en principe que tout *patriote* muni d'un fusil était bien supérieur aux *esclaves* armés pour la Coalition; d'ailleurs,

---

(1) Chapitres XX et XXI.
(2) Chapitre XXI.

puisqu'on n'avait pas d'autre moyen de recruter les armées, l'ébruitement du peu de consistance de ces contingents civiques eût entraîné les plus fâcheuses conséquences. La politique républicaine repoussa donc systématiquement les plaintes que les chefs militaires multipliaient contre les gardes nationaux mobiles. Elle opposa d'abord à leurs assertions les victoires de Valmy et de Jemmapes, ainsi que d'autres faits moins remarquables où les Volontaires avaient déployé avec succès les qualités naturelles qui offraient chez eux plus d'éclat que de solidité. Ensuite, l'imputation de trahison devint la réponse banale adressée aux généraux qui s'obstinaient à se plaindre des bataillons mobiles; elle eut les plus funestes résultats pour ceux qui ne comprirent pas assez vite l'inopportunité de leurs imprudentes paroles et la manière dont la République était décidée à fermer la bouche aux indiscrets.

En résumé, les *Volontaires de* 1792, capables de faits héroïques dans certains moments, se laissèrent abattre et se rebutèrent dès que la fortune de la guerre les abandonna. Il y aurait lieu de s'étonner qu'il en eût été autrement de la part de jeunes gens sans éducation militaire, commandés par des officiers nommés par eux et parmi eux, c'est-à-dire aussi inexpérimentés que leurs soldats, vivant avec eux sur le pied de la plus parfaite égalité, et obligés même à une sorte de condescendance envers des subordonnés auxquels ils devaient leur grade. Enfin les *Volontaires de* 1792, de même que leurs prédécesseurs de 1791, ne considérèrent leur séjour sous les drapeaux que comme un état transitoire; sauf d'assez nombreuses exceptions que détermina la vocation militaire, ils se montrèrent peu portés à se pénétrer des devoirs d'une profession qui constituait pour eux une situation passagère et exceptionnelle; jaloux du titre de « Volontaires », qui était à leurs yeux une garantie d'indépendance, ils ne furent que des *citoyens armés* et auraient cru déroger en devenant des *soldats*.

4ᵉ *Volontaires des six premiers mois de* 1793. En dépit de la politique révolutionnaire qui s'obstinait à attribuer toutes les qualités militaires aux gardes nationaux mobiles, les inconvénients qui résultaient de la présence sous les drapeaux de deux espèces d'hommes essentiellement différentes, étaient un fait avéré. En Février 1793, la Convention décréta qu'il n'y aurait plus de distinction ni de différence de régime

## CHAPITRE XLIX. — CONCLUSIONS.

entre les troupes de ligne et les Volontaires. Malgré sa forme impérative, cette décision ne pouvait alors constituer qu'un vœu ; sa rédaction, laissée ambiguë à dessein, satisfaisait les deux opinions qui partageaient les législateurs. Ceux qu'aveuglait encore une vieille rancune révolutionnaire contre les troupes de ligne, se réjouirent de ce que les *soldats* allaient devenir des *volontaires;* les plus clairvoyants pensèrent tout bas que les *volontaires* seraient transformés en *soldats*. La fusion des deux espèces de troupes fut renvoyée à la fin de la campagne (1).

On reconnut en même temps que, pour porter à 500,000 le nombre des défenseurs de la République, il fallait opérer une levée de 300,000 hommes : elle fut décrétée (Février 1793). Mais cette fois, il ne fut pas seulement fait appel aux généreux sentiments de la Nation ; chaque département reçut avis du contingent qu'il *devait* fournir. « Si les inscriptions volontaires ne suffisent pas » pour le compléter, » dit le décret, « les Com- » munes adopteront, à la pluralité des voix, le » mode qui leur paraîtra le plus convenable » pour y parvenir. Le complément ne sera pris

---

(1) Chapitre XIX.

» néanmoins que parmi les hommes de 18 à 40
» ans, en exceptant ceux qui sont mariés ou veufs
» avec enfants. »

Ainsi, au commencement de l'année 1793, la qualification de « volontaire » ne désigna plus uniquement le citoyen quittant ses foyers par l'effet de sa seule volonté; on l'appliqua également à celui qui dut prendre les armes pour obéir à une réquisition. Mais les lois qui régissaient les troupes de ligne n'étaient pas encore applicables, dans leur intégrité aux *volontaires* ou *réquisitionnaires*; par exemple, ils avaient la faculté de se faire remplacer (1).

5° Cette nouvelle exigence de la Révolution fut accueillie de diverses manières par les départements. Les uns fournirent leur contingent sans oser faire d'opposition; d'autres n'en réunirent une partie qu'avec peine; ailleurs, des soulèvements locaux se manifestèrent; la Vendée entra en insurrection, et la guerre civile envahit les départements de l'Ouest (Mars 1793). Paris, où il eût été dangereux et impolitique d'employer

---

(1) Chapitre XIX.

des moyens coercitifs, ne fournit pas les 12,800 hommes auxquels il avait été taxé (1).

Le recrutement des 300,000 hommes étant ainsi compromis, la République aux abois employa les moyens les plus singuliers pour créer des *volontaires*. Le premier exemple de ces procédés bizarres fut donné dans le département de l'Hérault, où l'on imagina le *recrutement par voie d'indication*, c'est-à-dire la désignation individuelle des citoyens qui paraissaient *les plus aptes à aspirer au rôle de défenseurs de la République* (Avril 1793). Pour les détourner de toute idée de résistance, on afficha leurs noms dans les Sociétés populaires. La Convention invita les départements à suivre ce *sublime* exemple en levant des *forces additionnelles*, et les autorisa à y parvenir par tous les moyens possibles. A Paris, la Commune employa l'appât d'une indemnité pécuniaire, et obtint ainsi les tristes bataillons auxquels resta dévolu le nom de *héros à cinq cents livres*. Dans la Haute-Vienne, tous les officiers des gardes nationales du département furent requis de se rendre à Li-

---

(1) Chapitres XX et XXII.

moges pour être organisés en compagnies, etc. (1).

Ainsi, pendant les premiers mois de l'année 1793, une confusion complète présida aux tentatives faites pour élever le nombre des volontaires à la hauteur des besoins du Pays. Nulle règle, nulle considération raisonnable ne guida le zèle démagogique des départements dans ces levées faites à tort et à travers, sous l'influence des passions ou de la folie des Sociétés populaires. Une première entrave à cette aveugle absurdité fut apportée par le premier Comité de salut public; il répartit l'universalité des citoyens en quatre classes de réquisition;

$1^{re}$ classe.... de 18 à 25 ans;
$2^{me}$ ........ de 25 à 35 ans;
$3^{me}$ ........ de 35 à 45 ans;
$4^{me}$ ........ tous les individus
en état de porter les armes.

Cette décision constitua, officiellement du moins, une importante conquête sur l'anarchie (30 Mai 1793) (2).

6° *Volontaires de la Levée en masse.* Le premier Comité de salut public était composé d'hommes

---

(1) Chapitre XXII.
(2) Chapitre XXIII.

## CHAPITRE XLIX. — CONCLUSIONS. 469

consciencieux et éclairés; mais dans l'état de paroxysme auquel la France était parvenue, quelle influence pouvaient avoir la sagesse et la raison? Accusé de tiédeur et de mollesse par les plus ardents révolutionnaires, il fut remplacé en Juillet 1793 par le second Comité de salut public.

Dès les premiers jours de leur puissance encore mal établie, les nouveaux gouvernants firent cesser le désordre et la confusion des recrutements irréguliers, en dotant le pays du nombre nécessaire de défenseurs. Leur moyen donna la mesure de l'effroyable vigueur dont ils devaient fournir ensuite tant de preuves. La Levée en masse s'empara de tous les hommes de la première réquisition, c'est-à-dire de dix-huit à vingt-cinq ans. La République étonnée douta d'abord; quand on lui promit qu'elle allait acquérir d'un seul coup 600,000 *volontaires* (Août 1793) (1).

Cependant l'accomplissement de cette opération, aussi audacieuse que grandiose, éprouva moins d'obstacles que la tentative du recrutement de 300,000 hommes qui l'avait précédée. Les levées des *forces additionnelles*, les autres réquisitions de même nature, les déclamations et les exhortations

---

(1) Chapitre XXVII.

dont elles étaient accompagnées, avaient peu à peu fait pénétrer dans l'esprit de la plupart le principe de l'obligation du service militaire. La généralité de la Levée en masse fut justement ce qui la rendit possible : tous les jeunes gens étant requis à la fois, nul n'eut le droit d'élever la moindre réclamation. Chacun partait avec ses amis et ses camarades, tous à l'âge où l'homme accepte facilement les positions imprévues. Pour tous, l'espérance embellissait l'horizon. D'ailleurs, bien que la dictature du *gouvernement révolutionnaire* ne fût pas encore officiellement décrétée (elle le fut le 10 Octobre), le Comité de salut public l'avait déjà mise en pratique; la résistance eût été impossible; quelques malheureux tentèrent, dans différentes villes, d'entraver faiblement cette gigantesque réquisition : ils perdirent immédiatement la tête sur l'échafaud.

Le 29 Octobre, Barère annonça à la Convention que la Levée en masse était pour ainsi dire terminée; tous les jeunes gens de dix-huit à vingt-cinq ans étaient devenus *soldats ;* mais la politique et l'orgueil républicain s'accordèrent pour leur conserver le nom de *volontaires* (1).

---

(1) Chapitre XXVII.

## CHAPITRE XLIX. — CONCLUSIONS.

Presque aussitôt, la situation guerrière du pays changea de face : nos armées toujours battues depuis un an devinrent subitement victorieuses, et l'Ennemi fut bientôt expulsé du territoire qu'il avait envahi au Nord et au Midi (1). Il serait inexact d'attribuer un changement si prompt à la seule apparition sous les drapeaux des *volontaires* ou des *réquisitionnaires* de la Levée en masse; mais ils y concoururent puissamment, parce que les résultats, fournis par ce recrutement suprême, furent essentiellement différents de ceux qu'avaient donnés jusqu'alors les opérations analogues. Cette anomalie apparente s'explique facilement.

En effet, contrairement aux recrutements qui avaient précédé, la Levée en masse produisit un contingent considérable. On peut l'évaluer au moins à 500,000 hommes.

Cette réquisition atteignit, sans espoir de rachat ou de remplacement, les jeunes gens des classes aisées qui, en temps ordinaire, concourent peu au service militaire. La composition en fut donc exceptionnelle au point de vue de l'intelligence, de l'instruction et de l'espèce des individus.

---

(1) Chapitres XXIX, XXX, XXXVI, XXXVII, XXXVIII et XL.

Jusque-là, les bataillons de volontaires avaient choisi leurs chefs dans leurs rangs, et chacun d'eux avait constitué un corps séparé, sans traditions et sans enseignement, dans lequel officiers et soldats étaient également inexpérimentés et neufs au service militaire. Ce mode de formation fut encore suivi pour le départ des bataillons de la Levée en masse; mais lorsque chacun d'eux fut arrivé à destination, tous ceux qui le composaient, y compris les officiers, furent incorporés individuellement, comme soldats, dans les anciens bataillons. Puis, ces corps ainsi complétés furent *amalgamés*, trois par trois (un bataillon de ligne et deux bataillons de volontaires) pour former une demi-brigade (1).

Cette double opération annula l'inexpérience de la grande quantité des recrues; elle ne fut possible que parce que l'énergique volonté du terrible Comité de salut public fit une œuvre sérieuse du décret qui avait aboli en principe toute distinction entre les *soldats* et les *volontaires*. Les droits et l'indépendance, dont les gardes nationaux mobiles s'étaient montrés jusque-là si jaloux, n'existèrent plus pour les réquisitionnaires de la

---

(1) Chapitre XXXV.

Levée en masse, violemment affranchis des fausses idées qui avaient été si fatales à leurs devanciers et à leur pays. L'indiscipline et la licence firent place aux préoccupations du devoir militaire. Les foyers paternels furent momentanément oubliés; l'énergie de toute la jeunesse lancée aux frontières se tourna vers le but qui seul lui était indiqué : repousser l'Étranger et délivrer le territoire. La victoire devint sa pensée dominante.

La Levée en masse différa donc essentiellement des recrutements qui l'avaient précédée; son chiffre d'effectif fut réel; sa composition en hommes fut meilleure; l'inexpérience de ses recrues fut compensée par leur incorporation individuelle dans des bataillons aguerris; enfin, on ne leur reconnut qu'un droit et qu'un devoir, celui de vaincre l'Ennemi. Carnot leur en facilita l'accomplissement. En même temps qu'il les organisait d'une manière si formidable, il sut découvrir et il mit à leur tête des officiers capables et des généraux habiles. Enfin, grâce à ses prodigieux labeurs, il prépara d'avance les champs de bataille où la Victoire les attendait. Les réquisitionnaires de la Levée en masse débutèrent ainsi par des succès dans la carrière qu'ils devaient parcourir avec tant de gloire. Quelque violentes qu'eussent été les exigences du recrutement qui les avait appelés sous les drapeaux, l'orgueil et la politique de la Révolution leur conserva la qualification adoptée pour leurs prédécesseurs ; ce sont donc ces admirables *soldats* qui ont rendu immortel le nom des *Volontaires de la République*.

En résumé, la dénomination de *Volontaire* fut donnée pendant la période révolutionnaire aux contingents les plus disparates, savoir :

Les enthousiastes de 1791 ;

Les volontaires, les fédérés de diverses époques, les compagnies franches et les corps armés de toutes sortes résultant du mouvement confus de 1792 ;

Les réquisitionnaires ou les remplaçants fournis par le recrutement des 300,000 hommes (1793) ;

Les *forces additionnelles*, les citoyens désignés par *voie d'indication*; les *héros à cinq cents livres*, etc.;

Enfin, tous les jeunes gens de 18 à 25 ans, compris dans la Levée en masse.

Les mobiles auxquels obéit l'immense quantité

d'individus qui, de 1791 à 1794, quitta les villes et les campagnes pour rejoindre les armées, furent : l'enthousiasme pour la liberté, l'amour de la patrie, la vocation militaire, une généreuse ambition, l'obéissance aux décrets de la Convention, le désir de doter les siens d'un certificat de civisme, la crainte des mesures coercitives déployées contre les réfractaires, et enfin le désir de trouver sous les drapeaux un abri contre les crimes de la Terreur.

Chacune des périodes, dans lesquelles on a tenté de résumer l'histoire générale des gardes nationales mobiles, donne lieu à une conclusion :

1° *La tradition populaire a fait du* volontaire de la République, *un personnage de convention qui ne peut être admis par l'Histoire.*

2° *Le premier contingent volontaire demandé au Pays fut de* 97,000 *hommes* (1791); 60,000 *enthousiastes répondirent à cet appel, s'enrôlèrent pour un an et accomplirent leur engagement. Mais nulle considération ne put ensuite les retenir sous les drapeaux.*

3° *Lorsque les hostilités furent déclarées* (Avril 1792), *le contingent volontaire fut porté à* 200,000 *hommes. Cette seconde tentative n'amena que des levées confuses, partielles et désordonnées. Le* peu de consistance des troupes volontaires rendit impossible de continuer la guerre en Belgique et permit à l'Étranger de franchir la frontière.

4° Le recrutement des 300,000 hommes (Février 1793) impliqua une nouvelle signification au mot de **volontaire.** Il désigna à la fois l'individu armé de son plein gré, et celui qui obéissait à une réquisition dont nul ne pouvait s'affranchir qu'en fournissant un remplaçant.

5° Ce recrutement échoua en partie, et fut suivi pendant plusieurs mois d'une foule de réquisitions arbitraires ou extravagantes.

6° La Levée en masse mit un terme à cette impuissante anarchie (Octobre 1793). D'un seul coup elle procura au pays 500,000 défenseurs. Elle leur conserva le nom de volontaires bien qu'ils fussent des soldats dans la plus stricte acception du mot. Ce sont eux qui ont immortalisé le nom des **Volontaires de la République.**

## V. ARMÉE.

1° L'histoire de l'Armée est navrante pendant les premières années de la période révolutionnaire.

## CHAPITRE XLIX. — CONCLUSIONS.

Dès l'origine, un corps d'élite, le régiment des Gardes françaises, renia son glorieux passé en donnant l'exemple de la rébellion et en concourant à l'attaque de la Bastille (Juillet 1789). Cet acte de trahison valut à ses auteurs les ovations de la population parisienne et de l'Assemblée constituante. Le Roi, non content d'amnistier les coupables, les autorisa à se former en *Garde nationale soldée*. Les conséquences d'un tel aveuglement furent immédiates; de divers côtés, des soldats quittèrent leurs garnisons pour venir aussi recueillir à Paris la récompense de leur désertion. La faiblesse du Roi se manifesta encore à leur égard (1).

A cette époque, des Gardes nationales se formaient dans toutes les villes. Les régiments considéraient d'un œil étonné cette force militaire d'un nouveau genre, à laquelle les éloges les plus emphatiques étaient prodiguées dès sa naissance. Leur surprise augmenta, lorsqu'ils entendirent répéter autour d'eux que désormais leurs services seraient inutiles, puisque chaque citoyen revendiquait sa part du service militaire. Aucune voix ne troublant l'unanimité de ces assertions, que

---

(1) Chapitres I, II et VI.

semblaient confirmer la conduite du Roi et celle de l'Assemblée, l'Armée se demanda si elle aurait sa place dans le monde nouveau qui surgissait autour d'elle. A ce sentiment de doute succéda bientôt une douloureuse impression; on ne la considéra plus comme la force et la sauvegarde du royaume; on vit en elle un passif instrument du despotisme monarchique, et une entrave à la conquête de la liberté. Pour la détourner du rôle qu'on lui assignait bénévolement, les conseils les plus pernicieux furent prodigués aux soldats. L'obéissance absolue leur fut présentée comme un servilisme abrutissant; on leur cita sans cesse l'exemple des gardes nationaux, de ces citoyens armés qui savaient, disait-on, discuter avec intelligence les ordres de leurs chefs, et qui s'acquittaient de leurs obligations militaires tout en conservant la fermeté patriotique indispensable à la dignité de l'homme libre (1).

En même temps, le mouvement général des esprits portait les classes déshéritées à réclamer une prompte régénération sociale. Plus que les autres peut-être, l'Armée souffrait du régime du

---

(1) Chapitre VI.

privilége; officiers et soldats aspiraient également à un avenir plus équitable. Au lieu d'attendre patiemment le résultat des travaux des législateurs, les premiers rédigèrent des plans de Constitution militaire; les subordonnés imitèrent bientôt leurs chefs: il en résulta des conciliabules où chacun s'attribua des droits et discuta ceux de ses supérieurs. Bientôt les régiments voisins les uns des autres entrèrent aussi en communication à ce sujet, et l'habitude des délibérations fut acquise à ceux auxquels elles doivent être sévèrement interdites (1).

Enfin l'Assemblée constituante donna un commencement de satisfaction aux justes désirs de l'Armée, en abaissant des barrières infranchissables jusque-là pour le mérite. Malheureusement l'expression fréquente de la reconnaissance des intéressés ne fut pas reçue par les législateurs, comme l'eussent fait des arbitres uniquement déterminés à déraciner des abus; au lieu d'accueillir ces manifestations avec une bienveillante austérité, leur complaisance les encouragea et les multiplia. L'Assemblée s'acquit ainsi une sorte de popularité dans l'Armée; les régiments lui adres-

---

(1) Chapitre VI.

sèrent l'exposé de leurs griefs; les soldats virent en elle un pouvoir protecteur disposé à accueillir leurs réclamations avec partialité, et à leur donner ouvertement raison contre leurs chefs. La grande famille militaire se divisa dès lors en *oppresseurs* et en *opprimés*; l'insubordination du soldat devint du *patriotisme,* et l'autorité de l'officier fut une *tyrannie*. La Constituante persévérant dans le rôle fatal qu'elle avait adopté, on vit des colonels, mandés à sa barre, tenter vainement de se disculper des accusations qu'y portaient les plus mutins de leurs subordonnés (1).

Enfin, les autorités civiles suivirent dans les garnisons l'exemple qui leur était donné par le Pouvoir législatif; elles prétendirent s'immiscer dans les détails de la vie intérieure des régiments. Les soldats surent bientôt qu'ils avaient en elles des soutiens disposés à intervenir entre eux et leurs chefs. Aux yeux des officiers municipaux qui s'étaient attribués le rôle d'intermédiaires, les actes de la désobéissance ou de la mauvaise volonté constituèrent habituellement des *aspirations patriotiques*. Les chefs militaires, décriés comme agents du despotisme par les magistrats,

---

(1) Chapitre VII.

## CHAPITRE XLIX. — CONCLUSIONS.

insultés ou maltraités par la populace, ne trouvèrent plus d'appui dans les subalternes auxquels on avait appris à haïr tous leurs supérieurs; un colonel fut massacré sans défense sous les yeux de ses propres soldats. L'Armée perdit ainsi avec l'esprit de discipline, le caractère de force qui est la première condition de son existence, et qu'elle doit avant tout savoir conserver aux yeux même de la Nation qu'elle est appelée à défendre (1).

En somme, les premiers malheurs de l'Armée eurent pour causes : la faiblesse du Roi, le contact des troupes de ligne avec les gardes nationales, l'esprit de délibération introduit dans les Corps, le désir de popularité banale de l'Assemblée constituante, et enfin l'intervention des autorités civiles dans la discipline intérieure des régiments.

2° Ces causes délétères n'agissaient encore que depuis quelque mois, et déjà les troupes de ligne cimentaient leur entente avec les milices bourgeoises par des *fédérations* et des *affiliations;* tout désordre commis par des soldats et des gardes nationaux également avinés passait pour une *mani-*

---

(1) Chapitres V et VII.

*festation patriotique.* Ces pactes fédératifs avec des citoyens ne suffirent bientôt plus à l'esprit de désordre et d'insurrection qui avait envahi un grand nombre de garnisons. Certains régiments, formant le projet d'une association exclusive entre les troupes de ligne, rêvèrent l'absurdité d'asservir la France du dix-huitième siècle à une vaste démocratie de corps de garde; le ministre de la guerre apprit lui-même à l'Assemblée nationale que sept régiments s'étaient déjà formés en *congrès militaire*. La majorité des législateurs effrayée voulut alors réagir contre les résultats de sa funeste imprévoyance; mais il était trop tard. Dans un grand nombre de garnisons, les officiers étaient chassés, les drapeaux enlevés et les caisses régimentaires pillées. Trois régiments révoltés s'emparèrent de Nancy; le marquis de Bouillé dut marcher contre eux avec une petite armée et leur livrer bataille pour reconquérir la ville (Août 1790) (1).

Après la Constituante, l'Assemblée législative poursuivit l'œuvre de la désorganisation militaire avec une sorte d'acharnement (Octobre 1791). Les soldats, autorisés à faire partie des sociétés

---

(1) Chapitres VII et VIII.

populaires, méconnurent jusqu'aux prescriptions réglementaires qui accompagnaient la Constitution récemment accordée à l'Armée; des *mandataires* de garnison vinrent porter à Paris l'expression du mécontentement de leurs *commettants;* à la suite de ces insolentes réclamations, l'Assemblée appela à sa barre le ministre de la guerre qui fut obligé de justifier devant elle des ordonnances prescrites en vue du bien-être du soldat. Bien plus, elle en vint à considérer comme des victimes de l'arbitraire, tous les porteurs d'uniformes punis de peines correctionnelles. Elle accorda les honneurs de la séance à des déserteurs et à des sous-officiers emprisonnés pour avoir rogné des monnaies. Elle provoqua la grâce de quarante soldats du régiment suisse de Châteauvieux, expiant au bagne le crime d'avoir ensanglanté le pays qui les tenait à sa solde; enfin, elle changea en triomphe l'amnistie accordée à ces galériens (1) (Avril 1792).

Dans ce même mois, la guerre fut déclarée. On vit alors ce qu'on devait attendre de troupes parmi lesquelles on avait sapé comme à plaisir

---

(1) Chapitre XI.

les idées du devoir, de la discipline et de l'honneur. A la première apparition de quelques détachements ennemis, les cris de « Trahison! Sauve-qui-peut! » retentirent dans ces rangs gangrenés; les officiers qui voulurent s'opposer aux résultats de cette terreur panique furent foulés aux pieds par les fuyards; un colonel et un général furent massacrés par leurs soldats (1).

3° On a hâte d'ajouter que cet affreux épisode constitua un fait isolé et exceptionnel. Quelques mois après, Dumouriez, Custine et Montesquiou triomphèrent dans l'Argonne, le Palatinat et la Savoie (Septembre et Octobre 1792); mais malgré ces succès momentanés, la désorganisation militaire continua. Il serait aussi douloureux qu'inutile de parcourir de nouveau et pas à pas la voie dégradante qu'elle suivit de Juillet 1792 à Juillet 1793; il suffit de rappeler rapidement les causes qui se multiplièrent alors pour anéantir les forces militaires du pays.

Les excès révolutionnaires avaient déjà fait émigrer les Corps étrangers que la Monarchie entretenait à sa solde; la destruction des Gardes

---

(1) Chapitre XI.

suisses (Août 1792) entraîna le rappel par les Cantons de tous les régiments Helvétiques (1).

La formation, non interrompue pendant deux années, de bataillons volontaires, de compagnies franches et d'autres corps de même nature, suspendit entièrement le recrutement des troupes de ligne; en même temps, elle dissimulait, sous l'apparence d'un tumulte belliqueux, la débilité réelle qui en résultait pour l'Armée (2).

L'émigration militaire s'accrut jusqu'en 1793 par l'effet des causes politiques, des excès commis dans les garnisons, et des accusations de trahison formulées sans cesse contre les généraux et les officiers de l'ancien régime; cependant un grand nombre eût volontiers continué à servir le pays (3).

La destitution, l'incarcération et la mort sur l'échafaud privèrent l'Armée d'un grand nombre de chefs militaires (4).

Enfin la multitude des grades vacants fut octroyée à des subalternes incapables, des protégés des Jacobins, des coryphées de sociétés popu-

---

(1) Chapitres XI et XIV.
(2) Chapitres XI, VIII, XVIII, XIX, XX, XXII, XXIII.
(3) Chapitres IX, XI, XIV, XVII, XVIII, XXII, XXVI.
(4) Chapitres XXII, XXV, XXVIII, XXXI, XXXII.

laires, qui devenaient la risée de ceux qu'on leur donnait à commander (1).

Il en fut du matériel comme du personnel. Dans le commencement des troubles révolutionnaires, les magasins et les arsenaux avaient été vidés ou pillés pour donner des fusils et des canons aux gardes nationales des villes et des campagnes. L'embarras des finances, les préoccupations politiques et le désordre général empêchèrent de renouveler les précieux approvisionnements si follement gaspillés. La pénurie fut portée au comble par la faute d'ineptes démagogues qui devinrent les maîtres du ministère de la guerre. Quand il fallut se rendre à l'évidence, quand il fut bien avéré que les troupes n'étaient ni armées, ni habillées, ni équipées, l'Assemblée législative ordonna des enquêtes; elles firent découvrir une chaîne non interrompue de fraudes, de concussions, de vols et de dilapidations. Les armées manquaient de tout. Il en était de même des places-fortes. Les remparts tombaient en ruines; les écluses ne jouaient plus. Les villes menacées ou attaquées par l'Ennemi réclamaient en vain des vivres, des munitions, des armes et

---

(1) Chapitres XXIV et XXIX.

## CHAPITRE XLIX. — CONCLUSIONS.

des canons. De nombreuses mesures furent décrétées pour remédier à cet état de choses; mais nul n'obéissait alors; elles ne furent pas exécutées (1).

Par suite, au milieu de l'année 1793, les Vendéens triomphaient dans l'Ouest; les Anglais possédaient Toulon; les Espagnols étaient maîtres de Fort-les-Bains et de Bellegarde; les Piémontais semblaient inexpugnables à Saorgio; les Prussiens avaient repris Mayence; enfin les Autrichiens tenaient en leur pouvoir Condé, Valenciennes, le Quesnoy et menaçaient Landrecies.

4° C'est alors que le second Comité de salut public fut nommé (Juillet 1793). Le premier pas à faire dans la voie du salut était évident. Il était indispensable de substituer une volonté unique et inébranlable aux tiraillements des factions et aux indécisions qui maintenaient en permanence une anarchie mortelle pour le pays. Il fallait établir une dictature et la maintenir à tout prix. Proposée sous le nom de *Gouvernement révolutionnaire,* elle fut acceptée par la

---

(1) Chapitres I, II, IX, XII, XIII, XVII, XVIII, XXIII, XXV, XXVI.

Convention et imposée à la Nation. Dès sa naissance, elle eut deux luttes désespérées à soutenir. L'une contre les factions qui voulaient la renverser et dont la ruine établit son incontestable omnipotence; ses péripéties ne sont pas du ressort de ces Conclusions. L'autre, dirigée contre les ennemis de l'extérieur, constitua à la fois la cause de la France et celle de la Révolution.

Nul plan général de défense n'existait, et l'Étranger était à trente lieues de Paris. Le gouvernement révolutionnaire établit en principe que rien ne devait être impossible à une nation de vingt-cinq millions d'hommes, si l'on dirigeait toute sa puissance et tous ses efforts vers le but unique de la défense nationale. L'effervescence de l'époque prouvait, par ses excès mêmes, l'énergie et la vitalité de la population. Loin de chercher à apaiser la furie révolutionnaire, on la surexcita encore, mais en guidant ses mouvements convulsifs : ils devinrent les ressorts du succès et de la victoire.

Pour les observateurs superficiels, le désordre continua. Mais quand on dégage les faits capitaux des circonstances secondaires, on reconnaît que la logique des mathématiques présida à la magnifique conception de Carnot.

## CHAPITRE XLIX. — CONCLUSIONS.

Les armées manquaient d'hommes.... Tous les jeunes gens de la première réquisition (18 à 25 ans) furent déclarés volontaires, c'est-à-dire soldats (1).

Ces 500,000 recrues n'eussent constitué que des troupes inexpérimentées..... Contrairement à ce qui s'était fait jusque-là, on les incorpora dans les bataillons aguerris qui étaient tous incomplets (2).

L'Armée, subdivisée en une foule de Corps différant par l'effectif, la composition, la solde et l'uniforme, était sans unité et sans consistance. Elle fut ramenée à l'uniformité par la suppression de tous les contingents exceptionnels ou irréguliers, par l'*amalgame* des bataillons et par leur embrigadement (3).

Les généraux expérimentés faisaient défaut... Carnot chercha, trouva et éleva subitement aux grades supérieurs de jeunes officiers d'une vocation reconnue (4).

Le népotisme révolutionnaire avait porté d'ignares protégés à la tête des armées... Ils furent

---

(1) Chapitre XXVII.
(2) Chapitre XXXV.
(3) Chapitre XXXV.
(4) Chapitres XXIX et XXXV

destitués, écartés ou placés dans des positions où leur inaptitude était sans danger (1).

Prieur (de la Côte-d'Or) et Robert Lindet furent les auxiliaires de Carnot dans cette tâche magnifique. Le premier se chargea d'armer la Levée en masse et de l'approvisionner de munitions. Par ses soins, Paris devint une vaste manufacture d'armes; la population entière fut appelée à l'extraction du salpêtre, et la science inventa le *procédé révolutionnaire*, qui fabrique la poudre en quelques heures (2). Le second entreprit de nourrir les quatorze armées de la République; il *organisa* le *maximum*. Par l'effet d'un mouvement général qui se propagea du cœur du pays aux extrémités, les grains versés de département en département roulèrent en masse vers les frontières (3).

Enfin, pour recueillir le fruit de tant d'efforts, Carnot développa sur une échelle immense le principe déjà employé par quelques grands capitaines dans des batailles isolées : « Concentrer des » forces supérieures sur un point pour s'y assurer » **un triomphe complet, et rendre insignifiants les**

---

(1) Chapitre XXIX.
(2) Chapitre XXXIII.
(3) Chapitre XXXII.

## CHAPITRE XLIX. — CONCLUSIONS.

» avantages partiels obtenus ailleurs par l'adver-
» saire » (1). Dans ce but, chaque armée devint à ses yeux un corps d'armée; chaque général en chef ne fut plus qu'un lieutenant du Comité de salut public transformé en généralissime ; chaque victoire ne constitua qu'un épisode de la bataille gigantesque qui couvrit, de Bâle à la mer, une étendue de cent cinquante lieues. Dans des conditions aussi formidables, le triomphe sur des ennemis divisés par la politique autant que par la stratégie, ne pouvait être douteux. Les succès se suivirent avec une rapidité incroyable; un an s'était à peine écoulé, et le territoire national était complétement délivré.

Telle fut l'œuvre des trois *Travailleurs* du Comité de salut public.

5° Elle fut presque entièrement accomplie pendant la Terreur. S'ensuit-il que l'on puisse établir entre elles une solidarité, et dire que le salut du Pays fut la conséquence des faits hideux qui ont valu à cette époque un si triste nom dans l'Histoire? Non. La terreur n'engendre que la terreur

---

(1) Chapitres XXVI et XXXVII.

et ne féconde rien. Il semble que sans sortir des limites auxquelles ces Conclusions doivent être restreintes, on peut mentionner la distinction qui doit exister entre les sévérités malheureusement nécessaires à cette dictature pour se faire obéir d'une population en délire, et celles qui résultèrent des hideuses passions de ce temps exceptionnel.

La dictature du *gouvernement révolutionnaire*, sous peine d'être vaincue et de prolonger une anarchie mortelle pour la France, devait forcément être marquée d'un sceau sanglant. Ce n'est pas avec les ménagements qui conviennent aux époques calmes et tranquilles, qu'elle eût pu imprimer une direction salutaire à une Nation qui avait renié son Dieu, tué son Roi, foulé aux pieds toutes les lois et méconnu successivement tous les pouvoirs. Au point d'abaissement où le Pays avait été réduit par cette sanglante orgie, en l'absence de tout frein, de toute morale et de toute idée de devoir, les plus simples prescriptions, celles qui sont en temps ordinaire l'accomplissement habituel de quelque règlement administratif, n'étaient exécutées que sous la menace des peines les plus terribles. Ainsi, dès le commencement de l'œuvre entreprise par Carnot, il fallut décréter la peine de mort contre des colonels ignares ou malversateurs,

## CHAPITRE XLIX. — CONCLUSIONS.

qui refusaient de faire connaître les effectifs des Corps à la tête desquels l'absurdité révolutionnaire les avait placés (1). Il ne fut pas moins indispensable de sévir contre les individus qui projetaient d'entraver le recrutement de la Levée en masse, la fabrication des armes, l'extraction du salpêtre et le roulement général des grains vers la frontière (2). Quelques-uns subirent le châtiment qu'ils eussent encouru sous tout gouvernement : si l'Étranger campait demain à trente lieues de Paris, quel serait le sort réservé aux traîtres qui favoriseraient ses succès ?

La dictature draconienne du *gouvernement révolutionnaire* ne sut pas s'arrêter sur la pente qui l'entraînait. Les causes principales de ses horribles excès furent : la violence des luttes contre les factions intérieures, les appréhensions exagérées de quelques-uns des gouvernants ; le zèle effroyable que la crainte inspirait aux agents ou aux autorités intermédiaires ; l'ineptie de la populace et des comités révolutionnaires qui furent pris pour appuis, faute d'autres soutiens ; la cruauté dont les scènes sanglantes, qui se succédaient

---

(1) Chapitre XXXV.
(2) Chapitres XXVII, XXXII et XXXIII.

depuis la prise de la Bastille, avaient donné l'habitude; enfin, l'esprit faux et l'ambition de Robespierre. Ainsi s'établit la Terreur. Mais à mesure qu'elle se développa, ses causes et ses conséquence constituèrent un contraste de plus en plus frappant avec les idées saines et les sentiments généreux qui présidaient à l'œuvre nationale.

En effet, le bon sens, la logique et l'énergie qui improvisaient des armées et leur imprimaient une si puissante impulsion, produisirent leur effet habituel sur les masses. La gigantesque entreprise, dans laquelle elle avait un si beau rôle à jouer, fut admirablement comprise par la jeunesse française. Cette génération vouée à l'état militaire sentit que le sort de la Patrie dépendait de ses efforts, et il en résulta une entente remarquable entre les bras et la tête de la République, entre les armées qui exécutaient et le Pouvoir qui les dirigeait. Les bulletins de victoire, lus à la Convention et renvoyés aux frontières, entretenaient l'impatience d'obtenir de nouveaux triomphes; aux premiers coups de canon se mêlait le cri de « Barère à la tribune! » La faveur la plus enviée, accordée au plus méritants, consistait à porter à la Convention les drapeaux enlevés à l'Ennemi. Lorsqu'un décret de l'Assemblée proclamait qu'une armée avait bien mérité de la Patrie, tous, depuis le général en chef jusqu'au dernier fusilier, prenaient leur part de l'éloge et se trouvaient récompensés. L'histoire des Républiques antiques n'offre pas de plus beaux exemples de vertus militaires.

En résumé :

1° *La désorganisation de l'Armée commença avec les troubles révolutionnaires de 1789. Elle eut pour causes la faiblesse du Roi, l'imprévoyance et les fausses appréciations de l'Assemblée constituante, le contact des troupes de ligne avec les Gardes nationales, l'esprit de délibération introduit dans les Corps, et l'intervention des autorités civiles dans la discipline intérieure des régiments.*

2° *Cette impulsion désorganisatrice fut activée encore par les errements de l'Assemblée législative. Ses conséquences furent des insurrections militaires à l'intérieur et des défaites à l'extérieur.*

3° *De Juillet 1792 à Juillet 1793, le personnel de l'Armée, le matériel militaire et les places fortes tombèrent dans un état d'impuissance,* de dénûment et de délabrement. Le territoire fut envahi de tous côtés, et l'Ennemi s'avança jusqu'à trente lieues de Paris.

4° Une dictature était devenue indispensable. Celle du gouvernement révolutionnaire mit Carnot à même de réorganiser la force militaire; il traça en même temps des plans de victoire aux armées: Prieur (de la Côte-d'Or) les arma; Robert Lindet les nourrit. Ce fut à cette trinité des **Travailleurs du Comité de salut public** que la France dut de recouvrer en un an l'intégralité de son territoire.

5° Des mesures rigoureuses furent malheureusement nécessaires pour forcer la Nation en délire à entrer dans la voie de l'obéissance et du salut; on doit les distinguer de celles qui, dictées par la démence, l'esprit faux et la cruauté, engendrèrent la Terreur. La délivrance du Pays fut, au contraire, le résultat du bon sens, de la logique et de l'énergie. La jeunesse française, vigoureusement entraînée, y concourut avec enthousiasme, et les plus éminentes vertus militaires présidèrent à l'œuvre nationale accomplie par l'**Armée** régénérée.

FIN DU QUATRIÈME ET DERNIER VOLUME.

# TABLE DES MATIÈRES.

## CHAPITRE XL.

SITUATION GÉNÉRALE APRÈS LE 9 THERMIDOR. — DÉLIVRANCE COMPLÈTE DU TERRITOIRE.

|  | Pages. |
|---|---|
| Ivresse générale causée par la mort de Robespierre. — Arrestation des agents de la Terreur. — Dissensions entre les conventionnels. — Régénération des Comités de salut public et de sûreté générale. — Libération de détenus. — Hoche et d'autres chefs militaires sont élargis. — Kellermann est maintenu en prison. — Le Club des Jacobins reprend ses allures subversives. . . . . . . . . | 2 |
| Incendie de la maison de l'Unité. — Explosion de la poudrière de Grenelle. — Inquiétudes à l'égard de l'établissement de Meudon. — Tentative d'assassinat effectuée sur Tallien. . . . . . . . . . . . . . . . . . . . . . . . | 11 |
| Organisation du nouveau gouvernement. — But de la politique *Thermidorienne*. . . . . . . . . . . . . . . . . | 15 |
| Conséquences de la révolution du 9 Thermidor dans les départements. . . . . . . . . . . . . . . . . . . . . . | 19 |
| Faible retentissement de cet événement dans les armées. — Succès des armées du Nord, de Sambre-et-Meuse, des Pyrénées-Occidentales et de la Moselle. . . . . . . . | 20 |

498   TABLE DES MATIÈRES.

                     Pages.

Reprise sur les Autrichiens des dernières villes qu'ils occupaient en France. — Condé est dénommé *Nord-Libre*. . . . . . . . . . . . . . . . . . . . . . . . . . . . . . .   23

Fête de la cinquième Sans-culottide.—Envoi d'un drapeau d'honneur à chacune des quatorze armées. . . . . . .   25

Bellegarde, repris sur les Espagnols, est dénommé *Sud-Libre*. . . . . . . . . . . . . . . . . . . . . . . . . . . . . . .   27

Fête nationale décrétée pour célébrer la délivrance complète du territoire. . . . . . . . . . . . . . . . . . . . . . . .   27

## CHAPITRE XLI.

SUITE DE LA RÉORGANISATION MILITAIRE. — DIFFICULTÉS POUR RECONSTITUER LA GARDE NATIONALE PARISIENNE. — PRÉLUDES DE LA LUTTE ENTRE LES THERMIDORIENS ET LES MONTAGNARDS.

Loi nouvelle sur l'avancement militaire. — Régularisation de la solde de l'armée. — Création de l'*École centrale des travaux publics* (École Polytechnique). — Concours pour l'admission dans l'arme de l'artillerie. . . . . . .   30

La Garde nationale parisienne comprend l'universalité des citoyens en état de porter les armes. — Difficultés que présente sa réorganisation. — Dissensions parmi les citoyens armés. — Diversité de l'armement et du costume. — Mode de commandement défectueux. — Efforts du Comité militaire pour la reconstituer sur des bases solides. . . . . . . . . . . . . . . . . . . . . . . . . . . . . . .   42

Divisions entre les Thermidoriens et les Montagnards. — Ces derniers ont pour auxiliaires les Jacobins et la populace. — Expectative du parti royaliste. — Première mesure décrétée contre le Club des Jacobins. — Tactique des agitateurs pour fatiguer la Garde nationale. . . . .   47

*Jeunesse dorée.* — Sa composition. — Ses luttes avec les Jacobins. — Elle devient l'appui des Thermidoriens. — Vaine tentative pour l'organiser militairement. . . . . .   54

TABLE DES MATIÈRES.

Attitude de l'École de Mars. — Souffrances physiques et déchéance de la population ouvrière. — Mécontentement du nombreux personnel de la manufacture d'armes parisienne. . . . . . . . . . . . . . . . . . . . . . . . . . . 59
Énumération des forces respectives des partis Montagnard et Thermidorien. . . . . . . . . . . . . . . . . . . . . . . 62

## CHAPITRE XLII.

Commencement de la lutte entre les Thermidoriens et les Montagnards. — Licenciement de l'École de Mars. — Fermeture du club des Jacobins. — Dissolution de la manufacture d'armes parisienne. — Nouveaux embarras pour les Thermidoriens.

Moyens employés pour préparer l'opinion au licenciement de l'École de Mars. — Elle joue le principal rôle dans la Fête des Victoires. — Elle est licenciée. . . . . . . . 66
Procès de quatre-vingt-quatorze Nantais. — Mise en jugement de leurs accusateurs. — Arrestations de généraux reconnus coupables d'atroces cruautés en Vendée. — Une commission est nommée pour procéder à l'examen de la conduite de Carrier. — Appel à l'insurrection fait au club des Jacobins, en faveur de Carrier. — Première attaque du club par une partie de la Jeunesse dorée. — Seconde attaque. — Dissolution de la société des Jacobins. . . . . . . . . . . . . . . . . . . . . . . . . . 74
Manœuvres employées par le parti terroriste pour entraver le procès de Carrier et de ses complices. — Mécontentements excités parmi les ouvriers de la manufacture d'armes parisienne. — Leurs réclamations à la Convention. — Fermentation inquiétante. — Dissolution de cette manufacture. . . . . . . . . . . . . . . . . . . . 85
Acquittement d'une partie des complices de Carrier. — Indignation générale. — Le tribunal révolutionnaire est

TABLE DES MATIÈRES.

Pages

suspendu pour être renouvelé. — Nouveaux sujets d'irritation pour les Montagnards. — Disette. — Abolition du *maximum*. — Ses conséquences. — Les agitateurs spéculent sur les souffrances de la population ouvrière pour la pousser à l'insurrection. — Efforts du Comité des approvisionnements pour remédier à la famine ....... 89

La Jeunesse dorée abat le buste de Marat au théâtre Feydeau. — Le Comité de sûreté générale le fait replacer. — Croisade des jeunes gens contre toutes les effigies de l'*Ami du peuple*. — Le gouvernement permet qu'on joue une pièce insultante pour la Jeunesse dorée. — Cette dernière en empêche la représentation. — Arrestation d'un grand nombre de jeunes gens. — Le gouvernement reconnaît sa maladresse. — Les Terroristes font une ovation à l'image proscrite. — Fermeture de plusieurs sociétés populaires. — Proscription définitive de tous les emblèmes qui rappelaient le souvenir de Marat. — Le gouvernement Thermidorien commence à douter de l'obéissance de la Jeunesse dorée .............. 100

Nouveaux efforts des Montagnards pour entraver la marche du gouvernement. — Ils demandent la mise en vigueur de la Constitution de 1793. ........... 109

Urgence de reconstituer et de réorganiser la Garde nationale parisienne. .................. 110

## CHAPITRE XLIII.

SUITE DE LA LUTTE ENTRE LES THERMIDORIENS ET LES MONTAGNARDS. — VAINES TENTATIVES POUR RECONSTITUER LA GARDE NATIONALE PARISIENNE. — JOURNÉE DU 12 GERMINAL ET SUIVANTES. — NOUVELLE ORGANISATION DE LA GARDE NATIONALE PARISIENNE.

Efforts du Comité militaire pour reconstituer la Garde nationale parisienne. — Licenciement des compagnies de canonniers, soldées depuis un an ; formation de nou-

# TABLE DES MATIÈRES.

velles compagnies composées de citoyens. — Décisions prises dans un but de réorganisation. — Difficultés qui s'opposent à ce qu'on obtienne de bons résultats. — La réélection des officiers et des sous-officiers est accordée à la suite de nombreuses demandes. — Après qu'elle est effectuée, on demande l'épuration des soldats. . . . . . . 114

Agitations causées par la disette et encouragées par les mal-intentionnés. — Obligation imposée à tout citoyen de faire personnellement le service de la Garde nationale. — Nomination d'une Commission pour préparer les *lois organiques* de la Constitution de 1793. — Loi de grande police. — Désordres journaliers. — Hésitation manifestée le 11 Germinal par une partie de la Jeunesse dorée. . . 122

*Journée du 12 Germinal.* Agitations, rassemblements et faux bruits. — Une portion de la Jeunesse dorée prend position dans la cour du Carrousel. — Son rôle insignifiant. — L'émeute envahit la salle de la Convention. — Difficultés qui entravent les efforts des représentants du peuple parcourant la ville pour engager les citoyens à marcher au secours de l'Assemblée nationale. — Dangers courus par les conventionnels Auguis et Penières. — Suite du tumulte à la Convention. — Délivrance de l'Assemblée nationale . . . . . . . . . . . . . . . . . . 138

Décret qui tend à organiser un service de Garde nationale pour protéger l'arrivée des subsistances. — Arrestation de plusieurs Montagnards. — Paris est mis en état de siége. — Pichegru est nommé commandant de la force armée parisienne . . . . . . . . . . . . . . . . . . . . 148

Émeute du 13 Germinal aux Champs-Élysées pour empêcher la transportation au château de Ham des Montagnards arrêtés. — Pichegru dissipe les restes d'insurrection et se démet du commandement. — Le nombre des membres du Comité de salut public est porté de douze à seize membres. — Ordre de désarmer les Terroristes . . 152

Contre-coup de l'insurrection du 12 Germinal dans les localités environnantes. — Adjonction de pièces d'artillelerie et de détachements de gendarmerie aux compagnies

de gardes nationaux chargées d'assurer les arrivages des grains. — Difficultés pour organiser ce service . . . . . 155
Les excès des Terroristes ont pour effet d'engager de plus en plus le gouvernement Thermidorien dans la voie de la réaction. . . . . . . . . . . . . . . . . . . . . . . 157
Décret qui donne une organisation nouvelle à la Garde nationale parisienne. — Objections qu'il soulève. — Il est adopté. . . . . . . . . . . . . . . . . . . . . . . . . . 158
L'Assemblée lève la défense qui interdisait aux troupes de ligne de circuler dans un rayon de dix lieues autour de Paris . . . . . . . . . . . . . . . . . . . . . . . . 165

## CHAPITRE XLIV.

LES GARDES NATIONALES DES DÉPARTEMENTS SONT DANGEREUSES, INERTES OU IMPUISSANTES. — PRÉTENDUE PACIFICATION DE LA BRETAGNE ET DE LA VENDÉE. — TRAITÉS DE PAIX CONCLUS AVEC LA TOSCANE ET LA PRUSSE.

Relâchement de toute surveillance dans les départements après la fin de la Terreur. — Brigandages qui en résultent. — Les environs de Paris se ressentent des agitations de la Capitale. — Troubles politiques dans la plupart des villes. — Historique de Marseille, choisi pour exemple. — La Garde nationale y est principalement composée de terroristes. — A Lyon, elle ne fait aucun effort pour empêcher les assassinats politiques. — Partout les Gardes nationales sont dangereuses, inertes ou impuissantes . . . . . . . . . . . . . . . . , . . . 168
Exception à cette conclusion générale pour quelques villes frontières, où l'on désigne sous le nom de Garde nationale des bataillons d'artisans soldés faisant le service de garnison. . . . . . . . . . . . . . . . . . . . . . . . . 184
Départements de l'Ouest. — Situation respective de Charette et Stofflet. — Triste état de l'armée de l'Ouest qui leur

est opposées. — On décide d'user du système de conciliation à l'égard des Vendéens. — Canclaux est mis à la tête de l'armée de l'Ouest. — Disparition momentanée de la Chouannerie. — Hoche est désigné pour commander l'armée des côtes de Cherbourg. — Changements dans son caractère. — Ses premiers travaux. — L'armée des côtes de Brest est également mise sous son commandement. — Reprise des hostilités par les Chouans. — Amnistie générale décrétée par la Convention en faveur des rebelles qui mettront bas les armes. — Difficultés pour s'entendre avec les Chouans. — Sur la rive droite de la Loire, l'amnistie est une cause de malentendus et de tromperies. — Négociations entamées avec Charette. — Conférence de La Jaunaye. — Entrée triomphale de Charette à Nantes. — Soumission de Stofflet. . . . . . 185

Difficultés pour rétablir des relations diplomatiques entre la République et les Puissances belligérantes. — Vaines ouvertures d'accommodement tentées par la Prusse et par l'Espagne.— Succès des armées du Nord, de Sambre-et-Meuse, de la Moselle et du Rhin. — La base d'opérations des Coalisés, depuis Bâle jusqu'à la mer, est occupée par les armées républicaines. — Succès des armées des Pyrénées . . . . . . . . . . . . . . . . 209

La paix est considérée comme le but et la récompense de la guerre. — Discussions à son sujet.— Faux bruit d'une seconde Levée en masse. — Il est démenti par le Comité de salut public. — Effectif de la force militaire. . . . . 217

Invasion de la Hollande. — Propositions de paix faites directement par la Prusse. — Nouvelle tentative de conciliation de la part de l'Espagne.—Traité de paix entre la France et la Toscane. . . . . . . . . . . . . . . . 223

Énumération des armées et des généraux qui les commandent.— Sur la proposition de Carnot, la Convention décide l'impression du tableau des victoires qui ont illustré les armes de la République. — Carnot cesse de faire partie du Comité de salut public . . . . . . . . . . . . . . . 227

Traité de paix conclu avec la Prusse — Diverses Puissances

TABLE DES MATIÈRES.

Pages.

accréditent des ambassadeurs ou des ministres plénipotentiaires auprès de la République . . . . . . . . . . . 229
Résumé de la situation générale au commencement de Floréal . . . . . . . . . . . . . . . . . . . . . . . . . . 229

## CHAPITRE XLV.

PRÉLUDES INSURRECTIONNELS. — JOURNÉE DU 1$^{er}$ PRAIRIAL AN III (20 MAI 1795.)

De nouvelles agitations entraînent de nouvelles mesures contre le parti terroriste. — Exécution de Fouquier-Tinville et de ses complices. — Le parti royaliste commence à se montrer. — Indifférence des citoyens pour le service de la Garde nationale. — Massacres des terroristes détenus dans les prisons de Lyon. — Leur retentissement est exploité à Paris par les agitateurs. — Organisation du mouvement populaire. — Manifeste de l'insurrection. . 232
*Journée du 1$^{er}$ Prairial. De cinq heures du matin à onze heures.* Rassemblements dans les faubourgs; la colonne des insurgés se dirige vers les Tuileries. — La Garde nationale se réunit lentement. . . . . . . . . . . . . . . . . 252
*De onze heures à deux heures.* La Convention rend divers décrets pour le maintien de la tranquillité. — Préludes du désordre. — L'émeute envahit la salle; elle est deux fois repoussée . . . . . . . . . . . . . . . . . . . . . 254
*Deux heures.* Une troisième tentative rend la troupe insurrectionnelle maîtresse de l'enceinte législative . . . . . 260
*Trois heures et demie.* Mort du député Féraud . . . . . . 264
*Quatre heures.* Tumulte et confusion . . . . . . . . . . . 265
*Six heures.* Beau trait de Boissy d'Anglas. — Les Montagnards tentent de donner enfin à l'émeute une direction utile à leurs desseins. . . . . . . . . . . . . . . . 267
*Sept heures et un quart.* Mode qu'ils adoptent pour faire voter la Convention conformément à leur volonté. . . . 269

TABLE DES MATIÈRES. 505

Pages.

*De neuf heures à onze heures et demie*. Propositions révolutionnaires votées par les députés restés dans la salle. — Nomination d'une commission pour les faire exécuter. . 270
*Événements extérieurs*. Dangers courus par les conventionnels chargés de lire à la population les proclamations de la Convention. — Confusion et divergences d'opinion parmi les bataillons de la Garde nationale. — La nuit concourt à attiédir l'ardeur des émeutiers. — Bataillons fidèles disposés aux abords de la Convention. . . . . . . 272
*Onze heures et demie*. Aspect de l'enceinte législative. — On somme les insurgés de se retirer. . . . . . . . . . 277
*Minuit*. La force armée se précipite pour dégager enfin la Convention. — Les Montagnards croient un moment à leur triomphe définitif. — L'émeute repoussée regagne les faubourgs. — Arrestation des conventionnels qui ont fait cause commune avec les insurgés . . . . . . . . 279
*Deux heures du matin*. Décret qui charge les Sections de procéder au désarmement et à l'arrestation des terroristes. — On annonce que le calme est rétabli dans la ville . . . . . . . . . . . . . . . . . . . . . . . . 283
*Trois heures trois quarts*. La Convention s'ajourne à sept heures. — Les Comités restés en permanence expédient à toutes les troupes de ligne à proximité l'ordre d'entrer immédiatement dans Paris. . . . . . . . . . . . . . 284

CHAPITRE XLVI.

JOURNÉES DES 2, 3, ET 4 PRAIRIAL AN III (21, 22 ET 23 MAI 1795). — FIN DE LA LUTTE ENTRE LES THERMIDORIENS ET LES MONTAGNARDS. — RÉINSTALLATION DES TROUPES DE LIGNE A PARIS. — ARMÉE DE L'INTÉRIEUR.

*Journée du 2 Prairial*. Comité insurrectionnel installé à l'Hôtel de Ville. — Dissidences dans la Garde nationale. — Annonce à la Convention d'un traité d'alliance entre les républiques Française et Batave. — Décret qui met hors la loi les chefs d'attroupements. — Trois conventionnels, Aubry, Gillet et Delmas sont chargés de la direction de la force armée à Paris et dans la 17ᵉ division militaire. — Mesures diverses décrétées contre les insurgés. . . . . . . . . . . . . . . . . . . . . . . . . 287

Rencontre de deux bataillons armés pour la Convention et des trois bataillons insurgés du faubourg Saint-Antoine. — Ces derniers tentent de cerner les Tuileries. — Attitude des deux partis en présence. — Les canonniers de plusieurs Sections passent du côté des insurgés. — Indignation de la Convention. — Elle est obligée de temporiser et de parlementer avec l'émeute. — L'insurrection se calme et les rebelles regagnent les faubourgs. . . 292

Journée du 3 *Prairial*. Un des misérables qui ont porté la tête de Féraud au bout d'une pique est arraché au supplice par la populace. — Rupture de la trêve conclue la veille entre la Convention et les faubourgs. — Arrivée des troupes de ligne à Paris. — Menou en reçoit le commandement en chef. — Organisation d'un bataillon de jeunes gens qui offrent leurs services à la Convention. . 300

Journée du 4 *Prairial*. Expédition du général Kilmaine dans le faubourg Saint-Antoine. — Difficultés du retour. — Elles sont aggravées par la conduite irréfléchie de la Jeunesse dorée. — Kilmaine, parvenu à tirer sa division de ce mauvais pas, fait sa jonction sur les boulevards avec d'autres colonnes militaires. . . . . . . . . . . . . . . 303

Conduite des insurgés à l'Arsenal. — Elle prouve, ainsi que beaucoup d'autres faits, combien s'était amoindrie la furie révolutionnaire des faubourgs. . . . . . . . . . . 312

Mouvement stratégique pour cerner le faubourg Saint-Antoine. — Préparatifs de résistance des rebelles. — Leurs dispositions sont déconcertées. — Soumission du faubourg. — Retour des troupes. . . . . . . . . . . . 314

Mesures décrétées par la Convention contre les chefs du parti terroriste.—Une commission militaire est instituée. — Jugements qu'elle prononce. — Licenciement de la gendarmerie parisienne. — Incarcération et désarme-

ment des terroristes effectués par les assemblées de Sections. — Abus qui font suspendre ce mode de répression. — On amène les Sections à faire le sacrifice de leur artillerie. . . . . . . . . . . . . . . . . . . . 317
De tristes événements accomplis à Toulon accroissent encore l'irritation de la Convention contre le parti terroriste. — Nouvelles arrestations de Montagnards. — Carnot échappe aux effets de cette animosité rétrospective. — Suicide de six Montagnards condamnés à mort par la commission militaire. . . . . . . . . . . . . 323
La population ouvrière est indirectement exclue des rangs de la Garde nationale parisienne. — Décret d'organisation des Gardes nationales départementales. . . . . . 332
Création de la *Légion de police générale*. — Formation de l'*Armée de l'intérieur*. . . . . . . . . . . . . . . 337

## CHAPITRE XLVII.

CATASTROPHE DE QUIBERON. — PAIX AVEC L'ESPAGNE. — SUITE DE LA RÉORGANISATION MILITAIRE. — CONSTITUTION DE L'AN III.

Tentatives de Puisaye pour obtenir des secours de l'Angleterre. — Position des armées du Nord, du Rhin et de Sambre-et-Meuse. — Plan de l'expédition de Quiberon. — Les Chouans reprennent les armes. — Débarquement des émigrés à Quiberon. — Causes de leur désastre. — Catastrophe qui termine l'expédition. . . . . . . . . . . 339
Traité de paix conclu avec l'Espagne. — Suppression des deux armées des Pyrénées-Orientales et des Pyrénées-Occidentales. . . . . . . . . . . . . . . . . . . . 353
Suite de la réorganisation militaire. — Détermination des généraux et des officiers qui doivent composer les états-majors et les cadres de l'armée. — Difficultés qu'elle présente. — Bonaparte à Paris. . . . . . . . . . . 357
Constitution de l'an III. — Dispositions qu'elle consacre relativement aux forces militaires du Pays. . . . . . . 365

## CHAPITRE XLVIII.

LUTTE ENTRE LES PARTIS ROYALISTE ET RÉPUBLICAIN. — JOURNÉE DU 13 VENDÉMIAIRE. — ANNIHILATION DE LA GARDE NATIONALE PARISIENNE. — FIN DE LA CONVENTION.

Pages.

Efforts du parti royaliste pour empêcher l'acceptation de la Constitution de l'an III. — Ses manœuvres dans les Sections. — Elles réclament contre la proximité des troupes de ligne et contre les *décrets des deux tiers.* — Leur esprit d'hostilité est partagé par la Jeunesse dorée. — Arrestation des jeunes gens réfractaires à la réquisition. . . . . . . . . . . . . . . . . . . . . . . . . 372

Ouverture des assemblées primaires. — Celle de la Section Lepelletier donne le signal de l'opposition. — Les Thermidoriens appellent au secours de la Convention tous les vétérans de la Révolution. — Passage du Rhin par une partie de l'armée de Sambre-et-Meuse. — La Constitution de l'an III est proclamée loi fondamentale de l'État. . . . . . . . . . . . . . . . . . . . . . . . 379

Continuation de l'agitation dans les Sections parisiennes. — La Section Lepelletier les convoque à la révolte. — Assemblée des électeurs dans la salle du Théâtre-Français (Odéon). — Elle méconnaît le décret de la Convention qui lui enjoint de se dissoudre. — La force armée est chargée de la dissiper. — Formation du *bataillon sacré des patriotes de 89.* — La colonne dirigée par Menou ne rencontre aucun ennemi. . . . . . . . . . . 384

Suite de la révolte des Sections. — La force armée est dirigée contre la Section Lepelletier. — Cette seconde expédition n'aboutit encore à aucun résultat. . . . . . . . 392

*Journée du 13 Vendémiaire.* Menou est destitué de son commandement. — Bonaparte est proposé pour le remplacer. — Son hésitation ; il accepte. — Subterfuge pour éviter de le laisser sous les ordres des trois conventionnels chargés de diriger la force armée : Barras est nommé

TABLE DES MATIÈRES. 509

Pages.

général en chef de l'armée de Paris et de celle de l'Intérieur. . . . . . . . . . . . . . . . . . . . . . . . . . . 397
Organisation des forces de l'insurrection. — Dispositions militaires prises par Bonaparte. — L'Armée et la Garde nationale restent en présence toute la journée. — Mouvements de détail; tentatives pour parlementer. — Nécessité d'en venir aux mains. — Combat d'une heure. — Victoire des troupes de la Convention. . . . . . . . 398
Abolition des causes d'insurrection. — Suppression des distributions de pain. — Annihilation de la garde nationale parisienne . . . . . . . . . . . . . . . . . . . . . . . . 414
Situation nouvelle de l'Armée vis-à-vis de la Nation . . 417
Commissions militaires instituées pour juger les rebelles de Vendémiaire. — Indulgence à l'égard de ces derniers. 420
Derniers jours de la Convention nationale. — Fixation de la force et de la composition de l'Armée pour l'an IV. . 422
Fin de la session de la Convention . . . . . . . . . . . 425

## CHAPITRE XLIX.

### CONCLUSIONS.

I. Considérations générales. . . . . . . . . . . . . . . . 427
II. Garde nationale parisienne. . . . . . . . . . . . . . 438
III. Gardes nationales départementales. . . . . . . . . . 450
IV. Gardes nationales mobiles ou Volontaires de la République. . . . . . . . . . . . . . . . . . . . . . . . . 451
V. Armée. . . . . . . . . . . . . . . . . . . . . . . . . 476

FIN DE LA TABLE DES MATIÈRES.

# TABLE GÉNÉRALE ALPHABÉTIQUE.

## A

**Abancourt** (d'), ministre de la guerre.
Iᵉʳ *Volume*. — Les Girondins proposent de le mettre en accusation, *page* 453. — Diffère l'exécution d'une décision de l'Assemblée constituante qui viole les capitulations du régiment des Gardes suisses, 456. — Emprisonné à La Force, 473. — Massacré à Versailles, 499.

**Acier.** *Voyez* ARMEMENT.

**Aclocque**, chef de bataillon de la Garde nationale Parisienne.
I. Défend le Roi dans la Journée du 20 Juin 1792, 410.

**Adjoints au ministère de la Guerre.** *Voyez* MINISTÈRES.

**Aérostat.**
III. On l'étudie à Meudon, 191. — Employé à la bataille de Fleurus, 351. — Sa description; embarras qu'il donne, 352.

**Affiliations.** *Voyez* FÉDÉRATIONS.

**Affûts.** *Voyez* ARMEMENT, ARMES, MATÉRIEL ET MUNITIONS.

**Affry** (lieutenant général, comte d'), colonel du régiment des Gardes suisses.
I. Remplacé momentanément par le baron de Besenval, 20. — Punit des soldats qui ont arboré des cocardes blanches, 449.

— Remplacé, dans la Journée du 10 Août, par le lieutenant colonel de Mailliardoz, 459. — Transféré à l'Abbaye, 478.
— Acquitté par le Tribunal extraordinaire, 479.

**Aigremont**, garçon de bureau à l'Assemblée constituante.

I. Sauve des officiers suisses dans la Journée du 10 Août 1792, 472.

**Albitte** (aîné), conventionnel.

IV. Décrété d'arrestation, 282, 290. — Renvoyé devant une Commission militaire, 326. — Contumace, 330.

**Alexandre**, commissaire des guerres.

II. Nommé ministre de la guerre, 343. — Les Montagnards font rapporter ce décret, 344.

**Allard**, conventionnel.

IV. Décrété d'arrestation, 328.

**Alliman**, adjudant au régiment des Gardes suisses.

I. Massacré à la Conciergerie, 482.

**Amalgame** des bataillons de ligne et des bataillons volontaires. *Voyez* Composition et organisation de l'Armée.

**Amar**, conventionnel.

III. Membre du Comité de sûreté générale, 87. — Doute qu'on puisse condamner les Dantonistes, 206. — Conspire contre Robespierre, 339. — L'attaque à la Convention, 385. — Son rôle dans la Journée du 9 Thermidor, 415.

IV. Accusé par Lecointre, 7. — Il n'y a pas lieu d'examiner sa conduite, 90. — Décrété d'arrestation, 151, 291.

**Ambers** (marquis d'), colonel de Royal-Marine.

I. Son altercation avec un factionnaire, 209.

**Andoins** (d'), capitaine de Royal-Dragons.

I. Tente de protéger le Roi à Sainte-Menehould, 294.

**Anselme**, général.

II. Occupe Nice et le Mont-Alban, 45.

**Approvisionnements, Habillement et Équipement des Armées.**

I. Pénurie des trois armées du Nord, 350, 424. — Dumouriez dévoile à l'Assemblée les désordres de l'administration, 406. — Travail des femmes et des enfants, 495.

II. Dénûment des Armées, 66, 112. — Dilapidations, 114.

Opposition faite aux marchés passés par Dumouriez en Belgique, 118. — Action de Beurnonville au ministère, 150, 216. — Similitude d'uniforme entre les troupes de ligne et les Volontaires, 167, 188. — Vente d'effets d'équipement, 229. — Manque d'approvisionnements de toutes sortes, 406, 443. — Paris approvisionné comme place de guerre, 470. — Réquisition de toutes les industries pour la Levée en masse, 489. — Son habillement, 493, 514, 518. — Fraudes de fournisseurs, 516. — Dons volontaires, 519. — Abandon de l'ancien uniforme des troupes de ligne; costume de l'infanterie légère, 520.

III. Moyens expéditifs employés par Saint-Just et Lebas à Strasbourg, 46, 144. — Mesures de rigueur contre les fournisseurs, 139. — Concussions et dilapidations, 141. — Confections de souliers, 143. — Réquisitions, 147. — Manque d'approvisionnements des armées victorieuses, 362.

IV. Pénurie des armées, 20. — Fonctions des Comités à cet égard, 41.

**Arçon** (Lemiceaud d'), général.
II. Notice biographique, 196. — Assiége Bréda et Gertruydenberg, 198, 199.

**Armée** en général. *Voyez* APPROVISIONNEMENTS, COMPOSITION ET ORGANISATION, DÉSORGANISATION, EFFECTIF ET RECRUTEMENT, ÉNUMÉRATION DES ARMÉES, PÉNALITÉ, SUBSISTANCES, etc.

**Armée des Alpes** (d'abord nommée ARMÉE DU MIDI).
I. Sa création, 424.
II. Entre en Savoie, 44. — Kellerman succède à Montesquiou, 50, 55. — Siége et prise de Lyon, 400, 409, 559. — Kellermann quitte le siége, 410. — Doppet le remplace, 459. — La frontière est délivrée de Nice à Genève, 563.
III. Campagne de 1793 insignifiante, 52. — Commandée par Dumas, 264. — Occupation du Mont-Cenis et du Petit Saint-Bernard, 280. — Prise de la vallée de Sture et du poste des Barricades, 345.
IV. Corps d'armée dirigé sur Lyon, 247. — Exécute un mouvement rétrograde, 355.

### Armée des Ardennes.

II. Commandée par Valence; sa marche en Belgique, 66. *Voyez pour la suite* Armée du Nord.

III. Prend ses quartiers d'hiver après la bataille de Wattignies, 38. — Marceau s'y rend avec un commandement, 259. — Sous les ordres de Charbonnier, 264. — Fait jonction avec l'aile droite de l'Armée du Nord, 283. — Fait partie de l'Armée de Sambre-et-Meuse, 355.

### Armée du Centre.

I. Sa création; elle est mise sous les ordres de Lafayette, 345, — dont elle partage les opinions, 415. — Passe sous les ordres de Luckner, 474. — Marche avec Kellermann au secours de l'Armée du Nord, 510. *Voyez* Armée de la Moselle.

### Armée des côtes de Brest.

II. Commandée par Canclaux, 361. — Défense de Nantes, 368. — Commandée par Rossignol, 438. — Réunie à l'armée des côtes de la Rochelle, pour former l'armée de l'Ouest, 570.

IV. Mise sous les ordres de Hoche, 188, 190, 227. — Opposée aux émigrés à Quiberon, 345. — Sous les ordres de Moncey, 355.

### Armée des côtes de Cherbourg.

II. Non organisée; son général Wimpfen se met à la tête de l'armée des Girondins, 361. — Commandée par Sépher, 381. — Renforce l'armée de l'Ouest, 385.

IV. Sous les ordres de Hoche, 183, 227, — qui la réorganise, 190. — Commandée par Aubert Dubayet, 345.

### Armée des côtes de la Rochelle.

II. Sa détestable composition, 361, 362. — Difficultés qu'éprouve son général, Biron, 373. — Il est remplacé par Rossignol, 379. — Opérations ridicules ou malheureuses, 395. — Inconvénients de la présence d'un grand nombre de représentants du peuple, 423. — Sous les ordres de Léchelle, 438. — Réunie à l'armée des côtes de Brest pour former l'armée de l'Ouest, 570.

**Armée de l'intérieur.**
    II. Commandée par Berruyer, 139.
    IV. Reconstituée en Prairial, 338, 124.

**Armée d'Italie.**
    II. Occupe le comté de Nice, 139. — Commandée par Brunet, 360.
    III. Campagne de 1793, insignifiante, 52. — Sous les ordres de Dumerbion, 264. — Hoche y est arrêté, 266. — Projet de Bonaparte pour s'emparer de la vallée du Tanaro et de Saorgio, 277. — Il s'accomplit, 279. — Repousse l'attaque des Piémontais, 372.
    IV. Troupes envoyées à Toulon, 325. — Exécute un mouvement rétrograde, 355.

**Armée de la Moselle.**
    II. Kellermann y est remplacé par Beurnonville, 55, 129. — Ce dernier, quoique nommé ministre de la guerre, en conserve le commandement, 152. — Marche sous les ordres de Houchard au secours de Mayence, 387.
    III. Franchit les Vosges sous les ordres de Hoche, 49. — Déblocus de Landau, reprise des lignes de Weissembourg, 52. — Hoche est remplacé par Jourdan, 263. — Ordre de rejoindre l'armée du Nord, 287. — Ce mouvement s'accomplit, 322, 326. — Fait partie de l'armée de Sambre-et-Meuse, 355.
    IV. Occupe la ville de Trèves, 23. — Fait jonction avec l'armée du Rhin, 214.

**Armée du Nord.**
    I. Sa création ; elle est commandée par Luckner, 343, — auquel succède Lafayette, 475. — Plan de Dumouriez pour envahir les Pays-Bas, 383. — Désastre qui suit les premières opérations, 384. — Le commandement en est dévolu à Dumouriez, 476, — qui la relève de la démoralisation causée par le départ de Lafayette, 504, 506. — Campagne de l'Argonne, 508.
    II. Invasion de la Belgique, 66. — Victoire de Jemmapes, 70. — Son dénûment, 116. — Obligée de s'arrêter à Liège, 123. — Désaffection de la population belge, 125. — Cul-

butée par l'ennemi, redemande Dumouriez, 204. — Il la réorganise, 237. — Combat de Tirlemont, 240. — Défaite de Neerwinden, 243. — Bat en retraite, 248, 253. — Trêve avec les Autrichiens, 270. — Se brise entre les mains de Dumouriez, 273. — Mise sous le commandement de Dampierre, 279, — qui la rallie, 286. — Dampierre est tué ; Custine lui succède, 327. — L'ennemi investit Valenciennes et assiége Condé, 329, — Arrivée de Custine, 379. — Perte de Valenciennes, 393. — Procès et mort de Custine, 414, 419. — Impression qu'elle en reçoit, 440. — Houchard est désigné pour la commander, 441. — Siéges de Dunkerque et du Quesnoy par l'ennemi, 442, 452. — Embarras de Houchard, 451. — Reçoit un renfort des armées du Rhin et de la Moselle, 453. — Victoire de Hondschoote, 455. — Levée du siége de Dunkerque, 456. — Perte du Quesnoy, 458. — Déroute, 460, 533. — Jourdan en reçoit le commandement, 563. — Carnot s'y rend; victoire de Wattignies, 564.

III. Prend ses quartiers d'hiver, 38. — Kléber y est envoyé en qualité de général de division, 260. — Jourdan remplacé par Pichegru, 260. — Ses opérations, 282. — L'armée des Ardennes fait jonction avec l'aile droite, 283. — Pichegru agit par les deux ailes, 285. — Plan de destruction formé par l'ennemi, 286. — Jourdan la rejoint avec l'armée de la Moselle et 15,000 hommes de l'armée du Rhin, 288, 322. — Saint-Just et Lebas y vont en mission, 323. — Siége de Charleroi, 325. — Jourdan nommé général en chef, 326. — Suite des opérations de Pichegru, 345. — Opérations de Jourdan, 347. — Prise de Charleroi, 350. — Bataille de Fleurus, 352. — Une partie concourt à former l'armée de Sambre-et-Meuse, 355. — Jonction avec l'armée de Sambre-et-Meuse, 370. — Reprise de Landrecies, 371. — Opérations dans la Flandre maritime, 374.

IV. Prise de l'île Cadsand, 19, 92. — Occupation du fort de Lillo, 22. — Reprise du Quesnoy, de Valenciennes et de Condé, 23. — Reprend sa marche, 25. — S'avance jusqu'à Nimègue, 212. — Invasion de la Hollande, 223. — Pichegru en quitte le commandement, 151, — qui est donné à Moreau, 227. — Occupe la Hollande, 340.

**Armée de l'Ouest.**

II. Formée des armées des côtes de Brest et des côtes de la Rochelle, 570. — Ses opérations sous les ordres de Léchelle, 571. — Fureur des Mayençais contre Léchelle, 578. — Chalbos la commande, et Kléber la dirige, 579. — Fusion des Mayençais dans les autres corps, 580. — Rossignol la commande, 581. — Marceau lui succède, 584, 586.

III. Elle poursuit les Vendéens, 39. — Destruction de la grande armée vendéenne, 43, 99. — Opérations de Turreau, 256, 259.

IV. Sa position en Vendée, 185. — Sous les ordres de Canclaux, 187, 227. — Envoie des renforts à Hoche, 345. — Mise sous les ordres de Hoche, 355.

**Armée des Pyrénées.**

II. Sa formation fictive, 139. — Son licenciement, 142.

**Armée des Pyrénées-Occidentales.**

II. Commandée par Servan, 359.

III. Campagne de 1793 insignifiante, 52. — Sous les ordres de Muller, 268. — Conserve ses positions, 273. — Remporte un avantage considérable sur les Espagnols, 361.

IV. Prise de Fontarabie et de Saint-Sébastien, 22. — Nouveaux succès sous les ordres de Moncey, 216, 227. — Sa suppression, 355.

**Armée des Pyrénées-Orientales.**

II. Difficultés pour y retenir les gardes nationaux de réquisition, 360. — Les défaites s'y succèdent, 383.

III. Perd du terrain, 52. — Doppet est remplacé par Dugommier, 268. — Sa situation, 273. — Diversion effectuée par Dagobert dans la Cerdagne, 274. — Blocus de Collioures, de Port-Vendres et de Bellegarde, 275, 276. — Prise de Collioures et de Port-Vendres, 343. — Siége de Bellegarde, 361.

IV. Reprise de Bellegarde, 27. — Proposition de paix faite par l'Espagne, 210. — Succès et mort de Dugommier,

215. — Sous les ordres de Schérer, 227. — Prise de Vittoria et de Bilbao, 353. — Sa suppression, 355.

**Armée du Rhin.**

I. Sa création, 345. — Quelques contingents en sont distraits pour marcher avec l'armée du Centre au secours de l'armée du Nord, 510.

II. Custine s'empare de Spire et de Worms, 14, — perd Francfort, 129, — et se retire laissant Mayence isolé, 287. — Défense de Mayence, 326. — Beauharnais nommé pour remplacer Custine, 327, — qui éprouve encore un échec, 328. — Capitulation de Mayence, 387. — Décret contre les défenseurs de Mayence, 388. — Il est rapporté, 392. — Démission de Beauharnais, 422. — Échec à Pirmasens, 533. — Commandée par Carleng; perd les lignes de Weissembourg, 558. — Saint-Just et Lebas y vont en mission; Pichegru en reçoit le commandement, 568.

III. Pichegru, général en chef, 45. — Mission de Saint-Just et Lebas, 46. — Enthousiasme pour marcher en avant, 48. — Jonction avec l'armée de la Moselle, 49. — Hoche reçoit le commandement des deux armées, 50. — Déblocus de Landau et reprise des lignes de Weissembourg, 52. — Saint-Just en attribue la gloire à Pichegru, 261. — Michaud la commande provisoirement, 262. — Jourdan en tire 15,000 hommes qu'il conduit, avec l'armée de la Moselle, pour renforcer l'armée du Nord, 287, 322. — Prise de Kaiserlautern, 374.

IV. Fait sa jonction avec l'armée de la Moselle, 214. — Mise sous les ordres de Pichegru, 151, 227. — Sa position, 340. — Prise de Luxembourg, 353.

**Armée de Sambre-et-Meuse.**

III. Sa formation après la bataille de Fleurus, 355. — Ses opérations, 364. — Jonction avec l'armée du Nord, 370.

IV. Entrée à Liège, 22. — Reprise de Landrecies, le Quesnoy, Valenciennes et Condé, 23. — Reprend sa marche, 25. — Ses succès, 213. — Sous les ordres de Jourdan, 227. — Sa position, 340. — Prise de Luxembourg, 353. — Une partie passe le Rhin, 383.

### Armée révolutionnaire parisienne.

II. Sa création, 470. — Décret de la Convention, 475. — Élection des officiers, 477. — On lui refuse des guillotines, 482. — Ses opérations, 541. — Une partie est envoyée à Lyon, 560.

III. Elle constitue l'élément militaire des ultra-révolutionnaires, 11. — Causes de mécontentement, 12. — Ses *services* à Lyon, 14. — Défiance qu'elle inspire à Paris, 23. — Son insolence, 29. — Brigandages dénoncés par Lecointre, 31. — Arrestation de Ronsin, 34. — Collot d'Herbois vante la conduite qu'elle a tenue à Lyon, 63. — Arrestation de Mazuel, 65. — Il est mis en liberté ainsi que Ronsin, 89. — Elle s'agite de nouveau, 91. — Seconde arrestation de ses chefs, 95. — Leur mort, 197. — Proteste de son dévouement à la Convention, 212. — Robespierre fait son éloge, 213. — Elle est licenciée, 214. — Mort sur l'échafaud de plusieurs de ses officiers, 223.

### Armées révolutionnaires des départements.

II. Leur création, 545.

III. Elles sont licenciées, 35.

### Armement, Armes, Matériel de guerre et munitions.

I. Recherche d'armes et de poudre par la population parisienne; fabrication de piques; 31, 34, 38, 43, 48. — Émotion causée par la découverte d'un bateau chargé de poudre, 75. — Distribution d'armes à la Garde nationale, 83. — Pillage à l'Hôtel de Ville, 125. — Bouillé résiste à l'impulsion qui porte à vider les arsenaux, 243. — Délivrance d'armes aux Gardes nationales des frontières, 272, 277. — Armement des volontaires; décret contre la dispersion et l'exportation des armes, 278, 300, 336, 344. — Piques; espontons; discussion sur l'emploi de la pique dans les armées, 333, 359, 429, 440. — Fabrication d'armes, 428. — Tout soldat ou volontaire doit être armé d'un fusil, 442. — Armes retirées de certains corps pour être données aux volontaires, 484, 497. — Recherche d'armes dans les maisons royales et les demeures des émigrés, 498.

II. Vente d'armes par de faux enrôlés, 229. — Réquisition de canons pour la Vendée, 309. — Arrêtés arbitraires pris dans les départements, 314. — Plaintes de la garnison de Fort-les-Bains, 359. — Pénurie d'armes, 335, 444. — Commissaires des assemblées primaires chargés de l'inventaire des armes, 486. — Mesures pour approvisionner et armer les volontaires de la Levée en masse, 491, 509, 514, 516.

III. Construction de chariots et de caissons, 155. — Urgence des besoins, 158. — Prodigieux efforts du Comité de salut public, 159. — Fontes et aciers, 160. — Fabrication d'armes blanches, 161. — Fusils enlevés aux communes, 162. — Peine contre ceux qui perdent leur baïonnette; fabrication de carabines, 163. — Manufacture d'armes établie à Paris, 164. — Hauts fourneaux transformés en fonderies de canons en fer, 167. — Fonderies de canons de bronze, 168. — La population est appelée à extraire le salpêtre, 170. — Moyen d'épargner la potasse, 172. — Procédé pour activer le raffinage du salpêtre, 174. — Création de la Commission des armes et des poudres, 178. — Les Sections de Paris offrent à la Convention du salpêtre extrait par elles, 179. — Cours révolutionnaires, 183. — Fête du Salpêtre, 187. — Quantités fournies par les Sections, 188. — Procédé révolutionnaire pour fabriquer la poudre, 189. — Poudrerie de Grenelle, 190. — Établissement de Meudon, 191. — Fabrications analogues dans les départements, 192. — Offre patriotique d'un fusil repoussée au club des Jacobins par Collot d'Herbois, 291. — Manque d'approvisionnements des armées victorieuses, 362. — Chargement de poudre, destiné à l'armée du Nord, intercepté à Paris, 378.

IV. Incendie de la maison de l'Unité, 11. — Explosion de la poudrerie de Grenelle, 12. — Création de quatre nouvelles poudreries, 13. — Inquiétudes de la population au sujet de l'établissement de Meudon, 14. — Relâchement et mécontentement dans les ateliers de la manufacture d'armes de Paris, 60. — Plaintes et réclamations de son personnel, 86. — Elle est dissoute, 88. — Troubles à la manufacture d'armes de Versailles, 170. — Armes données à la jeunesse dorée, 302. — Désarmement des terroristes, 155, 320. — Les sections Parisiennes n'ont plus d'artillerie, 322.— Suppression d'une pièce d'artillerie des bataillons d'infanterie, 336. — Désarmement de la garde nationale Parisienne, 414, 416.

**Armuriers.** *Voyez* ARMEMENT.

**Arné**, grenadier aux Gardes françaises.
    I. Sa conduite à la prise de la Bastille, 50.

**Artillerie.** *Voyez* COMPOSITION ET ORGANISATION DE L'ARMÉE.

**Artillerie des Sections, Artillerie Parisienne.**
    *Voyez* CANONNIERS PARISIENS.

**Artois** (comte d').
    I. Émigre, 65. — Se réfugie à Turin, 273. — S'établit dans le palais de l'Électeur de Trèves, 280. — Fait retenir des loges dans les spectacles de Paris, 497.
    IV. Vainement attendu à Quiberon, 342, 346, 348.

**Assemblée constituante.**
    I. Le Tiers-État se déclare *Assemblée nationale*, 22. — Demande au Roi la grâce de soldats tirés de l'Abbaye par une émeute, 26. — Réclame la formation d'une Milice bourgeoise et l'éloignement des troupes, 27, 36, 57. — Ordonne l'incarcération de Bésenval, 74. — Son inertie au sujet des brigandages qui désolent les provinces, 100, 103. — Le service d'honneur, fait auprès d'elle par la Compagnie de la Prévôté de l'Hôtel, est partagé par la Garde nationale de Versailles, 107. — Discussions sur les attributions du Pouvoir exécutif et du Pouvoir législatif, 108. — Repousse les réclamations de Bailly au sujet de l'arrivée du régiment de Flandres à Versailles, 116. — Journées des 5 et 6 Octobre, 131, 135, 137. — Trois cents députés s'en éloignent, 154.—Son installation à Paris; promulgation de la Loi martiale, 154, 156, 165, 166. — Interdit de créer de nouveaux états-majors dans les Gardes nationales, 175. — S'emploie en faveur du vicomte de Caraman, 183. — Pose les bases de la Constitution militaire, 191. — Délègue au Roi le droit de paix et de guerre et renonce à toute guerre de conquête,

194, 199. — Supprime les juridictions prévôtales, 206. — Soumet la Force armée aux Municipalités, 212, 214. — Encourage les manifestations patriotiques, 216. — Se pose en arbitre entre les soldats et leurs chefs, 217, 224, 229. — Repousse des propositions tendant à rétablir la discipline, 226. — Décrète une Fédération générale, 230, — et des honneurs pour les Volontaires de la Bastille, 233. — Tente trop tard de réprimer l'indiscipline, 248, 251. — Ordonne d'employer la force contre les rebelles de Nancy, 255. — Remercie d'abord Bouillé et les Gardes nationales, et déploie ensuite une fatale indulgence pour les rebelles, 261, 265, 268. — Maurice de Ségur est obligé de défendre devant elle ses soldats qui ont fait leur devoir, 283. — Décide que les soldats peuvent faire partie des sociétés patriotiques, 289.— Son attitude pendant la fuite et le retour du Roi, 299, 302, — et à l'occasion des troubles réprimés au Champ de Mars, 308, 311. — Elle finit sans pouvoir ni prestige, 339.

**Assemblée législative.**

I. Succède à la Constituante, 342. — Son mauvais vouloir envers le ministre de la guerre, 343. — Décide qu'en aucun temps et sous aucun prétexte, l'Armée ne pourra se recruter parmi les Gardes nationales en activité, 349. — Accueille les dénonciations contre les généraux, les députations des Corps insubordonnés et les accusations contre le ministre de la guerre, 354, 360, 364, 365. — Accorde les honneurs de la séance aux galériens de Châteauvieux, 366. — Mesures répressives trop tardives après le massacre de Dillon et de Berthois, 386. — Attaques des Girondins contre le Roi et la Constitution, 394. — Prononce le licenciement de la Garde constitutionnelle du Roi, 400. — Décrète l'établissement d'un camp de 20,000 hommes à Paris, 403, 405. — Admet des pétionnaires armés, contrairement à la loi, 409. — Décret pour la défense du pays, 431, 437. — Autorise le départ de la garnison de Paris, 448. — Tente d'éloigner le régiment des Gardes suisses, 396, 448, 450, 456. — Sa partialité pour les Fédérés contre la Garde nationale, 451. — Discute la déchéance du Roi, 455. — Affecte de délibérer sur la traite des Nègres, dans la Journée du 10 Août, 463. — Ses appréhensions, 467. — Met les Gardes suisses sous la protection de la loi, 472. — Prononce la déchéance du Roi et décrète une Convention nationale, 473. — Envoie des commissaires aux Armées, 473. — Décide l'installation du Tribunal extraordinaire du 10 Août, 478, — et le licenciement des régiments suisses, 483. — Mesures rendues à la suite de la prise de Longwy par l'ennemi, 480, 491. — Fait presser Dumouriez de se retirer en arrière de la Marne, 513.

II. Tient sa dernière séance le jour de la bataille de Valmy, 2.

**Assemblée nationale.** *Voyez* ASSEMBLÉE CONSTITUANTE, ASSEMBLÉE LÉGISLATIVE, CONVENTION.

**Assemblées de Sections.** *Voyez* SECTIONS DE PARIS.

**Assignats.**

IV. Leur valeur décroissante, 239.

**Aubert Dubayet,** général.

II. Concourt à la défense de Mayence, 326. — Destitué comme ci-devant noble; mécontentement des Mayençais, 570, — qui le réclament, 578.

IV. Commande l'Armée des côtes de Cherbourg, 345, 347.

**Aubin Bonnemère,** ancien soldat de Royal-Comtois.

I. Sa conduite à l'attaque de la Bastille, 43, 45. — Fait partie des vainqueurs de la Bastille, 112.

**Aubry,** conventionnel.

IV. Notice biographique. Il propose que chaque habitant de Paris soit tenu de faire personnellement le service de la Garde nationale, 127. — Entre au Comité de salut public, 154. — Présente à la Convention un projet d'organisation de la Milice bourgeoise, 159. — Chargé avec deux de ses collègues du commandement de la force armée à Paris, 290. — Proposition contre ceux qui battront la caisse, 301, — et pour la détermination de la 17e division militaire, 338. — Accusé d'incapacité, 341, — et de partialité dans la formation des cadres, 361.

**Audoin,** adjoint au ministre de la guerre.

II. Porte au club des Jacobins la liste des ex-nobles servant comme officiers ou comme soldats, 449.

**Augereau**, général.
III. Notice biographique, 276.
IV. Il commande la droite de l'Armée des Pyrénées-Orientales, 215.

**Auguis**, conventionnel.
IV. Dangers qu'il court dans la journée du 12 Germinal, 142. — Son rôle dans les troubles de Marseille, 172, 177, — et dans la journée du 1er Prairial, 259, 279.

**Aumont** (duc d').
I. Refuse d'être mis à la tête de la Milice Parisienne, 36. — Commande l'avant-garde de Lafayette à Versailles, 136.
IV. Élargi sous un faux nom, après la journée du 9 Thermidor, 6.

**Avancement.** *Voyez* OFFICIERS.

# B

**Babeuf**, journaliste.
IV. Provoque à l'insurrection, 248.

**Bachmann** (baron de), général, major du régiment des Gardes Suisses.
I. Conseille au Roi de ne pas sortir des Tuileries, 464. — Condamné à mort par le Tribunal extraordinaire, 479.

**Bailly.**
I. Est nommé maire de Paris, 59, 64. — Tente de sauver Foulon et Berthier, 67. — Dissuade Lafayette de donner sa démission, 69. — Demande l'éloignement du régiment de Flandres, 115. — Singulier compliment qu'il adresse à la Famille royale, 145. — Fait exécuter la loi martiale au Champ de Mars, 310. — Donne sa démission de maire de Paris, 347.

**Baïonnette.** *Voyez* ARMEMENT.

**Baraguey d'Hilliers**, général.
II. Dépose en faveur de Custine, 418. — Est arrêté, 467.
IV. Chef d'état-major de Menou, en Prairial, 302.

**Barban-Dubarran**, conventionnel.

IV. Décrété d'arrestation, 328.

**Barbantane** (Puget), général.

I. Sa conduite dans l'affaire du régiment suisse d'Ernest, 378.

**Barbaroux**, conventionnel.

I. Va au-devant des Fédérés marseillais, 451.

**Barère**, conventionnel. *Voyez aussi* Comité de salut public.

II. Annonce à la Convention que la Vendée rebelle est anéantie, 574.

III. Disculpe Lapoype et Bonaparte devant la Convention, 121. — Explique les torts d'un bataillon de volontaires indiscipliné, 135. — Fait adopter un décret relatif à la fabrication des souliers pour les armées, 143, — et repousser des propositions de paix, 175. — Propose l'établissement des *cours révolutionnaires*, 181, — le licenciement de l'*armée révolutionnaire parisienne*, 214, — la destitution de Jourdan, 260. — Dit que de petits succès ne sont pas dignes d'être annoncés à la République, 272. — Ses travaux, 281. — « Barère à la tribune! » cri adopté par les soldats, 282. — Parle de l'assassinat tenté sur Collot-d'Herbois, 306. — Accuse l'Angleterre de vouloir faire assassiner Robespierre, 307. — Opinion de ce dernier sur son compte, 313. — Annonce l'ouverture de l'École de Mars, 329. — Rédige le rapport sur Catherine Théot, 341. — Promet l'arrivée d'une flotte chargée de vivres, 343. — Rapport sur des victoires, 363, — suivi d'un décret de sommation pour les quatre villes françaises au pouvoir des Autrichiens, 363. — Annonce de nouveaux succès, 369. — Saint-Just demande qu'il ne fasse plus tant *mousser* les victoires, 372. — Répond aux accusations de Couthon, 381. — Propose de changer le mode de commandement de la Garde nationale, 393. — Son embarras quand on amène Hanriot au Comité de salut public, 404. — Propose de mettre hors la loi les individus qui se sont soustraits aux décrets d'accusation, 420.

IV. Qualifie les atrocités de Lebon de *formes un peu acerbes*, 3. — Cesse de faire partie du Comité de salut public, 15. — Dit que la Liberté a battu la charge à la même heure en Belgique et à Paris, 22. — Les Comités déclarent qu'il y a lieu d'examiner sa conduite, 90. — Mis en arrestation, 108. — Est jugé par la Convention, 133. — Condamné à la déportation, 150, 237. — Ce décret est rapporté, 318.

**Barnave**, député.

I. Antagoniste de Mirabeau dans la question sur le droit de paix et de guerre, 197.

**Barra**, jeune tambour.

III. Sa mort, 368.

**Barras**, conventionnel.

III. Nommé commandant de la force armée, le 9 Thermidor, 420. — Rôle auquel il est réduit, 423. — Apporte des nouvelles rassurantes, 424. — Combine les moyens d'attaquer les conspirateurs, 425.

IV. Se démet du commandement, 10. — Veut armer la Jeunesse dorée, 56, 57. — Adjoint à Pichegru, 151. — Est nommé chef de la force armée chargée de protéger la circulation des grains, 157. — Projet d'obtenir sa déportation, 234. — Membre de la commission chargée de maintenir la tranquillité, 390. — Général en chef de l'armée de l'intérieur, 398. — Fait rétrograder une partie des bataillons qui affluent à Paris, 418. — Installe les trois commissions militaires, 420. — Donne sa démission de général en chef de l'armée de l'Intérieur, 424.

**Barthélemy**, chef d'état-major.

II. Est arrêté, 467.

III. Robespierre l'envoie au tribunal révolutionnaire, 74.

**Barthélemy**, ambassadeur en Suisse.

IV. 209, 225.

**Bastelier**, conventionnel.

III. Dirige l'établissement de Meudon, 191.

**Bastille** (château de la).

I. Vœu général de sa destruction, 39. — Sa description, 40. — Attaquée par la population, 40, 44. — La garnison se rend et est massacrée en partie, 47. — Pertes éprouvées des deux côtés, 52. — Vaines tentatives de démolition, 53.

**Batailles.**
    I. De Valmy, 523.
    II. De Jemmapes, 70. — De Neerwinden, 242. — De Hondschoote, 453. — De Wattignies, 564.
    III. De Turcoing, 287. — De Fleurus, 351.

**Bataillon de troupes de ligne.** *Voyez* ORGANISATION ET COMPOSITION DE L'ARMÉE.

**Bataillon de volontaires.** *Voyez* GARDES NATIONALES MOBILES.

**Bataillon des vainqueurs de la Bastille.**
    I. Sa composition, 110. — Espérances de ceux qui le composent, 113. — Son départ pour Versailles, 126. — Reçoit une solde journalière, 152. — Fait partie d'une expédition dirigée contre Vernon, 158. — Honneurs exceptionnels qu'on lui prépare, 232. — Sa dissolution, 234.

**Baudot,** conventionnel.
    III. A l'armée du Rhin, 50.
    IV. Décrété d'arrestation, 328.

**Bayle** (Moïse), conventionnel.
    IV. Décrété d'arrestation, 155.

**Bazire,** député.
    I. Dénonce la garde constitutionnelle, 399. — Propose de licencier tous les officiers, 473.
    III. Incriminé dans une affaire d'agiotage, 69. — Condamné à mort avec les Dantonistes, 205.

**Beaudre** (chevalier de), colonel du régiment de Médoc.
    I. Tente de sauver cinq employés du fisc, 166.

**Beauharnais** (Alexandre, vicomte de), général.
    II. Notice biographique, 24. — Fait rédiger aux prisonniers autrichiens une adresse à leurs compatriotes, 25. — Remplace Custine à l'armée du Rhin, 327, 328. — Refuse d'être ministre de la guerre, 343. — Ronsin engage Vincent à le perdre, 387. — Donne sa démission, 422, 525.

**Beaurepaire,** lieutenant de carabiniers.
    I. Protége la fuite du général de Malseigne, 254.

**Beaurepaire,** commandant à Verdun.
    I. Se brûle la cervelle, 494.
**Beausset** (chevalier de), commandant de citadelle.
    I. Est massacré, 211.
**Becker,** chirurgien des Gardes suisses.
    I. Massacré, 471.
**Beffroy.**
    II. Commande une colonne de l'armée de la Rochelle, 433.
**Belair,** général.
    IV. Préserve l'Arsenal, en Prairial, 312.
**Bélair** (Rose).
    IV. Sa conduite en Prairial, 253.
**Belsunce** (Henri, comte de), major du régiment de Bourbon.
    I. Est massacré à Caen, 90, 92.
**Benezeth.**
    III. Commissaire des armes et des poudres, 220.
**Bentabole,** conventionnel.
    III. Envoyé à l'École de Mars, le 9 Thermidor, 421, 425.
    IV. Dénonce l'insurrection du club des Jacobins, 79.
**Bergoin,** conventionnel.
    IV. Sa conduite en Prairial, 280.
**Berlier,** conventionnel.
    IV. Entre au Comité de salut public, 379.
**Bernard** (de Saintes), conventionnel.
    IV. Décrété d'arrestation, 328.
**Berneron,** général.
    II. Assiége les forts de Klundert et de Williemstadt, 197.
**Bernier,** conventionnel.
    IV. Désarme la garde nationale d'Évreux, 333.
**Berruyer,** général.
    I. Est nommé commandant du camp de Paris, 496.
    II. Préside la Commission militaire chargée de juger des émigrés faits prisonniers, 30. — Commande l'armée de l'intérieur, 139, 152. — Est accusé par Marat, 330. — Blessé en Vendée, 363.
    IV. Se présente pour recevoir un commandement en

Prairial, 302. — Mis à la tête du *bataillon sacré des patriotes de 89*, 391.

**Berthier**, général.

II. Accusé d'être aimé de ses officiers, 449.

**Berthier de Sauvigny**, intendant à Paris.

I. Est massacré, 67.

**Berthois**, colonel du génie.

I. Est massacré à Lille, 385.

**Berthollet**, savant.

III. Instruction sur la fabrication de l'acier, 160.

**Bésenval** (baron de), lieutenant-général, lieutenant-colonel du régiment des Gardes Suisses.

I. Assure la tranquillité des marchés, 19. — Réprime le pillage de la maison Réveillon, 20, 21. — Réunit plusieurs régiments aux Champs-Élysées, le 12 juillet, 29. — Est arrêté à Villenaux, 72. — Est amené à Paris, 169. — Son procès et son acquittement, 170.

**Bésombre**, lieutenant-colonel d'un bataillon franc.

II. Est assassiné à Cambrai, 42.

**Besvy** (de), colonel du régiment de Poitou.

I. Forcé par ses soldats de leur signer des billets, 247.

**Beurnonville**, général.

I. Commande le camp de Maulde, 510. — Manœuvre pour se rapprocher de Dumouriez, 513, 517, 519, 522.

II. Notice biographique; sa conduite envers deux bataillons parisiens, le Mauconseil et le Républicain, 61. — Commande l'aile droite à la bataille de Jemmapes, 70. — Remplace Kellermann à l'armée de la Moselle, 129. — Tentative infructueuse sur l'électorat de Trèves, 130. — Est nommé ministre de la guerre, 149. — Envoie des renforts à l'armée en Hollande, 201. — Marche au secours de la Convention à la tête des Fédérés Brestois, 215. — Sa conduite au ministère, haine des Jacobins et des Montagnards pour lui, 216. — Il donne sa démission et est réélu par l'Assemblée, 217. — Accusé par la Section Poissonnière, 218. — Chargé d'accompagner les commissaires de la Convention au camp de Dumouriez, 260. — Arrêté et livré avec eux aux Autrichiens, 267. — Accusé par les Montagnards de s'être entendu avec Dumouriez, 278. — Accusé par Custine d'avoir fait abandonner mal à propos les revers des Vosges, 288.

IV. Est remis aux agents de la République, 353.

**Beuvron** (duc de), lieutenant général.

I. Le vicomte de Caraman lui demande l'autorisation de faire prêter le serment civique par ses soldats, 182.

**Beysser**, général.

II. Concourt à la défense de Nantes, 368. — Nommé pour commander l'armée de La Rochelle, 377. — Déclaré traître à la patrie, 378. — Rétabli dans ses fonctions, 379.

III. Condamné à mort avec les Dantonistes, 223.

**Billaud-Varennes**, conventionnel. *Voyez aussi* COMITÉ DE SALUT PUBLIC (SECOND).

II. Accuse Custine, 390, — et Kellermann, 563.

III. Propose de décapiter les généraux devant le front des troupes, 114, — et d'exécuter de même les fournisseurs infidèles, 141. — Enjoint à Fouquier-Tinville d'abréger le procès des Dantonistes, 206. — Opinion de Robespierre sur son compte, 313. — Accuse Robespierre d'avoir protégé Turreau, 317. — L'attaque devant la Convention, 385, 391. — Son embarras quand on amène Hanriot au Comité, 404. — Son rôle dans la journée de Thermidor, 414, 425.

IV. Accusé par Lecointre, 7. — Sort du Comité de salut public, 15. — Parle contre Robespierre, 77. — Fait un appel à l'insurrection, 79. — Commission chargée d'examiner sa conduite, 90. — Décrété d'arrestation, 108. — Condamné à la déportation, 133, 150, 237. — Ce décret est modifié trop tard, 318.

**Biron** (duc de), maréchal, colonel des Gardes françaises.

I. Sa mort, 16.

**Biron** (duc de Lauzun), général.

I. Panique de ses troupes, 383.

II. A la tête de l'armée du Rhin, 14, — et de l'armée d'Italie, 152. — Notice biographique, 294. — Accusé par les Montagnards, 294. — Sa position difficile à l'armée de La

Rochelle, 331, 340. — Reçoit l'ordre de sortir de l'inaction, 368. — Est accusé, 373. — Défendu par le Comité de salut public, 376. — Remplacé par Rossignol, 379. — Incarcéré, 393. — Réclame un prompt jugement, 548.

III. Envoyé au tribunal révolutionnaire, 71, 73, 76.

**Blad,** conventionnel.

IV. Explique la mort du père du général Moreau, 92. — Fait partie du Comité de salut public, 331. — Envoyé en Bretagne, 345. — Sort du Comité de salut public, 415.

**Bô,** conventionnel.

IV. Maltraité à Amiens, 156.

**Bodin,** conventionnel.

IV. Présente la loi d'organisation des Gardes nationales départementales, 334. — En mission dans l'Ouest, 344.

**Boishardy,** chef vendéen.

IV. Son entrevue avec Humbert, 194. — Sa mort, 344.

**Boisset,** conventionnel.

IV. Sa conduite à Lyon, 183, 246.

**Boissy d'Anglas,** conventionnel.

IV. Son zèle pour approvisionner Paris, 96, 126. — Son rapport interrompu par l'émeute de Germinal, 140, 148. — Sort du Comité de salut public, 154. — Sa belle conduite en Prairial, 257, 260, 262, 264, 267, 278. — Présente un traité de paix conclu avec Hesse-Cassel, 354. — Rentre au Comité de salut public, 362.

**Boletti,** conventionnel.

III. Adjoint à Barras, le 9 thermidor, 420.

**Bollemond,** général.

III. Combat l'opinion de Saint-Just, 350.

**Bonaparte.**

II. Dirige l'artillerie du siége de Toulon, 587. — Confiance qu'il inspire aux soldats, 589. — Envoie au Comité un mémoire sur les opérations nécessaires, 591. — Ses rapports avec Doppet, 592, — et avec Dugommier, 594.

III. Reprise de Toulon, 52. — Nommé général, 117. — Dénoncé à la Convention, 119. — Disculpé, 122. — Moyen de débusquer les Piémontais de Saorgio, 277, 279. — Lié avec Robespierre jeune, 280, — qui veut l'amener à Paris, 377.

IV. Rayé par Aubry des cadres de l'artillerie, 363. — Reçoit le commandement de l'armée de Paris, 396.— Journée du 13 Vendémiaire, 397. — Commande l'armée de l'intérieur, 418, 425.

**Bonchamp**, général vendéen.

II. Sauve la vie à 4,000 républicains, 573.

**Bonnaud**, général.

III. Notice biographique, 285.

**Bonnet rouge**.

I. Adopté à la suite de la fête donnée aux galériens de Châteauvieux, 370.

**Borie**, conventionnel.

IV. Décrété d'arrestation, 282, 291.

**Botidoux**, ex-constituant.

IV. Intermédiaire pour la pacification de la Vendée, 194.

**Bouchotte**, colonel.

II. Nommé ministre de la guerre, 278. — Désorganise l'administration, 335. — Défendu par Robespierre jeune, 336. — Offre sa démission, 342. — Est maintenu, 344. — Envoie aux armées les journaux les plus révolutionnaires, 344. — Présente divers généraux pour remplacer Biron, 376, 379. — Sa haine pour Custine, 381. — On demande son remplacement, 405. — Le Comité de salut public témoigne en sa faveur, 408. — Annonce la destitution de Kellermann, 459, — et celles de plusieurs autres généraux, 461. — Ses maladresses, 471.

III. Est attaqué par Bourdon (de l'Oise), 9, — par Camille Desmoulins, 84, — et par Danton, 154.

IV. On demande son jugement, 107. — Sera traduit au Tribunal criminel d'Eure-et-Loir, 318.

**Bouillé** (marquis de), lieutenant-général.

I. Accusé de complots contre-révolutionnaires, 121. — Fait emprisonner un agitateur militaire, 214. — Son habile conduite à Metz, 242.—Réprime la rébellion à Nancy, 255.— L'Assemblée lui donne son approbation, 261. — Les Jacobins demandent sa tête, 264. — Sa juste sévérité à Belfort, 265. — Son nom excite les murmures d'une partie des députés, 267. — Reçoit l'ordre d'approvisionner les places de guerre sous son commandement, 282. — Son rôle dans le voyage du Roi à Varennes, 290, 297. — Réduit à émigrer, 299. — Suspendu de ses fonctions par l'Assemblée, 302. — Lettre qu'il lui adresse, 303.

**Bouillé** (Louis, comte de), aide de camp de son père.

I. Protége le régiment du Roi à sa sortie de Nancy, 260. — Annonce l'arrestation du Roi à Varennes, 297.

**Boulai.**

III. Adjoint à la Commission de l'organisation et du mouvement des Armées, 220.

**Boulanger**, chef de bataillon de la Garde nationale.

II. Nommé général en chef de la Garde nationale Parisienne, 317. — Donne sa démission, 318. — Général de l'*Armée révolutionnaire*, 477. — Demande qu'on accorde une guillotine à son *armée*, 482.

III. Ami des ultra-révolutionnaires, 11. — Est dévoué à Robespierre, 213, 317. — Décrété d'arrestation, 392. — Arrêté, 405. — Mis hors la loi, 434. — Guillotiné, 436.

**Boulets.** *Voyez* ARMEMENT ET MATÉRIEL DE GUERRE.

**Bourbotte**, conventionnel.

IV. Chef de l'insurrection de Prairial, 248, 254, 271, 277, 280. — Décrété d'arrestation, 290. — Renvoyé devant une Commission militaire, 326. — Condamné à mort, 330.

**Bourdon** (Léonard), conventionnel.

III. Adjoint à Barras, le 9 Thermidor, 420. — Son rôle dans cette journée, 426, 428.

IV. Décrété d'arrestation, 151, 291.

**Bourdon** (de l'Oise), conventionnel.

I. Amène Bésenval à Paris, 169.

III. Signale l'incapacité de Bouchotte, 8. — Parle contre les ultra-révolutionnaires, 37. — Accusé par Hébert, 65. — Accuse Daubigny, 141. — Robespierre le fait espionner, 374. — Dénonce l'insurrection de la Commune, 414. — Adjoint à Barras, le 9 Thermidor, 420.

IV. Propose l'arrestation de plusieurs montagnards, 150.
— Empêche Ruhl d'être compris dans un décret d'accusation, 291.

**Boursault**, conventionnel.
IV. Demande la destitution du général Humbert, 197.

**Bouthillier** (marquis de), lieutenant général.
I. Rapport sur la question du recrutement, 185.

**Boyer**, chirurgien.
I. Organise la compagnie des élèves en chirurgie, 37.

**Bréard**, conventionnel.
IV. Fait partie du Comité de salut public, 5, 98.

**Brichard**, notaire et capitaine du bataillon des Cordeliers.
I. Propose l'affiliation de la Garde nationale de Montpellier avec celle de Paris, 222.

**Brigades.** *Voyez* COMPOSITION ET ORGANISATION DE L'ARMÉE.

**Brissac** (duc de Cossé), lieutenant général.
I. Mis à la tête de la Garde constitutionnelle du Roi, 357.
— Renvoyé devant la haute cour d'Orléans, 398, 400. — Massacré à Versailles, 499.

**Brival**, conventionnel.
III. Envoyé à l'École de Mars dans la journée du 9 Thermidor, 420, 423.
IV. Adjoint à Peyssard pour diriger l'École de Mars, 67.

**Broglie** (duc de), maréchal de France.
I. Commande l'armée réunie à Paris, 27. — S'éloigne de Paris à la tête d'une partie de ses troupes, et est contraint à émigrer, 66, 243, 274. — Désigné comme chef d'une des armées qui doivent envahir la France, 282.
II. Fait brûler la ville de Voncq, 28.

**Bruat**, député.
I. Procure des habits bourgeois à des Suisses, 472.

**Brune**, général.
IV. Porte un ordre de Kilmaine, 309.

**Brunet**, général.
II. Commande l'armée d'Italie, 340, 360. — Décrété d'arrestation, 458. — Traduit au tribunal extraordinaire, 529. — Condamné à mort, 548, 554, 598.

**Brunel,** conventionnel.

IV. Se brûle la cervelle, 325.

**Bureaux de Puzy,** capitaine du génie et député.

I. Son opinion sur la Constitution militaire, 192.

# C

**Cadroy,** conventionnel.

IV. En mission à Marseille, 177, 180.

**Caissons.** *Voyez* ARMEMENT ET MATÉRIEL DE GUERRE.

**Cambacérès,** conventionnel.

IV. Membre du Comité de salut public, 52, 154, 362, 379.

**Cambon,** conventionnel.

III. Robespierre déplore devant lui de ne rien comprendre à l'art militaire, 321. — Attaque Robespierre devant la Convention, 385.

IV. Compromis en Prairial, 292, 303.

**Camboulas,** conventionnel.

III. A la Section des Gravilliers, le 9 Thermidor, 426.

**Camille Desmoulins.**

1. Arbore la cocarde verte au Palais-Royal, 30. — Excite le peuple à la révolte au Champ de Mars, 310.

II. Concourt à faire renouveler le Comité de salut public, 370. — Sa liaison avec Dillon, 371. — Pamphlet *Lettre à Dillon,* 372.

III. Publie *le Vieux Cordelier,* 17, 32. — Accusé par Hébert, 65. — L'accuse ainsi que Bouchotte, 84. — Hideuse plaisanterie faite à Hébert allant au supplice, 197. — Saint-Just propose de le faire arrêter, 201. — Arrêté, 202. — Transféré à la Conciergerie, 203. — Jugé avec les Dantonistes, 204. — Sa mort, 211. — Sa veuve est envoyée à l'échafaud, 223.

**Camillo Rossi,** général.

III. Meurt sur l'échafaud, 114.

**Camp de Paris.**

I. Discussions sur son établissement, 402. — Est décrété

405. — Moyens tendant à l'annuler, 405, 413. — Sa formation, sa garde et son organisation, 490, 496.

II. Agitations qu'il cause, 7, 33. — Est levé, 34.

**Camp des Sablons.** *Voyez* École de Mars.

**Campagne.**

III. Commissaire des armes et des poudres, 220.

**Canclaux**, général.

II. Commande l'armée des côtes de Brest, 340, 361. — Défend Nantes contre les Vendéens, 368, 378. — Veut que les Mayençais soient incorporés dans son armée, 430. — Notice biographique, 431. — Ses différends avec Rossignol, 432. — Est destitué, 438. — Mécontentement causé par sa destitution parmi ses soldats, 570.

IV. Commande l'armée de l'Ouest, 187, 227. — Traité de La Jaunaye, 202. — Accompagne Charrette entrant à Nantes, 205. — Dirige ses forces contre Stofflet, 208. — Envoie des secours à Hoche, 344, 347. — Nommé au commandement des départements du Midi, 355.

**Canolle**, garde national.

I. Protége le Roi dans la journée du 20 Juin, 410.

**Canonniers Parisiens.**

I. Artillerie des districts, 83. — Opposition à son organisation générale, 173, 402. — Artillerie des Sections, 489. — Bon vouloir des canonniers, 493.

II. Leur patriotisme, 345. — Demandent à constituer *l'armée révolutionnaire*, 471. — La moitié de l'artillerie parisienne est attachée à cette *armée*, 472, 475.

III. Font cause commune avec les ultra-révolutionnaires, 27. — Les vingt-quatre compagnies incorporées à *l'armée révolutionnaire* redeviennent compagnies de Sections, 214. — Vingt-trois sont envoyées aux armées, 379. — Rôle de la partie restée à Paris, dans la journée du 9 Thermidor, 402, 410, 415, 423, 426.

IV. Inspirent de la défiance aux Thermidoriens, 53. — Réorganisation de l'artillerie parisienne, 115. — Sa composition dans la nouvelle organisation de la Garde nationale,

159. — Peu de confiance qu'elle inspire, 241. — Sa conduite en Prairial, 295. — Son licenciement, 322.

**Canons.** *Voyez* Armement, armes, matériel de guerre.

**Capon.**
    III. Commissaire des armes et des poudres, 220.

**Caprez,** sous-lieutenant aux Gardes Suisses.
    I. Tué, 470.

**Carabines.** *Voyez* Armement.

**Caraman** (comte de), lieutenant général.
    I. Marche sur Marseille et y rétablit l'ordre, 204. — Funestes conséquences de son départ, 209.

**Caraman** (vicomte de), major des Chasseurs de Picardie.
    I. Sa conduite à Alençon, 182.

**Carleng,** chef d'escadron.
    II. Nommé général en chef de l'armée du Rhin, 558. — Son incapacité, 559, 565. — Est accusé de trahison et emprisonné, 567.

**Carnot** aîné, capitaine du génie, conventionnel. *Voyez aussi* Comité de salut public (second).
    II. Notice biographique; Est adjoint au Comité de salut public, 404. — Fait adopter le principe de ne plus combattre sur des lignes étendues, 446. — Soumet *l'armée révolutionnaire* à des formes militaires, 474. — Émet l'idée de la Levée en masse, 487. — Veut rendre à l'Armée son unité, 520. — Assure de sa personne la victoire de Wattignies, 564, 575. — Substitue des généraux habiles aux chefs incapables nommés par les Jacobins, 565, 569, 583, 586, 595. — Résumé de ses premiers travaux au Comité de salut public, 597.
    III. Son opinion sur les suites de Wattignies, 38. — Son système pour terminer la guerre de Vendée, 104. — Protége les généraux capables, 116, 118. — Propose la suppression des ministères, 218. — Réorganisation de l'Armée, 233. — Son rôle dans l'arrestation de Hoche, 266, 268. — Ses rapports avec Barère, 281. — Coup décisif à frapper sur la Sambre et la Meuse, 287. — Désaccord avec Saint-Just et Robespierre, 314, 318, 321. — Création de l'École de Mars,

328. — Robespierre attend l'occasion de le dénoncer, 359. — Décret de sommation aux commandants autrichiens occupant quatre places françaises, 364. — Plaintes contre Hanriot, 378. — Est dénoncé indirectement par Sijas, 380. — Sa conversation avec Legendre sur Robespierre, 383.

IV. Son rapport sur la reprise des quatre places, 24. — S'intéresse à la création de l'école Centrale des travaux publics, 34. — Sort du Comité de salut public, et y rentre un mois après, 52. — Accuse Huchet de cruautés, 76. — Se déclare solidaire des actes de ses anciens collègues, 133. — Réalisation de son idée d'user de conciliation à l'égard des Vendéens, 187. — Annonce l'occupation de Nimègue, 214. — Propose de réunir en un tableau les victoires et les succès de la République, 227. — Sort du Comité de salut public, 228. — Réduit à se défendre devant la Convention, 326, — qui reconnaît qu'il a organisé la victoire, 328. — Justifie Jourdan d'un mouvement rétrograde, 341.

**Carrier,** conventionnel.

III. Sa conduite à Nantes, 96. — Rappelé à la Convention, 102. — Auxiliaire de Robespierre dans la tentative de régénération sociale, 289, 293.

IV. Indignation contre lui, 74, 78. — Mis en accusation, 82, 84. — Condamné à mort, 89.

**Carteaux,** général.

II. Notice biographique; bat un rassemblement de rebelles Nimois et Marseillais, 401. — Nouveaux succès contre les Marseillais, 411. — Les délais qui le retiennent à Marseille sont imputés à Brunet, 458. — Manière dont il dirige le siége de Toulon; son impéritie; ses rapports avec Bonaparte, 587. — Est nommé commandant de l'armée d'Italie, 591. — Émotion causée au club des Jacobins par cette mutation, 595.

IV. Son rôle dans la journée du 13 Vendémiaire, 405, 408.

**Casenave,** conventionnel.

IV. Désarme la garde nationale à Rouen, 333.

**Castelberg** (de), lieutenant aux Gardes suisses.

I. Est massacré le 10 Août, 466.

**Castella d'Orgemont**, sous-lieutenant aux Gardes suisses.
 I. Est massacré à la Conciergerie, 482.
**Castellane-Novejean** (vicomte de), président de la Section Lepelletier.
 IV. Son rôle en Vendémiaire, 421.
**Cathelineau**, colporteur.
 II. Se met à la tête des premiers insurgés Vendéens, 232. — Sa mort, 368.
**Catherine Théot**, illuminée.
 III. Rapport sur elle pour bafouer Robespierre, 340.
**Causans** (marquis de), colonel du régiment de Conti.
 I. Réclame contre *le Courrier de Paris*, 220.
**Cavaignac**, conventionnel.
 IV. Court des dangers dans l'insurrection de Prairial, 273.
**Cavalerie.** *Voyez* COMPOSITION ET ORGANISATION DE L'ARMÉE.
**Cervoni**, colonel.
 III. Entre le premier à Toulon, 57.
**Chabot**, conventionnel.
 III. Inculpé dans une affaire d'agiotage, 69. — Périt avec les Dantonistes, 205.
**Chabru**, garde national.
 III. Renversé par la chute de Robespierre jeune, 429.
**Chalbos**, général.
 II. Commande l'armée de l'Ouest, 579. — Remplacé par Rossignol, 581.
**Chambon**, conventionnel.
 IV. En mission à Marseille, 179, 325.
**Championnet**, général.
 III. Notice biographique, 347. — A Fleurus, 352.
 IV. A l'armée de Sambre-et-Meuse, 213.
**Chancel**, général.
 II. Refuse son concours à Dumouriez, 267. — Défend Condé, 383.
 III. Meurt sur l'échafaud, 114.
**Chantereine** (de), colonel de la garde constitutionnelle.
 I. Se tue à l'Abbaye, 482.

**Chappes** (de), officier.
I. Massacré à Versailles, 499.
**Charbonnier**, général.
III. Notice biographique; commande l'armée des Ardennes, 264. — Opère sa jonction avec l'armée du Nord, 283. — Défendu par Collot-d'Herbois, 296.
**Charbonnier**, conventionnel.
IV. Décrété d'arrestation, 326.
**Charette**, général vendéen.
III. Continue la guerre après la destruction de la grande armée vendéenne, 43, 97, 106, 258.
IV. Sa position, 185.— Il traite avec la République, 201. — Fait à Nantes une entrée triomphale, 205.
**Charlier**, conventionnel.
III. Signale de mauvaises fournitures, 141.
**Chasles**, conventionnel.
IV. Décrété d'arrestation, 150, 291.
**Chateauneuf-Randon**, conventionnel.
IV. Membre du Comité militaire, 103.
**Châtelet** (duc du), lieutenant-général.
I. Nommé colonel des gardes françaises, 16. — Envoie des forces insuffisantes à la maison Réveillon, 20. — Ses soldats lui sauvent la vie, 35. — Donne sa démission, 54.
**Chaumette.**
III. Invite les citoyens à porter des sabots, 143. — Incarcéré, 95, 208. — Meurt sur l'échafaud, 223.
**Chazal**, conventionnel.
IV. Entre au Comité de salut public, 98.
**Chazot**, général.
I. Fait partie du conseil de guerre tenu par Dumouriez, 507. — Ses opérations dans l'Argonne, 516, 522.
II. Intervient en faveur de quatre déserteurs prussiens, 60. — Accusé, 62, 293.— Se disculpe, 294.
**Chénier**, conventionnel.
IV. Engage la Convention à prendre d'énergiques mesures, 150. — Sa conduite en Prairial, 280. — Entre au Comité de salut public, 415.

**Chevardin,** commandant d'un bataillon de Saône-et-Loire.
   II. Sa mort héroïque, 436.
**Chiappe,** conventionnel.
   IV. En mission à Toulon, 325.
**Chollet,** adjudant aux Gardes suisses.
   I. Est massacré à la Conciergerie, 482.
**Chollet,** tambour-major aux Gardes suisses.
   I. Est massacré à la Conciergerie, 482.
**Chouan** (Jean).
   III. Notice biographique, 107. — Commence la chouannerie, 108.
   IV. Une de ses proclamations, 192.
**Chouannerie.** *Voyez* VENDÉE ET CHOUANNERIE.
**Choudieu,** conventionnel.
   III. Dément les allégations de Philippeaux, 81. — A l'armée du Nord, 325.
   IV. Décrété d'arrestation, 150, 294.
**Chrétien,** major de la garde nationale de Pontrieux.
   I. Manque d'être pendu à Lannion, 160.
**Clauzel,** conventionnel.
   IV. Dénonce une déclaration de Pitt, 178.
**Clerc-Ladevèse,** lieutenant-colonel.
   III. Meurt sur l'échafaud, 78.
**Clootz** (Anacharsis), *orateur du genre humain.*
   III. Ses tendances, 10. — Sa mort, 196.
**Clubs,** et principalement CLUB DES JACOBINS.
   I. Protestation contre le serment d'obéissance de la Garde nationale, 288. — Pétition insurrectionnelle, 309. — Souscription pour les galériens de Châteauvieux, 367.
   II. Dénonciation contre Houchard et Kellermann, 454, 458. — Épuration des officiers de l'*armée révolutionnaire*, 477. — Pétitions pour que le pouvoir exécutif soit attribué aux ministres, 533. — Dénonciations contre des chefs militaires, 563, 565, 595.
   III. Effet produit par l'arrestation de Ronsin et Vincent, 36, 62, 66. — Robespierre engage les Jacobins à la tranquillité, 72. — Pétition des Cordeliers, 89. — Vincent repoussé

du club des Jacobins par Robespierre, 91. — On y célèbre la chute des ultra-révolutionnaires, 95. — Indignation des Jacobins contre un bataillon insubordonné, 131. — Approbation de la conduite de Hoche, 144. — Encouragements donnés à la population pour qu'elle supporte sa misère avec courage, 146. —Collot-d'Herbois annonce aux Jacobins qu'on ne peut encore secourir les familles des défenseurs morts pour la patrie, 154. — La société des Jacobins excite la population à extraire du salpêtre, 170. — Visite des élèves des cours révolutionnaires, 186. — Collot-d'Herbois parle contre les Dantonistes, 199. — Députation de l'armée révolutionnaire, 213. — Tentative de régénération sociale faite par Robespierre, 289. — Suppression de certains comités révolutionnaires et d'un grand nombre de sociétés populaires, 298. — Paroles de Couthon inquiétantes pour plusieurs conventionnels, 338. — Robespierre manifeste le désappointement que lui causent les victoires des armées, 360. — Députation de l'École de Mars, 366. — Plaintes et discours de Robespierre, 373, 380. — Dénonciation contre Pille et Carnot, 380. — Rôle de Couthon et de Robespierre dans les jours qui précèdent le 9 Thermidor, 383, 385. — Conduite du club des Jacobins dans cette journée, 409. — Legendre en apporte les clefs à la Convention, 431.

IV. Réouverture du club des Jacobins; ses nouvelles allures, 8, 13. — Ses projets subversifs, 50. — Il lui est interdit de correspondre collectivement, 52. — Rixes avec la Jeunesse dorée, 55. — Le gouvernement thermidorien songe à le dissoudre, 73. — Billaud-Varennes y fait appel à l'insurrection, 79. — Première attaque de la Jeunesse dorée, 80. — Seconde attaque, 83. — Il est fermé, 84. — Les Jacobins se dispersent dans des sociétés d'un ordre inférieur, 85. — Fermeture du club Lajouski et de la société des Quinze-Vingts, 105. — Fermeture de tous les clubs, 374.

**Cocarde.**

1. Verte, adoptée par la population, 30. — Elle est remplacée par la tricolore, 37, — que le Roi accepte, 64. — Irritation contre les porteurs de certaines cocardes, 89, 119,

122. — Défense d'en porter d'autre que la tricolore, 123, 231.
— Les gardes du corps arborent la cocarde nationale, 144.
— Troubles causés dans le Midi à l'occasion de cocardes blanches, 212. — La tricolore abandonnée par la population de Nancy, 263. — Des gardes suisses en arborent de blanches, 448.

II. Cocarde nationale arborée à Spire et à Worms, 22. — Portée par des prisonniers autrichiens, 24. — Foulée aux pieds à Tournai, 235. — Portrait de Marat adapté au centre de la cocarde, 411.

IV. Doit être le seul signe de ralliement, 291.

**Cochon**, conventionnel.

IV. Se porte garant de la loyauté de Kellermann, 7. — Entre au Comité de salut public, 15. — Rapport sur la solde de l'armée, 33.

**Coffinhal**, vice-président du Tribunal révolutionnaire.

II. Hésite à condamner Custine, 419.

III. Dévoué à Robespierre, 377. — Son rôle en Thermidor, 410, 412, 413, 419, 429. — Mis hors la loi, 434.

**Colaud**, général.

II. Blessé à la bataille de Hondschoote, 455.

**Collot-d'Herbois**, conventionnel. *Voyez aussi* COMITÉ DE SALUT PUBLIC (SECOND).

III. Ses fonctions au Comité de salut public, 7. — Fait l'éloge de Ronsin et de l'*armée révolutionnaire*, 63. — Discute les allégations de Philippeaux, 67. — Remplace Robespierre au club des Jacobins, 94. — Annonce qu'on ne peut encore secourir les veuves et les enfants des défenseurs morts pour la patrie, 154. — Parle contre les Dantonistes, 199. — Signe l'ordre d'arrestation de Hoche, 266. — Instrument de Robespierre dans la réorganisation sociale tentée à l'aide des Jacobins, 289. — L'Admiral tente de l'assassiner, 306. — Opinion de Robespierre sur son compte, 313. — Altercation avec Saint-Just, 386. — Accuse les conspirateurs de Thermidor, 396. — Dit à la Convention que le moment est venu de mourir à son poste, 414.

IV. Accusé par Lecointre, 7. — Sort du Comité de salut

public, 15. — Provoque les Jacobins à l'insurrection, 79.— Examen de sa conduite, 90. — Décrété d'arrestation, 108.— Jugé par la Convention, 133. — Condamné à la déportation, 150. — Embarqué pour Sinamary, 237, 318.

**Colombel**, conventionnel.

IV. Fait partie d'une commission chargée de maintenir la tranquillité, 390.

**Comité de salut public** (PREMIER).

II. Sa création, 278. — Rend Kellermann à son armée, 295. — Annonce que les armées vont reprendre l'offensive, 301. — S'indigne de l'audace de la Commune, 321. — Fait donner à Custine le commandement de l'armée du Nord, 327. — Ses travaux militaires, 336. — Propose de remplacer Bouchotte, 341. — Faibles résultats de ses travaux, 347. — Il est renouvelé, 370.

**Comité de salut public** (SECOND).

II. Sa composition, 370. — Accuse les contingents parisiens et l'armée de la Rochelle, 396. — S'adjoint Carnot et Prieur (de la Côte-d'Or), 404, — ainsi que Robespierre, 405. — Témoigne en faveur de Bouchotte, 408. — Dénonce les causes des défaites en Vendée, 437. — Destitue trois généraux en chef malgré l'Assemblée, 461, 466. — Défendu par Robespierre au club des Jacobins, 467. — Forcé de présenter le projet d'une *armée révolutionnaire*, 472, 475. — Lui refuse des guillotines, 482. — Fait décréter la levée en masse, 486. — S'adjoint trois conventionnels pour surveiller l'exécution de ses décrets, 532. — Mauvais vouloir des deux partis extrêmes à son égard, 532, 534. — Fait décréter le *gouvernement révolutionnaire*, 535. — Action spéciale de Carnot, 565, 586, 591, 598.

III. Sa politique, 2. — Attributions de ses membres, 7. — Son opinion sur Bouchotte, 8. — Repousse les prétentions de l'armée révolutionnaire parisienne, 13. — Projets de Robespierre, 16. — Tendance à la clémence, 18. — Prorogation de ses pouvoirs, 30, 94, 222, 370. — Projet de suppression du Conseil exécutif, 33. — Plan pour frapper les Hébertistes et les Dantonistes, 93. — Mission donnée à Carrier, 96. —

# TABLE GÉNÉRALE ALPHABÉTIQUE.

Divergence d'opinions sur la guerre de la Vendée, 104. — Disculpe Lapoype et Bonaparte, 119.— Soutient la discipline, tout en usant d'indulgence envers un bataillon insubordonné, 127.—Appel fait aux sciences pour la défense du pays, 159. Repousse des propositions de paix, 175. — Crée les cours révolutionnaires, 183.—Il triomphe des Hébertistes, 197, — et des Dantonistes, 201. — Licencie l'armée révolutionnaire, 211. — Supprime les ministères, 216. — Ne peut sortir de la voie sanglante, 222. — Retentissement donné aux succès militaires, 281. — Tentative de régénération sociale, 290, 297. — Asservissement de la Convention, 308.—Immensité de ses travaux, 312.— Divisions entre ses membres, 313. — Création de l'École de Mars, 329. — Décret de sommation pour les commandants autrichiens de quatre villes françaises, 363. — Suite des dissensions entre ses membres, 372, 374, 379, 381, 386, 387. — Hanriot y est mené prisonnier, 404. — Fait mettre hors la loi Robespierre et ceux qui se sont soustraits à des décrets d'arrestation, 420. — Robespierre y est porté blessé, 429.

**Comité de salut public** après Thermidor.

IV. Nominations pour le porter à douze membres présents, 5. — Aspect de ses anciens membres, 8. — Remplacements mensuels, 15, 98, 154, 228, 331, 362, 379, 415.—Repousse les propositions de paix de la Prusse et de l'Espagne, 211. — Accusé par les deux partis extrêmes, 217, 225, 240.— Chargé de négocier les traités de paix, 227. — Sa conduite en Prairial, 276, 278. — Mesures prises contre ceux qui en ont fait partie avant Thermidor, 327. — Défendu par Carnot, 341. — Chargé de recevoir les réclamations des généraux destitués par Aubry, 361. — Le pouvoir est momentanément centralisé dans une commission, 390. — Appuie la nomination de Bonaparte au commandement des troupes de Paris, 396. — Détermine la composition et l'effectif de l'Armée pour l'an IV, 419, 423.

**Comité de sûreté générale.**

III. Ses attributions, 16. — Jaloux du Comité de salut public, 87, 224. — Fait sortir de prison trois chefs ultra-révolutionnaires, 88, 89. — S'entend avec le Comité de salut public pour perdre les Hébertistes et les Dantonistes, 93. — Son rôle dans la perte des Dantonistes, 204, 206. — Sa ligue contre Robespierre, 339. — Son rôle dans les condamnations à mort, 375. — Hanriot veut l'attaquer à main armée, 402. — Il y est fait prisonnier et délivré, 403, 411.

IV. Renouvelé après Thermidor, 5. — Nombreuses libérations de détenus, 6. — Remplacement mensuel, 15. — Chargé d'examiner la moralité et le civisme des officiers de la Garde nationale, 43, — et celle des représentants accusés, 78, 90. — Querelle avec la Jeunesse dorée, 101, 105. — Journées du 13 et du 14 Germinal, 142, 144, 149, 153. — Déjoue un complot, 233. — Les listes de radiations d'émigrés lui sont soumises, 238. — Journée du 1$^{er}$ Prairial, 275, 278. — Propose de cesser les arrestations et les désarmements opérés par les Sections, 321. — Préludes de la journée de Vendémiaire, 386, 390, 399. — Journée de Vendémiaire, 409, 420.

**Comités de défense générale, de la Guerre, Militaire**, etc. *Voyez* CONVENTION.

**Comités révolutionnaires.**

III. Leur création, 20. — Persécutent les généraux, 115. — Félicitent la Convention, 212. — Remplissent les prisons, 228. — Supprimés dans les petites localités, 297.

IV. Modifiés après Thermidor, 18. — Jugement des membres de l'ex-comité révolutionnaire de Nantes, 74, 77. — Arrestation de plusieurs membres du Comité des Gravilliers, 103. — Leur suppression dans les villes au-dessous de 50,000 âmes, 107.

**Commissaires de l'Assemblée nationale.**

I. A Nancy, 262. — A l'occasion de la fuite du Roi, 301, 306. — Après la journée du 10 Août, 473, 475.

II. Envoyés à Dumouriez, 264, 267, 270, 277. — Chargés de rallier les armées du Nord et des Ardennes, 279. — Décret qui institue des représentants du peuple aux Armées, 279. *Voyez* REPRÉSENTANTS DU PEUPLE AUX ARMÉES.

**Commissaires à l'embrigadement.** *Voyez* COMPOSITION ET ORGANISATION DE L'ARMÉE.

**Commissions exécutives.**

III. Remplacent les ministères, 178, 216, 219, 220.

IV. Maintenues après Thermidor, 17. — Leur rôle dans la création de l'École centrale des travaux publics, 38. — Remplacées par six ministères, 366.

**Commission militaire.**

IV. Créée après l'insurrection de Prairial, 314, 318, 320, 329, 330. — Créées après la journée de Vendémiaire, 420, 422.

**Commune de Paris.**

I. Installation de cent quatre-vingts délégués des communes, 71. — Leur conduite, 73, 74, 109. — Ils sont remplacés par les Trois Cents, 112. — Inquiétudes au sujet de l'arrivée du régiment de Flandres, 115. — Ordre à Lafayette de partir pour Versailles, 127. — Demande une loi martiale, 156, — et son application à la ville de Vernon, 158. — Tente vainement d'organiser l'artillerie parisienne, 173. — Cimente les affiliations entre les Gardes nationales, 222. — Propose une Fédération générale, 230. — Ne peut dissoudre certains ateliers nationaux, 284. — Est remplacée le 10 Août, 461. — Demande l'établissement d'un Tribunal extraordinaire, 477. — Active les travaux du camp de Paris, 496. — Donne ordre d'amener les prisonniers de la haute cour d'Orléans, 498.

II. Son esprit séditieux, 4. — Les déserteurs étrangers y prêtent serment, 26. — Rapports de ses émissaires, 43. — Tente d'éloigner de Paris les Fédérés, 96. — Protége les désordres, 183. — Sa méfiance à l'égard des *victimes* de Dumouriez, 283. — Concourt à la formation de la petite armée envoyée contre les Girondins, 351.

III. Repousse une proposition faite par des énergumènes, 25. — Son hésitation dans la tentative des ultra-révolutionnaires, 94. — Invite les citoyens à porter des sabots, 143. — Met en réquisition les chaudières en cuivre, 171. —Dévouée à Robespierre, 377.—Chargée de veiller à la sûreté de la représentation nationale, 394. — Son rôle dans la journée de Thermidor, 397, 407, 417, 427. — Mort sur l'échafaud de soixante-neuf de ses membres, 436.

IV. Elle est déclarée responsable de toute atteinte à la Représentation nationale, 255. — Rebelles de Prairial réunis à l'Hôtel de Ville, 289, 291.

**Compagnie des acteurs de Paris.**
I. Affectée à la Garde du camp de Paris, 496.

**Compagnie des Cent-Suisses.** *Voyez* MAISON MILITAIRE DU ROI.

**Compagnie des Chevaliers de l'Arquebuse.**
I. Offre ses services aux électeurs de Paris, 37.

**Compagnies de Francs-Tireurs.** *Voyez* GARDES NATIONALES MOBILES.

**Compagnie des Gardes du Corps du Roi.** *Voyez* MAISON MILITAIRE DU ROI.

**Compagnie du Guet.**
I. Offre ses services aux électeurs de Paris, 37.

**Compagnie des Hommes de couleur.** *Voyez* GARDES NATIONALES MOBILES.

**Compagnie des Jeunes Artistes.** *Idem.*

**Compagnie des Volontaires de la Basoche.**
I. Sa formation, 37. — Une partie est envoyée garder Bésenval à Brie-Comte-Robert, 75. — S'obstine à rester à part de la Garde nationale parisienne, 83. — Fait partie de la petite armée parisienne envoyée à Vernon, 158. — Annonce qu'elle consent à rentrer dans l'organisation de la Garde nationale parisienne, 235.

**Compagnies de Jésus** et **Compagnies du Soleil.**
IV. Massacres à Lyon, 182, 244, 247.

**Composition et organisation de l'armée.**
I. Maison militaire du Roi, 1. — Gardes du corps, Cent-suisses, 2, 3. — Prévôté de l'Hôtel, 3. — Gardes françaises, Gardes suisses, 4. — Infanterie de ligne; régiments français et étrangers, 4, 5. — Troupes provinciales; Royal-artillerie, 6. — Artillerie de l'infanterie; Génie; Infanterie légère; Troupes à cheval; 8. — Prévôtés et maréchaussées, 9. —

# TABLE GÉNÉRALE ALPHABÉTIQUE.

Récompenses militaires; pensions; invalides; 12. — Officiers, 13. — Multiplicité des grades élevés, 14.

Licenciement du régiment des gardes françaises, 15. — Dispersion des gardes du corps, 105. — Nouvelle constitution militaire, 185, 192. — Suppression des prévôtés, 199. — Licenciement du régiment du Roi et du régiment Mestre-de-Camp, 267, — et des gardes du corps, 304. — Émigration du régiment de Berwick, 306. — Création de la garde constitutionnelle du Roi, 314, 315. — Noms des régiments remplacés par des numéros, 316. — Corps étrangers déclarés français, 317. — Composition de l'infanterie de ligne, 319, — de l'infanterie légère et des troupes à cheval, 320. — Génie, Artillerie, 321. — Gendarmerie, 322. — Avancement, 323. — État-major et officiers supérieurs, 325. — Décoration militaire; retraites; 326. — Réintégration dans l'Armée des éléments composant la Garde nationale soldée, 338.

Départ du régiment suisse d'Ernest, 379. — Émigration de régiments étrangers, 389. — Licenciement de la Garde constitutionnelle, 397. — Destruction des Gardes suisses, 446. — Départ de tous les régiments helvétiques, 483.

II. Rapport sur la réorganisation militaire, 151, 153. — Projet d'assimiler les volontaires aux troupes de ligne, et de former des demi-brigades en réunissant les deux espèces de bataillons, 156, 157, 163. — Commencements d'assimilation, 164. — Dénomination des grades, 166. — Bases de *l'amalgame,* 167. — Composition de la demi-brigade, 167. — Complet de l'Infanterie de ligne, 168. — Avancement, nominations, élections, 169. — Organisation de l'Infanterie légère, 172, — des Troupes à cheval, 173, — de l'Artillerie, 174. — Génie, Gendarmerie, État-major, 175. — Divisions, 176.

Commission des chevaux de luxe, 309. — Augmentation de la cavalerie et de l'artillerie, 345. — Constitution militaire de 1793, 356. — Levée en masse, 492, 506.

III. Mesures de réorganisation de la force militaire, 137. — Chevaux supprimés pour les officiers d'infanterie, 137. — Procédé pour refaire la cavalerie, 138. — Réorganisation générale, 232, 234. — Suppression des Légions, 238. — Nouvel effectif du bataillon, 239. — Incorporation de la Levée en masse, amalgame et embrigadement des bataillons, 240, 242. — Effectif de l'Infanterie de ligne, 244. — Embrigadement de l'Infanterie légère, 245. — Réorganisation des Troupes à cheval, 246. — Génie, Artillerie, 249. — Effectif total, 253. — Situation militaire en Germinal an II, 268.

IV. Suite de la réorganisation, 30. — Avancement, 31. — Solde, 32. — Création de l'École polytechnique, 34. — École d'artillerie de Châlons, 40. — Attributions des Comités de la Convention au point de vue militaire, 41. — Simplification du développement donné à la force militaire, 355. — Suppression d'une pièce de canon dans les bataillons d'infanterie, 356. — Allocations en numéraire, 356. — Continuation de la réorganisation, 357. — Détermination des États-majors et des cadres, 357. — Difficultés qu'elle présente, 359, 362. — Constitution militaire de l'an III, 366. — Réhabilitation complète de l'Armée à l'intérieur, 417. — Détermination de son effectif pour l'an IV, 419, 423.

**Conclusions.**

IV. Considérations générales, 427. — Garde nationale Parisienne, 438. — Gardes nationales départementales, 450. — Gardes nationales mobiles, 451. — Armée, 476.

**Condé** (prince de).

I. Émigre, 65. — Dévastation de ses propriétés, 98. — Se réfugie à Turin, 273. — Établit son quartier général à Worms, 280. — Recrutement de son armée, 281.

IV. Projet de faire diversion à l'expédition de Quiberon, 342. — Louis XVIII proclamé roi dans son camp, 345.

**Condé** (ville de).

II. Tombe au pouvoir de l'ennemi, 328, 383.

III. Décret de sommation au commandant autrichien, 363.

IV. Repris, 24. — Reçoit le nom de Nord-Libre, 25.

**Conseil exécutif.**

III. Composé des ministres, 7. — Sa suppression, 33, 248.

**Constitution de 1791.**
    I. Dispositions militaires, 314.
**Constitution de 1793.**
    III. Rédigée en dix jours, 8.
    IV. Réclamée par les Montagnards et dans diverses insurrections, 109, 131, 140, 233, 250.
**Constitution de l'an 3.**
    IV. Ses dispositions relatives au nouveau mode de gouvernement et à la force militaire, 365. — Son acceptation, 381, 383.
**Constitutions militaires.** *Voyez* COMPOSITION ET ORGANISATION DE L'ARMÉE.
**Conti** (prince de).
    I. Dévastation de ses propriétés, 98.
**Convention nationale.** *Voyez aussi* COMITÉ DE SALUT PUBLIC, COMPOSITION DE L'ARMÉE, etc.
    II. Succède à l'Assemblée législative, 2. — Partis qui la divisent, 3. — Appréhensions des Girondins, 9. — Proposition d'une garde départementale, 10. — Adopte l'ère républicaine, 17. — Répond à Kellermann que la *Marseillaise* est le *Te Deum* de la République, 17. — Approuve la sévérité de Custine, 21. — Décret contre les émigrés, 29. — Levée du camp de Paris, 7, 33. — Sévit contre l'inconduite de certains corps militaires, 41. — Débats sur la nomination de Pache au ministère, 48, — et sur l'opportunité d'une fête en l'honneur de la victoire de Jemmapes, 75. — Enquête sur les fournitures militaires, 112, 117. — Les généraux victorieux lui portent ombrage, 117. — Conduite à tenir dans les pays conquis, 125. — Comité de défense générale et comité de la guerre, 146, 151, 153. — Décide l'effectif de l'Armée, 155. — Presse la levée de 300,000 hommes, 205. — Tentative projetée contre elle, 211, 215. — Défilé de contingents militaires, 218, 224. — Décrète contre les volontaires qui désertent, 249, 253. — Mesures contre les complices de Dumouriez, 277. — Journée du 31 mai; arrestation des Girondins, 319, 351. — Inexécution de ses décrets, 347, 445. — Discussion sur le remplacement de Biron, 376, — et sur celui

de Bouchotte, 405, 407. — Reconnaît que ses décrets ne sont pas exécutés, 445. — Mesures contre les fonctionnaires militaires, 447. — Décrète que l'armée du Nord a bien mérité de la patrie, 457. — Destitution de généraux, 461. — Cède au Comité de salut public, 471, — et aux exigences populaires, 531, 535. — Adoption du *gouvernement révolutionnaire*, 539. — Décrète que Lyon sera rasé, 560.

III. Asservie au Comité de salut public, 4. — Lecointre dénonce l'*Armée révolutionnaire parisienne*, 30, — et le *Conseil exécutif*, 33. — Enthousiasme qu'y excite la prise de Toulon, 59. — Son rôle ne consiste plus qu'à sanctionner par ses votes les propositions du Comité de salut public, 70. — Elle maintient Westermann en liberté, 82. — Adopte un décret proposé par Billaud-Varennes d'après lequel les généraux doivent être exécutés devant le front de leurs troupes, 114. — Bonaparte et Lapoype y sont dénoncés et disculpés, 119. — Approuve les propositions du Comité de salut public relativement à un bataillon indiscipliné, 131. — Les Sections lui font hommage de leurs premiers produits de salpêtre, 179. — Approuve la création des *cours révolutionnaires* pour la fabrication des armes et des munitions, 185. — Saint-Just obtient d'elle un décret contre Hérault de Séchelles, 198. — Legendre tente vainement qu'on y fasse comparaître Danton après son arrestation, 202. — Elle accorde le décret qui autorise le tribunal révolutionnaire à mettre les Dantonistes hors des débats, 210. — Elle approuve la suppression des ministères, 218. — Décrète qu'appuyée sur les vertus du peuple français, elle fera triompher la République, 272. — Ses applaudissements aux rapports militaires de Barère, 281. — Son obéissance aux volontés du Comité de salut public, 290, 308. — Approuve la création de l'École de Mars, 330. — Son rôle dans la fête de l'Être suprême, 333, 336. — Approuve la loi du 22 prairial, 337. — Craintes d'un grand nombre de ses membres, 338. — Décrets de sommation aux commandants autrichiens de quatre villes françaises, 363. — Accorde la prorogation des pouvoirs du Comité de salut public, 370. — Les Montagnards recherchent l'alliance des Modérés, 378. — Pétition que lui adresse le club des Jacobins, 383. — Discours qu'y fait Robespierre, 385. — Journée du 9 Thermidor, 390, 394, 396, 402, 415, 420. — Refuse de recevoir Robespierre blessé, 429. — Est félicitée de sa victoire, 433.

IV. Organise le gouvernement thermidorien, 3, 5, 10, 16, 41. — Dissensions, 7. — Mesures réactionnaires, 47. — Licencie l'École de Mars, 72. — Ferme le club des Jacobins, 84. — Dissout la manufacture d'armes parisienne, 88. — Les Girondins reviennent y siéger, 89. — Anniversaire de la mort du Roi, 100. — Décrète d'arrestation Barère, Billaud-Varennes et Collot-d'Herbois, 109. — Députations séditieuses, 124. — Décrète la loi de grande police, 132. — Juge les trois conventionnels prévenus, 134. — Journée du 12 Germinal, 138. — Prononce la peine de la déportation contre les trois inculpés, 150, 153. — Mesures répressives contre les terroristes, 156, — favorables aux Modérés, 157. — Nouvelle organisation de la Garde nationale, 159. — Autorise les troupes de ligne à circuler autour de Paris, 165. — Mesures à l'occasion des troubles de Marseille, 179. — Décrète une amnistie générale pour les Vendéens et les Chouans, 194. — Récompenses à la famille de Dugommier, 215. — Journée du 1$^{er}$ Prairial, 231. — Journées qui suivent, 285. — Mesures répressives qui terminent la lutte des Montagnards et des Thermidoriens, 317. — Décret contre les rebelles pris les armes à la main, 344. — Ratifie le traité de paix avec l'Espagne, 354. — Décisions relatives aux listes de généraux et d'officiers, 361. — Lutte entre la Convention et le parti royaliste, terminée par la journée du 13 Vendémiaire, 372. — Supprime les causes principales d'agitation, 414. — Annihile la garde nationale parisienne, 415. — Confirme la nomination de Bonaparte au commandement de l'armée de l'Intérieur, 418, 425. — Charge le Comité de salut public de déterminer l'effectif de l'Armée pour l'an IV, 419. — Son indulgence pour le parti vaincu en Vendémiaire, 420. — Ses derniers jours, 422. — Amnistie générale, sauf pour les Chouans et les Émigrés, 425. — Fin de sa session, 426.

**Coquereau**, chef vendéen.
  IV. Ses brigandages, 196. — Sa mort, 344.
**Coquet**, sous-lieutenant de la Garde nationale.
  I. Sauve des Gardes suisses, 472.
**Corbière** (de la), sous-lieutenant aux Gardes suisses.
  I. Est sauvé par un garçon de bureau, 472.
**Corday** (Charlotte).
  I. Opinion erronée à son égard, 92.
  II. Assassinat de Marat, 373.
**Cormatin**, chef vendéen.
  IV. Trompe les Républicains par une fausse trêve, 195.
  — Signataire du Traité de La Jaunaye, 202, 204.
**Corps francs.** *Voyez* GARDES NATIONALES MOBILES.
**Cottereau.**
  III. Père de Jean Chouan, 106.
**Cours révolutionnaires.** *Voyez* ARMEMENT ET MUNITIONS.
**Courtois**, conventionnel.
  III. Fait arrêter Hanriot, 402, 404.
  IV. Accompagne Kilmaine, 304.
**Courvol**, huissier de la Convention.
  III. Mal reçu à la Commune, le 9 Thermidor, 397.
**Couthon**, député.
  II. Mot infâme prononcé à la mort de Dampierre, 295.
  — *Voyez* COMITÉ DE SALUT PUBLIC (SECOND). — Soutient l'opinion de Doppet au siége de Lyon, 559. — Son opinion sur Dubois-Crancé, 562.
  III. Remplace Robespierre au club des Jacobins, 37. — Y reparaît avec lui, 95. — Obtient de la Convention le décret nécessaire pour arrêter Westermann, 203. — Annonce à la Convention cinq projets importants, 290. — Parle au club des Jacobins contre les Comités révolutionnaires des petites localités et les Sociétés populaires, 297. — Attribue à l'Angleterre l'assassinat tenté sur Collot d'Herbois, 306. — Son rôle dans les dissensions au sein du Comité de salut public, 313. — Propose à la Convention la loi du 22 Prairial, 337. — Fait entendre, au club des Jacobins, des paroles inquiétantes pour certains conventionnels, 338. —

Surveille le Comité de salut public pour le compte de Robespierre, 374. — Plaintes qu'il adresse au club des Jacobins, 380. — Les engage à présenter une pétition à la Convention, 383. — Propose d'expulser de ce Club les conventionnels opposés à Robespierre, 386. — Mis en arrestation, 396. — Délivré, 419. — Mis hors la loi, 420. — Trouvé sur le quai Pelletier, 429. — Conduit à la Conciergerie, 433. — Guillotiné, 435.

**Crassous**, conventionnel.
    IV. Décrété d'arrestation, 155.

**Creuzé Latouche**, conventionnel.
    IV. Entre au Comité de salut public, 154.

**Crillon** (marquis de), maréchal de camp.
    I. Présente un projet de décret sur la discipline, 226.

**Croix de Saint-Louis.**
    II. Sa suppression, 58.

**Custine** (comte de), lieutenant général.
    I. Demande une loi contre les factieux, 154.
    II. Prend Spire et Worms, 14. — Notice biographique, 16. — Exemple de sévérité à Spire, 19. — Annonce que la guerre est dirigée contre les oppresseurs des peuples, 22. — Occupe Mayence, 23. — Sa mésintelligence avec Kellermann, 53, 55. — Fait profession de républicanisme, 57. — Ses succès donnent ombrage aux révolutionnaires, 116. — Une demande honorifique en sa faveur est repoussée, 117. — Rejeté hors de Francfort, se retire vers Mayence, 129. — Se réfugie dans les lignes de Weissenbourg, 287. — Accuse plusieurs généraux et offre sa démission qui n'est pas acceptée, 288. — Est dénoncé par Marat, 288. — Est nommé commandant en chef de l'Armée du Nord, 327. — Éprouve encore un échec avec l'Armée du Rhin, 328. — Prend le commandement de l'Armée du Nord, 329. — Haine que lui portent les Montagnards, 373, 379, 381, 383. — Condé est pris par les Autrichiens; Custine mandé à Paris, 383. — Il est destitué, 386. — Accusé, 388. — Perte de Mayence; on demande son jugement, 390. — Son procès, 414. — Condamné à mort, 419. — Impression cau-

sée à l'Armée du Nord par sa mort, 440. — Cause de l'irritation de Houchard contre lui, 450. — Ceux qui ont déposé en sa faveur sont arrêtés, 467. — Parallèle entre Custine et Houchard, 553.

**Custine** (vicomte de), fils et aide de camp du précédent.
II. Arrêté, 467.
III. Envoyé au Tribunal révolutionnaire, 71, 73, 78.

# D

**Dagobert**, général.
III. Notice biographique; ses opérations dans la Cerdagne; sa mort, 274. — Dénoncé au club des Jacobins, 296.

**Damas** (Charles de), colonel de Royal-Dragons.
I. Est arrêté et transféré à Paris, 296.

**Dampierre** (comte de).
I. Est massacré près de Sainte-Menehould, 303.

**Dampierre**, colonel de dragons.
I. S'oppose à la fuite de deux régiments de dragons, 383.
II. Notice biographique; général à la bataille de Jemmapes, 73. — Manœuvre pour rejoindre Miranda, 203. — Sa conduite à la bataille de Neerwinden, 245, 247. — Sa mésintelligence avec Dumouriez, 266. — Est nommé général en chef de l'Armée du Nord et des Ardennes, 279. — Rallie et fait retrancher ses troupes, 287. — Tué par un boulet de canon, 295.
IV. Son buste est enlevé de la salle de la Convention, 105.

**Danican**, général.
IV. Notice biographique, 403. — Commande les Sectionnaires en Vendémiaire, 403, 408, 409, 412.

**Daniel**, major de la Garde nationale de Brest.
I. Son expédition contre Lannion, 161.

**Danton**, député.
I. Attaque le ministre de la guerre La Tour-du-Pin, 266. — Excite le peuple à la révolte au Champ de Mars, 310. — Prépare les journées de Septembre, 481, 491.

II. Accuse le général Montesquiou, 50. — Démonstration des Fédérés contre lui, 100. — Propose de déclarer que la Patrie n'est plus en danger, 104. — Est envoyé vers Dumouriez, 260. — Fait partie du premier Comité de salut public, 278. — Propose de créer une armée à Péronne et de former dans chaque ville une Garde de Sans-Culottes, 280. — Ses paroles à propos des forces additionnelles, 304. — Propose la peine de mort contre les volontaires déserteurs, 367. — Demande l'élargissement de Rossignol, 375. — Appuie la proposition de charger les commissaires des assemblées primaires d'exciter les citoyens à la défense du territoire, 484. *Voyez ensuite* DANTONISTES.

**Dantonistes.**

III. Les *Modérés* reçoivent le nom de Dantonistes, 15. — Publication du *Vieux-Cordelier*, 17, 32. — Danton et Philippeaux au club des Jacobins, 67. — Les Dantonistes recherchent l'alliance de Robespierre, 83. — Leur perte est résolue, 93. — Danton dénonce l'incapacité de Bouchotte, 154. — Robespierre et Saint-Just tournent leurs efforts contre les Dantonistes, à la Convention et au club des Jacobins, 197, 199. — Danton refuse les moyens de salut qu'on lui offre, 200. — Arrestation des Dantonistes, 201. — Leur procès, 204. — Leur mort, 211.

**Dartigoyte**, conventionnel.

IV. Décrété d'arrestation, 328.

**Daubigny**, adjoint au ministre de la guerre.

II. Est défendu par Robespierre, 530.

III. Motion à la Section des Tuileries, 132. — Accusé de concussions, 140. — Défendu par Robespierre, 142.

IV. Envoyé devant un tribunal criminel, 318.

**Daunou**, conventionnel.

IV. Membre d'une Commission chargée de maintenir la tranquillité, 390.

**David**, peintre.

III. Chargé d'organiser une fête pour la prise de Toulon, 59, — et la fête de l'Être suprême, 299. — Surveille le Comité de sûreté générale pour le compte de Robespierre, 374.

IV. Mis en arrestation, 4, 5. — Il n'y a pas lieu d'examiner sa conduite, 90. — Son tableau de la mort de Marat est enlevé de la salle de la Convention, 105. — Décrété d'arrestation, 328. — Sabre dessiné pour Robespierre, 352.

**Debilly**, général.
II. Commande l'artillerie de l'Armée de l'Ouest, 584.

**Debruny**, officier.
IV. Mis en liberté après Thermidor, 6.

**Debry** (Jean), conventionnel.
IV. Manque d'être assassiné, 170. — Fait partie du Comité de salut public, 362.

**Deflers**. *Voyez* FLERS (de).

**Degesne**, lieutenant de la Gendarmerie des Tribunaux.
III. Chargé d'arrêter Hanriot, et emprisonné à la Commune, 407.

**Delacroix** (Charles), conventionnel.
IV. Envoyé à la manufacture d'armes de Versailles, 170.

**Delaunay** (d'Angers), conventionnel.
III. Compromis dans une affaire d'agiotage, 69. — Jugé et condamné à mort avec les Dantonistes, 205.

**Defermon**, conventionnel.
IV. Sort du Comité de salut public, 379.

**Delécloy**, conventionnel.
IV. Sa conduite en Prairial, 278.

**Delille**, général.
IV. Combat pour la Convention en Prairial, 260.

**Delmas**, général.
II. Proposé pour commander l'Armée du Rhin, 461.
III. Dénoncé aux Jacobins et défendu par Veau, 295.

**Delmas**, conventionnel.
III. Adjoint à Barras, le 9 Thermidor, 420.
IV. Fait partie du Comité de salut public, 15, 98. — Chargé du commandement de la force armée, 259, 290, 301, 424.

**Delorme**, nègre, commandant des canonniers de Popincourt.
IV. Sa conduite dans l'insurrection de Prairial, 253, 294. — Est fait prisonnier, 316. — Condamné à mort, 318.

**Demi-Brigades.** *Voyez* Composition de l'Armée.
**Dentzel**, conventionnel.
  IV. Dénonce l'apathie des Gardes nationaux, 241. — Envoyé pour défendre l'Arsenal, 312.
**Départements.** *Voyez* Gardes nationales départementales, Recrutement, Loi Martiale, etc.
**Desacres**, général.
  III. Meurt sur l'échafaud, 114.
**Desault**, chirurgien de l'Hôtel-Dieu.
  I. Sauve des Suisses, 472.
**Desbrulys**, chef d'état-major à l'Armée du Nord.
  II. Arrêté, 451.
  III. Envoyé au Tribunal révolutionnaire, 71.
**Deschamps**, aide de camp d'Hanriot.
  III. Est arrêté avec lui, 403.
**Déserteurs.** *Voyez aussi* Gardes nationales mobiles.
  I. Sous la Monarchie, 11. — Entrant dans les Gardes nationales, 37, 54, 178. — Légions formées de déserteurs étrangers, 439.
  II. Accueil fait aux étrangers, 26, 82, 198, 340.
**Desherbiers-Lestenduaire**, général.
  II. Incarcéré à l'Abbaye, 529.
  III. Périt sur l'échafaud, 114.
**Deshuttes**, garde du corps.
  I. Décapité, 141.
**Désille** (Chevalier) sous-lieutenant au régiment du Roi.
  I. Son dévouement, sa mort, 258, 262.
**Deslon**, commandant de cavalerie.
  I. Apprend à Bouillé que le Roi part de Varennes, 298.
**Désorganisation de l'armée.**
  I. Embauchage exercé à l'égard des troupes à Paris, 23. — Insubordination du régiment des Gardes françaises; ils concourent à la prise de la Bastille, 46. — Désordres coïncidant avec la formation des Gardes nationales des départements, 86. — Le régiment de Flandres à Versailles, 117, 133. — Désir général d'une nouvelle Constitution militaire, 176. — Esprit de délibération introduit dans les corps, 179. — Effets

pernicieux du contact avec les Gardes nationales, 181. — Réclamations diverses contre de fâcheuses paroles prononcées à l'Assemblée nationale, 190. — Désordres militaires à Marseille et à Nîmes, 211. — Massacre d'un colonel sous les yeux de ses soldats, 212. — Effets déplorables de l'intervention des municipalités dans la police intérieure des corps, 212. — Déférence des soldats pour le pouvoir législatif, 215. — Bien que l'Assemblée eût pu faire, 220. — Fédérations et affiliations avec les Gardes nationales; des troupes de ligne entre elles, 221, 223. — Décret disciplinaire repoussé par l'Assemblée, 226. — Manifestations patriotiques, 227. — L'Assemblée écoute contradictoirement un colonel et ses soldats, 228. — Funeste influence du séjour des fédérés militaires à Paris, 242. — Insurrections dans les régiments, 245. — Efforts tardifs de l'Assemblée en faveur de la discipline, 247. — Insurrection de la garnison de Nancy, 249, — réprimée par Bouillé, 255. — Communications entre les régiments et les sociétés populaires, 289. — Émigrations d'officiers, 306. — Faits d'indiscipline, 363, — encouragés par l'Assemblée, 364. — Elle accorde une ovation aux galériens de Châteauvieux, 366, 369. — L'Armée n'existe plus comme force publique, 371. — Marat l'excite à massacrer ses généraux, 380. — Massacres de Dillon et Berthois, 383, 386. — Leurs conséquences, 389.

II. Efforts insuffisants faits par le premier Comité de salut public pour ramener la discipline, 339.

III. Commencement de régénération des principes militaires, 123, 127. — Désobéissance du 11º bataillon de Paris, 128. — Sa répression, 131. — Confusion générale de la force militaire, lorsque Carnot prit à tâche de la réorganiser, 235. *Voyez ensuite* Composition et organisation de l'Armée.

**Desprez-Crassier**, général.
    II. Mis en arrestation, 529.

**Deville**, conventionnel.
    IV. Dénonce les réfractaires à la réquisition, 218.

**Diesbach** (Hubert de), lieutenant aux Gardes suisses.
    I. Se fait tuer volontairement, le 10 Août, 469.

TABLE GÉNÉRALE ALPHABÉTIQUE. 561

**Diesbach**, lieutenant aux Gardes suisses.
    I. Est massacré à la Conciergerie, 482.

**Diettmann**, général.
    II. Refuse divers commandements en chef, 376, 441.

**Dillon** (Arthur), général.
    I. Propose à Dumouriez de se retirer en arrière de la Marne, 507. — Campagne de l'Argonne, 509, 517, 521.
    II. Notice biographique, 47. — Est destitué, 48, — et remplacé par Valence, 65. — Sa liaison avec Camille Desmoulins, 371. — Pamphlet : *Lettre à Dillon*, 372.
    III. Meurt sur l'échafaud, 208, 223.

**Dillon** (Théobald), général.
    I. Se porte de Lille sur Tournay ; sa mort, 383, 386.

**Districts de Paris** (soixante).
    I. Nomment les électeurs, 18. — Chacun d'eux se charge de la police de sa circonscription, 70. — Mécontentement qu'ils ressentent de l'ordre qui rend la liberté à Bésenval, 73. — Nomination des officiers de la Garde nationale, 80. — Avantages qu'ils font aux Gardes françaises, 80. — Reçoivent de l'artillerie, 83. — Leur discorde causée par la promulgation de la loi martiale, 157, — et par son application dans la ville de Vernon, 160. — Opposition à l'organisation de l'artillerie parisienne, 173. — Sont remplacés par les quarante-huit SECTIONS DE PARIS (*Voyez*).

**Division militaire** (17e).
    IV. Sa circonscription, 45.

**Dons patriotiques.**
    I. L'Armée s'y associe, 180, 220.

**Doppet**, général.
    II. Notice biographique, 459. — Remplace Kellermann devant Lyon, 459. — Manière dont il dirige le siége de Lyon, 559, 565. — Est envoyé commander le siége de Toulon ; ses rapports avec Bonaparte, 592. — Est envoyé à l'armée des Pyrénées-Orientales, 594, 596.
    III. Perd du terrain à la tête de l'armée des Pyrénées-Orientales, 52. — Est remplacé par Dugommier, 268.

**Dortoman,** général.
    II. Est mis en arrestation, 529.
    III. Périt sur l'échafaud, 114.
**Doulcet,** conventionnel.
    IV. Maltraité en Prairial, 273. — Sort du Comité de salut public, 379.
**Doyen,** général.
    IV. Son rôle dans les journées de Prairial, 305, 312.
**Doyré,** général.
    II. Défense de Mayence, 326. — Décret rendu contre lui et ses compagnons d'armes, 389, — et rapporté, 392.
**Dragons de la République.** *Voyez* Garde nationale parisienne.
**Dragons du Calvados.** *Voyez* Gardes nationales mobiles.
**Drapeaux.**
    I. Aux couleurs de la ville de Paris, 38. — Des Gardes françaises déposés à Notre-Dame, 54. — De la Garde nationale, 84. — Drapeau rouge et drapeau blanc pour l'exécution de la loi martiale, 156. — Enlèvement par le colonel de Mirabeau des cravates des drapeaux de son régiment, 228. — Drapeau des volontaires de la Basoche déposé à Notre-Dame, 235. — Bannière et oriflamme à la tête de la Fédération, 237. — Des Gardes du corps transporté à Coblentz, 304. — Offerts par les Milices bourgeoises aux corps de l'armée, 330. — Usage exclusif du drapeau tricolore, 362. — Corps de l'armée du Nord menacés de voir brûler leurs drapeaux, 387. — La Garde constitutionnelle est accusée de cacher un drapeau blanc, 397. — Le régiment des Gardes suisses enterre ses drapeaux, 458. — Drapeau autrefois donné à Lafayette, brûlé par le District de la Sorbonne, 476.
    II. Autrichiens, envoyés par Custine à la Convention, 21. — Enlevés à l'ennemi et suspendus aux voûtes de l'enceinte législative, 31. — Retirés à deux bataillons de volontaires, 61.
    IV. Drapeaux ennemis apportés à la Convention, 22, 214. — D'honneur destiné à chacune des quatorze armées, 26.
    — Pris à l'ennemi, 228.

**Drouet**, fils du maître de poste de Sainte-Menehould.

    I. Arrête le Roi à Varennes, 294, 295.

**Dubois**, général.

    IV. Commande les troupes de cavalerie à Paris, 290. — Prisonnier du bataillon de Montreuil, 297. — Reçoit un commandement en Prairial, 302.

**Dubois de Crancé**.

    I. Fait partie du Comité militaire de l'Assemblée constituante, 185. — Paroles insultantes pour l'Armée, 189.

    II. Présente le rapport du Comité de la guerre sur la réorganisation de l'armée, 151, 153. — Commissaire de la Convention à Lyon, 402, 459. — Principal auteur de la prise de Lyon, attribuée à Doppet, 559. — Est accusé à la Convention et au club des Jacobins, 561.

    III. Déposition de Fouquier-Tinville le concernant, 317.

    IV. Sort du Comité de salut public, 154. — Blessé dans la journée de Prairial, 260, 263.

**Dubouchet**, général.

    II. Accusé, disculpé et dénoncé de nouveau, 529.

**Dubouquet**, général.

    I. Campagne de l'Argonne, 509, 516, 518.

**Dufour**, général.

    III. Lettre que lui adresse Carrier, 98.

**Dugommier**, général.

    II. Notice biographique; chargé du siège de Toulon, 594.

    III. Siége et reprise de Toulon, 53. — Reçoit le commandement en chef de l'armée des Pyrénées-Orientales, 268. —Ses opérations, 273.—Bloque Collioures et Port-Vendres, 275. — S'en empare, 343. — Blessé à Collioures, 361.

    IV. Bloque Bellegarde, 25, 27.— On lui envoie d'Espagne une branche d'olivier, 210. - Tué à l'armée, 215.

**Duhem**, conventionnel.

    IV. Dénonce l'attaque du club des Jacobins, 81. — Décrété d'arrestation, 151, 291.

**Duhoux d'Hauterive**, général.

    IV. Chef de l'insurrection en Vendémiaire; notice biographique, 403.

**Dulac**, agent de la police du Comité de salut public.

III. Son rôle dans la journée du 9 Thermidor, 427, 428.

**Dumas**, général.

III. A l'armée des Alpes ; notice biographique, 264.

**Dumas**, président du tribunal révolutionnaire.

III. Dévoué à Robespierre, 377. — Décrété d'arrestation, 392. — Arrêté, 429. — Guillotiné, 433.

**Dumerbion**, général.

III. A l'armée d'Italie, 264. — Notice biographique, 265. — Procède à l'arrestation de Hoche, 266. — Attentif aux avis de Bonaparte, 277. — Ses opérations, 279.

**Dumont** (ANDRÉ), conventionnel.

IV. Chef thermidorien, 139, 141, 150. — Entre au Comité de salut public, 379.

**Dumesnil**, commandant de la gendarmerie des tribunaux.

III. Hanriot ordonne de l'arrêter, 401. — Il est arrêté, 406, — et délivré, 431.

**Dumesny**, général.

II. Est arrêté, 467.

**Dumouriez**, général.

I. Conseils donnés au Roi et à la Reine, 175. — Nommé ministre des affaires étrangères; paraît au club des Jacobins coiffé d'un bonnet rouge, 371, 394. — Projette l'invasion des Pays-Bas, 383. — Son habileté au ministère, 395. — Conseille au Roi de se créer une nouvelle garde, 400, — et de sanctionner le décret relatif au camp de 20,000 hommes, 405. — Nommé ministre de la guerre, 405. — Donne sa démission, 407. — Commandant en chef de l'armée du Nord, 476. — Son habile conduite au camp de Maulde, 500. — Il part pour Sédan; relève le courage de l'armée et des autorités civiles, 505, 506. — Résiste aux ordres et aux avis qui lui conseillent la retraite, 507. — S'installe dans la forêt de l'Argonne, 509. — Campagne de l'Argonne, 510 et suivantes. — Bataille de Valmy, 524. — Retraite des coalisés, 531.

II. Notice biographique, 15. — Dépose sa croix de Saint-Louis sur le bureau du président de l'Assemblée; 58. —

Sentiments de la population pour lui, 59. — Son entrevue avec Marat, 60, 63. — Visite au club des Jacobins, 64. — Invasion en Belgique, 65. — Il gagne la bataille de Jemmapes, 70. — Est accusé par Marat, 80. — Succès en Belgique, 81. — Mauvais vouloir de Pache et des Jacobins à son égard, 116, 119, 122. — Conduit son armée à Liège, 125. — Se plaint des entraves apportées à ses succès, 129. — Expédition de Hollande, 190, 193, 197. — Est obligé de l'interrompre, 205. — Accusé par la Section Poissonnière, 219. — Mesures de réorganisation prises en Belgique, 236. — — Renvoie des contingents ridicules, 240. — Bataille de Neerwinden, 241, 244. — Ne peut ramener l'aile gauche au combat, 245, 247. — Est obligé à la retraite, 248. — Proclamation contre les lâches et les fuyards; il propose la suppression du mode d'élection des officiers, 249. — Entrevue avec le colonel Mack, 253. — Protége la retraite de l'armée, 254. — Voit ses nouveaux plans encore déjoués par la faute des volontaires, 255. — Projets contre-révolutionnaires, 255, 256. — Traité avec l'étranger, 257, 258, 259. — Mesures prises contre lui par la Convention, 260. — Tentative d'assassinat effectuée par six volontaires, 262. — Exécution et avortement de ses combinaisons, 263. — Livre aux Autrichiens des officiers et des volontaires, 266. — Est abandonné par la plupart des généraux; refuse d'obéir aux commissaires de la Convention, et les livre à l'ennemi, 266, 269. — Manque d'être arrêté par des volontaires, 271. — Sa fuite, 272. — Rentre dans son camp avec une escorte étrangère, 273. — Émigre, 274. — Déclaré traître à la patrie et mis hors la loi, 276. — Mesures prises par la Convention, 276. — *Victimes* de Dumouriez, 280.

**Dumuy.** *Voyez* Muy (du).

**Duplay**, menuisier.

III. Hôte de Robespierre, 304, 306.

**Duportail**, officier du génie.

I. Ministre de la guerre, 266. — Demande à l'Assemblée si les soldats peuvent faire partie des sociétés populaires, 289. — Retranche à Bouillé une partie de ses pouvoirs, 291.

— Annonce à l'Assemblée le départ de soixante bataillons de volontaires, 337. — Est accusé avec acharnement, 343. — Donne sa démission, 345.

**Duquesnoy**, conventionnel.

IV. Dénonce les cruautés de Turreau, 77. — Son rôle en Prairial, 271, 277. — Décrété d'arrestation, 290. — Envoyé devant une commission militaire, 326. — Se tue, 330.

**Durler**, capitaine aux Gardes suisses.

I. Sa conduite dans la journée du 10 Août, 466, 469.

**Duroy**, conventionnel.

IV. Son rôle en Prairial, 271, 277. — Décrété d'arrestation, 282, 290. — Envoyé devant une commission militaire, 326. — Meurt sur l'échafaud, 330.

**Durup de Baleine**, commandant de Garde nationale.

I. Concourt à sauver la vie à un garde du corps, 135.

**Dussault**, littérateur.

IV. Déclame dans les Sections contre la Convention, 379.

**Duteil**, général d'artillerie.

II. Ses rapports avec Bonaparte, 592.

**Dutoux**, général.

III. Ses ordres sont méconnus par un bataillon de volontaires parisiens, 128.

**Duval**, général.

I. Rétablit l'ordre parmi ses soldats, 520.

II. Reçoit le commandement de Bruxelles, 238.

# E

**Échafaud**, EXÉCUTIONS. *Voyez* TRIBUNAL RÉVOLUTIONNAIRE.

**École d'Alfort.**

I. Les élèves partent pour l'armée en qualité de vétérinaires ou de maréchaux ferrants, 498.

**École d'artillerie de Châlons.**

IV. Concours pour y être admis, 40.

**École centrale des travaux publics** (Polytechnique).

IV. Sa création, 34, 39.

### École de Mars.

III. Sa création, 329. — Une députation des élèves est présentée à la Convention, 365, — et au club des Jacobins, 366.— On lui donne des pièces d'artillerie, 379. — La Convention y envoie, le 9 Thermidor, deux représentants du peuple, 421, 425. — Défile devant l'Assemblée, 434.

IV. Est représentée dans le cortége qui conduit les restes de Marat au Panthéon, 27. — Inquiétudes qu'elle inspire aux Thermidoriens, 59. — Projet de la dissoudre, 66. — Son rôle dans la fête des Victoires, 70.—Son licenciement, 71.

### École des trompettes.

III. Elle est rétablie, 138.

### Écoles militaires.

III. Leur disparition, 328.

### Édouard, conventionnel.

IV. Son rôle en Prairial, 280.

### Effectif et recrutement de l'Armée.

I. Effectif en 1789, 1. — Mode de recrutement, 10. — Discussion à ce sujet, et adoption de l'enrôlement à prix d'argent, 184, 189. — Fixation d'un nouvel effectif; auxiliaires, 315. — Régiments portés au complet de guerre, 327. — Déficit de 50,000 hommes signalé par Narbonne, 348. — L'Assemblée refuse de le combler en enrôlant les Gardes nationales mobiles, 349. — Recrutement des troupes de ligne suspendu par la formation des bataillons de volontaires, 350, 425, 429. — Effectif porté à 450,000 hommes, 434. — Réquisition de la gendarmerie, 436. — Avantages offerts aux déserteurs étrangers et aux soldats suisses, 438, 483. — Formation d'une foule de corps armés, de compagnies franches, etc. *Voyez* GARDES NATIONALES MOBILES.

II. Désertion générale des volontaires de 1791, 104. — Effectif au moment où l'on déclare la guerre à l'Angleterre et au Stathouder, 136. — Nécessité d'une levée de 300,000 hommes, 152, 155. — Effectif qui en résultera pour l'armée, 177. — Appel de 300,000 hommes, 178, 205, 207. — Conséquences à Paris, 209, 211, 218. — Adoption de toutes les mesures susceptibles d'activer le recrutement, 222. — Semblant d'enthousiasme dans les départements, 227.— Exemptions légales, 228. — Fraudes, 229. — Résistance de certains départements; insurrection de la Vendée, 230. — Proposition d'établir une armée à Péronne, 279, 283.—Fin de la levée des 300,000 hommes, 301. — Recrutement par voie d'indication, 302. — Forces additionnelles, 304. — Moyens bizarres employés pour les procurer, 305, 308, 310, 313.— Partage des citoyens en quatre classes de réquisition, 338. — Levée de 30,000 hommes de cavalerie, 345.—Compagnie de canonniers formée dans chaque département, 346. — Effectif attribué aux armées, 358. — Difficultés du recrutement, 357, 484. — La levée de cavalerie à Paris fait partie de l'armée révolutionnaire, 476. — Commissaires des assemblées primaires chargés d'exciter les citoyens à la défense du territoire, 484. — Levée en masse, 486, 488, 490. — Répartition de ses bataillons entre les armées, 494. — Son accomplissement, 495, 505. — Levée extraordinaire de cavalerie, 506. — L'artillerie jugée suffisante, 511.—Fin du recrutement de la Levée en masse, 556.

III. Incorporation de la Levée en masse dans les anciens bataillons, 238. — Effectif nouveau du bataillon, 239. — Effectif des différentes armes, 245. — Effectif total, 254.

IV. Le Comité de salut public dément la nécessité d'une nouvelle réquisition, 219. — Effectif de l'armée, 221, 358. — Pour l'an IV, 423.

**Effectifs divers.**

I. Luckner se plaint de la faiblesse des armées du Nord, du Centre et du Rhin, 429.

II. Des armées des Ardennes, du Nord et de Belgique, 66. — Des huit armées, 138. — De l'armée de Dumouriez pour l'expédition de Hollande, 194.— De l'armée de Belgique, 239. — De différentes armées, 358. — De l'armée des Alpes et de l'armée d'Italie, 360. — De l'armée des côtes de la Rochelle, au dire de Barère, 362. — De l'armée du Nord, 441. — De l'armée du Rhin et de celle de la Moselle, 453.— De l'armée du Nord, 454. — De la Levée en masse, 494.— Dénoncés par Couthon et Barère, 497.— De l'armée des côtes de Cherbourg, 581.

III. La légion batave est réduite à treize soldats, 235. — Du bataillon d'infanterie, 239.— Des corps d'infanterie à la solde de la République, 239. — Total de l'infanterie après l'embrigadement, 244. — De l'infanterie légère, 245.— De la cavalerie, 247.— Du génie, 249. — De l'artillerie, 251. — Effectifs réel et supposé de la force militaire, 253.— Des coalisés, 256.

IV. Effectif des émigrés à Quiberon, 343. — Des troupes de la Convention, en Vendémiaire, 411. — Des différentes armes pour l'an IV, 423.

**Égalité** (Duc d'Orléans).

II. Est soumis à une surveillance rigoureuse, 277. — Sa mort, 540.

**Égalité** (Duc de Chartres), général.

II. Notice biographique, 71. — Sa conduite à la bataille de Jemmapes, 71, 73, — et à la bataille de Neerwinden, 240, 248. — Assiste à la seconde entrevue de Dumouriez avec le colonel Mack, 258. — Émigre avec Dumouriez, 274.

**Egmont Pignatelli** (marquis d'), lieutenant général.

I. Membre du Comité militaire de l'Assemblée constituante, 185.

**Eisemberg**, général.

III. Fusillé à Strasbourg, 47.

**Électeurs de Paris.**

I. Nommés par les districts, 18. — Prennent le commandement de la ville et distribuent des armes à la population, 31, 34. — Une députation de l'Assemblée leur annonce l'éloignement des troupes de Paris et de Versailles, ainsi que l'autorisation donnée par le Roi de créer des gardes bourgeoises, 59. — Ne peuvent empêcher la mort de Foulon et de Berthier, 67. — Envie ressentie contre eux par les districts, 71. — Votent une amnistie générale, 73. — Se séparent en laissant l'autorité municipale à la Commune, 74.

**Élie**, porte-drapeau au régiment de la Reine.

I. Sa conduite à l'attaque de la Bastille, 45, 48, 50, 51.

**Élisabeth** (Madame), sœur de Louis XVI.
  III. Sa mort, 288.
**Elleviou**, acteur.
  IV. Un des chefs de la Jeunesse dorée, 58.
**Embrigadement.** Voyez Composition de l'armée.
**Émigration, Émigrés.**
  I. Premiers émigrés, 65. — Émigration de chefs militaires, 274. — Espérances des émigrés, 276. — Ils reçoivent ordre de quitter la Savoie, 280. — Manœuvres pour former une armée, 281. — Irritation de la population contre eux, 282. — Leurs tentatives blâmées par le Roi, 288. — Militaire, 289. — Projet d'émigration du Roi, 290. — Voyage du Roi à Varennes, 294. — Émigration de Bouillé, 299; — d'un grand nombre de gardes du corps, 304 ; — d'une multitude de gentilshommes, 305. — Émigrants militaires; départ du régiment de Berwick, 306. — Conflits entre les émigrants et les gardes nationales des frontières, 307. — Difficultés pour remplacer 2,000 officiers émigrés, 344. — Doute général sur la sincérité des proclamations que le Roi adresse aux émigrés, 352. — Recrutement de leur armée, 353. — Nouvelles causes d'émigration pour les officiers, 380, — et pour une partie des régiments étrangers, 390. — Émigration de Lafayette, 476. — Émigrés dans la campagne de l'Argonne, 516, 519, 522, 529.
  II. Leur conduite en rentrant en France avec les Prussiens, 27. — Mesures décrétées contre eux, 29. — Peine de mort décrétée contre les prisonniers émigrés et bannissement à perpétuité de tous les émigrés; mort sur l'échafaud de neuf émigrés prisonniers de guerre, 30, 69. — Leur guidon est brûlé par la main du bourreau, 31. — Imposition sur Francfort qui les a protégés, 53. — Nouvelles émigrations militaires à la suite du supplice du Roi, 135. — Biens des émigrés affectés dans certaines conditions aux militaires, 165. — Émigration de Dumouriez, 274.
  III. Leur bravoure à la prise de Menin, 285.
  IV. Nécessité d'établir des catégories d'émigrés, 91. — Leurs correspondances, 99. — Nombreuses rentrées en

France, 238, 240. — Expédition de Quiberon, 342, 352. — Les Émigrés sont exceptés de l'amnistie générale, 425.

**Emmery**, avocat.

    I. Membre du comité militaire, 185.

**Engagements et enrôlements.** *Voyez* EFFECTIF ET RECRUTEMENT, et GARDES NATIONALES MOBILES.

**Énumération des armées.**

    I. Formation de trois armées dans le Nord, 345, — et de l'armée du Midi, 424.

    II. Augmentation du nombre des armées, 138. — On reconnaît d'abord neuf armées, y compris celle de l'intérieur, 152, — et ensuite onze, non compris celle de l'intérieur, 337, 340, 358, 494. — Création de l'armée révolutionnaire parisienne, 470, 476.

    III. Enumération de quinze armées, y compris l'armée navale, 74. — Licenciement de l'armée révolutionnaire parisienne, 214. — Enumération des douze armées réelles, 255. — Création de l'armée de Sambre-et-Meuse, 355.

    IV. On conserve officiellement le chiffre de quatorze armées, 26. — Plusieurs sont réunies deux à deux, 227. — — Suppression des deux armées des Pyrénées, 355.

**Épauletiers.**

    III. Chenapans militaires, 23, 91.

**Équipement.** *Voyez* APPROVISIONNEMENTS.

**Erlach**, capitaine aux Gardes suisses.

    I. Sauvé par un garçon de bureau, 472.

**Ernest** (d'), sous-lieutenant aux Gardes suisses.

    I. Massacré, 482.

**Eschasseriaux** aîné, conventionnel.

    IV. Membre du Comité de salut public, 5, 52, 445.

**Escudier**, conventionnel.

    IV. Décrété d'arrestation, 326.

**Esnard**, chef de bataillon de la Garde nationale parisienne.

    III. Arrêté à la Commune, 418, — et délivré, 431.

**Espagnac** (d'), ancien abbé, fournisseur.

    III. Jugé et condamné avec les Dantonistes, 205.

**Espert**, conventionnel.

    IV. Sa conduite à Marseille, 177.

**Estaing** (comte d'), vice-amiral.

    I. Commande la Garde nationale de Versailles, 108. — Prend des mesures pour s'opposer à un violent retour des gardes françaises à Versailles, 114. — Sa conduite dans la journée du 5 Octobre, 130, 133.

**Estourmel** (d'), général.

    II. Abandonne les revers des Vosges par ordre de Beurnonville, 287. — Accusé par Custine, 288. — Décrété d'arrestation, 289. — Acquitté par le tribunal, 291.

**Établissement de Meudon.**

    III. Sa création, 190.

    IV. Appréhensions qu'il inspire, 13.

**Éthis de Corny**, procureur de la ville.

    I. Guide la population à l'hôtel des Invalides pour y chercher des armes, 38. — Propose d'élever un monument à Louis XVI, père du peuple, 64.

**Eustace**, général.

    II. Retourne en Amérique, sa patrie, 421.

# F

**Fabre**, conventionnel.

    III. Tué à l'armée des Pyrénées-Orientales, 275.

**Fabre d'Églantine**, conventionnel.

    III. Parle à la Convention et au club des Jacobins contre Vincent, 33, 37. — Accusé par Hébert, 65. — Causes de sa mort, 87. — Condamné avec les Dantonistes, 205.

**Fauchet** (abbé), électeur de Paris.

    I. Se met à la tête de ses paroissiens, 37. — Bénit les premiers drapeaux de la Garde nationale parisienne, 84.

**Fauconnier**, chef de légion de la Garde nationale.

    III. Arrêté, le 9 thermidor, 422.

**Favart**, général.

    II. Est en opposition avec Custine, 389.

**Faverolles**, aide de camp de Dumouriez.
 III. Meurt sur l'échafaud, 78.
**Favras** (marquis de).
 I. Son procès, 171.
**Fayau**, conventionnel.
 IV. Décrété d'arrestation, 282, 290.
**Fédérations** et **Affiliations**.
 I. Leur origine et leur but, 221. — Des corps militaires, 223. — Le ministre propose de les régulariser, 225. — Grande Fédération de 1790, 230, 235. — Bouillé préside à celle de Metz, 244. — Pacte fédératif formé dans un but réactionnaire, 270. — Fédération de 1792, 421.
**Fédérés**.
 I. Leur arrivée à Paris pour la grande Fédération de 1790, 235, 237. — Diversité de leurs costumes, 241. — Proposition d'établir près de Paris un camp de 20,000 fédérés, 403. — Le gouvernement désire les envoyer à Soissons, 413, 414. — Arrivée des Fédérés de 1792 à Paris, 450. — Fédérés marseillais, 451. — Ils attaquent des Gardes nationaux, 452. — On veut les faire partir pour Soissons, 453. — Les Girondins parviennent à les faire rester à Paris, 454. — Leur rôle dans la journée du 10 Août, 461, 465, 471, 472. — Ils partent pour Châlons, 493.
 II. Les Girondins proposent la création d'une garde départementale pour la Convention, 10. — Nouveaux Fédérés arrivant à Paris, 11. — Distinction entre eux et les anciens Fédérés, 93. — Marat tente de les mettre aux prises avec les dragons de la République, 96. — Tentatives pour les éloigner de Paris, 98. — Discussion à leur sujet entre les Montagnards et les Girondins, 101. — Par précaution, on leur assigne des postes éloignés, le jour de la mort du Roi, 133. — Les Fédérés brestois résistent seuls à la contagion du désordre, 212, 215, 225. — Départ de Paris des derniers Fédérés, 227, 307.
**Fer.** *Voyez* ARMEMENT, ARMES, etc.
**Fermiers généraux.**
 III. Leur mort sur l'échafaud, 224.

**Féraud**, conventionnel.

IV. Sa conduite en Prairial, 260, 261. — Sa mort, 262. — Sa tête est présentée à Boissy d'Anglas, 267. — Sort de ses assassins, 301, 314, 317, 319, 329. — Ses funérailles, 337.

**Fermont**, conventionnel.

IV. Sa conduite en Prairial, 280.

**Fernex**, président d'une Commission révolutionnaire.

IV. Massacré à Lyon, 181.

**Fernig** (demoiselles).

I. Leur conduite au camp de Maulde, 501.
II. Émigrent avec Dumouriez, 271, 272, 274.

**Ferrand**, général.

III. Périt sur l'échafaud, 114.

**Ferrand**, conventionnel.

III. Adjoint à Barras, le 9 Thermidor, 420, 424.

**Ferrand de la Caussade**, général.

II. Notice biographique; commande l'aile gauche à la bataille de Jemmapes, 70. — Est obligé de quitter Mons précipitamment, 255. — Reçoit les instructions de Dumouriez et refuse de participer à ses projets, 264, 265. — Capitule à Valenciennes et est décrété d'arrestation, 393.

**Ferrière**, général.

II. Accusé par Custine, 328.

**Fêtes.**

I. Tristes conséquences d'une fête donnée à Quincey, 97. — Cérémonies pour la prestation du serment civique, 104. — Fédération de 1790, 236, — et de 1792, 421.

II. Pour célébrer l'entrée des troupes françaises en Savoie, 18. — Discussion sur l'opportunité de célébrer par une fête la bataille de Jemmapes, 77. — Du 10 Août 1793, 485.

III. Pour la reprise de Toulon, 59, 74. — A Nantes pour célébrer les succès obtenus sur les Vendéens, 99. — Interdiction de tirer le canon dans les fêtes publiques, 171. — Du salpêtre, 187. — De l'Être suprême, 290, 299, 332. —

Pour la victoire de Fleurus, 358. — Pour les succès qui ont suivi cette victoire, 365.

IV. Du 10 Août 1794, 23. — Une seule sans-culottide est considérée comme jour férié, 25. — En l'honneur de Marat, 26. — Décrétée pour célébrer la délivrance du territoire, 27. — Des Victoires, 69. — Du 21 Janvier 1795, 100. — Anniversaire du 9 Thermidor, 351. — Funèbre en l'honneur des Girondins, 387.

**Fiévée**, littérateur.

IV. Déclame dans les Sections contre la Convention, 379.

**Flaschlanden** (baron de), maréchal de camp.

I. Membre du Comité militaire de l'Assemblée constituante, 185.

**Flanqueurs de la Nièvre.** *Voyez* GARDES NATIONALES MOBILES.

**Flers** (de), général.

II. Amène des renforts à l'armée de Hollande, 201. — Reçoit les instructions de Dumouriez pour continuer l'expédition, 205. — A l'Armée des Pyrénées-Orientales, 360.

**Flesselles** (de), prévôt des marchands.

I. Chargé d'aviser aux moyens de fournir des armes à la population parisienne, 36. — Sa mort, 52.

**Fleuriot-Lescot**, créature de Robespierre.

III. Est nommé maire de Paris, 221. — Présente les élèves de l'École de Mars à la Convention, 365. — Son rôle, le 9 Thermidor, 397, 407. — Fait arrêter le lieutenant Degesne, 408. — Son arrestation, 414.

**Fluë** (Louis de), lieutenant au régiment de Salis-Samade.

I. Commande un détachement envoyé à la Bastille 41. — Demande que la garnison puisse sortir avec les honneurs de la guerre, 48.

**Fontaine**, adjudant-général des canonniers parisiens.

III. Chargé par Hanriot d'arrêter Dumesnil, 401, 405.

**Forestier**, conventionnel.

IV. Décrété d'arrestation, 318. — Condamné à la détention, 326, 330.

**Forestier de Saint-Venant**, lieutenant aux Gardes suisses.
    I. Tué le 10 Août, 470.
**Forêt**, soldat émigré.
    II. Chef de l'insurrection vendéenne, 232.
**Fougères** (chevalier de), brigadier aux gardes du corps.
    I. Publie un mémoire justificatif de la conduite de ses camarades, 147.
**Foulon**, ministre.
    I. Est massacré, 67.
**Fouquier-Tinville**, accusateur public.
    III. Reçoit l'ordre de mettre en arrestation les principaux ultra-révolutionnaires, 95. — Sa déclaration sur le *gouvernement révolutionnaire*, 113. — Son rôle dans le procès des Dantonistes, 204, 210. — Et dans celui des *Vierges de Verdun*, 226. — Déclaration contre Robespierre, 317. — Plaisanterie, 342.
    IV. Mis en arrestation, 4. — André Dumont demande qu'on lui fasse son procès, 218. — Le Tribunal siège en permanence pour le juger, 234, 236.
**Fourcroy**, conventionnel.
    IV. Fait partie du Comité de salut public, 15, 98, 331. — Propose la création de l'École centrale des travaux publics, 35.
**Fourny**, général.
    II. Se brûle la cervelle, 354.
**Foussedoire**, conventionnel.
    IV. Décrété d'arrestation, 150, 291.
**Fox**, général.
    IV. Son rôle en Prairial, 259, 267, 280.
**Foy**, capitaine d'artillerie.
    III. Notice biographique, 323. — Son arrestation, 324.
**Fréron**, conventionnel.
    III. Adjoint à Barras, le 9 Thermidor, 420, 424, 425.
    IV. Chef de la Jeunesse dorée, 56. — Sa mort est décidée par les démagogues, 141, 142, 234, 263, 264, 272. — Marche à la tête des troupes en Prairial, 310, 314. — Son rôle en Vendémiaire, 400, 406. — Parle en faveur d'officiers destitués, 418.

**Frey** (les deux frères), banquiers.
>III. Condamnés avec les Dantonistes, 205.

# G

**Gamon,** conventionnel.
>IV. Membre du Comité de salut public, 331, 415.

**Garde constitutionnelle du Roi.**
>I. Sa composition, 315. — Son organisation, 356. — Mal vue de la Garde nationale et du peuple, 357. — Elle est dénoncée à l'Assemblée, 397, 399, — et licenciée, 400.

**Garde de Paris.** *Voyez* Garnison de Paris.

**Garde départementale.** *Voyez* Fédérés.

**Garde des quais, ports et îles de Paris.**
>I. Sa création, 153.

**Gardes de ville, Gardes urbaines, Guet,** etc.
>I. Ne font pas partie de l'Armée, 10.

**Garde du camp de Paris.** *Voyez* Camp de Paris.

**Gardes du Corps du Roi.**
>I. Offrent une escorte à une députation de l'Assemblée nationale, 58. — Escortent le Roi à Paris, 61, 65. — Banquet donné à la garnison de Versailles, 117. — Haine de la population parisienne contre eux, 119, 121, 123. — Leur conduite dans les journées des 5 et 6 Octobre, 130. — Sauvent la Reine, 138. — Deux sont décapités, 141. — Délivrés par les Gardes françaises, 142. — Réconciliés avec la Garde nationale, 143. — Reviennent avec la Famille royale à Paris, 145. — Revirement de l'opinion publique à leur égard, 146. — Trois gardes du corps accompagnent la Famille royale à Varennes, 295. — Dangers qu'ils courent, 303. — Licenciement des quatre compagnies, 304. *Voyez aussi* Maison militaire du Roi.

**Gardes françaises** (*Voyez d'abord* Régiment des).
>I. Leur incorporation dans la Garde nationale parisienne, 79. — Leur mécontentement ; sacrifices pour les satisfaire,

80. — Veulent retourner à Versailles, 113, 127. — Leur conduite dans les journées des 5 et 6 Octobre, 129, 136, 142. — Réclament contre les honneurs décrétés en faveur des vainqueurs de la Bastille, 234. — Leur mécontentement lorsque la suppression de la Garde nationale soldée les replace dans l'Armée, 338. — Ils sont maintenus à Paris, 355, — et organisés en gendarmerie, 448.

II. Sont renvoyés de l'armée du Rhin comme ayant fait partie de la maison militaire du Roi, puis réintégrés, 524.

**Gardes suisses.** *Voyez* RÉGIMENT DES GARDES SUISSES et MAISON MILITAIRE DU ROI.

**Garde nationale parisienne.** *Voyez, pour l'artillerie,* CANONNIERS PARISIENS.

I. Mirabeau propose la création de Milices bourgeoises, 28. — L'Assemblée constituante en fait la demande au Roi, 36. — Formation spontanée à Paris, 37. — Autorisation donnée par le Roi, 59. — Aspect militaire de Paris, 69. — Première organisation : soixante bataillons parmi lesquels on distingue soixante compagnies de *Garde nationale soldée,* 79. — Son rôle dans les premiers désordres révolutionnaires, 94, 96, 98, 109, 112. — Son rôle dans les événements de Versailles (5 et 6 Octobre), 122, 126, 136, 144. — Le service auprès du Roi lui est dévolu, 147. — Refroidissement du premier enthousiasme, 152. — Augmentation d'effectif, Garde des quais, ports et îles de Paris, 153. — Son rôle dans différentes scènes de désordre, 158, 169, 171. — Affiliations avec diverses gardes nationales départementales, 222. — Les volontaires de la Bastille et ceux de la Basoche rentrent dans l'organisation générale, 234. — Uniforme, 242. — Porte pendant huit jours le deuil des victimes de Nancy, 262. — Discorde dans ses rangs, 285. — Insubordination de la compagnie de l'Oratoire, 287. — Son rôle lors de la proclamation de la loi martiale au Champ de Mars, 309. — Principe de la mobilisation des gardes bourgeoises, 329. — Reconstitution uniforme de toutes les Gardes nationales du royaume, 331. — Suppression de la Garde nationale soldée, 337, 355. — Démission de Lafayette, 346. — Difficultés avec la Garde constitutionnelle, 357, 398. — S'abstient de paraître au triomphe des galériens de Chateauvieux, 370. — Inconvénient du commandement alternatif des six chefs de légion, 401. — Germes de division, 402. — Protestation contre le camp de 20,000 hommes qu'on veut établir à Paris, 404. — Sa conduite dans la journée du 20 Juin, 409. — Les Sections de Paris demandent sa réorganisation, 412. — Réélection des états-majors dans les villes au-dessus de 50,000 âmes, 421. — Disputes et collisions avec les fédérés marseillais, 452. — Les agitateurs demandent la suppression des grenadiers, 454. — Son rôle dans la journée du 10 Août, 459, 461, 463. — Les derniers gardes nationaux se retirent des Tuileries après le départ du Roi, 465. — Plan d'organisation des *Sections armées*, 489. — Cavalerie nationale de Paris, 490. — Compagnie des acteurs de Paris, 496.

II. Établissement des *Réserves*, 5. — Commencement d'organisation des Sections armées, 34. — Suppression des Réserves, 35. — Insubordination, 36. — Dragons de la République, 37. — Marat excite les Fédérés à les assassiner, 96. — Ses rapports avec les Fédérés, 99. — Dispositions militaires adoptées pour assurer l'exécution du Roi, 132. — Son inutilité pour maintenir la tranquillité, 182, 185. — Absurdités et impuissance de son général, Santerre, 284, 298, 300. — Impossibilité d'y recruter des contingents pour la guerre de Vendée, 305. — Remplacement de Santerre par Boulanger et par Hanriot, 317, 320. — Son rôle dans les Journées des 31 Mai, 1er et 2 Juin, 322. — Nomination définitive d'Hanriot, 324.

III. Elle n'existe pas, en réalité, sous le *gouvernement révolutionnaire*, 23. — *Frères d'armes* d'Hanriot, 25, 147. — Changement dans le mode de commandement, 393. — Hanriot ordonne une prise d'armes générale, 399. — Sa conduite et ses indécisions dans la journée de Thermidor, 410, 411, 420, 426.

IV. Sa réorganisation après Thermidor, 10, 42. — Tactique des agitateurs pour la fatiguer, 52. — Les Jacobins la redoutent peu, 58. — Nécessité de la reconstituer fortement,

110. — Mesures à ce sujet, 114, 116. — Réélection des officiers, 119. — On demande l'épuration des soldats, 121. — Obligation du service personnel, 127. — Loi de grande police, 132. — Énumération des Sections, 135. — Anarchie qu'elle présente dans la journée du 12 Germinal, 142, 146. — Compagnies formés pour assurer l'approvisionement de Paris, 148. — Leur inutilité oblige à confier ce service aux troupes de ligne, 157, 165. — Réorganisation entière de la garde nationale parisienne, 159, 163. — Son apathie, 241. — Journée du 1$^{er}$ Prairial, 253, 258, 260, 273. — Délivrance de la Convention, 281. — Journée du 2 Prairial, 287, 291, 297, — du 3 Prairial, 302, — du 4 Prairial, 303, 314. — Désarmement dans les Sections, 320. — Elle fait le sacrifice de son artillerie, 321. — On autorise la population ouvrière à ne plus en faire partie, 332. — Constitution de l'an III : Garde nationale sédentaire, 367. — Préludes de la journée de Vendémiaire, 372, 376, 379. — Journée du 12 Vendémiaire, 392. — Révolte armée des Sectionnaires, 395. — Journée du 13 Vendémiaire, 397. — L'Armée et la Garde nationale en présence, 404. — Combat, 411. — Annihilation de la Garde nationale parisienne, 415, 417.

### Gardes nationales des départements.

I. La milice bourgeoise de Versailles accompagne le Roi à Paris, 60. — Création de milices bourgeoises dans les départements, 86, 90, 93. — Différences qu'elles présentent entre elles, 106. — Leur rôle à Versailles, 106, 114, 118, 130, 134 ; — en Bretagne, 160 ; — au Havre, à Amiens, à Meaux, etc., 162. — Défense de créer de nouveaux corps jusqu'à ce qu'on ait statué sur une organisation uniforme, 175. — Leurs rapports avec les troupes de ligne ; 181. — Conduite de la Garde nationale de Marseille, 203, 208 ; — de Béthune, 213. — Pactes fédératifs entre elles ou avec les corps militaires, 221. — Fête de la Fédération, 235. — Uniforme obligatoire, 241. — Rapports de la Garde nationale de Metz avec le marquis de Bouillé, 243, 247. — Conduite des Gardes nationales de la Meurthe et de la Moselle dans l'insurrection de la garnison de Nancy, 253, 255, 259,

261, 263. — Celles de l'Hérault, de l'Ardèche et de la Lozère forment un camp fédératif dans un but réactionnaire, 270. — Mobilisation de diverses gardes nationales, 272, 277, 278. — Elles arrêtent les émigrants, 283. — Leur conduite dans l'événement de Varennes, 294, 297, 299, 307. — Une partie est mise en activité, 300, 327; — ce qui force à reconstituer d'une manière générale et régulière les gardes nationales sédentaires, 331. — Leur inertie, 373. — Réélection des états-majors dans les villes de 50,000 âmes et au-dessus, 421.

II. Désordres dans les départements; loi martiale exécutée avec rigueur à Orléans, 39. — Gardes nationaux d'Arles attaqués par les habitants d'Eyguière, 41. — Réquisitions pour les armées, 239, 312. — Insuffisance de ces réquisitions, 484. — Contingents réunis pour bloquer les insurgés Lyonnais à distance, 559.

III. L'état-major de la Garde nationale de Strasbourg est transféré à Dijon, 47.

IV. Agitations dans les départements, 19, 156. — Conduite de la Garde nationale de Marseille, 172, 177, — et de celle de Lyon, 181, 183, 246. — Leur impuissance et leur inertie, 184. — Décret d'organisation des Gardes nationales départementales, 333, 336. — Constitution de l'an III: Gardes nationales sédentaires, 366.

**Gardes nationales mobiles,** *vulgairement* VOLONTAIRES DE LA RÉPUBLIQUE.

I. Première organisation des bataillons de Volontaires, 300. — Enthousiasme général, 327, 329. — Seconde organisation des bataillons, 334. — Affluence pour y entrer; impatience du départ, 336. — Le ministre de la guerre annonce que 60 bataillons sont en route, 337. — Il est accusé des retards qu'éprouve forcément un certain nombre de bataillons, 343. — Narbonne propose d'assimiler les Volontaires aux troupes de ligne, 348. — L'Assemblée décide que, sous aucun prétexte, l'Armée ne pourra se recruter parmi les Gardes nationales en activité, 349. — L'engouement pour les bataillons volontaires arrête le recrutement des troupes de ligne,

350. — Désordres dans plusieurs bataillons, 373, 380. — Augmentation du nombre et de l'effectif des bataillons de Volontaires, 425. — L'enthousiasme se calme, 426. — Proclamation du danger de la Patrie, 431. — Elle ne fournit à Paris que 6,000 volontaires, 433. — Autorisation donnée aux généraux de requérir une partie des gardes nationales sédentaires, 435. — Création de corps divers : Francs-Tireurs, Légions Batave, Belge, Liégeoise, Allobroge, Vandale, 437. — Offre de 5,000 volontaires faite par les Sections parisiennes; formation de Corps francs, 493. — Tout citoyen est autorisé à lever des corps armés; création de Corps divers, 494. — Manière habile dont Dumouriez aguerrit les Volontaires au camp de Maulde 501. — Terreur panique dans la campagne de l'Argonne, 520.

II. Causes qui concourent à augmenter leur nombre, 11. — Énumération de Corps divers nouvellement créés, 12. — Leur indiscipline à Spire, 19. — Désordres causés par des corps de Volontaires, 39, 60. — Belle conduite des Volontaires du camp de Maulde à la bataille de Jemmapes, 74. — Leurs fraternisations avec les soldats, 75. — Désertion générale des Volontaires de 1791 qui ont accompli l'année de service pour laquelle ils se sont engagés, 103, 105, 109. — Les armées perdent ainsi 60,000 hommes, 136. — Abolition en principe de la distinction entre les troupes de ligne et les Volontaires, 163. — Consternation et désordres dans la déroute de Belgique, 203. — Résultats d'un nouvel enrôlement tenté à Paris, 213. — Les volontaires de la Section Poissonnière accusent Dumouriez devant l'Assemblée, 218. — Secours promis aux femmes et aux enfants, 229. — Volontaires ridicules envoyés à Dumouriez par les départements du Nord, 239. — Danton propose d'établir une armée de Sans-Culottes, 280. — Causent la perte de la bataille de Neerwinden, 246, — et désertent par bataillons, 248. — Opinion de Dumouriez sur eux, 249, 251. — Leur défection ruine son dernier plan de défense 255. — Six d'entre eux tentent de l'assassiner, 262. — Trois bataillons veulent l'arrêter, 271. — Indiscipline des Hussards de la Liberté, 281.

— Accusation de Westermann contre le bataillon des Lombards, 292. — Volontaires obtenus par voie d'indication, 302. — Héros à cinq cents livres, 306, 308, 310. — Leur épuration, 312. — Leur conduite en Vendée, 364, 366. — Nouvelles accusations de Westermann contre eux, 394. — Réquisition de Volontaires pour bloquer Lyon, 410. — Houchard dénonce la lâcheté d'un bataillon du Finistère, 453. — Levée en masse, 490.

III. Insurrection du bataillon de la Section des Tuileries, 127. — Commencement d'amalgame des bataillons de ligne et des bataillons volontaires, 234. — Incorporation de la Levée en masse dans les anciens bataillons, 238.

IV. Rapidité de leur instruction militaire, 20. — *Voyez ensuite* COMPOSITION DE L'ARMÉE.

**Garde nationale soldée.** *Voyez* GARDE NATIONALE PARISIENNE et GARDES FRANÇAISES.

**Garnison de Paris.**

I. Gardes françaises et Gardes suisses employés au maintien de l'ordre, 19. — Garde de Paris; son insuffisance. Arrivée de troupes de cavalerie, 23. — Rassemblement d'une armée de 30,000 hommes, 27. — Journée du 12 Juillet, 29, 31. — Les troupes évacuent la capitale, 32. — Éloignement des troupes de Paris et de Versailles, 36, 57, 66. — Arrivée du régiment de Flandres à Versailles, 114. — Les troupes de Versailles viennent à Paris avec la Famille royale, 144. — Petite armée formée à Paris pour marcher sur Vernon, 158. — Les corps nouveaux formés de la Garde nationale soldée sont maintenus à Paris, 355. — Proposition de former un camp à Paris et d'éloigner toutes les troupes et les Volontaires, 403. — Conduite des troupes et de la Garde nationale dans la journée du 20 Juin, 409. — Elles entourent le Roi à la Fédération de 1792, 422. — Les Girondins obtiennent l'éloignement des troupes en garnison à Paris, 447. — Les ex-Gardes françaises organisés en gendarmerie y restent, 448, — ainsi que les Gardes suisses, 449. — Effectif des défenseurs des Tuileries, dans la journée du 10 Août, 459. — Garde du camp de Paris, 490. — Ordre à tous les militaires de partir pour Châlons, 495. Voyez GARDE NATIONALE PARISIENNE, FÉDÉRÉS, CAMP DE PARIS, etc.

II. Départ des Grenadiers-gendarmes et des derniers Fédérés pour la Vendée, 307.

III. Force armée à Paris sous le *gouvernement révolutionnaire*, 22. — Journée du 9 Thermidor, 390. — Conduite de la gendarmerie, 398, 406, 411, 421.

IV. Nullité de la force armée après Thermidor, 40, 53. — Abolition du décret qui interdisait aux troupes de ligne de circuler dans un rayon de dix lieues autour de Paris, 165. — L'idée du retour des troupes de ligne à Paris prend de la consistance, 248. — Ordre aux troupes de ligne, cantonnées dans les environs, de rentrer à Paris, 284. — Son accomplissement, 302. — Journée du 1er Prairial, les troupes de ligne mettent fin à l'insurrection, 303, 314, 317. — Leur installation à Marly et au camp des Sablons, 337. — Armée de l'intérieur, 338. — Elle accepte la Constitution, 376. — Préludes de la journée de Vendémiaire, 385. — Les troupes de ligne forment le principal appui de la Convention, 390. — Expéditions dirigées contre le Théâtre-Français, 394, — et contre la Section Lepelletier, 394. — Journée du 13 Vendémiaire, 397. — Dispositions prises par Bonaparte, 404. — Combat avec les Sectionnaires, 411. — Conséquences, 417.

**Garos**, conventionnel.
    IV. Sa conduite en Vendémiaire, 405, 408.

**Gasnier** (madame).
    IV. Intermédiaire des Républicains avec Charette, 200.

**Gasparin**, conventionnel.
    II. Adresse au Comité de salut public un mémoire du commandant Bonaparte, 594.

**Gaston**, conventionnel.
    IV. Sa conduite en Prairial, 280.

**Gautier**, représentant du peuple.
    II. Commissaire à l'armée qui assiège Lyon, 559.

**Gavaudan**, acteur.
    IV. Un des chefs de la Jeunesse dorée, 58.

**Gay Vernon,** officier de l'état-major de Custine.

II. Est accusé en même temps que Custine, 386. — Son opinion favorable à Houchard, 549.

**Gelb,** lieutenant général.

I. Reçoit le commandement du Haut et du Bas-Rhin, 292.

**Gendarmerie, Maréchaussée, Prévôt, Prévôté.**

*Voyez aussi* GRENADIERS-GENDARMES DE LA CONVENTION.

I. Prévôté de l'Hôtel du Roi, 3. — Compagnies de maréchaussée, prévôts, 9. — Exécutions prévôtales dans différentes provinces, 101, 201. — Réclamations contre les prévôts, 202, 205. — Abolition des juridictions prévôtales, 207. — La gendarmerie ne s'organise pas dans les départements, 371. — Elle est requise pour former des troupes à cheval, 436. — Organisation des ex-Gardes françaises en gendarmerie, à Paris, 447. — Leur conduite dans la journée du 10 Août, 459, 470. — Remplacement des officiers de gendarmes sur tout le territoire, 474. — Gendarmes faisant partie du camp de Paris, 490. — Départ de la gendarmerie des tribunaux pour Châlons, 495. — Réquisition de la totalité des gendarmes; surnuméraires pour les remplacer, 495, 496.

II. Inconduite des gendarmes parisiens se rendant aux frontières, 41. — Inertie de la gendarmerie dans les départements, 87. — Indiscipline des gendarmes à l'armée, réprimée par Custine, 416.

III. Gendarmerie de Paris, 22. — Sa conduite en Thermidor, 398, 406, 411, 424.

IV. Défiance qu'elle inspire aux Thermidoriens, 53. — Conduite de la gendarmerie à Marseille, 176. — Les gendarmes parisiens font cause commune avec l'insurrection en Germinal et en Prairial, 153, 272. — Plusieurs sont arrêtés, 316, — et condamnés à mort, 318, 329. — Licenciement de la Gendarmerie parisienne, 319. — Création de la Légion de police, 337.

**Généraux.**

I. Accusations et dénonciations contre eux, 354. — Marat engage les troupes à les massacrer, 382. — On demande une loi contre ceux qui provoquent la mort des généraux, 386. — Le ministre de la guerre demande une loi qui les protège, 387. — Murmures des généraux de Dumouriez dans la forêt de l'Argonne, 512.

II. Position difficile que leur a faite la Révolution, 46. — Professions de foi républicaines, 57. — Leurs plaintes à l'occasion de la misère des armées, 113. — Ombrages causés à l'esprit révolutionnaire par les généraux victorieux, 117. — Instructions données par la Convention, 126. — Commandant les 9 armées, 152. — Accusations contre eux, 210, 217, 252. — La plupart abandonnent Dumouriez, 266, 267. Accusations nouvelles contre eux; acquittemens et condamnations prononcés par le Tribunal révolutionnaire, 289, 294, 296, 330. — Énumération des généraux d'armée, 340. — Pamphlet : *Lettre à Dillon*, 372. — Animosité des Montagnards, 381. — Machinations pour perdre Custine, 384. — Persécutions et accusations, 395, 409, 420, 422, 445. — Leurs opérations sont entravées par les représentants du peuple, 422. — Arrestation de tout l'état-major de l'armée du Nord, 451. — Discussion à l'Assemblée sur des destitutions de généraux d'armée, 461. — Destitutions et arrestations, 467, 525, 546. — Les généraux en chef seront nommés par la Convention sur la présentation du Comité de salut public, 539. — Procès de Brunet, 548, — de Houchard, 549. — Difficultés que rencontre Carnot pour remplacer les généraux ignares nommés par Bouchotte, 565. — Premiers résultats obtenus, 597.

III. Leur sort sous le *gouvernement révolutionnaire*, 112, 114. — Choix faits par Carnot, 116.

IV. Généraux combattant pour la Convention en Prairial, 260, 302. — Détermination de la liste des généraux maintenus dans l'Armée, 361. — Ceux qui sont présents à Paris offrent leurs services à la Convention en Vendémiaire, 401. — Fréron parle en faveur des généraux destitués par Aubry, 418.

**Génie.** *Voyez* Composition et organisation de l'Armée.

**Genissieux,** conventionnel.

IV. Déclare que la cession de la Convention est terminée, 425.

**Geoffroy**, serrurier, garde national.
    III. Blessé par l'assassin de Collot d'Herbois, 306.

**Gerle** (Dom).
    III. Assesseur de Catherine Théot, 340.

**Gilbon**, cultivateur.
    III. Excès commis chez lui par un détachement de l'*Armée révolutionnaire parisienne*, 31.

**Gillet**, représentant du peuple.
    II. A l'Armée de l'Ouest, 570.
    IV. Membre du Comité de salut public, 154, 362. — Chargé de la direction de la force armée, 290, 301. — Prend part à l'expédition contre le faubourg Saint-Antoine, 314.

**Giot**, adjudant-général de la garde nationale parisienne.
    III. Nommé pour succéder provisoirement à Hanriot, 411. — Colère de ce dernier contre lui, 417.

**Girondins**. *Voyez aussi* ASSEMBLÉE LÉGISLATIVE et CONVENTION.
    I. Leurs manœuvres révolutionnaires, 394, 396. — Leurs tentatives pour faire venir des provinces des contingents révolutionnaires, 403. — Fédérés de 1792 à Paris, 450, 454. — Demandent la déchéance du Roi, 455. — Journée du 10 Août, 463.
    II. Vergniaud et Buzot demandent des lois contre les émigrés, 30, 31. — Vergniaud défend le général Lacucé, 49. — Font nommer Pache ministre de la guerre, 50. — Appellent à Paris de nouveaux fédérés, 94. — Dissensions avec les Montagnards et avec la Commune, 99, 102. — Suite de leur lutte avec les Montagnards, 315. — Leur expulsion de la Convention, 322. — Allument la guerre civile dans le Calvados, 318. — S'allient aux royalistes, 350. — Armée levée à Paris pour marcher contre eux, 351. — Bataille ridicule, 352. — Fin de l'insurrection, 354. — Emprisonnement de soixante-treize conventionnels qui ont protesté en leur faveur, 535. — Mort sur l'échafaud des vingt et un principaux Girondins, 539.
    IV. Les soixante-treize députés incarcérés reviennent siéger

à la Convention, 49, 108. — Rapport des décrets qui ont mis des citoyens hors la loi, à la suite des journées des 1er et 2 Juin, 157.

**Giroye** (de), capitaine au régiment de Bourgogne.
    I. Sa mort, 287.

**Glutz** (Philippe de), lieutenant aux Gardes suisses.
    I. Est tué, 466.

**Gobel**, ex-évêque de Paris.
    III. Meurt sur l'échafaud, 223.

**Goguelas** (baron de), aide-de-camp de Bouillé.
    I. Est blessé à Varennes et transféré à Paris, 296.

**Gomer** (comte de), maréchal-de-camp.
    I. Membre du Comité militaire de l'Assemblée constituante, 185.

**Gondran**, capitaine des grenadiers du District de Saint-Philippe-du-Roule.
    I. Chasse les brigands du palais de Versailles, 140.

**Gossuin**, conventionnel.
    IV. Présente un rapport du Comité militaire, 42.

**Gottreau**, lieutenant aux Gardes suisses.
    I. Tué le 10 Août, 470.

**Goujon**, conventionnel.
    IV. Chef de l'insurrection de Prairial, 248, 254. — Décrété d'arrestation, 282, 290. — Envoyé devant une Commission militaire, 326. — Se tue, 330.

**Goupilleau** (de Fontenay), conventionnel.
    III. A l'Armée du Nord, 325. — Annonce à la Convention qu'on emmène Hanriot en triomphe, 415.
    IV. Se porte garant de la loyauté de Kellermann, 7. — Faux bruit de sa mort, 169. — Chargé de la direction de la force armée, 424.

**Gourdan**, conventionnel.
    IV. Membre du Comité de salut public, 415.

**Gouvernement révolutionnaire.**
    *Voyez* d'abord COMITÉ DE SALUT PUBLIC (SECOND) et CONVENTION.
    IV. On conserve ce nom au gouvernement après Ther-

midor, 17. — Manière dont il était envisagé par la populace, 50. — Les Montagnards demandent qu'on le remplace par la Constitution de 1793, 109. — L'insurrection demande son abolition, 250.

**Gouvernement thermidorien.** *Voyez* CONVENTION et THERMIDORIENS.

**Gouvion** (de).

I. Major-général de la Garde nationale parisienne, 80. — s'oppose aux honneurs qu'on veut décerner aux galériens de Châteauvieux, 369. — Tué à l'Armée, 416.

**Gouy d'Arci,** général.

I. Est envoyé apaiser des désordres à Noyon, 372.

**Grades.** *Voyez* OFFICIERS.

**Gramont-Roselly,** père et fils, officiers de l'*Armée révolutionnaire*.

III. Meurent sur l'échafaud, 223.

**Granet,** conventionnel.

III. Accuse Lapoype et Bonaparte, 119.

IV. Décrété d'arrestation, 155, 291.

**Grave** (comte de), colonel.

I. Ministre de la guerre, 394, 395.

**Grenadiers-gendarmes.**

II. Font le service d'honneur près de la Convention, 213. — Leur départ pour la Vendée, 307.

III. En Vendée, 22. — Reprennent leur service auprès de la Convention, 201. — Mettent Hanriot en arrestation, 403.

IV. Leur conduite dans la journée de Prairial, 258, 265, 282.

**Grenadiers royaux.** *Voyez* COMPOSITION DE L'ARMÉE.

**Grignon,** général.

IV. Décrété d'arrestation pour ses cruautées en Vendée, 77.

**Grigny,** général.

IV. Lettre que Hoche lui adresse, 191.

**Gross,** lieutenant aux Gardes suisses.

I. Est massacré, 468.

**Grünstein** (baron de).
  I. Émigre pour ne pas être incarcéré à Bitche, 275.
**Guérin**, conventionnel.
  IV. En mission à Marseille, 325.
**Guerre.**
  I. Discussion sur le droit de faire la paix et la guerre, 194. Bruits de guerre, 198, 271, 278, 281, 290, 300. — Mise des régiments sur le pied de guerre, 327. — Les Girondins la veulent, 380. — Déclarée au Roi de Bohême et de Hongrie, 383. — Défaite honteuse, 383. — L'ennemi s'avance, 430. — Manifeste du duc de Brunswick, 455. — Perte de Longwy et de Verdun, 480, 494. — Mesures prises pour la défense, 489, 491, 495. — Campagne de l'Argonne par laquelle Dumouriez force l'ennemi à la retraite, 500, 532.
  II. Custine pénètre dans le Palatinat et Montesquiou dans la Savoie, 14. — Invasion de la Belgique par Dumouriez, 65, 82. — Custine perd Francfort et se replie sur Mayence, 129. — Guerre déclarée à l'Angleterre et à la Hollande, 131. - Invasion de la Hollande par Dumouriez, 190. — Déroute de l'Armée en Belgique, 204. — Retour de Dumouriez à Bruxelles, 236. — Perte de la bataille de Neerwinden, 242. — Retraite, 248. — Retraite de Custine, 286. — Les Espagnols s'avancent vers le Midi, 302. — Siége de Mayence; nouvelle défaite de Custine, 326. — Retraite de l'Armée du Nord; siége de Condé; investissement de Valenciennes, 328. — Succès des Espagnols, 359. — Déroute de l'Armée d'Italie, 360. — Perte de Condé, de Mayence et de Valenciennes, 379, 392. — Toulon est pris par les Anglais, 411. — Évacuation du camp de César, 440. — Nouveau principe de stratégie, 446. — Prise de Turcoing et de Lannoy, 453. — Victoire de Hondschoote, 455. — Perte du Quesnoy, 457. — Déroute de Menin, 460. — Perte des lignes de Weissembourg, 558. — Frontière délivrée de Nice à Genève, 563. — Victoire de Wattignies, 564.
  III. Fin glorieuse de la campagne de 1793; reprise des lignes de Weissembourg; déblocus de Landau, 51. — Reprise de Toulon, 53. — Les Espagnols évacuent le camp de

Boulou: blocus de Collioures et de Port-Vendres, 275. — Entrée en Espagne, 276. — Les Piémontais débusqués de Saorgio, 277. — Prise du Petit Saint-Bernard et du Mont-Cenis, 280. — Prise de Courtray et de Menin, 284, 285. — Perte de Landrecies, 286. — Victoire de Turcoing, 287. — Marche de Jourdan pour rejoindre l'aile droite de l'armée du Nord avec l'armée de la Moselle et 15,000 hommes de l'armée du Rhin, 288, 325. — Prise du fort Saint-Elme, de Collioures et de Port-Vendres, 343. — Occupation de la vallée de Sturcuré et du poste des Barricades, 345. — Succès dans la Flandre maritime, 345. — Passage de la Sambre; prise de Charleroi; victoire de Fleurus, 347. — Prise de Bruxelles, 370. — Reprise de Landrecies, 371.

IV. Occupation du fort de Lillo; entrée à Liège; prise de la vallée de Bastan, de Fontarabie, et de Saint-Sébastien; occupation de Trèves, 22. — Reprise du Quesnoy, de Valenciennes et de Condé, 23, 24; — et de Bellegarde, 27. — Occupation de Nimègue; prise d'Aix-la-Chapelle, de Coblentz et de Maëstricht, 213. — Prise de Rheinfels, de Franckenthal et de Worms, 214. — Succès sur les Espagnols, 215, 216. — Invasion de la Hollande, 223. *Voyez ensuite* Paix.

**Guezno**, conventionnel.
IV. En mission dans l'Ouest, 344.

**Guiche** (duc de), lieutenant-général, capitaine d'une compagnie de Gardes du corps.
I. Préside le banquet des Gardes du corps, 117. — Reçoit l'ordre de les conduire à Rambouillet, 136.

**Guyton-Morveau**, conventionnel.
III. A l'Armée du Nord, 325.
IV. Membre du Comité de salut public, 52, 98. — Propose le licenciement de l'École de Mars, 72, — et la dissolution de la Manufacture d'armes parisienne, 86.

## H

**Habillement.** *Voyez* Approvisionnements.
**Hanriot,** général de la Garde nationale parisienne.
  II. Est placé provisoirement à la tête de la Garde nationale parisienne, 319. — Sa conduite dans les journées des 1ᵉʳ et 2 juin, 320, 323. — Est nommé définitivement commandant de la Garde nationale parisienne, 324.
  III. Moyens employés pour le faire triompher de Raffet son compétiteur, 24. — Ses proclamations, 147. — Complimente la Convention après la mort des Hébertistes, 212. — Robespierre réunit entre ses mains le commandement de la 17ᵉ division militaire et celui de la Garde nationale, 221, 317, 377. — Sa conduite, 378. — Il est mandé au Comité de salut public, 387. — Décrété d'arrestation par la Convention, 392. — S'installe à la Commune, le 9 Thermidor, 397. — Ses courses dans Paris, 398. — Commission donnée à Courvol, 399. — Ordonne une prise d'armes générale de la Garde nationale, 400. — Veut délivrer Robespierre, 401. — Est arrêté, 402. — Conduit au Comité de salut public, 403. — Délivré par Coffinhal, 412. — Est mis hors la loi, 415. — Sa colère contre Giot, 417. — Est arrêté, 434. — et guillotiné, 435.
**Harambure** (de), général.
  II. Est acquitté par le Tribunal révolutionnaire, 289.
**Harcourt** (duc d'), lieutenant général.
  I. Ordonne au régiment de Bourbon de sortir de Caen, 91.
**Harville** (d'), général.
  II. S'avance en Belgique entre Valence et Dumouriez, 66. — Sa position à la bataille de Jemmapes, 71. — Ne poursuit pas l'ennemi, 74. — Commande une division en Belgique, 239. — Accusé de trahison, reconnu non coupable et inculpé de nouveau, 527.
**Hatry,** général.
  III. Oppose son avis à celui de Saint-Just relativement à l'attaque de Charleroi, 350.

**Haxo**, général.

    III. Notice biographique, 44. — Lettre que lui adresse Carrier, 98. — S'empare de l'île de Noirmoutiers, 101. — Sa mort, 258. — On lui accorde les honneurs du Panthéon, 275.

**Hébert** et **Hébertistes**.

    III. Déclamations d'Hébert au club des Jacobins, 62, 64. — Accusations des Hébertistes contre Robespierre, 70. — Ils recherchent son alliance, 83. — Leur perte est résolue, 93. — Leur arrestation, 95. — Leur mort sur l'échafaud, 196. — Mort de la veuve d'Hébert, 223.

**Hédouville** (d'), général.

    II. Est arrêté, 467.

**Henriot.** *Voyez* HANRIOT.

**Hentz**, conventionnel.

    IV. Décrété d'arrestation, 155.

**Hérault de Séchelles**, conventionnel.

    III. Son arrestation, 198. — Est jugé et condamné avec les Dantonistes, 204.

**Hermann**, président du Tribunal révolutionnaire.

    III. Son rôle dans le procès des Dantonistes, 204, 206.

**Héron**, chef de la police.

    III. Défendu par Robespierre, 377.

**Hervilly** (d'), général.

    I. Apporte aux Gardes suisses l'ordre de cesser le feu, 467.

    IV. Commande l'expédition de Quiberon, 345, 348, 349.

**Hoche**, général.

    II. Notice biographique. — Fait lever le siége de Dunkerque, 457.

    III. Il franchit les Vosges avec l'armée de la Moselle, 49. — Est mis à la tête des deux armées du Rhin et de la Moselle, 50. — Haine de Saint-Just contre lui, 51, 264. — Carnot a su distinguer son mérite, 116. — Réquisition faite dans le Comté de Newstadt, 144. — Il est envoyé à l'Armée d'Italie, 263, — et arrêté, 265. — Carnot le préserve des conséquences de la haine de Saint-Just, 267. — Se dérobe à la vue de Saint-Just arrivant prisonnier à la Conciergerie, 433.

IV. Mis en liberté après Thermidor, 6, 188. — Commande les armées des côtes de Cherbourg et des côtes de Brest, 190, 227. — Moyens qu'il emploie contre les Chouans, 193. — Défend son lieutenant Humbert, 198. — Annonce à ses troupes la reprise des hostilités, 343. — Vainqueur des émigrés à Quiberon, 345, 347, 349. — Reçoit le commandement de l'armée de l'Ouest, 355.

**Houchard**, général.

II. Notice biographique, 387. — Veut conduire l'armée de la Moselle au secours de Mayence, 340, 387. — Nommé général en chef de l'armée du Nord, 441. — Ses premiers embarras, 450, 451. — Se plaint de la lâcheté d'un bataillon de volontaires, 453. — Est traité d'aristocrate militaire, 454. — Victoire de Hondschoote, 455, 456, — suivie d'une défaite, 460. — Il est accusé et destitué, 460, 464, 466. — Accusé par Robespierre au club des Jacobins, 526. — Demande à comparaître devant des juges, 548. — Son procès, sa défense et sa condamnation, 549. — Parallèle entre Custine et Houchard, 554.

**Huchet**, général.

III. Protégé par Robespierre malgré ses cruautés en Vendée, 104, 318.

IV. Décrété d'arrestation, 76, 77.

**Huez**, maire de Troyes.

I. Assassiné, 162.

**Huguet**, conventionnel.

IV. Décrété d'arrestation, 151, 291.

**Hulin**, employé de la buanderie royale.

I. Commandant des Vainqueurs de la Bastille, 110. — Ne peut s'opposer à la marche de l'armée féminine sur Versailles, 126. — Annonce au nom de ses camarades qu'ils veulent rentrer dans l'organisation générale de la Garde nationale parisienne, 234.

**Humbert**.

I. Empêche de mettre le feu à l'Hôtel de la Régie des poudres et salpêtres, 50.

**Humbert**, général.
> IV. Son rôle dans les tentatives de pacification de la Chouannerie, 194, 195. — Boursault demande sa destitution et Hoche le défend, 198.

**Hussards braconniers, Hussards de la Liberté, Hussards de l'Égalité.**
> I. Leur création, 494.
> II. Leur indiscipline, 281.

**Hussards de la Mort.**
> II. Leur création, 12.

# I

**Ières** (chevalier d'), chef de bataillon de la Garde nationale parisienne.
> I. Est chargé de rétablir l'ordre à Vernon, 158.

**Indiscipline.** *Voyez* Désorganisation de l'Armée.
**Infanterie.** *Voyez* Composition de l'Armée.
**Invalides.**
> I. Avenir des vieux soldats avant la Révolution, 11. — Compagnie formant la garnison de la Bastille, 41. — Sa conduite lors de l'attaque du château, 44, 47, 49. — Compagnie à Versailles, 107, 130. — Invalide massacré au Champ de Mars, 309. — Compagnies envoyées dans les places fortes, 435.
> IV. Patrouilles d'invalides, 242.

# J

**Jacob**, général.
> III. Chargé du siége de Landrecies, et remplacé presque aussitôt par Schérer, 370.

**Jacobins, Patriotes, Terroristes.** *Voyez d'abord* Club des Jacobins.
> IV. Se réfugient dans des Sociétés populaires d'ordre inté-

rieur, 85. — La Convention ne veut pas leur laisser l'initiative de fêter l'anniversaire de la mort du Roi, 99. — Cortége en l'honneur de Marat, 104. — On demande leur expulsion de la Garde nationale parisienne, 121. — Rixes avec la Jeunesse dorée, 132, 134. — Émeutes en Germinal, 134, 136, 141, 148, 153. — Compagnies de piquiers dans la Garde nationale; but de leur création, 162. — Le parti Terroriste à Marseille, 172, 180. — Leurs accusations contre le gouvernement Thermidorien, 217. — Insurrection du 1ᵉʳ Prairial, 231, — et des jours suivants, 285. — Moyens employés par la Convention pour en finir avec les Terroristes, 317. — Arrestations et désarmement, 320. — Jugements de la commission militaire, 329. — Fin de la lutte des Thermidoriens avec la démagogie, 331. — Union de tous les républicains, Thermidoriens, Montagnards et Jacobins contre les royalistes, 374, 381. — Bataillon sacré des patriotes, 391, 392, 399, 401, 419.

**Jagot**, conventionnel.
 III. Conspiration contre Robespierre, 339.
 IV. Décrété d'arrestation, 328.

**Jarry**, ancien commandant de l'École militaire.
 I. Auteur d'un projet de formation de l'Armée, 192.

**Jaucourt** (François, marquis de), colonel des dragons de Condé.
 I. Reçoit de Bouillé l'ordre de charger un régiment insurgé, 246. — S'oppose à l'accueil honorifique qu'on veut faire aux galériens de Châteauvieux, 368.

**Javoques**, conventionnel.
 IV. Décrété d'arrestation, 328.

**Jean-Bon Saint-André**, conventionnel.
 III. Membre du Comité de salut public, en mission, 313. — Organise une flotte à Brest, 344.
 IV. Remplacé au Comité de salut public, 5. — Décrété d'arrestation, 328.

**Jeunesse dorée.**
 IV. Sa composition; ses querelles avec les Jacobins, 54. — Barras et Fréron veulent l'organiser militairement, 58.

— Elle attaque le club des Jacobins, 80, 82. — S'acharne contre les effigies de Marat, 100. — Mésintelligence avec le gouvernement Thermidorien, 102. — Suite de ses rixes avec les Terroristes, 132, 134. — Sa conduite en Germinal, 137, 139, 148. — Les Montagnards déclament contre elle, 218. — Sa conduite en Prairial, 280, 302, 306, 308, 310. — Nouvelle manière dont elle est envisagée, 377. — Les jeunes gens réfractaires à la réquisition sont arrêtés, 379, 386.

**Jourdan,** général.

II. Notice biographique ; il commande le centre à la bataille de Hondschoote, 455. — Proposé pour remplacer Houchard, 461. — Gagne la bataille de Wattignies, 563.

III. Fait prendre les quartiers d'hiver à l'armée du Nord, 38. — Remplacé par Pichegru, 261. — Reçoit le commandement de l'armée de la Moselle, 262, — et l'ordre de la conduire, avec 15,000 hommes de l'armée du Rhin, pour faire jonction avec l'armée du Nord, 287. — Se met en marche, 322. — Opère la jonction et reçoit le commandement en chef, 326. — Siége de Charleroi, 347. — Sa noble résistance aux ordres de Saint-Just, 350. — Victoire de Fleurus, 351.

IV. Ses opérations à la tête de l'armée de Sambre-et-Meuse, 213, 227, 340.

**Journaux.**

I. L'*Ami du peuple*, rédigé par Marat, dénonce Belzunce comme ennemi de la liberté, 92, — et les juges de Bésenval comme vendus à la Cour, 170. — Diffamation de chefs militaires par les feuilles révolutionnaires, 220. — Marat engage les soldats à massacrer les généraux, 382. — Accusations contre Lafayette, 420.

II. Les Journaux les plus révolutionnaires sont envoyés aux armées par Bouchotte, 344. — Calomnies propagées sur le compte de Custine, 381, 418. — Avis du *Père Duchesne* aux soldats républicains, 521.

III. Accusation du *Vieux Cordelier* contre Bouchotte relativement au *Père Duchesne*, 84.

IV. L'*Orateur du peuple*, journal de la Jeunesse dorée,

56. — Les feuilles anglaises annoncent de prochains soulèvements, 99. — Accusent les Thermidoriens de ne pas vouloir faire la paix, 217. — Provoquent à la révolte, 248. — Des journaux dénoncent comme contraire à l'égalité que la plupart des Sections parisiennes conservent leurs bouches à feu, 322. — Indignation des feuilles réactionnaires contre la Convention, 373, 375, 384.

**Journées.**

I. Du 27 Avril 1789 : Dévastation de la maison Réveillon, 20. — Du 30 juin : L'émeute délivre des Gardes françaises emprisonnés à l'Abbaye, 25. — Des 12, 13 et 14 Juillet : Attaque et reddition de la Bastille, 29. — Des 5 et 6 Octobre : Le peuple va chercher le Roi à Versailles, 123.— Du 28 Février 1791 : Émeute à Vincennes, 286. — Du 17 Juillet : Exécution de la loi martiale au Champ de Mars, 308. — Du 20 Juin 1792 : Envahissement du Palais des Tuileries, 408. — Du 10 Août : Attaque et prise des Tuileries, 461. — Des 2 et 3 Septembre : Massacres dans les prisons, 481. — Du 9 Septembre : Massacres à Versailles, 499.

II. Du 21 Janvier 1793 : Mort du Roi, 132. — Du 10 Mars : Tentative contre la Convention, 213. — Des 31 Mai, 1er et 2 Juin : La Convention assiégée vote l'arrestation des Girondins, 315. — Du 5 Septembre : La Commune force la Convention à rendre plusieurs décrets, entre autres celui relatif à l'*Armée révolutionnaire*, 470.

III. Du 9 Thermidor an II (27 Juillet 1794); chute de Robespierre, 389.

IV. Du 12 Germinal an III (1er Avril 1795) : Envahissement de la Convention, 138. — Du 1er Prairial (20 Mai) : Révolte des faubourgs contre la Convention, 252. — Des 2, 3 et 4 Prairial : Suites de cette révolte jusqu'à la soumission du faubourg Saint-Antoine, 287. — Du 13 Vendémiaire an IV (5 Octobre) : Insurrection royaliste des Sections, 397.

**Juchereau**, lieutenant-colonel d'artillerie.

II. Est assassiné, 39.

**Juliot**, chef de bataillon de la Garde nationale parisienne.

III. Sa conduite, le 9 Thermidor, 422.

**Jullien** (de Toulouse), conventionnel.
  III. Compromis dans une affaire d'agiotage, 69, 204.

# K

**Kellermann**, général.
  I. Demande si les soldats peuvent faire partie des sociétés populaires, 289. — Succède à Luckner dans le commandement de l'armée du Centre, 510. — Manœuvre pour rejoindre Dumouriez, 513, 517, 519, 522, 524. — Bataille de Valmy, 525, 529.
  II. Notice biographique, 17. — Mésintelligence avec Custine, 53. — Va commander l'armée des Alpes, 55. — Accusé, il est rappelé, se disculpe et retourne à son poste, 295. — Marche contre Lyon, 401, 408. — Quitte Lyon pour retourner aux Alpes, 410. — Nouvelles accusations contre lui, 409, 458. — Est destitué par le pouvoir exécutif et maintenu à son poste par les commissaires de la Convention, 459. — Défendu par Génissieux, 462. — Est accusé de trahison et incarcéré à l'Abbaye, 563.
  IV. Maintenu en prison après Thermidor, 7. — Absous par le tribunal révolutionnaire, 89. — Commande les armées des Alpes et d'Italie, 227, 354, 355.

**Kermorvan**, général.
  II. Contrarie les projets de Dumouriez, 266.

**Kervélégan**, conventionnel.
  IV. Blessé en Prairial, 279, 280.

**Kilmaine**, général.
  II. Commande l'armée du Nord en attendant l'arrivée de Houchard, 441.
  IV. Expédition contre le faubourg Saint-Antoine, 303, 310.

**Kléber**, général.
  II. Concourt à la défense de Mayence, 326. — Commande les Mayençais en Vendée, 434, 436. — Dirige l'armée de l'Ouest, 571, 575, — et en refuse le commandement, 579.

— Ses dégoûts et ses dangers, 584. — Est laissé pour conseil à Marceau, 586, 598.

III. Auxiliaire de Marceau dans la conduite de l'armée de l'Ouest, 39, 42. — Sa réponse à un représentant du peuple, 99. — Préservé par Carnot des suites des dénonciations, 118. — Envoyé comme général de division à l'armée du Nord, 259. — Commande la gauche de l'armée de Jourdan, 347. — Victoire de Fleurus, 352.

IV. Reddition de Maestricht, 243. — Passe le Rhin, 383.

**Klinglin**, général.

I. Est chargé par Bouillé de garder Stenay, 297.

## L

**Labourdonnaye**, général.

II. Commande en Belgique sous les ordres de Dumouriez, 66. — Est remplacé par Miranda, 81. — Commande l'armée des côtes, 152.

**Labretèche**, commandant de l'École de Mars.

III. Notice biographique, 367. — Dévoué à Robespierre, 377.

**Lacombe**, conventionnel.

IV. Fait partie du Comité de salut public, 98, 331.

**Lacoste**, conventionnel.

III. Donne à Hoche le commandement des deux armées du Rhin et de la Moselle, 50.

IV. Délivre Hoche après Thermidor, 6. — Décrété d'arrestation, 328.

**Lacoste** (Élie), conventionnel.

III. Annonce que Robespierre est libre, 415. — Appelle l'attention de la Convention sur l'École de Mars, 420.

**Lacroix**, conventionnel.

III. Son arrestation, 201, 203. — Jugé et condamné à mort comme Dantoniste, 205.

**Lacuée**, général.

II. Est accusé de manquer de civisme et défendu par Vergniaud, 49.

**Ladmiral.**
    III. Tente d'assassiner Collot d'Herbois, 305.

**Lafayette** (Gilbert-Mottier, marquis de).
    I. Est nommé par acclamation commandant des Gardes bourgeoises, 59. — Prête serment en cette qualité, 60. — Sa nomination est confirmée par le Roi, 64. — Veut donner sa démission, 69. — Oppose la force armée aux bandits, 77. — Compose son état-major, 80. — Son fils est nommé sous-lieutenant, 82. — Il dissuade les Gardes françaises de retourner à Versailles, 113. — Départ pour Versailles à la tête de la Garde nationale parisienne, 126, 127, 128, 129. — Son rôle à Versailles, 136, 141, 143. — Préside la grande Fédération de 1790, 238. — Invite les Gardes nationales de la Meurthe et de la Moselle à prêter leur concours à Bouillé, 255. — Les agitateurs demandent sa tête, 264. — L'Assemblée législative reconnaît qu'il a outré-passé ses pouvoirs, 267. — Affaiblissement de sa popularité, 285. — Donne sa démission, 287, — et consent à la retirer, 288. — Soupçonne Bouillé de préparer la fuite du Roi, 291. — Sa conduite dans les journées des 16 et 17 Juillet 1791, 308, 309. — Fait exécuter la Loi martiale, 310. — Reçoit les éloges de l'Assemblée, 311. — Propose une amnistie pour tous les actes relatifs à la Révolution, 339. — Se démet du commandement des Gardes nationales, 346, — et part pour Metz où il prend le commandement de l'Armée du Centre, 347. — Réclame en faveur de ses troupes, 351. — Tente de servir la Famille royale, 415, 417. — Complétement dépopularisé à Paris, 420. — Permute avec Luckner pour prendre le commandement de l'Armée du Nord, 475. — Est mis hors la loi et émigre, 476.

**Laflotte**, ex-ministre de la République à Florence.
    III. Dénonce Dillon et Simond, 209.

**Lafond**, ex-garde du corps.
    IV. Chef de l'insurrection de Vendémiaire, 399, 403, 407, 408. — Sa mort, 421.

**Laignelot**, conventionnel.
    IV. Décrété d'arrestation, 326.

**Lajard** (de).

I. Ministre de la guerre, 407. — Préserve la Reine, le 20 Juin, 411. — Propose un moyen pour annuler les effets pernicieux du camp de Paris, 413. — Donne sa démission, 421. — Accusé par les Girondins, 453.

**Laloi**, conventionnel.

IV. Membre du Comité de salut public, 5, 52.

**Lamarche**, général.

II. Commande provisoirement l'armée du Nord, 328.

**La Mark** (prince d'Arenberg, comte de), colonel du régiment de La Mark.

I. Confident des relations de Mirabeau avec la Cour, 290.

**Lamarlière**, général.

II. Commande une division en Belgique, 239. — Emprisonné à la suite de ses différends avec Lavalette, 421.

III. Notice biographique, 71.

**Lamarque**, adjudant général.

IV. Apporte des drapeaux à la Convention, 22.

**Lambert**, porte-clefs.

III. Périt sur l'échafaud, 223.

**Lambesc** (prince de), colonel de Royal-Allemand.

I. Charge les émeutiers dans le jardin des Tuileries, 30.

**Lameth** (Alexandre, chevalier de), colonel.

I. Son opinion sur la Constitution militaire, 191.

**Lameth** (Charles, comte de), colonel.

I. Demande l'abolition des juridictions prévôtales, 207.

**Landrecies**.

III. Tombe au pouvoir des coalisés, 286. — Sommation à faire au commandant autrichien, 363. — Est repris, 370.

**Landremont**, général.

II. Proposition de lui ôter le commandement de l'armée du Rhin, 461. — Est arrêté, 466. — Accusé par Robespierre, au club des Jacobins, 526, — et incarcéré à l'Abbaye, 529.

**Langeron** (comte de).

1. Tente vainement de faire marcher la garnison de Rennes contre les habitants, 86.

**Langlois** (Isidore), journaliste.
    IV. Un des chefs de la Jeunesse dorée, 58, 138, 379.

**Lanoue**, général.
    II. Sera traduit à la barre de la Convention, 210. — Notice biographique, 211. — Mis en arrestation, 253. — Est acquitté par le Tribunal révolutionnaire, 291.

**Laplanche**, conventionnel.
    III. Dénonce à la Convention un bataillon de Volontaires indiscipliné, 129.

**Laporte**, conventionnel.
    IV. Membre du Comité de salut public, 331. — Sa conduite en Vendémiaire, 395. — Chargé de la direction de la force armée, 424.

**Lapoype**, général.
    II. Notice biographique. Il commande une des attaques au siége de Toulon, 587. — Fait l'intérim, lors du départ de Carteaux, 591. — Robespierre fait son éloge au club des Jacobins, 596.
    III. Siége et reprise de Toulon, 56. — Est dénoncé et disculpé à la Convention, 119.

**Laréveillière-Lépeaux**, conventionnel.
    IV. Membre du Comité de salut public, 379.

**Larivière** (Henri), conventionnel.
    IV. Son rôle en Prairial, 272, 289. — Fait partie du Comité de salut public, 331, 415.

**La Rochejaquelein**, général vendéen.
    II. Proclamé généralissime de l'armée Vendéenne, 575.
    III. Est séparé de son armée avec Stofflet 39. — Sa mort, 257.

**Laroque**, général.
    II. Est arrêté, 421.

**La Salle d'Offémont** (marquis de).
    I. Nommé commandant en chef de la Milice parisienne, 36. — Sauve le prince de Montbarrey de la fureur populaire, 52. — Devient commandant en second sous Lafayette, 59. — Manque de perdre la vie, 75.

**Lassaux** (de), brigadier aux Gardes du corps.
    I. Massacré, 499.
**Latour** (comte de), colonel de Royal-Liégeois.
    I. Émigre pour ne pas être incarcéré à Bitche, 275.
**La Tour du Pin** (comte de), lieutenant général, ministre de la guerre.
    I. Son mémoire sur l'organisation de l'Armée, 192. — Représente les tristes conséquences de l'intervention des Municipalités dans la police intérieure des corps, 214. — Dénonce à l'Assemblée la turbulente anarchie des régiments, 224. — Propose de régulariser les Fédérations entre les troupes de ligne et les Gardes nationales, 225. — Présente l'effrayant tableau de la licence de l'Armée, 247. — Donne sa démission, 266.
    II. Sa noble conduite dans le procès de la Reine, 546.
**Laubadère**, général.
    III. Dénoncé au club des Jacobins, 295.
**Launay** (marquis de), gouverneur du château de la Bastille.
    I. Sa conduite avant l'attaque de la Bastille, 40, 43. — Tente de faire sauter la forteresse, 47. — Est massacré, 50.
**Laurencie** (de), major au régiment du Roi.
    I. Les soldats s'opposent à ce qu'il prenne le commandement du régiment, 249.
**Laurent**, conventionnel.
    IV. Sa conduite à Villers-Cotterets, 156.
**Lavalette**, général.
    II. Ses différends avec Lamarlière, 421.
    III. Protégé de Robespierre, 317. — Mis hors la loi, 434, — et guillotiné, 435.
**Laveaux**, rédacteur du *Journal de la Montagne*.
    III. Ses démêlés avec Vincent, 37.
**Lavergne**, colonel.
    III. Meurt sur l'échafaud, ainsi que sa femme, 225.
**Lavicomterie**, conventionnel.
    IV. Expulsé du Comité de sûreté générale, 5. — Arrêté, 328.

**Lavoisier**, savant.

III. Sa mort, 159, 224. — Emploi de son procédé pour activer le raffinage du salpêtre, 174.

**Lebas**, conventionnel.

II. Envoyé à Strasbourg avec Saint-Just, 568.

III. Sa mission à Strasbourg, 44. — Dissentiments avec Lacoste et Baudot, ses collègues, 50. — Moyen qu'il emploie pour fournir des souliers à l'armée du Rhin, 144. — En mission à l'armée du Nord, 322. — Chargé de la direction de l'École de Mars, 367. — Surveille le Comité de sûreté générale pour le compte de Robespierre, 374. — Tente inutilement de prendre la parole en faveur de Robespierre, 391. Est arrêté avec lui, 396, — et délivré, 419. — Se tue d'un coup de pistolet, 428.

**Lebois**, président de la section du Théâtre-Français.

IV. Sa mort, 424.

**Lebon**, conventionnel.

IV. Accusations contre lui, 3, 92, 218, 237.

**Lebrasse**, lieutenant de gendarmerie.

III. Meurt sur l'échafaud, 223.

**Lecarpentier**, conventionnel.

IV. Décrété d'arrestation, 282, 290.

**Léchelle**, général.

II. Reçoit le commandement des armées des côtes de Brest et des côtes de la Rochelle, 438. — Son ineptie, 371, 577. — Elle cause une sédition, 578. — Il s'empoisonne, 579.

**Leclerc**, colonel.

II. Bloque Berg-op-Zoom, 197.

**Lecointre**, conventionnel.

III. Accuse l'*Armée révolutionnaire parisienne*, 30, — et le *Conseil exécutif*, 33.

IV. Dénonce les complices de Robespierre, 7, 47. — Décrété d'arrestation, 155, 291.

**Lecointre**, capitaine des canonniers de Seine-et-Oise.

II. Est livré aux Autrichiens par Dumouriez, 266.

**Lecomte,** chef du bataillon Le Vengeur.
  II. Est tué en Vendée, 433.
**Leduc** (Jeanne).
  IV. Sa conduite en Prairial, 253.
**Lefebvre,** général.
  III. Notice biographique, 348. — Bataille de Fleurus 353.
**Lefèvre** (abbé), électeur de Paris.
  I. Distribue des poudres à la population parisienne, 35. — Est pendu par des bandits; un d'eux lui sauve la vie, 125.
**Lefèvre,** adjudant général.
  III. Ses cruautés en Vendée, 103.
  IV. Décrété d'arrestation, 77.
**Lefèvre,** chef de bataillon de la Garde nationale parisienne.
  III. Sa conduite, le 9 Thermidor, 422.
**Legendre,** conventionnel.
  III. Défend Danton, 202. — Conversation avec Carnot sur Robespierre, 383. — Apporte à la Convention les clefs du club des Jacobins, 431.
  IV. Singulières paroles de conciliation, 15. — Dénonce les complices de Robespierre, 47. — Sa conduite courageuse en Prairial, 278, 280, 296.
**Léger,** acteur.
  IV. Son rôle en Vendémiaire, 379.
**Légion.** *Voyez* Composition et organisation de l'Armée.
  I. Formation des Légions Allobroge, Batave, Belge, Liégeoise, du Nord, du Centre, du Rhin, du Midi, Étrangère, Vandale, 438, 439. — Germanique, 494.
  II. De Rosenthal, 12. — Du Nord, 363, 369, 395. — Germanique, 363.
  III. Batave, 235. — Leur suppression générale, 237.
**Legot,** conventionnel.
  IV. Maltraité en Prairial, 273.
**Legros,** officier de cavalerie.
  II. Est assassiné à Cambrai, 42.
**Lejeune,** conventionnel.
  IV. Décrété d'arrestation, 328.

**Lemonnier**, lieutenant-colonel.
    II. Est assassiné à Châlons par des Fédérés, 94.
**Lepelletier Saint-Fargeau.**
    II. Est assassiné par le garde constitutionnel Pâris, 131.
    IV. Son buste est enlevé de la salle de la Convention, 105.
**Léquinio**, conventionnel.
    III. Accusation contre Robespierre, 318.
**Lesage**, conventionnel.
    IV. Membre du Comité de salut public, 154, 362.
**Lescure**, général vendéen.
    II. Son armée est battue, 572. — Est blessé à mort, 574.
**Lescuyer**, grand prévôt de l'armée de Dumouriez.
    II. Sollicite la mission d'engager Ferrand dans la cause de Dumouriez, 264. — Trahit ce dernier, 265. — Est condamné à mort par le Tribunal révolutionnaire, 413.
**Letourneur** (de la Manche), conventionnel.
    IV. Fait partie du Comité de salut public, 362, — et d'une Commission chargée d'assurer la tranquillité, 390.
**Levasseur** (de la Sarthe), conventionnel.
    II. Envoyé à l'armée du Nord, 440. — Bataille de Hondschoote, 436. — En mission à Beauvais, 513. — Accuse Houchard, 549, 551.
    III. Discussions avec Philippeaux, 67. — Détails qu'il donne sur Carnot et Robespierre, 319. — En mission à l'armée du Nord, 325.
    IV. Accuse Kellermann, 7. — Décrété d'arrestation, 155, 291.
**Levée en masse.** *Voyez* Effectif et Recrutement.
**Leveneur**, général.
    II. Demande à Dumouriez de quitter l'Armée, 266.
**Liébaut**, adjudant général.
    IV. Fait évacuer une tribune de la Convention, 257.
**Ligneville**, général.
    II. Abandonne les revers des Vosges par ordre de Beurnonville, 287. — Est accusé par Custine, 288. — Décrété d'arrestation, 289, — et acquitté par le Tribunal révolutionnaire, 291.

**Ligonier**, général.

II. Accusé par Marat, 330.

**Livarot** (marquis de), lieutenant général.

I. Ramène à l'obéissance des soldats insubordonnés, 216.
— Est retenu prisonnier par un régiment révolté, 217.

**Loi martiale.**

I. L'Assemblée constituante repousse la proposition de réprimer les brigandages avec la force armée, 100. — Conséquences de sa faiblesse, 101, 102. — Décret relatif aux réquisitions de la force armée par les Municipalités, 103. — Son inutilité, 104. — Demande et promulgation d'une Loi martiale, 154, 156. — Son application à Vernon, 157, — à Saumur, Saint-Étienne, etc., 162. — Manque d'énergie des officiers municipaux, 164. — Loi additionnelle, 166.— Nouveaux désordres, 200.—Action des prévôtés, 202.—Leur suppression, 207. — Son application à Marseille, 209, — dans d'autres villes, 211, 214, 216, 371, 373,—à Paris, 310.

II. Appliquée à Orléans, 39. — Son abolition, 299.

IV. Loi de grande police, 131.

**Longwy.**

I. Sa prise par les Prussiens, 491.

III. Mort du colonel Lavergne, 225.

**Louis XVI.**

I. Accusé de vouloir saccager Paris, 27. — Défend de répandre une seule goutte de sang, 29. — Répond d'une manière évasive à l'Assemblée qui demande la formation d'une Garde bourgeoise et l'éloignement des troupes, 36. — Autorise les Gardes françaises et autres déserteurs de l'Armée à entrer dans la Milice parisienne, 54. — Annonce à l'Assemblée l'éloignement des troupes, 58. — Sa visite à Paris, 60. —Défend aux employés du Château de se présenter devant lui en costume de garde national, 107. — Paraît au banquet des Gardes du corps, 118. — Manœuvres pour le forcer à établir sa résidence à Paris, 121, 123. — Sa conduite dans les journées des 5 et 6 Octobre, 130. — Se laisse emmener à Paris, 143. — Amnistie les déserteurs qui rejoindront leurs corps, 178. — Approuve les Fédérations entre les

Gardes nationales et les troupes de ligne, 225. — Ordonne le port exclusif de la cocarde tricolore, 231. — Assiste à la grande Fédération, 238. — Autorise ses tantes à partir pour l'Italie, 283. — Est empêché de se rendre à Saint-Cloud, 287. — Se plaint à l'Assemblée de n'être pas libre et assure le contraire aux Cours étrangères, 288. — Voyage de Varennes, 290. — Retour à Paris, 297, 302. — On demande sa déchéance, 305, 308. — Réclame une amnistie pour tous ses serviteurs, 340. — Doutes sur sa sincérité, 352. — Seul observateur de la loi à l'égard des Suisses du régiment de Châteauvieux, 367. — Refuse de suivre les conseils de Dumouriez, 400, 405, 407. — Sa conduite dans la journée du 20 Juin, 410. — Insulté à la Fédération de 1792, 422. — Repousse l'imputation de connivence avec l'Étranger, 455. Les Sections demandent sa déchéance, 455. — Sa conduite dans la journée du 10 Août, 463. — Envoie aux Suisses l'ordre de cesser le feu, 467. — Écrit de sa main l'ordre de leur désarmement, 469. — Sa déchéance, 473.

II. Est captif au Temple, 6, 27. — Les Sections de Paris, et des Sociétés populaires demandent son jugement et sa punition, 32, 91. — Son procès, 130. — Sa mort, 134. — Effets qu'elle produit, 135.

**Louis XVII.**
I. La Reine repousse l'idée émise par Dumouriez d'incorporer son fils dans un bataillon d'enfants parisiens, 175.
IV. L'Espagne demande pour lui un royaume, 212. — Sa mort, 345.

**Louis XVIII.**
IV. Avis envoyé à Charette, 201. — Est proclamé Roi au camp du prince de Condé, 345.

**Louis** (du Bas-Rhin), conventionnel.
III. Conspiration contre Robespierre, 339.

**Losme-Salbray** (de), major de la Bastille.
I. Est massacré, 50.

**Louvet,** conventionnel.
IV. Fait parti du Comité de salut public, 36?

**Loyauté** (de), officier d'artillerie.

    I. Parvient à se sauver du massacre de Versailles, 499.

**Luckner**, lieutenant général.

    I. Reçoit le commandement de l'armée du Nord, 345. — Est nommé maréchal de France, 347. — Réclame en faveur de ses soldats, 351. — Le général François Wimpfen lui dénonce des ouvertures de trahison, 353. — S'entend avec Lafayette pour que ce dernier puisse aller à Paris, 417. — Se plaint de la faiblesse des effectifs des armées du Nord, du Centre et du Rhin, 429. — Permute avec Lafayette et prend le commandement de l'armée du Centre, 475. — Reçoit l'ordre de former une Cour martiale pour juger ceux qui ont livré Longwy, 491. — Remplacé par Kellermann, et chargé d'organiser l'armée de réserve à Châlons, 510. — Conseille à Dumouriez de se retirer en arrière de la Marne, 135.

    II. Condamné à mort par le Tribunal révolutionnaire, 546.

    III. Périt sur l'échafaud, 78.

**Lusignem** (comte de).

    I. Colonel du régiment de Flandre, 116.

**Luxembourg** (prince de), capitaine d'une compagnie des Gardes du corps.

    I. Demande vainement des ordres au Roi, 133.

**Lyon** (ville de). *Voyez aussi* GARDES NATIONALES DES DÉPARTEMENTS.

    II. Sa rébellion, 400, 458. — Siége et prise par les troupes de la République, 559.

    III. On y envoie une partie de l'*Armée révolutionnaire parisienne*, 13. — Ses habitants implorent la miséricorde de la Convention, 62. — Fin des exécutions révolutionnaires, 301.

    IV. Quitte le nom de Ville affranchie, 48. — Sanglante réaction, 171, 181, 184, 243, 246.

# M

**Macdonald,** général.
    III. Notice biographique; à l'armée du Nord, 346.
**Macé,** capitaine de navire.
    III. Noie quarante et un Vendéens, 103.
    IV. Décrété d'arrestation, 77.
**Maignet,** conventionnel.
    III. Dénonce Lapoype et Bonaparte, 119.
    IV. Ses cruautés, 91, 172. — Décrété d'arrestation, 155.
**Mailhe,** conventionnel.
    IV. Désarme la Garde nationale de Dijon, 333.
**Maillard.**
    I. Officier des Vainqueurs de la Bastille, 112. — Conduit une armée féminine à Versailles, 125, 130.
    III. Devient agent secret de Vincent, 34.
**Mailliardoz** (de), lieutenant-colonel aux Gardes suisses.
    I. Remplace le général d'Affry, 459. — Est massacré à la Conciergerie, 481.
**Mailliardoz** (Ignace de), sous-lieutenant aux Gardes suisses.
    I. Est sauvé par un garçon de bureau, 472.
**Mailliardoz** (Jean de), sous-lieutenant aux Gardes suisses.
    I. Est tué le 10 Août, 470.
**Mailliardoz** (Simon de), sous-lieutenant aux Gardes suisses.
    I. Est tué le 10 Août, 470.
**Mailly** (de), maréchal de France.
    I. Donne ordre aux Gardes suisses de rentrer dans l'intérieur du château des Tuileries, 463.
**Mailly,** fils du conventionnel.
    IV. Blessé en Prairial, 264.
**Maison militaire du Roi.**
    I. Son effectif et sa composition en 1789; Gardes du corps, 2. — Cent Suisses, Gardes du corps des frères du Roi, Prévôté de l'Hôtel, 3. — Régiment des Gardes françaises, 15. — Banquet des Gardes du corps, 117, 119. — Leur con-

duite dans les journées des 5 et 6 Octobre, 130. — Les Cent-Suisses reviennent à Paris avec le Roi, 145. — Dispersion des Gardes du corps, 146. — Leur licenciement officiel, 304. — Bruit de la formation d'une nouvelle Maison militaire, 285. — Il ne reste plus de l'ancienne que le régiment des Gardes suisses, 314. — *Voyez* GARDE CONSTITUTIONNELLE DU ROI. — Tentatives pour éloigner de Paris le régiment des Gardes suisses, 396, 448, 456. — Journée du 10 Août; il est détruit, 463, 470.

II. Tous ceux qui en ont fait partie sont exclus des armées, 448. — Conséquences, 524.

**Malden** (de), garde du corps.

I. Accompagne la Famille royale à Varennes, 295, 303.

**Mallarmé**, conventionnel.

IV. Décrété d'arrestation, 328.

**Malseigne** (de), maréchal de camp.

I. Envoyé à Nancy comme inspecteur extraordinaire; y court risque de la vie et est fait prisonnier, 251. — Rejoint le marquis de Bouillé, 257.

**Mandat**, ex-officier aux Gardes françaises, chef de Légion de la Garde nationale parisienne.

I. Chargé du commandement pour la journée du 10 Août, 457, 459. — Est massacré à l'Hôtel de Ville, 462.

**Manuel**, député.

II. Dit que la croix de Saint-Louis est une tache sur un habit, 58.

**Manufactures d'armes.** *Voyez* ARMEMENT.

**Marassé**, général.

II. Évacue Anvers, 255.

**Marat.**

I. Cause l'assassinat du major de Belzunce, 92. — Engage les soldats à massacrer leurs généraux, 382.

II. Attaque dans son journal les Dragons de la République, 37. — Accuse Dumouriez après la victoire de Jemmapes, 80. — Excite les Fédérés contre les Dragons de la République, 96. — Engage le *peuple* à se faire justice lui-même, 181. — Est acquitté par le Tribunal révolutionnaire,

186. — Injurie l'Armée entière, 250. — Accuse Custine de trahison, 289. — Correction que lui inflige Westermann, 292. — Accuse Moreton et Chazot, 293, — Berruyer et Ligonier, 330, — Biron et Custine, 373. — Sa mort, 373.

IV. Son corps porté au Panthéon, 27. — Ses bustes et ses effigies sont détruits par la Jeunesse dorée, 100, 106.

**Marceau**, général.

II. Notice biographique, 576. — Son rôle en Vendée, 584. — Est mis provisoirement à la tête de l'armée de l'Ouest, 586.

III. Poursuit la grande armée vendéenne, 39. — Ses démêlés avec Turreau, 41, 99. — Carnot lui laisse Kléber pour le diriger, 118. — Obtient un commandement dans l'armée des Ardennes, 259. — Commande la droite de l'armée de Jourdan, 347. — Bataille de Fleurus, 353.

IV. S'empare de Coblentz, 213.

**Marcé**, général.

II. Est incarcéré comme coupable de trahison, 330.
III. Périt sur l'échafaud, 114.

**Marec**, conventionnel.

IV. Fait partie du Comité de salut public, 98, 331, 415.

**Maréchaussée.** *Voyez* GENDARMERIE.

**Marescot**, général.

III. Notice biographique, 349. — Dirige les travaux du siége de Charleroi; Jourdan lui sauve la vie, 350. — Dirige le siége de Landrecies, 371.

**Marie-Antoinette.**

I. Accueillie par les acclamations de la multitude, 58. — Son inquiétude pour les jours du Roi, 65. — Paraît au banquet des Gardes du corps, 118. — Grandeur de son caractère, 137. — Tentative d'assassinat dirigée contre elle, 138. — Applaudie pour son courage, 144. — Rentre à Paris avec le Roi, 145. — Résiste aux conseils de Dumouriez, 175. — Son entrevue avec Mirabeau, 195. — Assiste à la Fédération de 1790, 238. — Terrible prophétie de Mirabeau, 291. — Voyage de Varennes, 292. — Sa conduite dans la journée du 20 Juin, 411. — Ne veut pas sortir des Tuileries, le 10 Août, 464.

II. Sa mort, 539.

**Mariette**, conventionnel.

IV. En mission dans le Midi, 179, 180.

**Marigny**, chef vendéen.

IV. Sa mort, 200.

**Marseille**. *Voyez aussi* GARDES NATIONALES DES DÉPARTEMENTS.

I. Origine et historique des troubles populaires. 202, 205, 208, 211. — Adresse des Amis de la Constitution, 278. — Haine des *patriotes* pour le régiment d'Ernest, 375, 378. — Fédérés Marseillais, 451.

II. Nouveaux fédérés marseillais, 95. — Troubles et insurrections, 400, 411.

III. Émotion lorsque Bonaparte veut relever le fort Saint-Nicolas, 119.

IV. Mouvements séditieux, 27, 50. — Historique des agitations après Thermidor, 172, 182.

**Martainville**, littérateur.

IV. Un des chefs de la Jeunesse dorée. 58, 103, 280, 379.

**Martin**, chef de bataillon de la Section des Gravilliers.

III. Marche avec elle contre l'Hôtel de Ville, 426.

**Martinet** (de), colonel en second du régiment de Beauce.

I. Mis en arrestation par la Municipalité de Brest, 223.

**Masséna**, général.

III. Notice biographique ; à l'armée d'Italie, 279.

**Matériel de guerre**. *Voyez* ARMEMENT.

**Mathieu**, conventionnel.

IV. Fait fermer deux Sociétés populaires, 105. — Sa conduite en Prairial, 280. — En mission dans l'Ouest, 344.

**Mathieu Dumas**, général.

I. Propose aux Gardes nationaux parisiens d'aller attaquer les Marseillais dans leur caserne, 453.

**Mathis**, commandant de la 3ᵉ Légion de la Garde nationale parisienne.

III. Grièvement blessé, le 9 Thermidor, 422.

**Maugin,** caporal d'artillerie.
I. Argent que lui donne un inconnu, 220.
**Maury** (abbé).
I. Propose de charger les commandants militaires de la répression des troubles, 165.
**Maximum.** *Voyez* SUBSISTANCES.
**Mayençais.**
II. Décret rendu contre eux, 389. — Il est rapporté, 390. — Ils sont envoyés en Vendée, 397. — Dissensions dont ils sont la cause entre les généraux, 430. — Disséminés dans divers corps, 578, 580.
**Mazuel.**
II. Chef de la cavalerie de l'*Armée révolutionnaire*, 478.
III. Protégé par les ultra-révolutionnaires, 11. — Arrêté, 64, — remis en liberté, 88. — Arrêté de nouveau, 95. — Meurt sur l'échafaud, 196.
**Méda,** gendarme.
III. Sa conduite dans la journée du 9 Thermidor, 430.
IV. Nommé sous-lieutenant, 32.
**Menou** (baron de), maréchal de camp.
I. Membre du Comité militaire de l'Assemblée constituante, 185.
II. Notice biographique; est accusé par Chabot, 48. — Blessé en Vendée, 363.
IV. Sa conduite en Prairial, 302, 314, 315. — Commande l'armée de l'intérieur, 337, 338. — Sa conduite en Vendémiaire, 394, 395. — Remplacé par Bonaparte, 396, 400. — Acquitté par une commission militaire, 422.
**Menuret,** médecin en chef de l'armée de Dumouriez.
II. Sa réponse au général, 269.
**Merlin** (de Douai), conventionnel.
IV. Membre du Comité de salut public, 15, 98, 331, 362. — Fait part d'un traité d'alliance avec la République Batave, 289. — Parle du retard apporté au passage du Rhin, 341. — Rapport sur la journée de Vendémiaire, 388. — Fait partie d'une Commission chargée de maintenir la tranquillité, 390.

**Merlin** (de Thionville), conventionnel.

II. Concourt à la défense de Mayence, 326. — Fait rapporter le décret rendu contre les Mayençais, 391. — Réclame auprès de la Convention en faveur des généraux Mayençais, 570. — Sa colère contre Léchelle, 571.

III. Son opinion sur les accusations de Philippeaux relatives à la guerre de Vendée, 81. — Signale l'ignorance d'officiers en Vendée, 124. — Arrêté par ordre d'Hanriot, 402. — Reparait à la Convention 414.

IV. Accuse les Jacobins, 14, 51. — Dirige la Jeunesse dorée, 56. — Répond à Carrier, 75. — Fait fermer le club des Jacobins, 84. — Sa conduite en Germinal, 139, 151. — Lettre sur les acceptations de la Constitution à l'armée du Rhin et Moselle, 382.

**Meudon.** *Voyez* Établissement de Meudon.

**Meunier**, général.

II. Concourt à la défense de Mayence, 326.

**Michaud**, général.

III. Commande provisoirement l'armée du Rhin ; Notice biographique, 262.

IV. Fait jonction avec l'armée de la Moselle, 214.

**Milhaud**, conventionnel.

IV. Membre du Comité militaire, 103.

**Milices bourgeoises.** *Voyez* Gardes nationales.

**Ministères, Ministres de la guerre.**

I. *Voyez* La Tour du Pin, Duportail, Narbonne, Grave, Servan, Dumouriez, Lajard, Abancourt. — Ministère constitutionnel, 340, 342. — Après le renversement de la Royauté, les six Ministres constituent le Pouvoir exécutif, 473.

II. *Voyez* Pache. — Création de six adjoints au ministre, 147. — *Voyez* Beurnonville, Bouchotte. — Désorganisation du ministère de la guerre, 335, 341. — Rien ne s'y fait et les ordres de la Convention y sont méconnus, 443.

III. Opposition des ministères au Comité de salut public, 6. — Plan de Robespierre et accusation de Lecointre contre le *Conseil exécutif*, 29, 33. — Proposition de les supprimer, 177. — Création de la *Commission des armes et des pou-*

*dres*, 178. — Leur suppression et leur remplacement par des Commissions exécutives, 216.

IV. Leur rétablissement, 366.

**Miomandre de Sainte-Marie** (chevalier), garde du corps.

I. Son dévouement héroïque, 138.

**Mirabeau** (comte de).

I. Propose la création de Milices bourgeoises, 28. — Demande une loi répressive contre les factieux, 154. — Membre du Comité militaire de l'Assemblée constituante, 185. — Soutient la prérogative royale au sujet du droit de faire la paix et la guerre, 194. — Entrevue avec la Reine, 195. — Attaque les Juridictions prévôtales, 205. — Sa mort, 291.

IV. On enlève ses restes du Panthéon, 27.

**Mirabeau** (vicomte de), frère du précédent, colonel du régiment de Touraine.

I. Envoie à l'Assemblée les dons patriotiques de son régiment, 180. — Notice biographique, 227. — Tente vainement de faire rentrer dans le devoir son régiment insurgé, 228. — Expose sa conduite devant l'Assemblée, 229. — Émigre, 275. — Organise à l'armée de Condé les compagnies dénommées Bandes noires de Mirabeau, 281.

**Miranda**, général.

I. Rétablit l'ordre après une terreur panique, 520.

II. Notice biographique; remplace Labourdonnaye, 81. — Rôle que lui assigne Dumouriez en Belgique, 192. — Abandonne le siége de Maestricht, 203. — Commande l'aile gauche à la bataille de Neerwinden, 240. — Sa retraite, 245. — Est décrété d'arrestation, 253. — Acquitté par le Tribunal révolutionnaire, 290. — Incarcéré de nouveau, 420.

**Miray** (de), aide-major de la Bastille.

I. Est massacré, 51.

**Modérés**. *Voyez* CONVENTION, DANTONISTES.

**Moenne**, créature de Robespierre.

III. Est nommé substitut du procureur de la Commune, 221.

**Moncey**, général.

IV. Commande l'armée des Pyrénées-Orientales, 216, — et celle des Côtes de Brest, 355.

**Moncheton** (de), garde du corps.

I. Est sauvé par deux commandants de la Garde nationale de Versailles, 135.

**Mondallot** (de), maréchal des logis des Gardes du corps.

I. Prête le serment civique au nom de ses camarades, 144.

**Monestier**, conventionnel.

IV. Décrété d'arrestation, 328.

**Monge**, savant.

III. Rédige une instruction sur la fabrication de l'acier, 160.

IV. Concourt à la création de l'École centrale des travaux publics, 35.

**Monsigni** (de), capitaine d'une compagnie d'Invalides.

I. Sa compagnie compose la garnison de la Bastille, 44. — Est blessé de deux coups de feu, 45. — Assiste à la cérémonie dans laquelle on récompense le sauveur de sa fille, 46.

**Monsigni** (mademoiselle de).

I. Est préservée de la mort par Aubin Bonnemère, 45. — Lui remet une couronne civique décernée par la Commune, 46.

**Montagnards**, *Voyez aussi* ASSEMBLÉE LÉGISLATIVE, CONVENTION, COMITÉ DE SALUT PUBLIC et JACOBINS.

II. Leurs discussions avec les Girondins, 2. — Pache, nommé ministre de la guerre par les Girondins, devient leur allié, 67. — Lutte avec les Girondins relativement aux Fédérés venus à Paris, 102. — Mort de Louis XVI, 131. — Protégent Pache, 144. — Accusent Beurnonville qui donne sa démission de ministre de la guerre et est réélu, 216. — Leurs accusations contre les généraux, 294, 296. — Dernière lutte avec les Girondins qui sont expulsés de la Convention, 315, 324. — Dissidences entre le premier Comité de salut public et les Montagnards, à l'occasion de Bouchotte qui est maintenu au ministère, 341, 345. — Remplacement du premier Comité de salut public, 370, 404. — Querelle avec Camille Desmoulins, 374. — Nomination de Rossignol au grade de général en chef, 373, 379. — La perte de Custine est résolue, 379, 383, 388. *Voyez* GÉNÉRAUX.

III. *Voyez* COMITÉ DE SALUT PUBLIC (second).

IV. Leurs craintes après Thermidor, 4, 6. — Indignation contre la Réaction, 27, 48, 93, 109. — Lutte avec les Thermidoriens, 51, 57, 66, 79. — Demandent la mise en vigueur de la Constitution de 1793, 109. — Suite de leur lutte avec les Thermidoriens, 113, 131, 133. — Journée du 12 Germinal, 138, 149. — Arrestation des plus fougueux Montagnards, 150, 151, 155. — Faible opposition à la loi sur la Garde nationale, 164. — Influence de leur esprit dans les départements, 171, 178, 180. — Discussions relatives à la paix, 217. — Suite de la lutte avec les Thermidoriens, 232. — Insurrections de Prairial, 247, 252, 254, 267, 270, 278. — Arrestations de Montagnards, 282. — Ils sont décrétés d'accusation, 290. — Nouvelles mesures répressives, 317, 326. — Arrestation des membres des anciens Comités, 326. — Suicide des Montagnards condamnés à mort par la Commission militaire, 331. — Fin de la lutte avec les Thermidoriens, 332. — Réunion de tous les partis républicains contre le parti royaliste, 374, 381, 391.

**Montaut** (MARIBON), conventionnel.

IV. Décrété d'arrestation, 234, 294.

**Montbarrey** (prince de), ancien ministre de la guerre.

I. Est sauvé par de La Salle, 52.

**Montchoisy**, général.

IV. Son rôle en Prairial, 305, 310.

**Montesquiou** (de), général.

I. Commande l'armée du Midi, 424.

II. Entre en Savoie, 15. — Notice biographique, 16. — Est accusé devant l'Assemblée et suspendu de ses fonctions, 50. — Rapport de ce décret, 51. — Obligé d'émigrer, 52.

**Montmollin**, enseigne aux Gardes suisses.

I. Tué le 10 Août, 470.

**Montrosier** (de), lieutenant du Roi à Lille.

I. Est retenu prisonnier par des soldats insurgés, 217.

**Moreau**, père du général.

IV. Sa mort, 19, 92.

**Moreau**, général.
    III. Ses opérations avec l'aile gauche de l'armée du Nord, 283. — Notice biographique, 284. — S'oppose à l'exécution du décret qui défend de faire des prisonniers anglais ou hanovriens, 309. — Ses succès dans la Flandre maritime, 371.
    IV. Prise de l'île de Cadsand, 19, 92. — Remplace Pichegru à la tête de l'armée du Nord, 212, 227. — Occupe la Hollande, 340.

**Moreaux**, général.
    II. Proposé pour commander l'armée de la Moselle, 461.
    IV. Opérations militaires, 214.

**Moreton**, général.
    II. Favorise les excès des démagogues en Belgique, 236. — Cède le commandement de Bruxelles à Duval, 238. — Accusé par Marat, 293.

**Morgan**, colonel, aide de camp de Dumouriez.
    II. Est mis à la tête des Hussards de la Liberté, 281.

**Morlot**, général.
    III. Bataille de Fleurus, 352.

**Mounier**, député à l'Assemblée constituante.
    I. Conduit, en qualité de président de l'Assemblée, une députation de femmes vers le Roi, 131.

**Moustier** (de), garde du corps.
    I. Accompagne le Roi à Varennes, 295, 303.

**Muiron**, capitaine d'artillerie.
    III. Pénètre dans le Petit Gibraltar, 54.

**Muller**, sous-lieutenant aux Gardes suisses.
    I. Tué le 10 Août, 470.

**Muller**, général.
    III. Commande l'armée des Pyrénées-Occidentales, 268.

**Municipalités.** Leur intervention dans la police intérieure des Corps. *Voyez* Désorganisation de l'Armée.

**Munitions.** *Voyez* Armement et munitions.

**Murat**, officier de cavalerie.
    IV. Bivouaque avec sa troupe dans le jardin des Tuileries, 290. — S'empare, par ordre de Bonaparte, du parc d'artillerie des Sablons, 401.

## Musique.

I. La Musique du dépôt des Gardes françaises est affectée à la Garde nationale Parisienne, 83. — Création du Conservatoire, 338.

## Muy (du), général.

II. Notice biographique; est accusé par Chabot, 48.

## Myaczinski, général.

II. Notice biographique; est obligé d'abandonner Aix-la-Chapelle, 202. — Manœuvre pour rejoindre Miranda, 203. — Reçoit de Dumouriez l'ordre de marcher sur Lille, 263. — Est arrêté, 264. — Incarcéré à l'Abbaye, 277. — Condamné à mort, 290.

# N

## Nancy.

I. Insurrection de trois régiments qui y tiennent garnison, 249, 252. — Sa répression par le marquis de Bouillé, 256, 260. — Conséquences diverses, 262.

## Nantes.

III. Mission de Carrier, 96. — Kléber et Marceau y sont l'objet d'une fête patriotique, 99.

IV. Procès des Nantais au Tribunal révolutionnaire, 74. — Procès des membres de l'ex-comité révolutionnaire de Nantes, 77, 89. — Pacification des Chouans, 197. — Charette y fait une entrée triomphale, 205, 207.

## Narbonne (comte de), maréchal de camp.

I. Ministre de la guerre; propose la formation de trois armées, 345. — Rend compte de sa tournée sur les frontières, 347. — Propose d'assimiler aux troupes de ligne les Gardes nationales en activité, 348. — Dénonciations et accusations formulées contre lui, 352, 363, 365. — Favorablement écouté après le massacre de Dillon et de Berthois, 387. — Remplacé au ministère par de Grave, 394.

## Necker, ministre.

I. Est exilé, 30. — Demande et obtient la mise en liberté

de Bésenval, 72, 73. — Intercède en faveur du vicomte de Caraman, 184. — Est arrêté par la Garde nationale d'Arcis-sur-Aube et relâché, 283.

**Nesham**, Anglais.
    I. Sauve la vie d'un délégué de la Commmune de Paris, 159.

**Neuilly**, général.
    II. Est rejeté dans le Limbourg, 203. — Obligé de quitter Mons précipitamment, 255. — N'est plus maître de la place de Condé, 265.

**Newinger**, général.
    II. Occupe Worms, 14, — et Francfort-sur-le-Mein, 53.

**Niou**, conventionel.
    IV. Sa misssion à Toulon, 324.

**Noailles** (Louis, vicomte de), colonel des Chasseurs d'Alsace.
    I. Membre du Comité militaire de l'Assemblée constituante, 184, 185.

**Nobles (ex-) dans les armées.** *Voyez* Officiers.

**Nordmann**, colonel des Hussards de Berchiny.
    II. Arrête les commissaires de la Convention par ordre de Dumouriez, 267, 269.

**Noue** (de), maréchal de camp.
    I. Interdit le service au régiment du Roi, 250. — Donne asile à Malseigne, 252. — Est mis en prison, 253. — Rejoint le marquis de Bouillé, 257.

# O

**Officiers.**
    I. Difficulté presque insurmontable, pour le soldat, de devenir officier, 12. — La faculté d'obtenir des grades est retirée à la bourgeoisie, 12. — Mécontentement général des officiers de régiment, 14. — Droit accordé aux généraux de choisir des sous-lieutenants parmi les bas officiers et les citoyens qui en paraîtront les plus dignes, 302. — Difficultés pour remplacer 2000 officiers émigrés, 344, 353. — Pénible position des anciens gentilshommes dans les régiments,

381. — Émigrations et suicides, 391. — Lafayette engage les officiers nobles à se retirer ou à servir avec fidélité, 415. — Manque d'officiers et de soldats, 424. — Avancement roulant sur tous les officiers de chaque Arme, 425. — Bazire propose de licencier tous les officiers, 473. — Destitutions, 474. — Étonnement du prince de Hohenlohe en voyant les officiers de l'armée du Nord, 519.

II. Adoption de nouvelles dénominations pour les différents grades, 166. — Nouvelle règle adoptée pour l'avancement, 169. — Impression qu'elle produit, 188. — Dumouriez demande la suppression du mode d'élection des officiers, 249. — Proposition d'exclure des armées tous les ci-devant nobles, 295, 447. — Facilité pour devenir officier, 296. — Créatures des Jacobins, 297, 422. — Impossibilité d'établir les cadres des états-majors, 340. — Démissions de Sparre et de Beauharnais, 422. — Destitution de Canclaux, 438. — Décret contre les militaires qui ont fait partie des maisons militaires du Roi ou des princes, 448. — On évalue à 900 les officiers ex-nobles encore au service, 449. — La loi relative à l'élection des officiers est violée en ce qui concerne les Volontaires Parisiens de la Levée en masse, 503. — Destitutions aux armées, 524.

III. Causes qui s'opposent à l'exclusion complète des officiers ex-nobles, 122. — Ignorance d'officiers en Vendée signalée par Merlin (de Thionville), 124. — Difficultés pour obtenir de certains chefs de corps ignorants les états de situation de leurs troupes, 237. — Les officiers nommés par les Volontaires de la Levée en masse sont incorporés comme soldats dans de vieux bataillons, 240.

IV. Loi nouvelle sur l'avancement, 31. — Officiers combattant pour la Convention en Prairial, 260 262, 302. — Détermination des cadres de l'Armée, 357, 361. — Fréron parle en faveur d'officiers destitués par Aubry, 418.

**Olivier** (d'), lieutenant-colonel au régiment Suisse d'Ernest.
I. Difficultés avec la municipalité de Marseille, 376.

**Omoran**, général.
II. Est arrêté, 421.

III. Discussion de Carnot et de Saint-Just à son sujet; sa mort, 314.

**Oraison** (d'), général.

IV. Blessé en combattant pour la Convention, 261, 262.

**Osten**, général.

IV. Sa brigade rejoint l'armée du Nord, 25.

**Ouvriers armuriers.** *Voyez* ARMEMENT.

# P

**Pache.**

II. Ministre de la guerre, 50. — Trahit les Girondins ses protecteurs, 67.— Assure aux Fédérés des prestations militaires, 95.—S'accorde avec la Commune pour les renvoyer de Paris, 98. — Favorise l'incapacité et les concussions, 66, 112. — Son mauvais vouloir envers Dumouriez, 116, 119, 255. — Désordres déplorables dans ses bureaux, 143. — Attaqué par les Girondins, 144.— Improuve lui-même son administration, 145. — Nommé maire de Paris, 149.

III. Engage la population à économiser les souliers pour les armées et à porter des sabots, 143. — Est remplacé par Fleuriot-Lescot, 221.

IV. Des Sections de Paris demandent son jugement, 107. — Ordre de le traduire devant le Tribunal criminel d'Eure-et-Loir, 318.

**Paix.**

III. Propositions repoussées par le Comité de salut public. 175.

IV. Amnistie accordée aux Vendéens et aux Chouans, 194, 197, 199. — Traité de La Jaunaye, 202.— Entrée de Charette à Nantes, 205. — Pacification de la Chouannerie, 208. — Soumission de Stofflet, 208. — Propositions indirectes faites par la Prusse, 209, — et par l'Espagne, 210.— Elles ne réussissent pas, 211. — Discussions sur la paix, 247.— Propositions de paix faites en vain par le Stathouder,

223. — Ouverture de négociations diplomatiques avec la Prusse, 225. — Réponse du général Pérignon au général Esgnol, 225. — Traité avec la Toscane, 226. — Etendue des pouvoirs du Comité de salut public pour faire la paix ou la guerre, 226. — Traité de paix avec la Prusse, 229. — Arrivée des ambassadeurs de diverses puissances, 229.— Traité d'alliance avec la république Batave, 289. — Les Chouans recommencent les hostilités, 343. — Paix avec l'Espagne, 353, — et avec Hesse-Cassel, 354.

**Pajol**, aide de camp de Kléber.
    IV. Apporte à la Convention la nouvelle de la prise de Maestricht, et lui présente trente-six drapeaux pris sur l'ennemi, 213.

**Panat** (vicomte de).
    I. Membre du Comité militaire de l'Assemblée constituante, 185.

**Panis**, conventionnel.
    IV. Décrété d'arrestation, 326.

**Parein**, général de l'*Armée révolutionnaire*.
    II. Sa nomination, 477. — Demande deux guillotines pour son *armée*, 482.
    III. Est protégé par les ultra-révolutionnaires, 11.

**Paris**. *Voyez* DISTRICTS DE PARIS, SECTIONS DE PARIS, ASSEMBLÉE NATIONALE, GARDE NATIONALE PARISIENNE, COMMUNE.

**Pâris**, ex-garde constitutionnel.
    II. Assassine Lepelletier Saint-Fargeau, 131.

**Pautrizel**, conventionnel.
    IV. Proposition qu'il fait en Prairial, 271.

**Payan**, créature de Robespierre.
    III. Il est nommé agent national de la Commune, 221. — Présente les élèves de l'École de Mars à la Convention, 365. — Est mandé au Comité de salut public, 387. — Dirige l'insurrection du 9 Thermidor à la Commune, 396. — Est décrété d'arrestation, 414. — Arrêté et guillotiné, 429.

**Payan**, frère du précédent.
    III. Donné pour aide de camp à Giot, 111.

**Pelet** (de la Lozère), conventionnel.
  IV. Fait partie du Comité de salut public, 52.
**Pelleport.**
  I. Tente de sauver le major de la Bastille, 51.
**Pénalité militaire, Tribunaux militaires.**
  I. Punition des courroies infligée à deux soldats suisses, 250. — Condamnation des rebelles du régiment de Châteauvieux, 261. — Officiers envoyés au fort de Bitche, 265. — Mesures contre les commandants de place qui rendront leurs villes, 491.
  II. Différence à cet égard entre les Volontaires et les soldats, 189. — Code pénal militaire, 250, 338. — Fâcheuse indulgence, 282. — Tribunaux militaires, 338.
  III. Rigueurs de Saint-Just et Lebas aux armées du Rhin et du Nord, 47, 323. — Réhabilitation des gendarmes licenciés par Custine, 125. — Conséquences de l'indiscipline d'un bataillon de volontaires Parisiens, 127.
**Pénières**, conventionnel.
  IV. Dangers qu'il court en Germinal, 145, 150.
**Pérignon**, général.
  III. Notice biographique; à l'armée des Pyrénées-Orientales, 276.
  IV. Remplace provisoirement Dugommier, 215, 225.
**Persan**, lieutenant d'une compagnie d'invalides.
  I. Est massacré, 51.
**Pétiet**, commissaire des guerres.
  I. Fait partie d'un conseil de guerre réuni par Dumouriez, 507.
  II. Concourt à la défense de Nantes, 368.
**Pétion.** *Voyez aussi* GIRONDINS.
  I. Maire de Paris, 347. — Veut légaliser l'émeute projetée pour le 20 Juin, 408. — Influence la municipalité pour dissoudre la Garde nationale, 413. — Contremande une revue d'honneur que doit passer Lafayette, 419. — Demande la déchéance du Roi, 455. — Donne un laissez-passer au régiment des Gardes suisses, 457. — Seul conservé de l'ancienne Commune, 461. — Cause la mort de Mandat, 462.

**Peyssard**, conventionnel.

 III. Chargé avec Lebas de la direction de l'École de Mars, 367.

 IV. Se constitue défenseur de cette École, 67, 68. — Sa conduite en Prairial, 280. — Décrété d'arrestation, 282. — Renvoyé devant une commission militaire, 326. — Condamné à la déportation, 330.

**Pfyffer**, capitaine aux Gardes suisses.

 I. Sa conduite dans la journée du 10 Août, 466.

**Philippeaux**, conventionnel.

 II. Réclame en faveur des généraux Mayençais, 570.

 III. Documents qu'il publie sur la guerre de Vendée, 64. — Il reproduit ses accusations au club des Jacobins, 67, — et à la Convention, 81, 89. — Son arrestation, 201, 203. Jugé et condamné avec les Dantonistes, 205.

**Pichegru**, général.

 II. Notice biographique ; mis à la tête de l'armée du Rhin, 568.

 III. Général en chef de l'armée du Rhin, 44. — Il relève son moral par de petits combats, 48. — Le commandement auquel il aspire est donné à Hoche, 51. — Saint-Just lui attribue les succès remportés par ce dernier, 261. — Reçoit le commandement de l'armée du Nord, 261. — Ses opérations, 283. — Manœuvre dans la Flandre maritime, 325, 345.

 IV. Moreau le remplace, 212. — Il reprend la direction de son armée et envahit la Hollande, 223. — Reçoit le commandement de l'armée du Rhin, 151, 227. — Sa conduite à Paris, en Germinal, 151, 153. — Opérations militaires, 340.

**Pille**, officier d'état-major.

 II. Est livré aux Autrichiens par Dumouriez, 266.

 III. Mis à la tête de la Commission de l'organisation et du mouvement des Armées, 220. — Est dénoncé par Sijas au club des Jacobins, 380.

**Pinet** aîné, conventionnel.

 VI. Décrété d'arrestation, 282, 290.

**Pique.** *Voyez* ARMEMENT.

**Places de guerre.**
  I. Dumouriez dit à l'Assemblée qu'elles sont dans un état déplorable, 406. — Mesures prises contre les commandants de places qui rendront leurs villes, 491.
  II. Manquent d'approvisionnements 406, 443.
  III. Mesures prises pour prolonger leur défense jusqu'à la dernière extrémité, 224.

**Poix** (prince de), capitaine d'une compagnie de Gardes du corps.
  I. Commande en chef la garde nationale de Versailles, 106. — Se démet de ces fonctions, 108.

**Pollier**, membre du Conseil général d'Avignon.
  IV. Assassiné, 170.

**Poudre, Poudreries, Poudres et Salpêtres.** *Voyez* ARMEMENT, MATÉRIEL DE GUERRE ET MUNITIONS.

**Poudrerie de Grenelle.**
  III. Sa création et ses accroissements successifs, 189.
  IV. Son explosion, 11.

**Prévôt, Prévôté.** *Voyez* GENDARMERIE.

**Prévôté de l'Hôtel du Roi.**
  I. Ses attributions ; compagnie des Gardes de la Prévôté de l'Hôtel, 3. — Fournit une escorte à une députation de l'Assemblée nationale, 58. — Fait le service d'honneur auprès de l'Assemblée, conjointement avec la Garde nationale de Versailles, 107. — Est conservée lors de l'abolition des Prévôtés, 208. — Rentre dans l'organisation générale des Maréchaussées, 314.

**Prieur** (de la Marne), conventionnel. *Voyez aussi* COMITÉ DE SALUT PUBLIC.
  II. En Vendée, 575. — Refuse la démission de Rossignol, 583.
  III. Membre du Comité de salut public ; en mission, 313.
  IV. Remplacé au Comité de salut public, 5, 52, 98. — Son rôle en Prairial, 271, 277 et 279. — Décrété d'arrestation, 282, 290. — Renvoyé devant une commission militaire, 326. — Contumace, 330.

**Prieur-Duvernois** (de la Côte-d'Or), capitaine du génie,

conventionnel. *Voyez aussi* COMITÉ DE SALUT PUBLIC et ARMEMENT.

II. Adjoint au Comité de salut public, 404.

III. Chargé de la fabrication des armes et des poudres, 158. — Opinion de Robespierre sur son compte, 314. — Signe la lettre de rappel de Saint-Just, 327. — Se plaint au Comité de salut public d'un enlèvement de poudres commis dans Paris, 379.

IV. Création de l'Ecole centrale des travaux publics, 34. — Cesse de faire partie du Comité de salut public, 52. — Se déclare solidaire des actes de ses anciens collègues, 133.

**Prisons.**

III. Nombre des détenus à Paris, 78, 228, 288, 362. — On y célèbre les victoires de la République, 281. — Mot de Saint-Just sur les prisons de Guise, 324.

IV. Libérations de détenus, 5; — de Hoche, 189. — Nombre des détenus à Paris, 233. — Massacres dans les prisons de Lyon, 244. — Prison des réquisitionnaires insoumis, 378.

**Prisonniers de guerre.**

II. Accueil qu'ils reçoivent à Strasbourg, 23, 25.

III. Décret qui défend de faire aucun prisonnier anglais ou hanovrien, 308. — Beau trait de Moreau et de Richard, 309.

IV. Echange de prisonniers proposé par la Prusse, 209. — Rapport du décret interdisant de faire des prisonniers anglais et hanovriens, 224. — Hoche renseigné par des ex-prisonniers des pontons, 350. — Émigrés pris les armes à la main, à Quiberon, fusillés, 353.

**Puisaye** (comte de), chef royaliste.

II. S'allie aux Girondins, 350.

IV. Recommande de suspendre les hostilités en Bretagne pendant son absence, 187. — Envoie aux Chouans des secours de toutes sortes, 191. — Son rôle dans l'expédition de Quiberon, 340, 346, 349.

**Pully**, général.

Dément le bruit de son émigration, 527.

**Puységur** (marquis de), colonel d'artillerie.
    I. Adresse à l'Assemblée l'argent remis à un caporal de son régiment, 220.

# Q

**Quesnel**, acteur.
    IV. Un des chefs de la Jeunesse dorée, 58.
**Quesnoy** (LE).
    II. Pris par l'ennemi, 457.
    III. Décret relatif à la sommation à faire au commandant autrichien, 363. — Son investissement, 371.
    IV. Repris sur l'Ennemi, 23.
**Quétineau**, général.
    II. Incarcéré, 330.
    III. Périt sur l'échafaud, 114.
**Quiberon**.
    IV. Descente des Émigrés, 344, 352.

# R

**Rabaut-Pommier**, conventionnel.
    IV. Sa conduite en Prairial, 280. — Fait partie du Comité de salut public, 379.
**Raffet**, commandant du bataillon de la Butte des Moulins.
    II. Concurrent d'Hanriot pour le commandement supérieur de la Garde nationale Parisienne, 324.
    III. Proscrit, 24.
    IV. Rappelé à Paris, 119. — Sa conduite en Germinal 147, 153; — en Prairial, 279, 280. — Commandant de place à Paris, 332.
**Raisin**, commandant de la Garde nationale de Versailles.
    I. Concourt à sauver un garde du corps blessé, 135.
**Raoul**.
    IV. Meurtrier du père du général Moreau, 92.

**Recrutement.** *Voyez* Effectif et Recrutement de l'Armée.
**Réding**, capitaine aux Gardes suisses.
    I. Blessé, 468. — Assassiné à l'Abbaye, 482.
**Régiment** en général. *Voyez* Composition de l'Armée.
**Régiment d'Alsace.**
    I. Sa conduite à Strasbourg, 88.
**Régiment d'Armagnac.**
    I. Ses plaintes au sujet de paroles proférées à la tribune par Dubois-Crancé, 190.
**Régiment d'Artois.**
    I. Refuse de marcher contre la population de Rennes, 86. — Rixe de quelques-uns de ses soldats avec ceux du régiment de Bourbon, 90. — Désordres à propos du changement des drapeaux, 363.
**Régiment d'Auvergne.**
    I. Les officiers proposent une constitution militaire, 179, — et réclament au nom de leurs soldats contre des paroles de Dubois-Crancé, 190. — Des vétérans demandent à y rentrer pour donner l'exemple de la discipline, 219.
**Régiment de Beauce.**
    I. Forme le projet d'une association entre les Corps militaires, 223.
**Régiment de Berwick** (Irlandais).
    I. Émigre en masse avec ses officiers, 306.
**Régiment de Bourbon.**
    I. Rixe avec des soldats du régiment d'Artois, 90. — Reçoit ordre de quitter la ville de Caen, 91.
**Régiment de Bourgogne** (cavalerie).
    I. Assassinat du capitaine de Giroye, 287.
**Régiment de Cambrésis.**
    I. Officiers massacrés à Versailles, 499.
**Régiment de Carabiniers de Monsieur.**
    I. Sa composition, 9. — Sa conduite à Lunéville envers le général de Malseigne, 252.
**Régiment de Castellas** (suisse).
    I. Conseil de guerre pour juger les insurgés de Château-

vieux, 261. — Reçoit de Bouillé l'ordre d'occuper Montmédy, 297.

**Régiment de Chasseurs des Évêchés.**
I. Deux cents hommes chargés à Versailles de faire la police des marchés, 114. — Un de ces soldats s'accuse d'avoir reçu de l'argent pour tuer le Roi, 119. — Leur conduite dans les journées des 5 et 6 Octobre, 130, 133. — Viennent à Paris avec la famille Royale, 145. — Font partie de l'armée parisienne qui va proclamer la Loi martiale à Vernon, 158. — Les officiers manifestent leur opinion sur la Constitution de l'Armée, 179.

**Régiment des Chasseurs du Hainaut.**
I. Une escorte protége les tantes du Roi, 283.

**Régiment des Chasseurs de Normandie.**
I. Querelle avec les régiments Royal-des-Vaisseaux et La Couronne, 217.

**Régiment des Chasseurs de Picardie.**
I. Querelle d'un détachement avec la population d'Alençon, 182.

**Régiment de Châteauvieux** (suisse).
I. Entre en insurrection à Nancy, 250. — Répression de sa rébellion, 257. — Jugement et punition des principaux coupables, 264. — Ses galériens sont graciés et fêtés à Paris, 366, 370.

**Régiment Colonel-Général** (cavalerie).
I. Les officiers manifestent leur opinion sur la Constitution militaire, 179. — S'allie avec le régiment de Normandie contre Royal-des-Vaisseaux et La Couronne, 217.

**Régiment de Condé** (infanterie).
I. Les officiers manifestent leur opinion sur la Constitution militaire, 179. — Querelle avec le régiment de Nassau, 318.

**Régiment de Conti.**
I. Son colonel réclame contre un article de journal injurieux, 220. — Les officiers reçoivent le titre de citoyens de la ville d'Amiens, 223.

## TABLE GÉNÉRALE ALPHABÉTIQUE.

**Régiment de Diesbach** (suisse).
    I. Sa conduite à Lille, 386.

**Régiment des Dragons de Condé.**
    I. Refuse de charger un régiment allemand en insurrection, 246.

**Régiment des Dragons de Lorraine.**
    I. Insubordination réprimée par une lettre du Président de l'Assemblée nationale, 219.

**Régiment des Dragons d'Orléans.**
    I. Refuse de marcher contre la population de Rennes, 86.

**Régiment des Dragons de Penthièvre.**
    I. Reçoit l'ordre d'aller remplacer à Lyon Royal-Guyenne; difficultés faites par la municipalité, 214.

**Régiment d'Ernest** (suisse).
    I. Haï par les patriotes Marseillais, 375. — Envoyé à Aix, 376. — Attaqué et désarmé, 377. — Retourne en Suisse, 379.

**Régiments étrangers.** *Voyez* COMPOSITION ET ORGANISATION DE L'ARMÉE, RÉGIMENTS HELVÉTIQUES, etc.

**Régiment de Flandre.**
    I. Son arrivée à Versailles, 114. — Sa conduite dans les journées des 5 et 6 Octobre, 130, 133. — Vient à Paris avec la famille Royale, 145. — Part pour Vernon, 158.

**Régiment des Gardes Françaises.**
    I. Composition et esprit de ce régiment, 4, 16. — Pillage de la maison Réveillon, 21. — Indiscipline, 24. — Délivrance de soldats incarcérés à l'Abbaye, 25. — Sa conduite dans les journées des 12, 13 et 14 Juillet, 31, 35, 37, 51. — Démission des officiers et licenciement du régiment, 54.
    *Voyez ensuite* GARDES FRANÇAISES.

**Régiment des Gardes Suisses.**
    I. Sa composition, 4. — Employé au maintien de l'ordre à Paris, 19. — Pillage de la maison Réveillon, 21. — Occupe les Champs-Elysées, le 12 Juillet, 29. — Prend les armes à l'arrivée des femmes et des bandits à Versailles, 130. — Demande que Bésenval soit, conformément aux capitulations,

traduit devant un conseil de guerre composé d'officiers de sa nation, 169. — Reste seul des corps de la maison militaire du Roi, 314. — Tentatives pour l'éloigner de Paris, 396, 448. — Son effectif, 450. — Envoi de 300 Gardes suisses dans le département de l'Eure, 456. — Départ de Courbevoie pour les Tuileries, 457. — Il reçoit sa place de bataille, 459. — Sa conduite dans la journée du 10 Août, 463. — Le plus grand nombre de ceux qui le composent sont tués ou massacrés, 470. — Des officiers et des soldats sont sauvés, 472, 477 ; — d'autres sont transférés à l'Abbaye ou à la Conciergerie, 478. — Comparution de plusieurs officiers devant le Tribunal révolutionnaire, 479. — Massacres du 3 Septembre, 481.

**Régiment de Guyenne.**
I. Désordres causés à Nîmes par des soldats, 211.

**Régiments Helvétiques.**
I. Leur nombre et leurs capitulations, 5. — Révolte du régiment de Châteauvieux, 249, 260. — Echappent généralement à la contagion de l'indiscipline, 374. — Episode du régiment d'Ernest, 375. — Inquiétude sur le rappel de toutes les troupes Suisses, 380. — Conduite du régiment de Diesbach, 386. — Leur licenciement, 483.

**Régiment de Hesse-Darmstadt** (allemand.)
I. Arbore à Strasbourg la cocarde tricolore, 89.

**Régiment des Hussards de Berchiny.**
I. Une partie est appelée à Paris, 23. — Occupe les Champs-Elysées dans la journée du 12 Juillet, 29. — Émigre en partie, 389.

II. Dévoué à Dumouriez, arrête les commissaires de la Convention, et émigre en partie avec le général, 267, 269, 274.

**Régiment des Hussards d'Esterhazy.**
I. Une partie est appelée à Paris, 23.

**Régiment des Hussards de Lauzun.**
I. Querelles avec les habitants de Belfort, 265. — Un détachement est placé à Varennes pour protéger la fuite du Roi, 295, — et fraternise avec la population, 296.

**Régiment des Hussards de Saxe.**
   I. Émigre en partie, 390.
**Régiment de La Couronne.**
   I. Les officiers manifestent leur opinion sur la Constitution de l'armée, 179.— Faits d'insubordination facilement réprimés, 215. — Progrès de l'indiscipline, 217. — Envoie à l'Assemblée des délégués pour réclamer contre un règlement, 363.
**Régiment de Languedoc.**
   I. Prend part au pacte fédératif que forment les légions Toulousaines, 222.
**Régiment de Lorraine.**
   I. Refuse de marcher contre la population de Rennes, 86.
**Régiment du Maine.**
   I. L'arrestation de quatre officiers, à Lyon, fait échouer un complot réactionnaire, 276.
**Régiment de Médoc.**
   I. En garnison à Béziers, 166.
**Régiment Mestre de camp** (cavalerie).
   I. Entre en insurrection à Nancy, 251, 253. — Répression de sa rébellion, 257, 261. — Il est licencié, 267.
**Régiment de Nassau** (allemand).
   I. La réprobation populaire lui fait fermer les portes de trois garnisons, 317. —Se déclare français, 318.
**Régiment de Navarre.**
   I. Concourt à réprimer des troubles dans le Limousin, 207.
**Régiment de Normandie.**
   I. Forme, avec le régiment de Beauce, le projet d'une association entre les Corps militaires, 223.
**Régiment de Penthièvre.**
   I. Les officiers manifestent leur opinion sur la constitution de l'Armée, 179.
**Régiment de Picardie.**
   I. Est rappelé à la discipline par Bouillé, 245.
**Régiment de Poitou.**
   I. Fait signer à son colonel des billets pour 40,000 livres, 247.

**Régiment du Roi.**
I. Ses prérogatives, 5. — Insubordination à Nancy, 249. — Insurrection complète, 253. — Dévouement du chevalier Désille, 258. — Répression de la rébellion, 259. — Mémoire justificatif de sa conduite, 264. — Son licenciement, 267.

**Régiment de Roussillon.**
I. Marche, à Saumur, contre les perturbateurs, 163.

**Régiment Royal-Allemand.**
I. Sa conduite dans la journée du 12 Juillet, 30, 31, — et dans le voyage du Roi à Varennes, 297, 299.

**Régiment Royal-Champagne.**
I. S'insurge à Hesdin, 247.

**Régiment Royal-Cravates.**
I. Une partie est mandée à Paris, 23.

**Régiment Royal-des-Vaisseaux.**
I. Fait d'insubordination facilement réprimé, 215. — Progrès de l'indiscipline, 217.

**Régiment Royal-Dragons.**
I. Arrive à Paris, 23. — Occupe les Champs-Élysées, le 12 Juillet, 29. — Un détachement est placé à Sainte-Menehould pour protéger la fuite du Roi, 294.

**Régiment Royal-Étranger.**
I. Forme un pacte fédératif avec les Milices bourgeoises de la Franche-Comté, 222.

**Régiment Royal-Liégeois.**
I. Querelle avec les habitants de Belfort, 265.

**Régiments royaux.** *Voyez* Troupes provinciales.

**Régiment de Salis-Samade** (suisse).
I. Se rend aux Champs-Élysées, le 12 Juillet, 29. — Un détachement de trente-deux grenadiers est adjoint à la garnison de la Bastille, 41, 49.

**Régiment de Salm-Salm** (Allemand).
I. Son insurrection à Metz est réprimée par le marquis de Bouillé, 245.

**Régiments Suisses.** *Voyez* Régiments helvétiques.

**Régiment de Touraine.**
I. Envoie, le premier, un don patriotique, 180. — Insur-

rection que tente vainement de réprimer le colonel de Mirabeau, 227. — L'Assemblée constituante entend contradictoirement un colonel et ses soldats, 229.

**Régiment de Vexin.**
 I. Les forts de Marseille lui sont enlevés, 210.

**Régiment Vigier** (suisse).
 I. Conseil de guerre tenu par ses officiers pour juger les insurgés de Châteauvieux, 261.

**Régiment de Vivarais.**
 I. Son insubordination à Béthune, 213, — et à Verdun, 214.

**Renard** (Baptiste), valet de chambre de Dumouriez.
 I. Accompagne le général à Sedan, 505.
 II. Sa belle conduite à Jemmapes, 73. — Est nommé capitaine par la Convention, 79, 296. — S'oppose à une tentative d'assassinat sur Dumouriez, 263. — Émigre avec lui, 271, 274.

**Renault** (Cécile).
 III. Son arrestation, 306. — Sa mort, 342.

**Réole.**
 I. Se distingue à l'attaque de la Bastille, 45.

**Répond**, lieutenant aux Gardes suisses.
 I. Est sauvé de la mort, le 10 Août, 472.

**Représentants du peuple aux Armées.**
 II. Leur institution, 279. — Leur nombre, 337. — Ceux de l'armée de la Moselle incriminent les défenseurs de Mayence, 388. — Ceux de l'armée des côtes de la Rochelle accusent à tort Westermann, 394. — Funestes effets de leur présence aux armées, 422. — Inconvénients de leur multiplicité à l'armée de la Rochelle, 423, 426, 428. — Delbrel et Levasseur (de la Sarthe) sont chargés de rétablir l'ordre à l'armée du Nord, 440. — Plaintes adressées à la Convention sur leur trop grand nombre aux armées, 444. — Niou et Billaud-Varennes désorganisent l'état-major de Houchard, 451. — Levasseur et Delbrel concourent à la victoire de Hondschoote, 456. — Gauthier et Dubois-Crancé, à l'armée

des Alpes, maintiennent le commandement à Kellermann, 459. — Opinion de Saint-Just sur leurs devoirs, 536. — Leur rôle à l'armée de l'Ouest, 570, 575, 582.

III. Saint-Just et Lebas à l'armée du Rhin, 45. — Leurs dissentiments avec leurs collègues Lacoste et Baudot, 50. — Revendiquent la gloire des succès et attribuent les revers aux généraux, 115. — Leurs divisions à l'armée du Nord, 325.

IV. Félicitations qu'ils envoient à la Convention après l'événement de Thermidor, 21. — Leurs devoirs d'après la loi de grande police, 133. — Engagent les insurgés de l'Ouest à mettre bas les armes, 193. — Leurs dissentiments, 197, 199. — Réduction de leur nombre dans les armées de l'Ouest, 344. — Reçoivent l'injonction de continuer leurs fonctions jusqu'à nouvel ordre du futur gouvernement, 423.

**Réquisitions d'armes et d'ouvriers.** *Voyez* ARMEMENT, MATÉRIEL DE GUERRE ET MUNITIONS.

**Réquisitions d'hommes.** *Voyez* EFFECTIF ET RECRUTEMENT.

**Réquisitions d'habillements.** *Voyez* APPROVISIONNEMENTS.

**Réquisitions de vivres.** *Voyez* SUBSISTANCES.

**Rets** (de), capitaine de Garde nationale.

I. Massacré à Versailles, 499.

**Rewbell,** conventionnel.

II. Concourt à la défense de Mayence, 326. — Réclame en faveur des Mayençais, 570.

IV. Repousse les accusations des conventionnels Jacobins, 81, 131. — Cesse de faire partie du Comité de salut public, 362.

**Rhul,** conventionnel.

IV. Décrété d'arrestation, 282, 291. — Renvoyé devant une commission militaire, 326. — Se tue, 330.

**Riboutté,** agent de change et littérateur.

IV. Un des chefs de la Jeunesse dorée, 58.

**Richard,** conventionnel.

III. Beau trait d'humanité, 309. — En mission avec plusieurs de ses collègues à l'armée du Nord, 325.

IV. Fait partie du Comité de salut public, 52, 98. — Dément le bruit d'une seconde Levée en masse, 219.
**Richer-Sérisy.**
IV. Son rôle en Vendémiaire, 379.
**Richter,** aide-chirurgien aux Gardes suisses.
I. Massacré, 471.
**Ricord,** conventionnel.
IV. Décrété d'arrestation, 326.
**Rivière,** conventionnel.
III. Adjoint à Barras, le 9 Thermidor, 422.
**Robert Lindet,** conventionnel. *Voyez aussi* COMITÉ DE SALUT PUBLIC (SECOND).
III. Assure la subsistance des armées, 149. — Opinion de Robespierre sur son compte, 314.
IV. Sort du Comité de salut public, 15, 52. — Se déclare solidaire des actes de ses anciens collègues, 133. — Décrété d'arrestation, 318.
**Robespierre** (Maximilien). *Voyez aussi* COMITÉ DE SALUT PUBLIC (SECOND) ET CONVENTION.
II. Manifestation des Fédérés contre lui, 100. — Motion relative à l'exécution du Roi, 134. — Fait partie du Comité de salut public, 405. — Défend Bouchotte, 406, — le Comité de salut public, 467, — et Daubigny, 530. — Accuse divers généraux, 217, 421, 458. — Veut donner une guillotine à *l'Armée révolutionnaire,* 475. — Demande aux Jacobins de soutenir le Comité de salut public, 534. — Haine contre Houchard, 550. — Fait incarcérer Santerre, 569. — Justifie les mutations de plusieurs chefs d'armée, 595.
III. Sa politique, 16. — Imprime une marche régulière à la guillotine, 21. — Plan formé contre les ultra-révolutionnaires, 27, 29. — Conseils aux Jacobins, 67, 72. — Envoie des généraux au Tribunal révolutionnaire, 74. — Discussions avec Camille Desmoulins, 86. — Mission donnée à Carrier, 96. — Son action sur le Tribunal, 113. — Haine pour Hoche, 116. — Défend Daubigny, 141. — Son rôle contre les Dantonistes, 197, 201, 207. — Loue l'*Armée révolutionnaire,* 213. — Donne les places importantes à ses

créatures, 221. — Tente une régénération sociale à l'aide des Jacobins, 289, 297. — Ses projets, ses qualités, ses défauts, 299. — Ladmiral projette de l'assassiner, 305. — Cécile Renault chez Duplay, 306, 307. — Son opinion sur ses collègues, 313. — Dissidences avec eux, 315. — Ses protégés, 316. — Haine contre Carnot, 321. — Veut faire revenir Saint-Just de l'Armée, 326. — Projet sur l'École de Mars, 328. — Son rôle dans la fête de l'Être-Suprême, 333. — Manque d'initiative, 336. — Loi du 22 Prairial, 337. — On conspire contre lui, 339, 341. — Disparaît de la Convention et des Comités, 342. — Attend l'occasion de perdre Carnot, 359. — Désappointé par les victoires, 360. — Influent sur la direction de l'École de Mars, 367. — Craint de voir surgir quelque suprématie militaire, 372. — Forces dont il peut disposer, 376. — Ses allures au club des Jacobins, 373, 380, 385. — Reparaît aux Comités, 381. — Lit un volumineux discours à la Convention, 384, — et aux Jacobins, 385. — Nuit du 8 au 9 Thermidor 388. — Journée du 9 Thermidor à la Convention, 392, 395. — Arrêté, 396. — En liberté à la Mairie, 413, 417. — Amené à la Commune, 418, 419. — Mis hors la loi, 420. — Se tire un coup de pistolet, 429, 432. — Périt sur l'échafaud, 435. — Discussion à son sujet, 437.

**Robespierre** jeune, conventionnel.

III. Paroles sur Hébert, 85. — Revient d'Italie, rappelé par son frère, 377. — Est arrêté avec lui, 396. — Mis en liberté, 409. — Se jette par une fenêtre de l'Hôtel de Ville, 428. — Conduit à la Conciergerie, 433. — Guillotiné, 435.

**Robin**, conventionnel.

III. Fait arrêter Hanriot, 402. — Le mène au Comité de salut public, 404.

**Rochambeau** (comte de), lieutenant général.

I. Réprime les désordres à Strasbourg, 88, 89. — Reçoit l'ordre d'approvisionner des places de guerre, 282. — Refuse d'admettre les Volontaires d'une taille trop exiguë, 337. — Reçoit le commandement de l'Armée du Rhin, 345, 383. —

Est nommé maréchal de France, 347. — Réclame contre la pénurie de ses troupes, 351.

**Rochetailler** (de), commandant de la Garde nationale de Saint-Étienne.

I. Est gravement blessé dans une émeute, 164.

**Rodis** (de), aide de camp de Bouillé.

I. Annonce à son général que les soldats du régiment du Roi parlent de se soumettre, 260.

**Romeuf,** aide de camp de Lafayette.

I. Rejoint le Roi à Varennes, 297.

**Romme,** conventionnel.

IV. Sa conduite en Prairial, 267, 270. — Décrété d'arrestation, 282, 290. — Renvoyé devant une commission militaire, 326. — Se tue, 330.

**Ronsin,** littérateur.

II. Envoyé en Belgique par les Jacobins pour contrarier les projets de Dumouriez, 122. — Son avancement; sa haine pour Biron, 374. — Sa lettre à Vincent après l'arrestation de Custine, 387. — Protége Rossignol, 424. — Persécute Tuncq, 425. — *Parti de Saumur,* 428. — Suspend les distributions de vivres aux Mayençais, 432. — Son impéritie militaire, 434. — Est nommé général en chef de l'*Armée révolutionnaire,* 477. — Part pour Lyon avec une partie de l'*Armée révolutionnaire,* 560.

III. Ami des chefs ultra-révolutionnaires, 11. — Est envoyé à Lyon avec une partie de ses *troupes,* 13. — Son retour à Paris; ses intentions subversives, 28. — Son arrestation, 34. — Son éloge est fait par Collot-d'Herbois au club des Jacobins, 63. — Il est mis en liberté, 89. — Nouvelles tentatives d'insurrection, 91. — Sa perte est résolue, 93. — Il est arrêté, 95. — Sa mort, 197.

**Rosières,** général.

II. Contrarie les projets de Dumouriez, 266.

**Rossignol,** ouvrier orfèvre.

I. Se distingue à l'attaque de la Bastille, 45.

II. Nommé colonel de gendarmerie; est emprisonné par ordre de Westerman, 375. — Général en chef de l'armée des

Côtes de la Rochelle. 379. — Étonnement général, 424, 425. — Ses démêlés avec Tuncq, 428. — Il est suspendu de ses fonctions, puis réintégré, 429. — Ses plans militaires et ses maladresses, 431, 434, 533. — Mis sous les ordres de Léchelle, 438. — Se retrouve à la tête de l'armée de l'Ouest, 581. — Donne sa démission qui est refusée par Prieur (de la Marne), 583, 586, 598.

III. Accusations de Philippeaux contre lui, 64, 67, 81. — Dénonce Westermann, 80. — Dénonciations qu'il adresse au ministre de la guerre, 117.

IV. Arrêté, 4. — Décrété d'accusation, 318.

**Rostaing** (marquis de), maréchal de camp.

I. Membre du Comité militaire de l'Assemblée constituante, 185.

**Roux**, conventionnel.

IV. Fait partie du Comité de salut public, 154, 362.

**Rouyer**, conventionnel.

IV. Adjoint à Barras pour protéger la circulation des grains, 157.

**Ruamps**, conventionnel.

IV. Se plaint de l'attaque du club des Jacobins, 81. — Décrété d'arrestation, 151, 294.

**Rulhière** (chevalier de), lieutenant colonel.

I. Commandant de la Garde de Paris, 23. — Chef de la division de cavalerie de la Garde nationale, 83.

# S

**Sabots.** *Voyez* APPROVISIONNEMENTS.
**Sabres.** *Voyez* ARMEMENT.
**Saint-Georges**, colonel.

II. Concourt à l'arrestation de Myaczinski à Lille, 264.

**Saint-Just**, conventionnel. *Voyez aussi* COMITÉ DE SALUT PUBLIC (SECOND).

II. Son discours pour faire établir le *Gouvernement révolutionnaire*, 535. — Est envoyé à Strasbourg, 568.

III. Sa mission à l'armée du Rhin, 45. — Causes de sa haine contre Hoche, 50. — Harangue la Convention pour faire triompher le Comité de salut public des ultra-révolutionnaires, 94. — Moyens qu'il emploie pour procurer des souliers à l'armée du Rhin, 144. — Son action dans la chute des Dantonistes, 197, 201, 206, 209. — Suite de sa haine contre Hoche, 261, 265, 267. — Son alliance avec Robespierre, 313. — Désaccord avec Carnot, 314. — En mission à l'armée du Nord avec Lebas, 322. — Fait fusiller un de ses anciens camarades, 324. — Son impétuosité irréfléchie pour le passage de la Sambre, 325. — Est rappelé en vain par Robespierre, 327. — Veut faire fusiller trois généraux que Jourdan sauve par sa noble résistance, 350. — Quitte le champ de bataille de Fleurus aux derniers coups de canon, pour revenir précipitamment à Paris, 355. — De retour à Paris, 360. — Demande que Barère ne fasse plus tant *mousser* les victoires, 372. — Surveille le Comité de salut public pour le compte de Robespierre, 374. — Propose de lui décerner le pouvoir absolu, 383. — Son altercation avec Collot-d'Herbois, 386, 387. — Veut lire un long discours à la Convention, 390. — Interrompu par Tallien, 391. — Arrêté, 396. — Délivré, 419. — Mis hors la loi, 420. — Arrêté à l'Hôtel de Ville, 429, — conduit à la Conciergerie, 433, — et guillotiné, 435.

**Saint-Priest** (comte de), ministre de la maison du Roi.

I. Est prévenu par Lafayette du dessein des Gardes françaises de retourner à Versailles, 114.

**Salicetti**, conventionnel.

IV. En mission à Toulon, 180. — Décrété d'arrestation, 326.

**Salis** (HENRI DE), capitaine aux Gardes suisses.

I. Sa conduite dans la journée du 10 Août, 466.

**Salis-Zizers**, aide-major aux Gardes suisses.

I. Massacré à la Conciergerie, 482.

**Salpêtre**. *Voyez* ARMEMENT ET MUNITIONS.

**Sandoz**, général.

II. Est arrêté, 421.

**Santerre,** chef de bataillon de la Garde nationale.

I. Les Jacobins veulent le substituer à Lafayette, 285. — Promet à ses affidés que les troupes ne recevront aucun ordre dans la journée du 20 Juin, 440. — Conduit les Marseillais à un banquet préparé aux Champs-Elysées, 451. — Est nommé commandant en chef de la Garde nationale parisienne, 462. — Conserve ce poste après la journée du 10 Août, 489.

II. Gardien de la famille Royale au Temple, 6. — Est nommé maréchal de camp, 36. — Sa démission est refusée par la Commune, 37. — Ses dispositions militaires pour assurer l'exécution du Roi, 132. — Prend un prétexte pour s'éloigner le jour où il prévoit des désordres, 182. — Fait battre la générale quand elle est devenue inutile, 184. — Dénonce les faux enrôlés à la Commune, 229. — Propose d'envoyer à Péronne la moitié de la Garde nationale parisienne, 283. — Accusé par les Sections, 298. — Sans pouvoir sur ses subordonnés, 300. — Annonce qu'après avoir vaincu la Vendée, il fera une descente en Angleterre, 305, 317, 334, 361. — Manque d'être fait prisonnier en Vendée, 395. — Son inhabileté, 435. — Il présente ses défaites comme des victoires, 437, 566. — Incarcéré, 569.

IV. Libéré après Thermidor, 6. — Son rôle dans l'insurrection de Prairial, 303, 305.

**Savignac** (de), lieutenant-colonel du régiment d'Artois.

I. Est arrêté avec plusieurs de ses officiers, 363.

**Savonnières** (marquis de), lieutenant des Gardes du corps.

I. Blessé dans la journée du 5 Octobre, 131.

**Schauenbourg,** général.

II. Proposition de le destituer, 461. — Arrêté, 466, — et accusé par Robespierre au club des Jacobins, 526.

**Schérer,** général.

III. Garde les rives de Thuin à Maubeuge, 347. — Reprend Landrecies, 370.

IV. Reprend les quatre villes françaises occupées par les Autrichiens, 23. — Rejoint l'armée de Sambre-et-Meuse,

25. — Commande l'armée des Pyrénées-Orientales, 227, — puis l'armée d'Italie, 355.

**Schramm,** général.

II. Dépose en faveur de Custine, 418.

**Scott,** ancien colonel de Dragons.

I. Propose l'emploi de la pique dans les armées, 441.

**Second-Lorettan,** aumônier des Gardes suisses.

I. Est sauvé de la mort dans la journée du 10 Août, 470.

**Secours** aux veuves, aux enfants et aux militaires blessés.

III. Difficultés pour les obtenir, 152.

**Sections armées, Sectionnaires.** *Voyez* GARDE NATIONALE PARISIENNE.

**Sections de Paris et Assemblées de Sections.**

I. Les soixante Districts sont remplacés par quarante-huit Sections, 231. — Impression causée par les événements de Nancy, 262, 264. — Accusent les ministres, 266. — Prennent des arrêtés contre les émigrés, 282. — Désordres de toutes sortes, 283, 286, 287. — Pétitions pour la déchéance du Roi, 307. — Application de la loi martiale au Champ de Mars, 309, 311. — Accusent des généraux, 354. — Réclament en faveur des ex-Gardes Françaises, 355. — Armement de la populace, 358. — Fête donnée aux galériens de Châteauvieux, 367, 370. — Proposition d'établir à Paris un camp de 20,000 hommes, 403. — Agitation pour obtenir la sanction du Roi à deux décrets, 407, 408. — Journée du 20 Juin, 408. — Demandent la réorganisation de la Garde nationale, 412. — Montrent peu d'empressement à former des bataillons volontaires, 426. — Déclaration du danger de la Patrie, 431. — Demandent la déchéance du Roi, 456. — Journée du 10 Août, 458. — Réclament l'établissement d'un Tribunal extraordinaire, 477. — Journées de Septembre, 481. — Impression causée par la guerre, 493, 494, 530.

II. Réclament l'achèvement du camp, 7. — Leurs diverses dénominations, 8. — Acharnement contre le Roi, 88, 91. — Mauvaises dispositions à l'égard des Fédérés, 96. — Leur rôle dans le recrutement, 180. — Souffrances et désordres, 181, 183. — Recrutement des 300,000 hommes,

208, 211, 218, 223. — Leurs propositions, 284. — Querelle de la Section des Lombards avec Westermann, 292. — Attribuent à leurs volontaires une partie de l'emprunt forcé, 308, 310. — Souffrances de la population, 333. — Paris approvisionné comme place de guerre, 470. — Levée en masse, 499, 503.

III. Leurs Assemblées, 10. — Insubordination du bataillon de Volontaires de la Section des Tuileries, 127. — Emotion dans cette Section, 131. — Souffrances et misère de la population parisienne, 144. — Fabrication d'armes à Paris, 163. — Extraction du salpêtre, 171. — Des Sections apportent à la Convention les produits de leurs essais, 179. — Fête du salpêtre, 187. — Stupeur causée par l'arrestation de Danton, 205. — Journée du 9 Thermidor, 399, 409, 416, 421, 424. — Félicitent la Convention de sa victoire sur Robespierre, 433.

IV. Incendie de la maison de l'Unité, et explosion de la poudrière de Grenelle, 11. — Inquiétudes à l'égard de l'établissement de Meudon, 13. — Les assemblées de Sections ne tiennent plus qu'une séance par semaine, 18, 50. — Fête des Victoires, 69. — Misère et désordres, 96, 103. — La Section Marat reprend son ancien nom de Théâtre-Français, 106. — Réclament le jugement des Terroristes incarcérés, 107, 108. — Troubles à l'occasion des subsistances, 124, 126, 130, 135. — Enumération des quarante-huit Sections, 135. — Journée du 12 Germinal, 143 ; — du 13 Germinal, 151. — Protestation de dévouement à la Convention, 154. — Réclament le désarmement des Terroristes, 158. — Désordres et conspirations, 233, 236. — Impression produite par les massacres commis à Lyon, 247. — Insurrection du 1$^{er}$ Prairial, 249, 252, 284. — Journées qui suivent, 286. — Rentrée des troupes de ligne à Paris, 284, 290, 302. — Soumission du faubourg Saint-Antoine, 314. — Désarmement et arrestations opérées par les Assemblées de sections, 320. — Elles renoncent à leurs canons, 322. — Préludes de l'insurrection royaliste dans les Sections, 373, 376. — La Section Lepelletier donne le signal de l'opposition, 379. — Acceptation de la Constitution, 382. — Préparatifs insurrectionnels, 384, 387, 390.— Expédition inutile contre l'assemblée des électeurs réunis au Théâtre-Français, 391. — Journée du 12 Vendémiaire, 392; — du 13 Vendémiaire, 397. — Force armée des Sectionnaires, 403. — Leur défaite, 412. — Soumission de la Section Lepelletier, 414. — Craintes des Sectionnaires, 419.

**Ségur** (Maurice de), colonel des Chasseurs du Hainaut.

I. Défend devant l'Assemblée ses soldats incriminés pour avoir fait leur devoir, 283.

**Senchon de Bournissac,** grand prévôt de Provence.

I. Est dénoncé par Mirabeau, 205, 206.

**Sépher,** général.

II. Commande l'armée des côtes de Cherbourg, 581.

**Sergent,** conventionnel.

IV. Décrété d'arrestation, 328.

**Serment.**

I. La Garde nationale Parisienne fait le serment de vivre et de mourir libre, en restant fidèle à la Nation, à la Loi et au Roi, 84. — Serment civique, 103. — Les convives du banquet de Versailles jurent de mourir pour la Famille Royale, 118. — Serment civique prêté à Alençon par les Chasseurs de Picardie, 182; — à Béthune par les soldats rebelles du régiment de Vivarais, 213. — Serment fédératif, 238. — Bouillé fait prêter à ses troupes le serment civique, 244.—La Garde nationale Parisienne prête serment d'obéissance à Lafayette, 288. — Nouveau serment demandé aux troupes et à la Garde nationale, lors de l'évasion du Roi, 301, 329. — Serment demandé aux Armées après le 10 Août, 473. — Lafayette fait prêter à son armée le serment de fidélité au Roi et à la Constitution, 475.

**Serres,** conventionnel.

IV. En mission à Marseille, 172, 175, 177.

**Servan,** général.

I. Nommé ministre, 395.— Propose l'établissement d'un camp de 20,000 hommes à Paris, 402. — Est remplacé par Dumouriez, 405.—Reprend le portefeuille après le 10 Août,

473.—Enjoint à Kellermann de rejoindre Dumouriez avec l'armée du Centre, 510, — et à ce dernier de se retirer en arrière de la Marne, 513.

II. Donne sa démission de ministre de la guerre, 48, 149.
— Commande l'armée des Pyrénées-Occidentales, 139, 340, 359.

**Sévestre,** conventionnel.
IV. Son rôle en Prairial, 314.

**Siéyès,** conventionnel.
IV. Propose la loi de grande police, 131. — Sort du Comité de salut public, 362.

**Sijas,** adjoint du ministre de la guerre.
III. Dénonce Pille au club des Jacobins, 380. — Est mis hors la loi, 434, — et guillotiné, 436.

**Silly** (de), officier.
I. Massacré à Versailles, 499.

**Simond,** conventionnel.
III. Compromis en prison, 209. — Meurt sur l'échafaud, 323.

**Simonneau,** maire d'Étampes.
I. Sa conduite courageuse ; sa mort, 373.

**Société des Jacobins.** *Voyez* CLUB DES JACOBINS.

**Sociétés populaires.**
III. Leurs accusations contre les généraux, 115. — Adresse de la Société républicaine de Rochefort à lord Stanhope, 193. — Discours d'un orateur à la Convention, 211. — Moyen par lequel on fait disparaître celles qui ne sont pas affiliées aux Jacobins, 297.
IV. Suppression de leurs correspondances collectives, 52.
— Les Jacobins se réfugient dans diverses Sociétés d'ordre inférieur, 85. — Fermeture de plusieurs, 105.

**Solde.**
I. Augmentation de trente-deux deniers accordée aux bas officiers et aux soldats, 193. — Luckner, Rochambeau et Lafayette réclament pour que leurs troupes soient payées en numéraire, 351.

II. Égalité de solde établie entre les Volontaires et les soldats, 164.

IV. Régularisation de la solde dans l'Armée, 32. — Des élèves de l'École centrale des Travaux publics, 37. — Supplément en numéraire accordé aux soldats et aux officiers, 356.

**Solhilac**, chef chouan.
IV. Signataire du traité de la Jaunaye, 204.

**Sombreuil** (marquis de), maréchal de camp.
I. Commande l'hôtel des Invalides, 38.

**Sombreuil** (comte de), fils du précédent.
IV. Amène des renforts à Quiberon, 349. — Sept cents de ces émigrés mettent bas les armes, 351. — Ils sont fusillés, 352.

**Soubrany**, conventionnel.
IV. Son rôle en Prairial, 269, 279. — Décrété d'arrestation, 282, 290. — Renvoyé devant une commission militaire, 326. — Meurt sur l'échafaud, 330.

**Souham**, général.
III. Notice biographique, 283.

**Souliers**. *Voyez* APPROVISIONNEMENTS.

**Souriguières**, littérateur.
IV. Un des chefs de la Jeunesse dorée, 58, 138. — Son rôle en Vendémiaire, 379.

**Sparre** (de), général.
II. Donne sa démission, 422. — Accusé de trahison, 527.

**Steinbrugg**, sous-lieutenant aux Gardes suisses.
I. Massacré à la Conciergerie, 482.

**Steingel**, général.
II. Est rejeté dans le Limbourg, 203. — Notice biographique; sera traduit à la barre de la Convention, 210. — Acquitté par le Tribunal révolutionnaire, 291.
IV. Son rôle en Prairial, 314.

**Stetenhoffen**, général.
II. Demande à Dumouriez l'autorisation de quitter l'armée, 266.

**Stofflet**, garde-chasse, général vendéen.

II. Un des premiers chefs de l'insurrection vendéenne, 232. — Chef d'état-major de La Rochejaquelein, 575.

III. Il est séparé de la grande Armée vendéenne, 39.

IV. Sa rivalité avec Charette, 185, 199, 204. — Forcé de mettre bas les armes, 208.

**Subsistances.** *Voyez aussi* SECTIONS DE PARIS.

I. Disette véritable ou supposée, 93, 121, 125, 131, 150, 158, 160, 162. — Réclamations faites par Luckner, Rochambeau et Lafayette en faveur de leurs armées, 351. — Manque de ressources des armées, 424. — Difficulté de faire subsister les troupes dans la forêt de l'Argonne, 513. — Après la bataille de Valmy, les vivres arrivent assez régulièrement, 529.

II. Des privations extraordinaires concourent à dégoûter les Volontaires de l'état militaire, 112. — Combinaison de Dumouriez pour faire vivre ses soldats en Belgique, 119. — Elle est détruite par le mauvais vouloir et l'incapacité de Pache, 120. — Conséquences, 123. — L'armée expéditionnaire en Hollande vit sur le pays, 197. — Diminution de la consommation des bestiaux, 332. — Réquisitions pratiquées par l'*Armée révolutionnaire*, 541, 545.

III. Moyens employés par Robert Lindet pour assurer l'approvisionnement des armées, 149. — Arrivée d'une flotte d'Amérique chargée de vivres, 343.

IV. Comités dont elles dépendent pour les armées, 41. — Souffrances de la population ouvrière de Paris, 60. — Suppression du *maximum*, 94. — Disette; désordres qu'elle entraîne, 96, 98, 122, 135, 141. — Réclamations des Sections, 146. — Force armée pour protéger la circulation des grains, 148, 157. — On est obligé de confier ce service aux troupes de ligne, 165. — Troubles dans les environs de Paris, 170, 242, — et à Marseille, 178. — Nouveaux désordres à Paris, 235, 248, 256, 264, 288. — Suppression des distributions de pain à prix réduit, 415.

# T

**Tallien,** député.

I. Accuse Montesquiou devant l'Assemblée, 50.

III. Robespierre le fait espionner, 374. — Sa conduite dans la journée du 9 Thermidor, 390 et suivantes.

IV. Fait partie du Comité de salut public, 5, 15, 154, 362. — On tente de l'assassiner, 14. — Ses exhortations à la Jeunesse dorée, 56, 139. — Blâme l'apathie des gardes nationaux parisiens, 127. — Propose de préparer les lois organiques de la Constitution, 131. — On complote sa déportation, 235, — et sa mort, 264. — Demande des mesures sévères contre les Terroristes, 282. — Son rôle dans la victoire de Quiberon, 345, 352. — Défend les troupes assimilées aux agents de la Terreur, 377.

**Tardivet du Repaire,** garde du corps.

I. Concourt à sauver la Reine, 139.

**Télégraphe.**

III. On l'expérimente à Meudon, 191.

IV. Soupçon qu'il inspire, 13. — Manœuvre officiellement pour la première fois, 23.

**Tergat,** lieutenant de la Prévôté de l'hôtel.

I. Manque plusieurs fois d'être assassiné, 135.

**Terroristes.** *Voyez* Jacobins.

**Thermidoriens.** *Voyez aussi* Convention nationale.

IV. Leur politique, 4, 7, 9. — Installation de leur gouvernement, 15, 17, 41. — Discussions journalières avec les Montagnards, 49, 51. — Prennent la Jeunesse dorée pour appui, 56. — Licenciement de l'école de Mars, 66, 73. — Fermeture du club des Jacobins, 74, 84. — Dissolution de la manufacture d'armes parisienne, 85, 88. — Mésintelligence avec la Jeunesse dorée, 101. — Leur réponse aux Montagnards demandant la Constitution de 1793, 109. — Vains efforts pour reconstituer la Garde nationale sur des bases solides, 114, 121, 127, 158. — Commission chargée de préparer les lois organiques de la Constitution, 131. — Loi de grande police, 132. — Journée du 11 Germinal, 137, — du 12 Germinal, 138. — Autorisation donnée aux troupes de ligne de circuler dans un rayon de moins de dix lieues autour de Paris, 165. — Journée du 1$^{er}$ Prairial, 232, — et suivantes, 287. — Rentrée des troupes de ligne à Paris, 284, 297, 302, 303, 317, 338. — Désarmement des Terroristes, 320. — Fin de la lutte avec la Montagne, 331. — Constitution de l'an III, 364. — Efforts des Royalistes pour empêcher son acceptation, 372. — Alliance des Thermidoriens avec les débris de la Montagne et les Républicains de toutes nuances, 374. — Acceptation de la Constitution, 383.

**Théroigne de Méricourt.**
I. Notice biographique, 362.
IV. Son rôle en Prairial, 253.

**Thibaudeau**, conventionnel.
IV. Appelle la sévérité de la Convention sur les Terroristes, 282. — Défend les troupes de ligne assimilées aux agents de la Terreur, 377. — Fait partie du Comité de salut public, 415.

**Thirion**, conventionnel.
IV. Décrété d'arrestation, 326.

**Thouvenot**, adjudant général.
I. Sa conférence avec Dumouriez, 507.
II. Combat à Jemmapes, 72. — Détruit une colonne ennemie à la bataille de Neerwinden, 244. — Assiste à la seconde entrevue de Dumouriez avec le colonel Mack, 258. — Émigre avec Dumouriez, 274.

**Thouvenot**, colonel, frère du précédent.
II. Fait partie de l'état-major de Dumouriez, 271. — S'échappe en montant sur le cheval de Baptiste Renard, 272. — Émigre avec Dumouriez, 274.

**Thuriot**, conventionnel.
III. Préside la Convention, le 9 Thermidor, 395.
IV. Fait partie du Comité de salut public, 5. — Décrété d'arrestation, 155, 294. — Nommé procureur de la Com-

mune par l'insurrection, 292. — Tentative pour le saisir, 303.

**Tonnelet,** garde-chasse.

II. Un des premiers chefs de l'insurrection Vendéenne, 232.

**Toulon.**

II. Livré aux Anglais, 411. — Assiégé par les Républicains, 586.

III. Repris sur les Anglais, 52.

IV. Sédition populaire, 324.

**Treilhard,** conventionnel.

IV. Membre du Comité de salut public, 5, 52, 362.

**Tribout,** général.

II. En Vendée, 581.

**Tribunal extraordinaire, Tribunal révolutionnaire.**

I. Etablissement du Tribunal du 10 Août, 477. — Acquittement d'Affry, 479. — Condamnation de Bachmann, 480.

II. Dissolution du tribunal du 10 Août, 115. — L'établissement du tribunal révolutionnaire est décrété, 209. — Opinion de Dumouriez à ce sujet, 259, 268. — Ses deux premières victimes, 286. — Condamnation de Vaujour, 289. — Acquittement d'Harambure et de Miranda, 290. — Connation de Myaczinski et de Philippe de Vaux ; acquittement de Steingel, Lanoue, Estourmel, Ligneville, 291, — et de Westermann, 293. — Partagé en deux sections, 412. — Condamnation à mort de Lescuyer, 413. — Procès de Custine, 414. — Reçoit le nom de Tribunal révolutionnaire, 540. — Condamne à mort les généraux Luckner, 547, Brunet, 548, Houchard, 549.

II. Jugement de Biron et d'autres militaires, 71, 77, 114. — Procès des Hébertistes, 196 ; — des Dantonistes, 204 ; — et des reliquats de ces deux factions, 223. — Condamne Lavergne, 225, — et des habitants de Verdun, 226. — Entre dans une nouvelle période, 229. — Augmentation du nombre des exécutions, 288. — Loi du 22 Prairial ; réorganisation du tribunal sur des bases effroyables, 337, 342. — Nombre des exécutions en Messidor, 358, 362, 375. — Système des jugements et des condamnations, 374. — Exécution de Robespierre et de ses complices, 435, 436.

IV. Son action suspendue après Thermidor, 4.—Ses jugements, 18, 48. — Procès des Nantais, de leurs persécuteurs et de Carrier, 74, 77, 89. — Acquittement de Kellermann, 89. — Son renouvellement, 90, 94. — Procès de Fouquier-Tinville, 234, 236. — Sa suppression, 314. — Il n'y aura plus d'exécution sur la place de la Révolution, 421.

**Tribunaux militaires.** *Voyez* PÉNALITÉ.
**Tournay**, ancien soldat du régiment Dauphin.
I. En tête des assaillants de la Bastille, 43.
**Troupes à cheval.** *Voyez* COMPOSITION DE L'ARMÉE.
**Troupes départementales.** *Voyez* FÉDÉRÉS.
**Troupes étrangères.** *Voyez* COMPOSITION DE L'ARMÉE.
**Troupes provinciales.** *Voyez* COMPOSITION DE L'ARMÉE.
**Troupes Suisses.** *Voyez* RÉGIMENTS HELVÉTIQUES.
**Tuncq**, général.
II. Concurrent de Rossignol à l'Armée des côtes de La Rochelle, 425. — Bat les Vendéens, 426, 427. — Ses différends avec Rossignol, 428. — Abandonne la colonne de Luçon, 430.
**Turlot**, aide de camp d'Hanriot.
III. Accusé par Lecointre, 30.
**Turreau**, général.
III. Notice biographique, 41. — Ses démêlés avec Marceaux, 42, 99. — Il dénonce Westermann au ministre de la guerre, 80. — Organise en Vendée les *colonnes infernales*, 105. — Est protégé par Robespierre, 317.
IV. Décrété d'arrestation, 76, 77.

# U

**Ulrick**, aide de camp d'Hanriot.
III. Envoyé par son général à la Section des Gravilliers, 399. — Arrêté avec Hanriot, 403.

**Ultra-Révolutionnaires.**
   III. Leurs chefs et leurs tendances, 9. — Trame ourdie par Robespierre contre Vincent et Ronsin, 29. — Ils sont incarcérés, 32. — Effet produit par leur arrestation au club des Jacobins, 63. — Mise en liberté de Ronsin et Vincent, 89. — Arrestation de tous les chefs du parti, 95. — Leur mort sur l'échafaud, 196.

# V

**Vadier**, conventionnel. *Voyez aussi* COMITÉ DE SURETÉ GÉNÉRALE.
   III. Fait mettre Mazuel en liberté, 88. — Son rôle dans le procès des Dantonistes, 206, 210. — Fait partie d'une conspiration contre Robespierre, 339. — Lit à la Convention le rapport sur Catherine Théot, 341. — Attaque Robespierre à la Convention, 385, 394.
   IV. Accusé par Lecointre, 7. — On décide que sa conduite sera examinée, 90, 108. — Contumace, 109, 318.

**Valence**, général.
   II. Notice biographique; prend le commandement de l'armée des Ardennes, 65. — S'avance en Belgique sous les ordres de Dumouriez, 81. — Manœuvre pour rejoindre Miranda, 203. — Commande l'aile droite à la bataille de Neerwinden où il est grièvement blessé, 240, 243, 244. — Exhorte vainement Miranda à se reporter en avant, 245. — Assiste à la seconde entrevue de Dumouriez avec le colonel Mack, 258. — Emigre avec Dumouriez, 274.

**Valenciennes.**
   II. Pris par l'ennemi, 393.
   III. Sommation à faire au commandant autrichien qui l'occupe, 363.
   IV. Repris par les troupes de la République, 23.

**Valentinois** (duc de).
   IV. Libéré sous un faux nom après Thermidor, 6.

**Valori**, général.
   IV. Sa conduite en Prairial, 313.

**Valory** (de), garde du corps.

I. Accompagne le roi à Varennes, 295, 303.

**Vandermonde**, savant.

III. Rédige une instruction sur la fabrication de l'acier, 160.

**Varicourt** (de), garde du corps.

I. Est décapité, 141.

**Vaujour**, colonel.

II. Condamné à mort par le Tribunal révolutionnaire, 289.

**Vaux** (Philippe de), aide de camp de Dumouriez.

II. Notice biographique, 198. — Somme Bréda et Gertruydenberg de capituler, 199. — Est fait prisonnier à Lille, 265. — Transféré à l'Abbaye, 277. — Est condamné à mort par le Tribunal révolutionnaire, 291.

**Veau**, conventionnel.

III. Défend les généraux Delmas et Laubadère au club des Jacobins, 295.

**Vendée** et **Chouannerie**.

II. Commencements de l'insurrection, 231. — L'honneur d'écraser la Vendée est réservé aux Volontaires parisiens, 305. — Impossibilité d'en recruter, 306. — Départ pour la Vendée des grenadiers-gendarmes et des derniers Fédérés, 307. — Héros à 500 livres, 308, 318.— Recrutement, dans les départements, de forces additionnelles contre la Vendée, 312. — Elle devient une cause d'accusation contre les généraux, 330. — Lettre de Biron au ministre de la guerre, 331. — Cette guerre augmente la détresse de la population parisienne, 332.— Succès des Vendéens, 354.— Ils attaquent Nantes, 367. — Opérations de l'armée des côtes de La Rochelle, 368. — Déroute de la colonne de Westermann, 393. — Suite de défaites et d'opérations mal combinées, 395.— Mesures de dévastation, 396.— Envoi des Mayençais en Vendée, 397. — Suite d'erreurs et de mauvaises opérations exécutées par l'armée de La Rochelle, 424, 438. — Suite des opérations, 569, 575. — Dispersion des Mayençais dans d'autres corps, 580. — Nouveaux échecs de Rossignol,

582, 586. — Les opérations sont confiées à Marceau et Kléber, 586, 598.

III. Gillet et Philippeaux signalent les inepties qui y ont été commises, 6. — Opérations militaires qui aboutissent à la destruction de la *grande armée vendéenne* à Savenay, 39· — Carrier à Nantes, 96. — Son rappel, 102. — Origine de la Chouannerie, 106. — Ignorance de commandants de colonne, 124. — Colonnes infernales de Turreau, 256. — Mort de La Rochejaquelein et de Haxo, 257. — Kléber est employé contre les Chouans, 259.

IV. Attitude des départements de l'Ouest, 185. — On veut tenter des mesures de douceur à leur égard, 187. — Expectative de la Chouannerie, 187. — Erreur de Hoche à ce sujet, 190. — Reprise d'hostilités, 191. — Amnistie pour les Vendéens et les Chouans, 194. — Essais de pacification, 194. — Ouvertures faites à Charette, 199. — Traité de La Jaunaye, 202. — Entrée de Charette à Nantes, 204. — Redditions de bandes de Chouans, 208. — Soumission de Stofflet, 208. — Descente de Quiberon, 340, 342. — Reprise des hostilités par les Chouans, 343. — Dissentiment entre les Chouans et les troupes des Émigrés, 346, 348. — Leur dernier espoir, 350. — Chouans et Émigrés exceptés de l'amnistie générale, 425.

**Vergniaud.** *Voyez aussi* Girondins.

II. Demande des lois contre les Émigrés, 30. — Défend le général Lacuée, 49. — Sa mort, 539.

**Verdun.**

I. Pris par les Prussiens 480, 494.

II. Kellemann y rentre, 103.

III. Jugement de trente-cinq habitants, 226.

**Vernier**, conventionnel.

IV. Sa conduite en Prairial, 256, 270, 278, 299, 304.

**Vial**, général.

III. Dénoncé par les sans-culottes de Coutances, 294.

**Viala**, enfant.

III. Transformé en héros par Robespierre, 369.

IV.

**Vierges de Verdun.**
　　III. Leur mort, 226.
**Vilate,** espion de la police de Robespierre.
　　III. Robespierre contemple la foule du haut des Tuileries, dans le logement de Vilate, 334.
**Villaret Joyeuse,** amiral.
　　III. Notice biographique, 343. — Combat naval, 345.
**Ville** (de), sous-lieutenant aux Gardes suisses.
　　I. Sauvé de la mort, le 10 Août, 472.
**Villemalet,** général.
　　IV. Commande à Marseille, 174, 175.
**Villers,** général.
　　II. Dépose en faveur de Custine, 418.
**Vimeux,** général.
　　IV. Commande l'armée de l'Ouest, 185.
**Vincent.**
　　II. Est appelé au ministère de la guerre par Bouchotte en qualité de secrétaire général, 335. — Sa haine pour Custine, 381. — Lettre que lui écrit Ronsin, 387. — Dépose contre Custine, 416. — Fait rédiger au club des Cordeliers une pétition pour que le pouvoir exécutif soit accordé aux ministres, 533.
　　III. Chef des ultra-révolutionnaires au ministère de la guerre, 6. — Ses intentions, 8. — Il protége les *épauletiers*, 23. — Ses manœuvres avec Ronsin, 28. — Camille Desmoulins l'attaque dans *le Vieux Cordelier*, 32. — Il est dénoncé à la Convention et décrété d'arrestation, 34. — Mis en liberté, 89. — Nouvelles tentatives subversives de sa part, 90. — Il est arrêté de nouveau, 95. — Sa mort, 196.
**Voisins** (vicomte de), colonel d'artillerie.
　　I. Est assassiné à Valence, 212.
**Volontaires.** *Voyez* GARDES NATIONALES MOBILES.
**Volontaires de la Basoche.** *Voyez* COMPAGNIE DES VOLONTAIRES DE LA BASOCHE.
**Volontaires de la Bastille.** *Voyez* BATAILLON DES VAINQUEURS DE LA BASTILLE.

**Voulland**, conventionnel. *Voyez aussi* COMITÉ DE SURETÉ GÉNÉRALE.

III. Fait remettre en liberté Ronsin et Vincent, 89. — Son rôle dans le procès des Dantonistes, 206, 210. — Fait partie d'une conspiration contre Robespierre, 339. — Propose de donner à Barras le commandement de la force armée parisienne, 240.

IV. Accusé par Lecointre, 7. — Il n'y a pas lieu d'examiner sa conduite, 90.

**Voulland**, général.

IV. Remplacé à Marseille par Villemalet, 174.


**Waldner** (comte de), lieutenant aux Gardes suisses.

I. Tué le 10 Août, 470.

**Watteville**, major du régiment d'Ernest.

I. Sa conduite à Aix, 378, 379.

**Weissen**, colonel de la Légion germanique.

II. Sa bravoure, 363.

**Westermann**, greffier à Haguenau.

I. Nommé adjudant général pour sa conduite dans la journée du 10 Août; va chercher Dumouriez et l'accompagne à l'armée du Nord, 504, 505.

II. Accusations que lui attire son bouillant caractère, 291, 292. — Acquitté par le Tribunal révolutionnaire, il retourne à la tête de la Légion du Nord, 223. — Sa valeur en Vendée, 369. — Défaite de sa colonne, 393. — Sa colère contre les Volontaires à 500 livres, 394. — Traduit à la barre de la Convention, 395. — Manière dont il reprend Châtillon, 572. — Engage les républicains dans un combat inutile, 576. — Mis à la tête de la cavalerie, 584.

III. Ses opérations en Vendée, 39. — Lettre par laquelle il annonce la victoire de Savenay, 43. — Il est à la fois destitué et applaudi à la Convention, 79. — Propose à Danton

de renverser le Comité de salut public à main armée, 200.
— Son arrestation, 203. — Jugé et condamné à mort avec les Dantonistes, 207, 214.

**Wild** (de), aide-major aux Gardes suisses.
I. Massacré à la Conciergerie, 482.

**Willot**, général.
II. Est mis en arrestation, 529.

**Wimpfen** (Félix, baron de), général.
I. Membre du Comité militaire, 185. — Propose un projet de constitution militaire, 191.
II. Prend le commandement de l'armée des Girondins, 349, 350. — Elle est dispersée, et il est réduit à se cacher, 353.

**Wimpfen** (François de), général.
I. Ouvertures qui lui sont faites pour livrer Brisach aux Émigrés, 353.

**York** (duc d').
III. Trait de générosit

## Z

**Zimmermann**, lieutenant aux Gardes suisses.
I. Massacré à la Conciergerie, 482.

FIN DE LA TABLE GÉNÉRALE ALPHABÉTIQUE.

www.ingramcontent.com/pod-product-compliance
Lightning Source LLC
Chambersburg PA
CBHW050057230426
43664CB00010B/1349